帕斯尚尔

碎入泥沼的希望

[英]
尼克 · 劳埃德
著

高跃丹
译

Nick Lloyd

PASSCHENDAELE

A New History

上海社会科学院出版社
SHANGHAI ACADEMY OF SOCIAL SCIENCES PRESS

致埃莉诺、伊莎贝尔和路易丝

在我看到堑壕图上帕斯尚尔名字的那一刻，

直觉就告诉我将要发生什么。

——温德姆·刘易斯

目录

导言

“天哪！我们真的把人送到这种地方来打仗？” 1

朗斯洛特·基格尔爵士（Sir Launcelot Kiggell）是英国远征军总部的一位高级参谋军官，他造访帕斯尚尔战场之后说的这段话在战争史上臭名昭著。这段话尖锐直白又骇人听闻，似乎完美总结了 1914—1918 年间战斗的触目惊心。话语出自“堡垒中的将军”，他们玩忽职守到了几乎犯罪的地步，身在后方，对前线境况毫不知情，却将一代青年送向污秽而恐怖的死亡。相关描述最先出现在英国最著名的军事思想家之一巴兹尔·李德·哈特（Basil Liddell Hart）的《大战真相》（*The Real War*）一书中。该书出版于 1930 年，是对第一次世界大战的一次爆炸性揭露。书中并未提及基格尔的名字（李德·哈特只在基格尔于 1954 年去世后才曝光了他的名字），[①]李德·哈特在提到他时说的是“英军总部的一位权重位高者，首次踏上了前线”：

当车子接近战区沼泽地带边缘时，他愈发不安。最后突然

> 流泪道："天哪！我们真的把人送到这种地方来打仗？"他的同行者回答说，再往前走情形更凄惨。如果这番感叹出自他的良心，就显示了他所坚持的"攻击"是基于一片错觉与不可原谅的无知。[②]

李德·哈特认为，1917 年的佛兰德斯战役完美诠释了英国统帅部的短视及其带来的可怕后果。他写道，帕斯尚尔的情形"有如 1 世纪以前'瓦尔赫伦之役'，是英国军事记录上，该用黑框框起的'战败'同义字"。[③]

基格尔到底有没有说过这些话经常引起争论，很多历史学家
2 都对这一事件的真实性表示怀疑，并质疑以道听途说而闻名的李德·哈特在这种问题上是否值得信赖。[④]另一些历史学家认为英国指挥官不可能如李德·哈特所称的那样对前线情形一无所知。[⑤]那些描述最初似乎来自詹姆斯·埃德蒙兹爵士（Sir James Edmonds），他当时正致力于第一次世界大战多卷本官方历史的写作。李德·哈特经常与埃德蒙兹通信，将自己的书稿寄给埃德蒙兹。两人常常共进午餐，讨论过去的事情。李德·哈特的论文里还包含他 1927 年 10 月和埃德蒙兹谈完话后所做的注释，简要描述了该事件，只是引语稍有不同（"我们真的命令别人在这样的地面上行进？"）。这一定引起了李德·哈特的共鸣，因为他的《大战真相》一书讲到了这一事件，当然他也顺手将基格尔的话改得更富戏剧效果。一个传说就此诞生了。[⑥]

关于这位"哭泣的参谋"的描述已经根植在大众的关于第一次

世界大战的记忆中。基格尔的话出现在军事引语集和心理学课本上，还成了时事评论员们渴望激起大众情绪化反应时现成的套用语。[7]事实上，对一些人来说，基格尔的故事虽然不够可信，却揭示了一个更大的真相。文学学者保罗·福塞尔（Paul Fussell）仔细研究过这句引语，认为它听起来“因文学性过强而显得不太真实，好像最初是由某个熟悉古希腊悲剧可能还有莎士比亚历史剧的人杜撰或速记下来的”。虽然如此，这句话却“在精神实质上是真实的”。[8]本书从一方面来说，是对基格尔这段萦绕于心的话进行的一场调查，是为厘清 20 世纪最声名狼藉的战役之一进行的一次尝试。这场战役因何而起？又是怎样可能的？人们是如何在这样糟糕的环境下，为了看起来如此可怜的利益战斗并死亡的？有关帕斯尚尔战役的问题，包括这场战役为何打起来、怎样打起来以及意味着什么，仍然有待回答，或者说在过了 100 年后，还是常说常新。

这场战役发生于 1917 年 7 月 31 日—11 月 10 日，在伊普尔（Ypres）镇以东几千米的地方。1914 年德军的强势推进就在这里停滞。战役留下了屠杀的历史和苦痛的记忆，几十年后仍然历历在目。在 4 个月高强度的战斗当中，超过 50 万人阵亡或者受伤、致 3
残、中毒、溺亡，抑或深埋于这个比利时的小角落。伊普尔梅嫩门（Menin Gate）令人痛彻心扉的失踪者纪念碑提醒着我们，很多人的尸体从来都没被找到。他们只是消失在佛兰德斯地区厚重、粘腻的泥土当中。事实上，在一场纯属徒劳无益的战争中，帕斯尚尔尤其成了毫无意义的工业化屠杀之终极表现。据历史学家丹·托德曼（Dan Todman）所述，这场战役现在是“总结一切战争罪恶的文化标准——战争意味着或不意味着什么，战争开展的方式，最重要的是关于目的与手段的分割所带来的风险”。[9]

英国官方称帕斯尚尔战役为“第三次伊普尔战役”。德国人称之为“佛兰德斯战役”。不过，这场战役现在更广为人知的名字叫作“帕斯尚尔战役”。以这个小村庄命名，是因为它标志着那年英军推进的高峰。英军总司令道格拉斯·黑格（Douglas Haig）元帅原本希望这场进攻会对战争起到决定性作用，但这个被炮火彻底摧毁的村庄却最终成为失望和遗憾的代名词。这场大规模进攻最初设想的是突破德军防线、解放比利时大部，并且占领敌人海军沿海基地。但到 1917 年 11 月军事行动停滞为止，英军只推进了 5 英里（约 8 千米）。如果 1916 年的索姆河战役（尤其是该战役恐怖的第一天）可以被比作某种失落的纯真——彼时一代不列颠人面对着进入全面战争的可怕现实，那么第三次伊普尔战役就是绝望的泥潭——他们陷入但丁《地狱篇》（*Inferno*）中的绝境，没有丝毫被救赎的可能。历史学家 A. J. P. 泰勒（A. J. P. Taylor）写道：“第三次伊普尔战役是一场盲目战争中最盲目的屠杀。”[10]

就在进攻开始的那天，《泰晤士报》刊登了战争诗人西格弗里德·萨松（Siegfried Sassoon）表示反战的“公开信”，这在事后看来仿佛是个预兆。萨松“任性地违抗军事权威”，质疑这场战争是否已成为征服之战，是否“被那些有权力结束战争的人故意延长”。[11]萨松从没有在伊普尔打过仗，但是他将写出关于这场战役
4 最动人的诗篇之一——《纪念碑》（*Memorial Tablet*），用萧瑟的笔触描写了突出部的死亡景象：

乡绅的纠缠和欺凌到我从戎而终止
（应征于德比勋爵的全国登记制）。
我死于地狱（他们称为帕斯尚尔之役）：
我伤势轻微，蹒跚着回家，
一颗炮弹却在垫路踏板上炸起泥花；
于是我堕入无底的泥潭，光明尽失。⑫

用污泥来定义这场战役并不令人惊讶。英国战时首相大卫·劳合·乔治在他的《战争回忆录》（*War Memoirs*）第二卷中就称之为“烂泥战”。这本书出版于1936年，劳合·乔治将战役中黑格的短视看作大错（“这场战争中最重大的灾难之一”），并对此进行了严厉的抨击；他同时还谴责了黑格和帝国总参谋长威廉·罗伯逊爵士（Sir William Robertson），指出他们在很多重要议题上误导了战时内阁，包括法国军队的处境、（表面上看起来）处于弱势的敌军数量，以及地面情况。“取得的胜利被过分夸大了。无论这些胜利前面加了多少限定词，其背后

英国首相大卫·劳合·乔治。他承诺对德国实施“致命一击”，但强烈反对黑格在佛兰德斯的攻势。他未能阻止这场战役，这将终生困扰着他

都是事实上的战败。我方的伤亡数量比上报的要多，敌方的损失却呈金字塔状……所有会使人慌乱和泄气的事实都被压了下去”，而“我们却在脸上不遗余力地沥粉贴金”。黑格已经“完全心态失衡”，同时“刚愎自用地坚持他的进攻”而不是承认他的失败。第三次伊普尔战役就是一场“无意识之战”，这场战役“危及最终胜利的可能性”。[13]

劳合·乔治对该战役通篇否定的叙述深受李德·哈特的影响（李德·哈特曾被聘为《战争回忆录》的顾问），矛头不偏不倚直指总参谋部中的仇人。不过他并没有完全按照自己的想法进行叙述，总是有一些人，包括高级指挥官和军事史学家在内，辩称这场仗值得一打，也很有必要打。其中一人便是保守党议员达夫·库珀（Duff Cooper，1936 年版黑格传记的作者），他试图逆转这个“烂泥与鲜血”的潮流，强调佛兰德斯地区——无疑是英
5 国西线最重要的防区战斗背后的逻辑和道理，还有为法国军队减压的必要性。库珀认为，这场战役固然恐怖，但战役结束时，英军在伊普尔周围占据了更有利的阵地。他们的盟友法军恢复了元气，而德军“没有得到一点疗伤或制订新计划的喘息时间”。[14]

直到第二次世界大战之后，关于第三次伊普尔战役的官方叙述才得以出版，那时，阵营的划分已十分明显。在《英国官方历史》（*British Official History*）的所有卷本当中，没有一本如《军事行动 1917：第二卷》（*Military Operations 1917: Volume* Ⅱ）那么棘手，遭遇千弯百折才诞生。这本书的编写工作开始于 1939 年 9 月，但是进展缓慢、不断重写，内容也争议纷纷。[15]终于在 1948

年得以出版——《英国官方历史》中最后完成的一本。该书作者詹姆斯·埃德蒙兹爵士尽己所能地消除人们对这场战役的一些误解，尤其是“烂泥传说”，即被他称作“监听政府的知名平民批评家们”所兜售的内容——这些人指的正是劳合·乔治和李德·哈特。尽管埃德蒙兹并没有回避对总司令的批评——尤其在选任休伯特·高夫爵士（Sir Hubert Gough）为将军（第 5 集团军总指挥官）来指挥主攻的问题上，但是他对黑格发动战役的做法很是支持，包括战场和军事目标的选择。他的结论重申了其著作的主题之一：1914 年以前缺乏对欧洲大陆大规模作战的准备，这在战时不可避免地带来了毁灭性后果。“除非一个国家准备好了战略、人员和物资，”埃德蒙兹警告说，“否则就不能指望立刻取得伟大的胜利”。[16]

也许正如预期的一样，《军事行动 1917：第二卷》从未获得过一致的评判。该书问世时，读者来信如疾风一般。弗朗西丝·劳合·乔治［Frances Lloyd George，娘家姓史蒂文森（Stevenson）］指责埃德蒙兹在为帕斯尚尔战役“洗白”；[17]前空军参谋长特伦查德勋爵（Lord Trenchard）却不赞同，称该书“详尽而准确”；[18]约翰·戴维森爵士（Sir John Davidson，曾就职于英军总部）说该书“公正而理性”，让读者能够“以恰当的视角审视黑格勋爵的责任和决定”。[19]对李德·哈特来说，他认为尽管有正当证据，埃 6
德蒙兹还是有意对战役进行了更中庸、更亲黑格的阐释，很显然是因为他的官职和他紧密的战争情谊意味着不可能“把无情的真相”拿去付梓（或许正因如此他才热衷于将“哭泣的参谋”的轶闻分享出来）。[20]无论这种说法是真是假，埃德蒙兹尝试去站在黑格一边讲故事，或至少尝试着摒除一些对该攻势的古怪批判，但这种尝试注定要失败。《军事行动 1917：第二卷》始终没能转变劳合·乔治和李德·哈特所促成的对帕斯尚尔战役的主流观点——这块高地已经被占领了。[21]

即使公众对战役的记忆开始消退，争论也还在继续。20 世纪 50 年代末，历史学家约翰·特瑞恩（John Terraine）开始了长达一生的尝试，试图恢复道格拉斯·黑格爵士的名声；到现在黑格都首当其冲地被骂为“蠢驴”。特瑞恩认为，劳合·乔治和李德·哈特应该为“曲解历史”和“极不公正地判决”那些谋划和实施战役的人负责。[22]特瑞恩反对过分感性地解读所发生之事（他从不使用“帕斯尚尔战役”这个术语，而倾向于更严肃的“第三次伊普尔战役”），他沿袭埃德蒙兹划定的路线，强调比利时海岸的战略重要性，给法军减压的紧迫必要性，以及佛兰德斯地区的战斗给守军带来的可怕后果。这场战役在宏大的军事目标面前也许是失败的，但它标志着从那一刻起德军在西线的士气开始萎靡不振。而且，英军在这场战役中发展了战术技巧

陆军元帅道格拉斯·黑格爵士，英国远征军总司令，确信战争可以在佛兰德斯胜利，但事实证明他未能在 1917 年取得决定性胜利

和军备制造，并在日后的战争中将其发展到顶峰，尤其是 1918 年 8 月的亚眠战役。特瑞恩认为，这能让人们在合适的语境中去理解伊普尔战役如何成为胜利之路上的重要里程碑。[23]

李德·哈特和特瑞恩多年来一直互争上下，从黑格日记的可信度争论到英军和德军的伤亡统计数据。他们的辩论继续成为作家日后写作的话题，尽管总是作品热度很高但亮点很少。[24]利昂·沃尔夫（Leon Wolff）是一位美国空军军官，他在书中叙述了这场战役的始末，广为人知。书名叫《在佛兰德斯战场》（*In Flanders Fields*， 7
1958），叙述模式与李德·哈特十分相像，把帕斯尚尔战役描述为缺乏理解力与想象力的指挥官们实施的无谓屠杀。尽管沃尔夫声称本来想以所谓的“与人性无关的中立”来写这部书，但还是承认“我无法相信我所写的东西”。[25] 1978 年，琳恩·麦克唐纳（Lyn Macdonald）的《他们称其帕斯尚尔》（*They Called It Passchendaele*）出版，一切依然如故。麦克唐纳的书以超过 600 名目击者的叙述为资料，向新一代读者呈现了那些在伊普尔服过役的“英国兵、澳新兵以及加拿大兵”的故事。尽管作者总的来说避免了对劳合·乔治和黑格的直白谴责，但还是在一些地方提到。她的书读起来更像是小说或恐怖故事，而非严肃的军事历史作品。而且这部书的畅销更进一步坚定了大众对于帕斯尚尔战役的理解：“浴血奋战……超乎想象。”[26]

到 20 世纪 90 年代，越来越多的学者，有英国的也有其他英联邦国家的，开始重新审视英国军队在西线的表现，传播更加积极的“学习曲线”观点。不过这一修正主义浪潮仍未触及帕斯尚尔。1996 年，澳大利亚历史学家罗宾·普赖尔（Robin Prior）和特雷弗·威尔逊（Trevor Wilson）出版了《帕斯尚尔：不为人知的故事》（*Passchendaele: The Untold Story*）一书，但远远没有恢复这场战役的名声。他们描述了一个更加黑暗的故事。虽然劳合·乔治和黑格的捍卫者们多年来一直在一较高低，就这场战役的责任归属彼此责备、相互打击，但普赖尔和威尔逊对“军事指挥的错误判断”和“政治领导的任性自私”都进行了强调。英国首相被描绘为精力充沛与了无生气、决心坚定和事不关己的古怪结合——他勉强支持佛兰德斯战役却拒绝为其承担责任，而必要的时刻也不愿挺身而出终止战事。同时，黑格因为始终未从以往的战役中吸取教训以及面对顽敌抵抗时近乎病态的过度乐观而受到批判。正如作者所总结的，这“在任何意义上都不是军事艺术的登峰造极之作”。[27]

那么为什么要写一本关于帕斯尚尔战役的新书呢？尽管有着
8 标志性地位，但第三次伊普尔战役与第一次世界大战的其他一些战役相比，仍然算是相对着墨较少的。20 世纪 90 年代，当普赖尔和威尔逊钻研自己的书时，发现对于该战役的历史研究“单薄得令人震惊”——只有有限的几部作品问世，在这期间填补这个空白。[28]新近的作品已经聚焦于该战役帝国主义的一面，而澳大利亚、新西兰和加拿大的历史学家则使我们理解到帕斯尚尔战役的重大影响能波及多远多广。[29]然而，第三次伊普尔战役的种种重要元素仍然有待探究。德军的故事是最大的遗漏，大多数叙述几乎都没有花时间讲述德军如何战斗，尤其是他们如何适应佛兰德斯地区战斗中变化的战术和行动需要。[30]

《帕斯尚尔：碎入泥沼的希望》（*Passchendaele: A New History*）

尝试重新讲述这个声名狼藉的战役，在一个世纪的学术知识积累之上，以新鲜的视角审视这场战役。较之以往的历史研究，本书以一系列更为完善的原始资料为基础，包括交战双方的个人叙述、信件、回忆录、官方报告和战争日记。本书致力于呈现对该战役一次崭新的叙述：这场战役是怎样的体验，以及它对于为战争付出全部努力的协约国和同盟国双方来说意味着什么。本书在战略、军事行动和战术层面对该战役进行了全新的讨论，花了可观的笔墨来审视“山的另一边”。本书约 1/3 都关乎德军士兵，以及他们怎样在伊普尔突出部守卫其阵地。他们有着非凡的故事、在面对几乎不可想象的恐惧时展现出了勇气和智巧。事实上，只有把英德双方的经历结合起来，我们才能以新的方式再次评估这场战役，才能意识到黑格的军队在 1917 年 9 月和 10 月离决定性的成功曾有多近。甚至可以说，第三次伊普尔战役从某些方面来说，是这场战争中“失去的胜利”之一。

“决定性的成功”或是“失去的胜利”，这样的概念与帕斯尚尔放在一起，第一眼看去似乎古怪又反常。不过，再看一遍这场战役，我们会惊讶于 1917 年 10 月英军离迫使德军在比利时大面 9
积撤退有多么的近。通过加快军事行动以及让德军蒙受越发难以承担的伤亡率，英国军队为重要的政治和战略成果打开了一扇机会之窗——也许甚至能达成某种妥协下的和平。在本书作者看来，这个故事之前从未被全面地讲述过，这场战役也绝非主流观点所认为的那样完全徒劳，缺乏意义与目标。相反，1917 年的夏秋，重大的成功对英国来说触手可及，若这场战役的指挥方式能稍有不同，不难想象整个战争的进程将会发生戏剧性改变。

帕斯尚尔战役有着复杂而漫长的历史。战役的谋划与展开便耗时数月。它还经常跟其他战役交织在一起，与这些战役同步进行，最终于 1917 年的夏末和秋天成为整个战争的焦点。故事开始于 1916 年末至 1917 年初的冬天，当时新的协约国军政领导层试图挽救徘徊在危险边缘的战争运筹。1916 年在凡尔登和索姆河进行的大战没有产生决定性的结果，只是在法国、英国和德国的伤亡名单上增加了数十万的名字。战争在法国和比利时眼看陷入永恒的僵局，必须做出重大决策——如何赢得战争，必要情况下给予其他战线怎样的增援。在东线，俄国军队马上要接近忍耐的极限了，越来越无力抵御同盟国；而意大利的战争投入显然已经超出了维持国家运转的限度。就在这样纷繁复杂的情势下，西线最令人恐惧、也最令人入神的一役即将打响。100 年过去了，第三次伊普尔战役依旧值得我们关注。

引子

尼韦勒攻势

我们现在有了诀窍。

——罗贝尔·尼韦勒[①]

1917年4月16日

胜利在握。这位新上任的总司令——罗贝尔·乔治·尼韦勒（Robert Georges Nivelle）将军，曾肯定地保证过。1916年9月，他被任命指挥法国北方的军队，代替疲惫不堪的大人物约瑟夫·霞飞（Joseph Joffre，他自1911年起便担此重任）。尼韦勒想将战争打得更有力、更积极。对一个急于在痛苦不堪、磨难重重的挣扎中寻找出路的国家来说，尼韦勒似乎是完美的人选。作为1916年凡尔登战役的陆军指挥官，他率领军队夺回了杜奥蒙堡垒（Fort Douaumont）。他利用最新的炮术，包括广为人知的“徐进弹幕”

（creeping barrage），* 使步兵能够冲破曾被视作无懈可击的敌军阵地。步兵和火炮协同作战的新方法在战术上取得了成功，这让尼韦勒相信，他已经找到了堑壕战之谜的解决办法。于是他计划更大规模地施行这种战术。他自信而肯定地说，协约国这次毫无疑问会取得决定性胜利。

尼韦勒建议，协约国的这次大规模攻势于 1917 年 4 月发动。他预计这场进攻将对西线的德军造成毁灭性打击。4 月 9 日，阿拉斯（Arras）附近的英军和法军发动了初步进攻，之后，尼韦勒的将近 40 个师组成的后备军将会在一星期后，沿埃纳河（Aisne）施
12 以决定性一击。一旦他们扫清了贵妇小径（Chemin des Dames）沿线的敌方守军，法军会诱使德军剩余部队进入开阔地带，然后，用尼韦勒蔑视般的说法，"在西线摧毁敌方部队的主力大部"。如果一切按计划进行，他判断这个决定性的时刻将在攻势开始后 24—48 小时内发生。这简直让人叹为观止。②

整个国家弥漫在乐观的情绪当中。有报道指出："我方军队形势大好。""攻势的发动越迫近，寄予的期望就越大。人们谈论着法国军队就要开往拉昂（Laon）和梅济耶尔（Mézières）地区。他们畅想着协约国能大举推进，在默兹河（Meuse）凯旋。"③然而无论尼韦勒拥有怎样的品质，他还是很不幸，因为拿破仑最为重视的一个要素——运气，抛弃了他。在他的攻势即将发动的一个月前，德军就已经按预先计划开始撤退。他们从阿拉斯和苏瓦松

* 移动的炮火之墙，以预先规定的速率逐步席卷整个战场。设计的目的是让守军被迫寻求躲避，以掩护进攻步兵到达他们的目标。——编者

（Soissons）之间过于分散的阵地撤回，占领了一条特别构建的后防线，即兴登堡防线（Hindenburg Line）。重新部署开始于3月16日，在接下来的3天当中，4支集团军从超过160千米长的前线撤下来，所过之处留下一片饱经蹂躏、满目疮痍的废墟。他们的目的是在撤出后不给敌人留下任何可能有用的东西——铁路、公路、桥梁和供军队驻扎的房屋。德军下手毫不留情。正如一位高级军官冷酷的说法，这是“一次炸药的狂欢”。[4]因为在尼韦勒攻击前就占据了兴登堡防线，德国守军成功破坏了一条极好的战术计策。他们的前线缩短了近55千米，腾出了13个师和55个重型炮兵连，为德国最高指挥部提供了一支立等可用的战略预备队。[5]

然而，变化的形势并没有促使尼韦勒对计划做出任何改变。尼韦勒意识到很多事情似乎都依赖于他的进攻，所以这位法国指挥官决意坚持既定战略，认定攻击必须进行，不愿意承认计划已被破坏。更糟的是，德国最高指挥部知道了他的计划，他们在进攻开始前几周又增援了几个军，并且及时整顿军纪（尼韦勒的指 13
挥部在保密方面是出了名的松懈）。与尼韦勒顽固不化的盲目乐观相反，在英法两方军队中，越来越多的野战指挥官开始怀疑某些地方出了严重的问题。3月，法国总理亚历山大·里博（Alexandre Ribot）与3名集团军群指挥官进行了面谈，他们都对能否达成尼韦勒的宏大军事目标持保留态度。[6]然而这些警告被忽略了，尼韦勒被允许继续行动，于1917年4月16日早晨将法国军队推向贵妇小径的命定之路。

进攻最终继续进行，结果是一场灾难，法国步兵有如进入刀俎下的屠宰场。在食物和补给十分有限的条件下，他们抵达开阔地带的梦想眼睁睁地破灭了。第 6 集团军的第 10 殖民地步兵师所经历的可怕场面，较为典型地反映了法国士兵或更常见的是塞内加尔士兵在那个寒冷而致命的早晨面对着什么。地面是第一个障碍。在进攻之前“几乎完全没有”对德军的防线进行适当的观察。大多数守军士兵都能进入地下掩体（被称为 creutes*），那里不可能被定位，而法国部署火炮的空间还很有限。天公也不作美。在整整 9 天的预先轰炸（preliminary bombardment）†中，不间断的开火只持续了 21 小时，因为乌云压境，雨水如注。“他们的火炮”，恰恰相反，“开火不多却极为精准地打向沟壑中挤作一团的法国炮兵连……”⑦

在进攻之前几个小时，糟糕的天气似乎又有恶化，大风夹着雨雪，拍打着一排排挤作一团等待发起冲锋的步兵。来自非洲的殖民地士兵从没有经历过这样的境况，在很多地方都身处及腰的水里。当进攻的命令发出时，第 10 师几乎立刻就地停了下来。这些士兵本来应该以每 3 分钟 100 米的速度行进，这是尼韦勒著名的“徐进弹幕”的前进速度，但是这实在太快了。当各部队遇到障碍因而步调放缓时，他们就失去了火炮的支持。灾难就此注定：

> 14 敌人任由他们越过防线，然后从地道里爬出来，随心所欲杀死这些步兵，而自己却没有遭受任何损失……怀着对“必

---

* creutes 为法语词，意为“地道”。——译者

† 第一次世界大战期间堑壕战的一种常见战略手段，即在步兵进攻之前，动用一切可用的重型火炮对敌人防御工事进行轰炸。——编者

> 然的”推进的期待，士兵们背着沉重的三日份补给，只携带了两三枚手榴弹。只用了几分钟他们就抛下了这些，因为手榴弹不断地在他们的粮袋中爆炸。因堵塞而失灵的机枪毫无用处，只能被扔掉。这些塞内加尔士兵与他们的长官失去了联系，相拥在一起，尽皆阵亡。⑧

关于此次行动的一篇报告总结道，之前士兵的士气空前高涨。“在基层部队中贯穿着一种必胜的信念。高层则明显存在不安，但是他们仍有信心。他们以为既然最高指挥部做过评估，那么这次军事行动就是有必要、一定会成功的。”⑨

令人难过的是，第10师的悲剧在生死攸关的4月16日那天并不是个案。法军各师在一次次前进的尝试中败下阵来，一列列恐惧的法国士兵，用他们暗淡的天蓝色外套挡着雨，伛偻着仿佛行走在大冰雹中，因为德军的炮击和掩体中探出的机枪在他们的阵列里撕开了一个个血窟窿。整营的法军在铺天盖地的炮弹中覆灭，虽然几辆法军坦克侥幸到达起始线，却迅速成了敌军炮火攻击的焦点。英军联络官爱德华·斯皮尔斯（Edward Spears）少校试图去前线看看出了什么事，结果只遇到返回的一列列伤员和担架上数以百计的士兵，所有人都“沾满泥浆和鲜血”。一个精神彻底崩溃的士兵喃喃地对他说：“全完了，我们做不到，我们永远也做不到。这是不可能的。”

那一晚，下了一整天的雨转为雨夹雪，随后开始结冰。白雪覆盖了战场，堆积的尸体和死去的马匹，仿佛披上了银色的斗篷。

“在德军那一边，”斯皮尔斯写道，“大束大束的血红色鲜花长出来，又令人懊恼地慢慢凋落”。他撞见一处营火，几个法军士兵围坐在一起抽烟。那些战士“脸色茫然，直瞪瞪的眼神里是极度的疲惫”，这幅场景震撼了他，是他在整个大战中见到过的最沮丧、
15 最幻灭的景象之一。他继续孤独前行，返回后方防线，时不时地回看北边还在冒烟的前线阵地。

> 当前我们停在一场永恒的交通堵塞中。回望埃纳河，我可以看到光突然闪起，听到遥远的爆炸声，似乎又有战斗发生。枪声会突然响起，好像在竭力填补一整天喧嚣过后的那令人压抑的空旷。不时会有某一挺机枪发出砰砰声，便有其他机枪回应；远处的来复枪响不规律地刺破寂静，比生硬的机枪声听起来更狂暴、更激愤。很容易想象出当晚那里是怎样一幅图景：到处是活鬼魂，他们每个人与鬼魂世界唯一的区别，就是头部或心脏的一颗子弹带来的剧痛，或是每隔几分钟或几小时就煎熬难忍的致命伤。[10]

这些枪炮声标志着尼韦勒宏大的“决定战”已是穷途末路。“法国历史上最后一次拿破仑式进攻”以失败告终。[11]

尼韦勒将军摄于战役结束后的照片展示出一副精神恍惚的形象，眼神迷离，好像看到了永远忘不掉的东西。他的魅力与和蔼（他在接替其前任时曾以此著称）在法国最高统帅部得知伤亡惨重的事实后根本不值一提。期望破灭了，因为进攻毫无结果。参

谋军官让·德·皮埃尔弗（Jean de Pierrefeu）当天傍晚把一份公报拿给尼韦勒，发现他“焦虑不堪”，一点儿也没有传说中的魅力或愉悦。“他的身高似乎变矮了，浮肿破坏了强有力的脸部线条，”他写道，“他穿着沉重的炮兵靴，这使他的脚步更沉重，好像很沮丧一般。他的眼神几乎没有光，始终严肃的表情中平添了一份悲伤”。尼韦勒缓慢地、审慎地读着公报。抓了 1 万名俘虏，但有价值的村庄和城镇却没夺下多少，而法军缴获的德军枪炮更是寥寥无几。沉默中，这位将军在文件最后添了几句（精简了涉及敌军实力的片段），然后签署了它，打发皮埃尔弗离开。尼韦 16
勒的预言——自上一年冬天起一直预测的大胜，被打破了。[12]

战斗在埃纳河和香槟地区继续，时断时续，直到 5 月 9 日，尼韦勒攻势告终。尽管确实有收获——一些重要的战术阵地和 2 万名敌军俘虏，但与法国蒙受的巨大损失相比，这些战利品显得微不足道、令人失望。在 10 天的战斗结束之后，法军的伤亡人员超过 9.5 万，其中 1.5 万阵亡。[13]人们在尼韦勒承诺的胜利上倾注了太多希望，所以此番计划的落空带来的打击是毁灭性的。一星期后，尼韦勒被撤职，发配去指挥北非的法军。然而，这场战役的后果远不只是一位将军的蒙羞，无论其军衔多高。4 月 16 日的打击对于法国的战争运筹而言堪比一场心脏病。几天内，军队的士气开始崩溃，一直蔓延到前线。虽然法军的重要战区仍然稳固，但是相当多的师内部开始哗变，拒绝进入前线，沉溺在法国官方历史所称的“集体无纪律行为”当中，情况告急。对于法国国民来说，这将是战争中最危险的阶段。

1917年春夏波及整个法军的哗变事件是多重因素作用的结果，尤其是投入不恰当的资源却试图击败精心准备、力量强大的敌人所带来的惨痛代价。官方的描述将其归咎于“毋庸置疑”的长时间战斗。[14]来自54个师的数千名法军士兵决定反抗他们的长官，这些士兵为3月爆发的俄国革命喝彩，呼吁休战、更多假期以及更好的待遇和伙食。如有必要，他们会守卫己方前线，但是绝不会再发动进攻，除非他们的不满之处得到妥善解决。4月底，第一批部队开始泄气，他们大多来自深度参与了埃纳河战斗的第6集团军。在接下来的一个月，严重的无纪律行为让法军陷入骚乱，无力发起任何新的进攻。

17 红旗插在列车车厢门上，火车经过的每一站都可以听到革命的呐喊，车窗被打碎了，车头被分离了，水箱被抽干了，非战斗士兵、车站巡警甚至偶尔还有警官遭到辱骂和攻击，枪声响起。[15]

如果敌人猜到正在发生的事情，西线的整个法国防区也许都已沦陷了。

尼韦勒的继任者是集团军群指挥官亨利·菲利浦·贝当将军（General Henri Philippe Pétain）。他要负责恢复军队的健康心态，尽己所能地维持法国日益衰减的军事力量。他也许不具备上一任所拥有的天资和魅力，但是贝当是一位杰出的军人，整个法国都知道他是一个关怀部下的人。他立刻开始行动，走访前线，在短短一个月就视察了将近 90 个师。他会花几小时和法军士兵谈心，和他们的军官及士官们谈话，倾听他们的满腹不平，然后告诉他们（他蓝色的眼睛透着冰冷和坚定），在大敌当前哗变是“滔天罪行”。他会对那些危及法国安全的人毫不留情，但是也会尽己所能确保士兵们得到更好的照顾和关注。让·德·皮埃尔弗是这位新任总司令的忠实支持者，称赞贝当“有声望、有权威、有掌控力”，重振了军队衰弱的士气。“他像一个普通人一样和士兵们讲话，用他的威信镇住士兵们，而没有试图降低自己的地位……事实上，将军的所有力量都来自他的人性。他憎恶多愁善感，但当他看到救护车时却永远也无法不动情。”正如皮埃尔弗后来提到的，短短几个星期，“所有反叛的迹象都荡涤干净了”。[16]

贝当迅速而谨慎地解决了军队低落的士气，但是那年春天的灾
难预示了法国在战争后续的参与中变得多么虚弱无力。之后还会有
更多战斗，但是从那一刻起，法国将需要援助。正如贝当所述：进
攻不再会有了。他们将等待坦克，等待美军。唯一的问题是时间。
坦克的制造仍然落后于计划，因为在技术和工业方面举步维艰；而 18
美军尽管刚加入战争，也需要数月（也许数年）的谋划和组织才能
将其军队投入战场。协约国西线的战争运筹此刻陷入令人战栗的停
滞。无可否认，1917 年是这场战争中最黑暗的一年。

第一章

战争的调遣

19 我们即将进入的时期，充满了矛盾、对立、犹豫和怀疑。

——爱德华·斯皮尔斯[①]

1916 年 12 月 5 日—1917 年 5 月 6 日

在注定失败的尼韦勒攻势血染贵妇小径山坡的 4 个月前，大卫·劳合·乔治成为英国首相，承诺要对德国实施“致命一击”。1916 年 12 月 8 日，《泰晤士报》宣称其为“时下最关键的人物”。[②]报上说，“昨天，劳合·乔治先生受到了英国国王的亲切接见并在他就任首相时向国王行了吻手礼。早在这之前，伦敦所有关于‘危机’的说法就已经烟消云散”。安德鲁·伯纳·劳（Andrew Bonar Law）的统一党（当时英国下议院最大的党派）宣誓支持劳合·乔治，同时很多自由党人也开始“拥护劳合·乔治的标准”。普遍的印象是，新一届政府将会是强有力的（社论提到，“也许类型不同寻常”），“但是对眼下面临的工作来说，再合适不过了”。[③]

劳合·乔治登上了英国政治生活的最高位，这是显赫的成就。作为一名政客，他行事激进，充满活力，以不循常规的生活作风为傲，很长一段时间，他被描述为狡猾而不值得信赖。在他的自由党中，很多人从来都不喜欢他；对于保守党来说，他对南非战争（1899—1902）的反对态度，是他需要花费数年才能洗刷的污点。不过，尽管劳合·乔治有很多缺点，他还是有一些长处给所有被他吸引的人留下了很深的印象。莫里斯·汉基爵士（Sir Maurice 20
Hankey）是战时内阁的秘书，他把首相描述为散发着“一种非凡的力量感，我在别的人身上从来没有感觉到过”的人。劳合·乔治“个头相当矮小，但是他跟他的很多同胞一样有着结实的骨架，还有他的健康肤色也透露着体格的健硕。他的头很大，棱角分明，一头浓密的黑发因为对公务的操劳而逐渐变灰。他脸上最明显的特征是眼睛，眼神变幻莫测，时而温柔多情，时而喜乐泛光，时而怒火闪现——这是一双机敏之眼，深不可测”。[4]

虽然其他的主要人物在战争期间名声都一落千丈，比如说赫伯特·阿斯奎斯（Herbert Asquith）、温斯顿·丘吉尔及爱德华·格雷（Edward Grey），劳合·乔治却声名鹊起，令人羡慕。到他入主唐宁街10号（英国首相办公室）为止，劳合·乔治已经成功地赢得了赫赫威名——一个富有驱动力、创造力的人，而且作为军需大臣（Minister of Munitions）“充满干劲”。尽管他生于烟雾弥漫的曼彻斯特城郊，但是他的威尔士背景（他的父亲是威尔士卡那封郡拉纳斯蒂姆杜伊村的浸信会牧师）总是使他难以融入政府决策圈。他时常抨击其中的摇摆与混乱，认为这妨害了英国的战争运筹。他几乎是立刻就行动起来，组建了新的战时内阁，只有 5 名成员，包括他和他的主要盟友伯纳·劳。[5]这应该为长期坚持“照常办公”路线的威斯敏斯特政区注入一剂急需的解药，那便是劳合·乔治传奇般的举措与活力。

毫无疑问，当时需要这样紧急地组建领导层。在战争进行了两年半后，协约国的战争运筹似乎每况愈下，逐渐无可阻挡地走向战败。德国 1914 年对法国和比利时的侵略或许中止了，但是协约国接二连三的攻势在最后的整整两年中却几乎没能将敌人赶出一村一镇，同时损失却令人震惊。到 1916 年底为止，法军在行动中的死亡或失踪人数将近 120 万。[6]英国不像法国那样伤亡惨重，但是他们在索姆河战役寄托的取得决定性大胜的希望，却被机枪
21 火力和炮火粉碎了（代价是超过 40 万士兵死亡、失踪或受伤）。[7]其他地方，协约国遭遇的似乎只有灾难。对加利波利（Gallipoli）的干预，原本想逼奥斯曼土耳其退出战争，结果却是血淋淋的大败。当时一支英法联军登陆巴尔干半岛（迟到但英勇地尝试帮助塞尔维亚人），却在远征的时候被囚禁在萨洛尼卡（Salonika，希腊第二大城市塞萨洛尼基的旧称）。这次远征很快成为战略上不连贯和浪费的代名词。

起初，劳合·乔治对于尼韦勒 1917 年春在西线进行大进攻的计划深表怀疑。他不相信庞大而有力的德军有被摧毁的可能，所以本能地向别处寻找答案。答案不是在西线作战，而是转而击败德国的盟友。一旦德国孤立无援，英国就将拥有强大的欧洲联盟去征服德国皇帝。他坚定地支持萨洛尼卡远征，尽管结果令人大

陆军上将威廉·罗伯逊爵士，帝国总参谋长，一名直率且务实的军人。当劳合·乔治反对进攻佛兰德斯，而黑格一心要发起决定性行动时，他夹在其间左右为难

失所望，但他仍然认为如果协约国集中足够的战斗力，就能一举击败保加利亚。倘若这一目标未达成，就把尽可能多的战士和枪支送给意大利人，然后与奥匈帝国做斗争。他反复强调，协约国务必要尽快在某个地方赢得些什么，否则他们的人民就坚持不下去了。[8]但是无论劳合·乔治多么雄辩、多么积极地敦促战时内阁改变英国战略，跳脱法国去别处寻找答案，他总是会遇到一个障碍，即英军的职业领袖、帝国总参谋长威廉·罗伯逊爵士。

罗伯逊是人中磐石。一个同僚描述他“身材结实”，拥有“醒
目的外表”。“他看起来就散发着力量，让你本能地感到面前的男
人有铁一般的意志和体质。他强健、结实的骨架给人的印象是富
有能量。”[9]他是英军中唯一升遍每个军衔的军人——从士兵到元
帅。罗伯逊是林肯郡一位邮政局长的儿子，他逻辑清晰、洞若观
火、精明强干。罗伯逊认为，这场大战只可能在法国赢得胜利。
正如他在 1915 年 11 月所写，只有“通过打败或拖垮同盟国的主 22
导成员”，即德国，才能取得胜利。“因此对每个军事行动计划的
考察，都必须看它能否导向这一结果”——德军在西线的决定性战

败。任何计划若非服务于这一目标就应该被摈弃。[10]

罗伯逊说的很多是正确的，但是劳合·乔治从来都没有接纳过他的观点。他认为，这位帝国总参谋长（CIGS）与他所属的军人阶层一样，缺乏想象力，愚蠢不堪，打起仗来没有一点活力或智慧。劳合·乔治指责罗伯逊在法国战场的指挥官道格拉斯·黑格元帅面前“畏畏缩缩”“唯唯诺诺”（黑格在陆军序列中本来就是罗伯逊的上级），认为罗伯逊作为帝国总参谋长“完全不称职”，不能承担起这个要职的“全部重任”。他写道，罗伯逊所拥有的特质“让他在军队中快速晋升”：他“谨慎”而“持重”，“从不表态”且“恪守正统”，“稳扎稳打”但“庸庸碌碌”。“因此他所犯的错误都源自消极思维，而它们总是与军队规章和传统保持一致，于是为他的晋升发挥了正面作用。”“这样的人放到任何职业中都能上位成功。”劳合·乔治讽刺地补充道。[11]

问题在于，这位首相发现摆脱他的死对头是不可能的，无论罗伯逊还是黑格。为了确保得到统一党资深人士的支持，劳合·乔治已经同意继续让黑格在法国战场担任总司令。而且，因为德比勋爵（Lord Derby，被称为“士兵的朋友”）是陆军大臣（Secretary of State for War），这意味着劳合·乔治发现自己在不止一个场合被战略观念相左的顾问们禁锢起来。[12]因此，要以劳合·乔治明确要求的那种“一张白纸”式的方法来处理战略问题就极为困难。当成为首相时他发现游戏已经开始、行动已经铺开、战略已经确立，他不可能简单地按照自己的喜好重置棋盘。

这位首相仍然对 1917 年西线任何进攻的前景表示深深的怀

疑，但是，尽管他疑虑重重，他的怀疑还是被尼韦勒将军令人安 23
心的强大阵势所打消。[13]这位法国指挥官对于在 24—48 小时内取得一场“轰动性胜利”的保证也许并不是劳合·乔治真正想听的，但至少法国人将肩负起进攻的重担。唯一的问题是确保英军发挥他们的作用，而且在这一点上，劳合·乔治决心维护他的权威。1917 年 1 月，黑格表示了对于法国铁路系统状况的担忧，因其当时已不堪重负，这可能会使英军无法如期接管大部分尼韦勒安排的法国战线。劳合·乔治决定采取行动。他没有胆量直接管控英军总部，于是便与法国政府密谋让黑格成为法军总司令的部下，这样黑格的自主性就会被削弱。劳合·乔治觉得只有作为统一的、团结的军队来行动，协约国才能在西线有效作战。这种推断在当时完全合理［一年后费迪南·福煦（Ferdinand Foch）就会成为协约国联军总司令（Allied *Generalissimo*），而且取得了一些成功］，但是他试图达成目标的运作方式却是典型的政治动物所为——偏爱暗箱操作。

劳合·乔治的谋划（让黑格成为尼韦勒之下的集团军群指挥官）已经透露给了英国军事代表团，包括罗伯逊在内的人已经在一场 2 月 26 日在加来（Calais）召开的协约国联合会议上了解了这一计划（会议表面上是为了讨论黑格提出的铁路问题）。在一个合适的时机（经由劳合·乔治小心翼翼的引导），尼韦勒提出，从 3 月 1 日开始，法军总司令（他自己）应对英国远征军（BEF）行使完全权力，尤其是在如何开展地面军事行动上。为了确保工作顺利进行，一位英国高级参谋将被派去法国最高统帅部（GQG），充当两军之间的联络人，确保法国的指令得以执行。[14]能形成如此难以置信的提议全仰仗劳合·乔治，他已经向法国总理阿里斯蒂德·白里安（Aristide Briand）明确表示，英国政府希望做此安排。对于法国代表团来说这是一个极好的消息，如此他们就能控制并指挥他们最强大的盟友了。何况这个盟友在法国人看来一贯表现
24 得很独立，这是很危险的。终于，在两年半后，英国将不得不服从法国的计划。

对于罗伯逊和黑格来说，他们完全没有意识到劳合·乔治在计划什么，这令他们恼火而惊讶，愠怒到窒息。罗伯逊对于首相严肃地考虑着交出他们的军队感到很惊奇："在 48 小时之内，无限期地将自己的军队交给一个没有任何最高指挥经验的外国将军，而对于即将到来的战役，英军有责任感的士兵中没有一人跟这位将军持相同的乐观情绪，法军中也几乎没有。"[15]幸好英国的代表团中有最高水平的参谋，包括罗伯逊的军事行动长官弗雷德里克·莫里斯爵士（Sir Frederick Maurice），以及永远在场的莫里斯·汉基。他们都已经具备朝臣应有的处变不惊和政治嗅觉，悄无声息又高效地"重新起草"了尼韦勒的函件。那晚他们在自己房间里的打字机上一直咔嗒咔嗒工作了一个通宵，字斟句酌地修改，试图形成挽回颜面的折中案，使各方能达成一致。最终，在艰辛的努力之后，一份提案推敲出来。这份提案将黑格置于尼韦勒的指挥之下，但仅仅是在即将来临的军事行动期间（尼韦勒在埃纳河的推进以及黑格在阿拉斯附近地区的预先进攻），而且至关重要的是，这份提案包括了一条例外条款：在黑格觉得这位法国总司

令的命令对自己的军队构成“安全威胁”的情况下，他可以向自己的政府求助。⑯

关于劳合·乔治在加来的动作，唯一能为他开脱的是尼韦勒的主攻出乎意料的完胜。然而它那惨痛的失败令劳合·乔治饱受诟病，成为其易受攻击的弱点。罗伯逊和黑格永远都不会忘记他的背信弃义。首相的秘书弗朗西丝·史蒂文森写道：“道格拉斯·黑格爵士在两大领导人的斗争中地位一跃而上，我担心大卫将来不得不极度谨慎，鉴于他在英法的对立中支持了法国人。”⑰令首相更加难堪的是，黑格现在因其在阿拉斯实施的支援行动而受到赞誉。该行动以极其壮观的方式于 4 月 9 日开始。当天早晨，加拿
大军队攻袭了维米岭（Vimy Ridge），顶着雨夹雪和冰雹夺取了西 25
线最难攻的防御阵地之一。其他的地方，陆军上将埃德蒙·艾伦比爵士（Sir Edmund Allenby）的第 3 集团军也成功地将敌人赶出了他们在阿拉斯东部的阵地，对德国第 6 集团军施以粉碎性一击，在德国最高指挥部造成了一次小型危机。

阿拉斯或许是一个充满希望的开始，但是尼韦勒将军主力进攻的全线崩溃让协约国走入战略上的死胡同，一片愁云惨雾，只在 4 月 6 日美国对德宣战时阴云才部分消散。情况甚至比冬天的时候看起来还凄惨，至少那时还有一丝希望之光来温暖协约国的心，想着尼韦勒的手中会藏着什么好牌。现在，这位法国指挥官被揭穿是个牛皮大王，一种日益浓厚的战争倦怠感和绝望感开始弥漫在各协约国首都。在伦敦，劳合·乔治感觉战争的转折点已经到来。自 1914 年 8 月起，英国击败同盟国的战略主要立足于四

点：俄国陆军的实力，法国陆军的进攻成效，英国海军的优越性及其雄厚的财力。到 1917 年春天，这些立足点一个接一个地崩塌了。俄国的军队因伤亡惨重、叛逃率居高不下以及持续数月的军纪涣散而遭到严重削弱，而圣彼得堡的动荡局面最终迫使沙皇尼古拉二世于 3 月 8 日退位。[18]尽管人们本来希望新的临时政府会施行更有效的统治，没想到它只是标志着俄国战争运筹持续衰败的另一个阶段的到来。此外，英国的国库就快难以为继，最令人担心的是，皇家海军正在竭尽全力遏制德国 U 型潜艇的新一轮攻势，否则英国的海运生命线将面临被切断的威胁。[19]

5 月 1 日，劳合·乔治主持了一场帝国战时内阁会议，国防大臣、布尔（Boer）战争前指挥官扬·史末资（Jan Smuts）将军就“总体和军事局势”做了报告。虽然对不久的将来西线取得“较大规模的”突破“没有信心”，史末资还是觉得要有所行动。如果法国人采纳了贝当“积极防御”的政策，那么英国的军队就应该集中在北部，直插泽布吕赫（Zeebrugge）和奥斯坦德（Ostend）。他
26 说道：“我认为，一场以恢复比利时海岸、消灭敌人两个先进潜艇基地为目标的进攻，比当前的进攻更有价值。”尽管这毫无疑问会呈现出许多困难，它还是比单单为解放更多法国领土发动的军事行动更可取。史末资提到，无论做出什么决定，都确实该彻底重新审视英国军事和海上战略形势，以便给予英国指挥官们最大的可能去赢取胜利。[20]

罗伯逊也在会上传阅了他的文件。文件中对史末资提出的几点进行了评论。这位帝国总参谋长认定只有一条路线可依循：“继

续进行我们和法国人已经开始的战斗。”他认识到他们的盟友可能暂时不愿发动大规模进攻，但也警告了内阁这种不作为的风险：德国有可能会利用任何喘息的空间去压制俄国或意大利。无论如何，是否能确定“我们自己的海运还能再继续一年，而且法国人民和英国人民能够承受住一年的无所作为带来的压力，同时还能忍受不断加重的贫穷困苦”？罗伯逊的观点是，无所作为太冒险了。因此，他们必须尽可能地给法国人施加压力，令其继续战斗；如若不成，就应坚持让法国人接管更多的前线，然后重新准备在比利时发起进攻。用罗伯逊冰冷的话语来说就是，继续保持防守“就好像预示着我们的失败”。[21]

劳合·乔治展示了他一贯的态度，反对目前再在西线发起任何进攻。他认同贝当的观点，即进行战略性防御的同时等待时机直到美国到来，不应该遭到抛弃。更有甚者，如果英国军队独自战斗，面临的将是德国战略预备队的“主力大部”，有可能耗尽自身兵力却不能取得实质性进展。无论如何，海运的问题，以及对更大吨位船只的迫切需要，意味着首相正在认真考虑要从军队撤回士兵支持造船业，因为造船业是“我们最脆弱的软肋”。不过，令 27
劳合·乔治格外沮丧的是，内阁与他们的军事顾问保持了一致，即认为怠惰无为是不可接受的。如果法国当局对继续进攻的呼吁不为所动，那么英国人就“应该坚持我方完全的行动自由权，并坚持令法国军队重新占领新近被英国军队接管的堑壕”。那之后会发生什么还不明朗。英国远征军会进攻，但是进攻哪里、怎样进攻仍然是一个开放的问题。[22]

3天后，当劳合·乔治行至巴黎参加联盟领导人的一场会议时，他碰到了同样的战略困局。罗伯逊敦促继续在西线进攻，尽管他的目的是“损耗直至耗尽敌军的抵抗能力”，而不是试图突破防线。法国总理亚历山大·里博与罗伯逊意见相同，表明法军将尽全力保持进攻态势。然而，这些军事行动的开展并不会作为“撕裂战略”（strategy of the rupture）的一部分，而是会“有限制地”开展，意图使“损失最小化”，同时保存国家的资源。[23]尼韦勒确实参加了会议，但是他因为贝当的在场而黯然失色，如今后者的战略现实主义开始主导法国的战争运筹。实施突破，即使是有可能的，也已成为历史。

当时，在劳合·乔治看来，整个局势十分令人不满。他传奇般的雄辩技巧，广为称道的威尔士魅力，似乎不再管用。事实证明，将他的指挥官和内阁同僚们从法国支开比预想的困难得多，而这些人再次显示出对西线无法抗拒的关注。令他万分懊恼的是，他的“意大利冒险”始终未见起色——甚至意大利人对劳合·乔治的试探也表现得不冷不热。他们害怕独自进攻，这样就会吸引来德国的预备役部队。他们也知道，向别国借重型火炮（这类供应很常见）只能是一个暂时的举措。[24]因此在巴黎，劳合·乔治别无选择，只能施行战术撤退。达成一致的是继续在西线进行“不懈的”进攻，但选取“有限的目标，同时充分利用我们的火炮”。这些军
28 事行动的“时间和地点”，“必须留给负责的将军们去决定”——这是一个日后会让首相后悔的决议。从黑格来讲，他很高兴。“劳合·乔治先生做了两场非常精彩的演讲，在演讲中他说他无意充当

一位战略家，而把决定权留给了他的军事顾问。他说我作为英国军队在法的总司令（C-in-C），有充分的权力在我认为最合适的时间和地点发起进攻。”[25]眼下似乎确定无疑的是：这位威尔士“巫师”的咒语用尽了。

在劳合·乔治成为首相3天前，罗马尼亚的首都布加勒斯特遭德国第9集团军攻陷。在西里西亚地区的普莱斯，德国最高指挥部总参谋长保罗·冯·兴登堡（Paul von Hindenburg）听到这个消息时毫不掩饰他的喜悦。当晚，他就军事局势撰写了报告，结束时写道：“一个灿烂的日子。”他踱出屋外，来到冬夜的雪地里，聆听教堂的钟鸣声散播着得胜的消息。他写道：“很长一段时间，我的脑海里只有我们勇猛的军队取得的卓绝成就，我还希望这些功绩将使我们尽快结束这场可怕的战争及其带来的巨大牺牲。”在不到4个月的时间里，罗马尼亚，这个在1916年8月对德国和其盟国宣战的国家，就遭到铁蹄蹂躏。当一名副官告知兴登堡罗马尼亚军队的余部正向北逃往俄国时，古老的旋律在他脑海中响起：“如果谁想要一场灾难般的战争，让他去挑衅德国人吧。”[26]

兴登堡在那个冬夜的傲慢是可以原谅的，因为同盟国又迎来一场胜利的消息。他们的军队群在哪里都所向无敌。对法国北部的入侵或许还未触及巴黎，但是在其他各地，在法国东部和巴尔干半岛，德国的军队可能已经连续痛击了敌人：俄国、罗马尼亚、塞尔维亚和意大利。在此过程中开辟出一个浩瀚的新帝国。在接下来的那天傍晚，德国陆军最高指挥部（OHL）为表彰奥古斯特·冯·马肯森（August von Mackensen）元帅举办了一场庆功宴。马肯森作为指挥官领导了这场战役。德国皇帝威廉二世为他举杯，也向在罗马尼亚得胜的军队祝酒，同时低声嘱咐一位副官：“鉴于
29 马肯森已经拥有了一个军人可以获得的一切荣誉，下一艘战列舰应该以他的名字命名。”[27]那晚，在经过了这一切之后，认为几个月后就能取胜的想法似乎成为可能。

保罗·冯·兴登堡元帅，这位 69 岁的德国陆军总参谋长，在他的前任埃里希·冯·法金汉（Erich von Falkenhayn）倒台后于 1916 年 8 月得到任命。他的助手是他的密友兼盟友埃里希·鲁登道夫（Erich Ludendorff），鲁登道夫的职务是“第一军需总监”（尽管事实上他更像是参谋长）。兴登堡和他的主要副手是一种“军事联姻”，二人扮演各自角色的方式互不相同但都至关重要。正如德皇的儿子威廉皇储曾说的，“我从没见过如此不同性格的两个人彼此互补到这种程度，好像形成了一个统一体”。兴登堡是镇定自若的军事巨头，年纪较轻的鲁登道夫作为他的陪衬，则是一位独具天赋、精力充沛的战士，据说战前他在柏林军事学院（Berlin Kriegsakademie）学习时曾是阿尔弗雷德·冯·施里芬（Alfred von Schlieffen）最得意的学生。在威廉皇储看来，鲁登道夫是“钢铁意志和敏锐才智”的化身，是“传统意义上荣耀的普鲁士领袖的最佳典范”。[28]全仰仗此二位来确保德国不仅能够继续这场战争，还能够赢得这场战争。

尽管德国最高指挥部陶醉在攻陷罗马尼亚的余波中，这一新近的战场胜利却无法掩盖一个事实：战争正在给德国及其盟国施

德皇威廉二世（中）在德国最高指挥部与陆军总参谋长保罗·冯·兴登堡（左）和陆军上将埃里希·鲁登道夫（右）研究地图。尽管1916—1917年的行动取得了显著成功，但德国最终未能取得持久的战略成果

加越来越大的压力，尤其是奥匈帝国，这个在1914年因与塞尔维亚的争端而将欧洲拖入战争的始作俑者。战争倦怠和持续升温的派系对抗目前正威胁着帝国的存续。带领国家迈向战争的弗朗茨·约瑟夫皇帝于1916年11月21日去世，他的侄孙29岁的卡尔继承了王位。卡尔亲自见证了奥地利日益衰落的军事实力，而且他也没有老皇帝那么好战。他相信如果这场战争继续下去，就意味着哈布斯堡王朝最终将无可挽回地毁灭。他尽己所能将他的帝国从德国令人窒息的怀抱中分离出来，于1917年春派人去法 30
国总统雷蒙·普恩加莱（Raymond Poincaré）那里斡旋，但这只

是使得德国比以往钳制得更紧。[29]奥匈帝国将日益发现，自己并不是德意志帝国平等、重要的盟国，而是一个被枪直指脑袋的附庸国。

同盟国的重心仍然是德国陆军。它是同盟国的动力源，是取胜以及奥匈帝国在战争中存续的保证。但是 1916 年那个残酷的夏天，德国陆军在凡尔登和索姆河战斗得太顽强，已然精疲力竭。据《德国官方历史》所述，在 1916 年年末的几个月，西线“抵抗出现了明显减弱的迹象”。“我方军队状况恶化（这正是敌军的目标）的程度不可谓不危险”，这归咎于协约国“大幅增加的军力”，尤其是其火炮的影响。[30]严重的损失大大侵蚀了许多师的战斗力，西线无休止的消耗式战斗也沉重打击了士气。单是索姆河一役就给陆军带来了高达 50 万人的伤亡。[31]1916 年 9 月末，指挥部总参谋长、巴伐利亚王储鲁普雷希特（Crown Prince Rupprecht）发布了局势报告，向人们警告“索姆河战斗”正令军队状况恶化。“不可否认，我们的步兵已经与以前不一样了，”报告中说，“在遭受了严重的损失后，历经奋战的各师几乎没有时间重振精神。他们被迫立即重新部署到另一个战区，一天都没有休息。”[32]

尽管兴登堡和鲁登道夫有着最好的战争直觉，到 1916—1917 年冬天，两人都认识到在接下来的一年当中，在法国作战的德国陆军，也就是西线德军（Westheer），将被迫处于防守的位置。这样的决定不是能轻易接受的（兴登堡称其“带来骇人的失望”）。但是，两位指挥官却都认为，绝对有必要在西线采取一种“战略

巴伐利亚的鲁普雷希特王储，德国北方指挥部群指挥官。他本想实施扰乱性进攻，先发压制英军在佛兰德斯的攻势，但由于兵力和弹药的短缺而未能成功

坚守”（strategic stand-to）；同时通过强化工业军备重整项目，重建预备役军队，并且储备更多炮弹和枪支。[33]不过，从已暴露的阵地撤退，以及从工业中“裁减”更多人只能是一个暂时的解决方案。虽然西线的德军将于 1917 年处于防守位置，但他们并没有放弃最 31
终获胜的希望。在德国最高指挥部于 1917 年 1 月 9 日召开的一场皇室委员会会议（Crown Council meeting at OHL）上，德国海军参谋部宣布，如果德国打算采取无限制潜艇战，那么英国在 4—6 个月内就能被击败。德国皇帝从其驻华盛顿大使馆参赞处收到一封电报，警告说如果德国坚持他们的潜艇战，美国将对德宣战。他不为所动，潦草地在电报边缘空白处写道：“我不在乎！”[34]

做出在海战上孤注一掷的决定并不轻松。事实上，似乎没有什

么比潜艇战问题更能让德皇的文武官员产生分歧了。德意志帝国首相特奥巴尔德·冯·贝特曼-霍尔维格（Theobald von Bethmann-Hollweg）仍然是无限制潜艇战行动的主要怀疑者。他反复重申这样的一项政策太冒险，是德国可以打出的“最后一张牌”。[35]德国皇帝，正应了他广为诟病的脆弱个性，变得左右为难：害怕一旦海军击沉成打的客轮会给他的皇室带来耻辱，但是又意识到他必须做出行动，不惜一切去赢得战争。在布加勒斯特陷落后，兴登堡趁热打铁要求重启无限制潜艇战，德皇同意了。为安抚贝特曼·霍尔维格，他批准了另一项致力和平的举措（或者至少向世界展示德国的观点和立场）。于是 12 月 12 日，德国首相向“所有敌对势力”发布了一封照会，呼吁他们进行和平协商。照会说，最近的事件证明了德国和它的盟国“不可摧毁的战斗力”，也同样证实了“战争的继续也无法突破他们的抵抗能力”。他们并不寻求“粉碎或消灭他们的敌人”，反而“很清楚他们的军事和经济实力”，也希望“遏止鲜血的洪流，结束战争的恐怖”。为此，这 4 个大国（德国、奥匈帝国、保加利亚和土耳其）现在想要进行谈判。[36]

协约国对这些新进展的反应或许在预料之中，他们坚决地不为所动。法国总理阿里斯蒂德·白里安在 12 月 13 日一场面向众议院的演讲中给德国的照会浇了冷水。“在每一条前线都宣称获胜，又感到自己赢不了战争，德国才向我们抛出这些话。对此我不得
32 不说两句。”关于此事还未形成任何提案，而在法国与其盟国全面商议之前，他无法给出官方回应，他还是希望警告下议院“提防这封可能毒害我们国家的照会”。[37]虽然协约国小心翼翼，没有立

即否定贝特曼·霍尔维格的照会（尤其在伍德罗·威尔逊总统呼吁各方都拿出他们的和平条款后），但他们对德国照会的回应（发布于12月29日）仍是拒不考虑。它“看起来不像是和平提议，更像是战争操控”，而且直到确保“被侵犯的权利和自由得到补偿，民族原则和小国的自由存在得到承认”，才可能有和平。至此，德国照会成为泡影。[38]

德意志帝国首相的努力失败了，这令重启潜艇战再无阻碍。行动于2月1日开始。德国人对此寄予厚望，认为它将达成德国最高指挥部恢宏的目标，迫使英国结束战争。3月间，英国、其他协约国及中立国遭击沉的船舶吨位总计超过57万，使得伦敦的海军部发布了一条严厉的警戒令：情况很可能恶化，尤其是情报部门预言“敌方的潜艇数量确定将逐月递增”。[39]德国最高指挥部在U型潜艇取得明显胜利后情绪也短暂高涨。鲁登道夫相信，他们只需保持施压便有可能产生决定性结果。1917年的春天似乎充满了可能性，当时，同盟国在东线事实上没有对手，因为俄国开始倒向革命，最终倒向布尔什维克主义。4月30日，当德国皇帝视察德军总部时，据一位副官所述，他“心情十分愉悦”。“他坚称如果英国人此刻呈上和平提案他会当场拒绝。必须令他们卑躬屈膝。”[40]

尽管德皇气焰嚣张，但最终的胜利仍然捉摸不定。尽管俄国在后半年退出了战争，但潜艇战将被证明是一个昂贵又无效的错误。它不但最终激起了美国全方位的报复，而且也没能粉碎英国的海上封锁。当德国宣布实行无限制潜艇战时，海军参谋部的海 33
军上将亨宁·冯·霍尔岑多夫（Henning von Holtzendorff）曾估算，

如果可以连续5个月每月击沉60万吨船舶，那么他们就将“成功地打垮英国的支柱”。[41]然而霍尔岑多夫的备忘录“很大程度上想当然地”严重低估了英国经济的强健程度或是其食物给养的储备能力。[42]总之，德国潜艇部队没有能力让英国蒙受这样一场灾难性的失败。1917年4月，英国船运损失超过54万吨（155艘船只沉没），达到高峰，但是德国再也没能重现这一数据。在接下来的几个月，沉船数量逐渐下降，到7月，德军只破坏了24万吨船舶（只有70艘船）。毫无疑问这仍然令人心痛，但离削弱英国继续战争的能力还差得很远。[43]

同时，西线的战事依旧。当年春天的战斗期间，在法国的德国战线已有后缩，但尚未被突破。虽然如此，德国陆军所遭受的压力已经很严峻了。在4—6月的短短3个月中，德国陆军承受了38.4万的人员伤亡，包括超过12万人阵亡或失踪。[44]尽管协约国的防守大都失败了，但是英国4月9日（鲁登道夫的生日）在阿拉斯的有效进攻对德国最高统帅部来说是一场猛烈的冲击。在德国最高统帅部（当前总部位于莱茵兰的克罗伊茨纳赫）观察事态的兴登堡注意到，手头的报告揭示了“一幅黑暗的画面。很多阴影，光亮微弱”。鲁登道夫对维米岭的损失震惊至极，兴登堡不得不努力提振他的信心，在朋友背上拍了拍感叹道：

“我们一起熬过了很多比今天更艰难的时刻。”[45]

鲁登道夫耸耸肩。“像4月9日这样的日子把所有的深思熟虑都抛到九霄云外了。”他回答道。[46]

协约国也许被击退了，但是整个4月和5月激烈的战斗只不

过加重了这些担忧。尽管德军事实上比 1916 年秋季（当时士兵人
数超过 60 万）更壮大了，但是在西线，平均每个营的兵力却降
至 713 人（在此番攻势之前是 750 人），而这一数字在短期内似乎
没有大幅提升的希望。[47]更堪忧的是，派往法国的补充兵员质量恐 34
怕越来越差。陆军调查报告总结说，平均年龄 18 岁的士兵“还没
有足够成熟”以应对前线的生活。同时人们担心，那些从德意志
帝国边远地区，如阿尔萨斯－洛林以及波兰语地区招募来的士兵
毫不可靠，亦缺乏“纪律性和军人姿态”。可怜的食物供给（4 月
的面包配给减少了）加上非常有限的休假津贴，以及随之而来的
长期与家庭分离导致的怨声载道，促使德国最高指挥部在军队中
引入所谓的“爱国教育”。这项措施对士兵接触的阅读材料进行管
控，试图抗衡军队战斗意志的衰退。德国最高指挥部担心社会民
主主义的“颠覆活动”和持续性高强度作战已造成了严重危害。[48]

兴登堡和鲁登道夫现在面临的问题是，面对敌人优越的物质条件和势不可当的经济优势，德军该如何抗衡并坚守阵地？英国和法国确实从来没有真正取得西线的巨大突破，但是这些“消耗战”（德国人称其为 *Materialschlacht*）的过程是极端难熬的。随着协约国的战术变得更加成熟，再加上协约国将越来越多的火炮送往战场，德国前线守军的损失呈指数级增长。然而德军必须保住阵地，以留出时间让潜艇战发挥作用，并等待俄国彻底覆灭。所以德国最高指挥部竭尽全力支持各师，订购了更大数量的轻型机枪、野战炮及榴弹炮。但要让整个陆军重新装备还需数月时间。[49]同时，显然需要改变战术，以节省人力和对抗日益不利

于陆军的局势。

1916 年 12 月 1 日，一套新的防御学说——《防御战的实施》（*Conduct of the Defensive Battle*）面向西线作战的德军各师发布。[50]该文件概述了一种新的防御战打法，意在抵消协约国现有的火力优
35 势。自 1915 年的头几个月开始，德国军队已经习惯于固守他们的前线，一旦失去某处阵地便立刻反攻。但索姆河一役证明，这种策略的代价越来越高。新学说则将其目标确立为“消耗和拖垮进攻方的同时保存己方实力”。防守应该“主要通过使用机械装备（火炮、迫击炮、机枪等）”进行，而高层指挥“不应该僵化地紧抠着版图不放”。相反，指挥官们“在防御战的实施中，要设法令我们的部队取得优势地形，而给进攻者留下劣势地形”。[51]在实战中，这意味着德国军队从现在起不再局限于无条件坚守前线阵地（继而等着遭受“枪林弹雨”的洗礼），而是部署在前线后方更深入的地方，占据能相互支援的阵地（而非堑壕），将战术聚焦于反击。

1917 年 1 月 21 日，德国西线部队收到了关于怎样“深度”反击的进一步指令。命令主张部署强大的战役预备步兵，通常是几个营的集合，在离前线 3—5 英里（5—8 千米）之间的某个地方，辅之以一支机动的炮兵预备部队。这些地方预备部队被称为“反应师”（*Eingreif*），一旦敌方攻击突破前线堑壕系统，它们将立即投入战斗，旨在最大限度地消耗和扰乱一切进攻势力。“主要困难”在于选择合适的时机发动反击，同时要经过周密准备，使这些部队充分明确各自的行动。命令指出，“敌军越深入我方阵地，反击形势就变得越加有利，因为敌军没有时间来巩固阵地并安排

和接收弹药与其他补给”。如果反击恰在合适的时机进行，理论上说，就可以打乱整个敌方攻势。[52]就战场战术而论，这颇具革命性。协约国是否能够、如何能够对抗这一新发展仍是1917年的战术大难题。而这一年的后半年，在佛兰德斯战场上，这场交锋将达到顶峰。

3

第二章

黑格和“北部行动”

36 在我看来这场战争只有在佛兰德斯这里才能赢。

——道格拉斯·黑格爵士[①]

1917年5月7—31日

1914年秋，英国人第一次穿过了佛兰德斯——比利时西部一片地势很低的农业区域。经历了所谓的“奔向大海”（Race to the Sea）阶段，即敌对双方在马恩河会战（Battle of Marne）后向北挺进，此时英军的防线来到了佛兰德地区的伊普尔镇。伊普尔以与英格兰的羊毛贸易著称，该地始建于13世纪的纺织会馆（Cloth Hall）在方圆数千米内也颇有名气。而往后，这里将长久地成为协约国顽强抗击的象征。到1914年底，德国第4和第6集团军的猛烈进攻未能形成突破，英军仍然占领着该镇，尽管此时它已饱经炮火满目疮痍，环绕着一道道堑壕。在第一次世界大战中，将近1/4的英军士兵牺牲后不知葬在何处，而在伊普尔地区，这一数字攀升到了 1/3。这个令人震惊的数据表明，这片土地是多么的危险重重，又是多么的生死攸关。[2]

1914 年伊普尔附近的战斗强度证明了这里的战略重要性。1915 年 4 月，德国的毒气攻击（被称作第二次伊普尔战役）造成了恐慌，也在协约国战线撕开了口子。这却强化了英国不能丢掉这块阵地的原因。正是在这片战场，英国的战略利益得到了最为清晰的延续——毕竟，它参战的初衷是维护比利时的独立。佛兰德斯地区处于一个不合意的位置：离英吉利海峡的港口过近。英国远征军的大宗补给都由此上岸，他们与英格兰的通信也因此保持畅通。如果英军被迫从己方堑壕撤离，那么他们的阵地后方几乎 37
没有纵深。从伊普尔的堡垒到布洛涅（Boulogne）的距离仅有 60 英里（约 96.6 千米），离加来和敦刻尔克就更近。德军一次强有力的进攻就可能造成英军战线灾难性的崩塌，因此英国政府长期对佛兰德斯局势心怀不安。严峻的海上局势更是加重了这方面的顾虑。1916 年 11 月 23 日，就在阿斯奎斯首相任期的最后几天，英国内阁战时委员会（War Committee of the British Cabinet）强调，“没有什么行动……比把敌人从比利时海岸驱逐出去更重要”。首要原因是敌人在奥斯坦德（Ostend）和泽布吕赫（Zeebrugge）设立了潜艇基地，[3]而这些基地对于跨海峡的补给和人员运输来说是个永久威胁，而且海军部也一直担心德国在多佛海峡布设水雷。德国宣布实施无限制潜艇战更加剧了这些忧虑。[4]

对于德国来说，比利时同样是个关键的战争目标。德意志帝国长期构想着把低地诸国和自己一起纳入某种经济同盟，德国政府对放弃比利时大部或全部这个念头深恶痛绝。1914 年 9 月，贝特曼·霍尔维格宣布，即使比利时有可能继续存在，也只能降格为德意志帝国的“附庸国”，由德国军队占领，“经济上”成为德国的一个省。卢森堡和荷兰也将迎来与柏林“更密切的关系”。[5]用军事术语来说，就是德国必须对比利时鲁莱斯［法语为 Roulers，荷兰语称鲁瑟拉勒（Roeselare）］的关键铁路枢纽以及沿海的重要潜艇基地维持控制。虽然德军可以放弃西线的某些地区，但绝不是比利时。德国人会站在这里，会战斗在这里。

英国为何选在佛兰德斯进攻，也许存在一些不得不考虑的战略原因，但作为战场而言，佛兰德斯实在不适宜开展重大军事进
2 攻。“水，无疑是这片地形最为突出的特点，”历史学家彼得·巴顿（Peter Barton）写道，“下过雨后，地表之上或近地表处到处都积满了水，因为此处的地质基层是一床基本不透水的黏土，厚达
38 100 米”。[6]这个地区的排水一向艰难而缓慢，而地形上纵横的沟壑（被称作 beke*）本可用于疏导水流，但是在大雨过后，有些地方却成了不能通行的小河。地下水位很高，距离地表仅仅 1 米，这也意味着在该战区的大部分地段，都无法建造与同一战线其他部分那样又深又复杂的堑壕，所以只能借助于在地表之上修筑临时胸墙。虽然这样做确实能让军队避免浸水，但是这些胸墙的结实程度和保护性远不及深深的堑壕，佛兰德斯战区的伤亡率平均来说总是高于该战线其他地段。

---

* “贝克”（beke）或“比克”（beek）为弗拉芒语中“小溪”之意，当地诸多地名的后缀皆由此而来。——编者

伊普尔在西线独树一帜的恶名，不仅由水的问题造成。实质上，伊普尔的南面和东面是一脉低矮的林山，形成了一种天然的圆形凹地（正如一位老兵所述，“就像茶碟的边沿”）。[7]这片高地从伊普尔南部的梅西讷（Messines）开始，延伸至伊普尔东北部帕斯尚尔村附近。这条主山脉分出一系列分支山岭（在官方历史学家笔下“充其量是些小山丘”），以各自上面的村庄命名：贝勒瓦尔德（Bellewaarde）和葛路维（Gheluvelt），皮尔奇（Pilckem）和弗里森博格（Frezenberg），宗讷贝克（Zonnebeke）和格拉文斯塔夫（Gravenstafel），一直到帕斯尚尔岭。观察员如果不留心，这些高地也许并不会引起特别的注意。它们海拔几乎不足 50 米（尽管葛路维高地的部分达到了令人眩晕的 55—60 米），但是一旦占领这些高地，就在一场阵地战中拥有了绝对的优势。[8]德国军队曾在 1914 年侵占了此地，从那以后就一直据守着，由此望去整个城镇一览无余。这意味着饱受打击的守军很快会发现自己处于一个突出部——战线上的一处凸起，三面受到敌人俯视。西线很难再找出一个地点比这里更危险。

有个人永远也忘不了佛兰德斯地区的重要性，他就是陆军元帅道格拉斯·黑格爵士，英国远征军的总司令。1914 年 11 月，就在伊普尔的前方，正是黑格的军队阻挡住了普鲁士近卫军。在铺满弹壳的梅嫩路（Menin Road）上，黑格亲自重整了伤亡惨重的军队。短短两周的艰苦战斗后，黑格下辖第一军的有生力量便从 1.8 万削
减至 3 000 人。[9]3 年后，黑格指挥上了英国最强有力的军队，而他 39
心里酝酿着一份未尽的使命感。当黑格同意在尼韦勒手下行动时，

曾与这位法国指挥官商定，如果在贵妇小径的进攻失败，那么他将“准备在伊普尔附近发动进攻来扫清比利时海岸”。3月14日，战时内阁通过了这一方案。[10]既然尼韦勒已经被取代，黑格便不必再服从他的指挥让英国远征军听命于法国，终于可以自由地进行他几个月以来已趋成熟的计划：“北部行动”（northern operation）。

在比利时发动某种战役的提议自冬天起一直在英军总部中流传，但是还没有明确达成一致。1916年11月，索姆河战役即将结束时，黑格请英国第2集团军指挥官、陆军上将赫伯特·普卢默爵士（Sir Herbert Plumer）来研究这件事。普卢默是一位长着茂密白髭的老战士，自1915年上半年起就一直在突出部战斗，因

1917年9月26日，皇家野战炮兵弹药车沿梅嫩路行驶。在整个战役中，梅嫩路是一条后勤要道，但经常遭到猛烈炮火的袭击

策划军事行动时的谨慎和小心而著称。[11]他花了约 1 个月时间才予回复，论证称任何攻势都应该包括 3 个同时发起的突击：针对皮尔奇高地（伊普尔北边）的 29 号山，针对 60 号山和索雷尔山（Mount Sorrell，伊普尔东南边的高地上）以及针对梅西讷—瓦显蒂岭（Messines-Wytschaete Ridge，南边）。占领这些高地将“不仅显著改善我方位置，而且也是向东或向东北发起进军的核心前提，而这一进军在战略上有重大意义”。普卢默没有补充更多内容，也没有提及接下来还必须采取哪些军事行动后方可在比利时沿岸发起大规模进攻。[12]

陆军上将赫伯特·普卢默爵士，英国第 2 集团军指挥官，1917 年 8 月底接替高夫指挥主攻。他对细节的关注尤为出名。他可能是战争中最受爱戴和最为成功的英国将军

普卢默的计划没有得到英军总部的青睐。黑格想与尼韦勒将军规划的春季进攻性方针保持一致，他感到第 2 集团军还没进入状态，特别是普卢默，太过谨慎。他派参谋长朗斯洛特·基格尔爵士在 1 月 6 日写信给普卢默，提醒他注意元帅规划的行动思路。因为法国和英国的进攻（受尼韦勒指挥）即将发生（而且“对待敌方会毫不留情”），有理由估计大部分德国战略预备队将投入战 40

斗。因此在这种情况下，“整个计划的核心是基于快速的行动，干脆利落地在大范围内突破敌军防线”。因为普卢默的计划似乎是基于“一种持久而精心谋划的进攻”，总指挥部希望他能从“对敌施以决定性打击”并解放比利时海岸的角度出发，在月底前重新提交方案。[13]

在敦促普卢默的同时，黑格还在蒙特勒伊（Montreuil）设立了一个总参谋部的分部［由陆军中校 C. N. 麦克马伦（C. N. MacMullen）指挥］来制订自己的行动计划。他们被告知普卢默提议的“一场精心谋划的稳步行军”已遭否决，“核心要义是快速地进攻和迅速地推进”。[14]黑格对正在起草的两个计划仍不满足，他还接洽了另一位指挥官——陆军上将亨利·罗林森爵士（Sir Henry Rawlinson），请他对伊普尔问题再做研究，设想他本人将部分参与指挥，可能是与主攻相联合的一场海岸登陆行动。罗林森对佛兰德斯地区不太熟悉，当他到达伊普尔后，没能就军队边界问题与普卢默达成一致，所以无法拿出计划，这让黑格百思不得其解。

1 月底，普卢默将修正过的提案发往总部。尽管他被告知要争取“快速行动”，本能的谨慎使他无法认同过度的推进。梅西讷—瓦显蒂岭应该分 3 个阶段占领，然后再通过“北部行动”经由一段 6 英里（约 9.7 千米）的前线守住皮尔奇岭山顶。虽然没有明说，但是，之后大概还会向帕斯尚尔继而向比利时海岸发动一系列的进一步推进。虽然这个计划本身很完善了，普卢默声称为此他还需要超过 40 个师和约 5 000 门炮（不可能获取的资源）。至此，罗林森也对这次行动进行了考量，认为各山岭

的进攻不应同时进行。换句话说，考虑到枪炮数量有限，他们应
该先进攻梅西讷岭，然后，在两到三天内再向皮尔奇和葛路维推
进。这样才能留出充足的时间重新部署他们的火炮以支援其他山 41
岭上的进攻。[15]

问题是，在黑格眼里，无论是普卢默还是罗林森似乎都不能给出他想要的方案。他们太过谨慎：执着于夺取高地，对大举调兵向前冲锋没有给予足够重视，而只有这种冲锋才能突破防线。人们对黑格的印象是一位有条不紊、有点闷头苦干的参谋军官。与之不相符的是，黑格总是很关注决定性进攻，在这一点上，与时运不济的尼韦勒将军很相像。这部分源自他早在 1896 年于坎伯利参谋学院所学。他被教导，战役是由 4 个截然不同的要素组成的：调遣，预备或耐耗阶段，决定性交战，以及追击（很可能用上骑兵）。[16]对于黑格来说，这个从调遣到追击的过程成了他的信条。他就是这样策划战役和打仗的：时常认为决定性行动的时刻到来了，他必须迎接它。[17]这是 1916 年索姆河进攻背后的主要问题之一。当时黑格不顾他的集团军指挥官（罗林森）的担忧，敦促其采取一种高度进取的、事实证明是灾难性的“倾巢出动式”进攻。虽然罗林森想采取一种更有限的行动，逐步以火力突破敌人的防守部队，每次攻取一道堑壕，但黑格否决了他的提议。[18]对于黑格来说，强有力地，几乎是拿破仑式地刺穿敌人的防守力量将是任何进攻的中心所在。而且，只要以坚定的决心、高涨的士气奋力前进，那么可以保证，他的军队是不会失败的。他在奔赴 1917 年的战场时所秉持的正是这些原则。

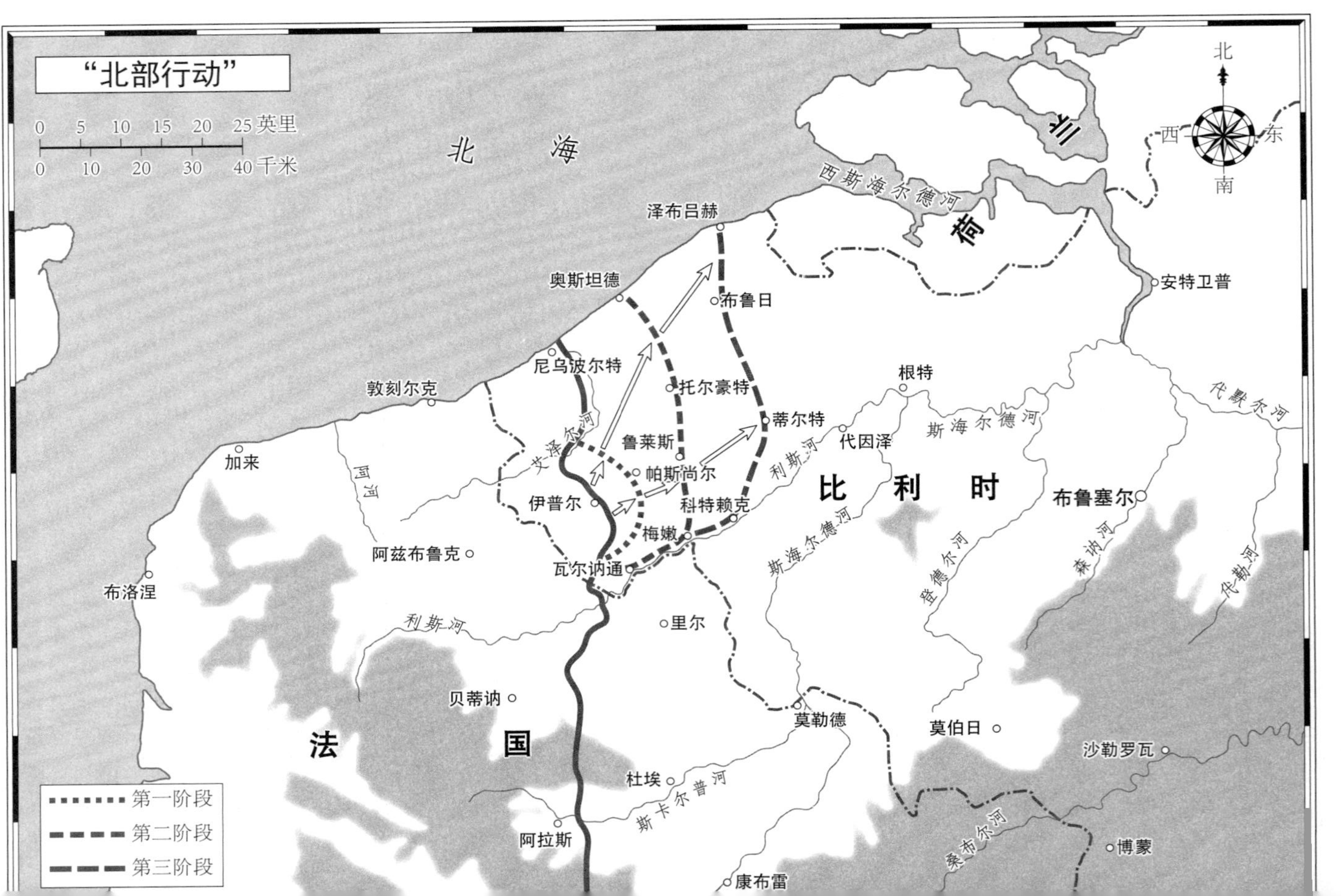

“北部行动”
0 5 10 15 20 25 英里
0 10 20 30 40 千米
北
西
东
南
北 海
荷
兰
西斯海尔德河
泽布吕赫
奥斯坦德
布鲁日
安特卫普
尼乌波尔特
托尔豪特
敦刻尔克
根特
代默尔河
蒂尔特
艾泽尔河
鲁莱斯
代因泽
斯海尔德河
加来
帕斯尚尔
利斯河
阿河
伊普尔
科特赖克
比 利 时
布鲁塞尔
梅嫩
斯海尔德河
登德尔河
森讷河
代勒河
阿兹布鲁克
瓦尔讷通
布洛涅
利斯河
里尔
贝蒂讷
莫勒德
莫伯日
法 国
沙勒罗瓦
杜埃
斯卡尔普河
阿拉斯
桑布尔河
博蒙
康布雷
第一阶段
第二阶段
第三阶段

5 月 7 日，就在巴黎的会议结束 3 天后，黑格与他的集团军指挥官们在杜朗（Doullens）召开了一次会议，就他如何看待战役走向做了简要指示。既然尼韦勒的进攻已经被终止，一定要考虑在当年剩下的时间里还应该进行哪些行动。黑格明确指出，他现在完全聚焦于北部解放比利时海岸的军事行动。他已经决定，佛兰德斯地区的进攻将分为两个阶段。第一阶段要在 6 月 7 日当天或前后攻占梅西讷岭，如此一来将确保任何后续进攻在南翼不受威胁。一旦该目标达成，第二阶段的决定性主攻就将跟进。这一 42
“北部行动”将进攻伊普尔东边的高地，粉碎德国在佛兰德斯的防御阵地，并为“几星期后的”重大进军铺平道路。同时，阿拉斯的军事行动将暂时中止，枪炮和士兵被分批输送到北部，为黑格期待中的决定性打击做好准备。[19]

但是谁来指挥这次攻击？黑格决定让普卢默留下负责梅西讷岭的初期行动。第 2 集团军熟悉地形，而且自从 1915 年对堑壕进行加固后，英军便开始在德军战线下方 80—120 英尺（24—37 米）处进行一系列巨大坑道的挖掘工作。在接下来的两年中，英军历经艰难险阻，穿过一层深深的蓝黏土，在德国守军鼻子底下布设了 25 处地雷。针对如此视野开阔的阵地发起进攻，它们必不可少。普卢默希望通过火炮和步兵的恰当配合使它们发挥出极大成效。[20]这正是普卢默所擅长的那种军事行动，黑格也乐于交给他操办。至于罗林森，他的能力受到质疑。上一年的夏天索姆河战役中他没能干净利落地实现突破，还倾向于有限的进攻而非更加果决的行动。这些意味着黑格从未完全相信他适合指挥主攻。就黑格看来，

陆军上将休伯特·高夫爵士，英国第 5 集团军指挥官，受命指挥伊普尔的主攻。作为一个“走上层路线的人”，他忠于黑格，但不被军队其他人信任

只剩一位指挥官有可能进行他理想中的那种突破：休伯特·德·拉普尔·高夫（Hubert de la Poer Gough），英国第 5 集团军指挥官，一个与黑格非常相似的人。在他于杜朗向集团军指挥官们下达简令前一周，黑格通知高夫，当普卢默于梅西纳岭发动进攻之后，将由他在佛兰德斯地区指挥接下来主要的“北部行动”。毋庸置疑，如果有人能冲破伊普尔突出部，那个人就是高夫。

对于黑格来说，决定性的时刻现在到来了。英国陆军第一次有机会取得主动权，从其盟国的阴影中逃离出来。黑格决意抓住这个机会。但是，发动一系列如此野心勃勃的军事行动，这一想法并没有得到普遍认同。尽管史末资于 5 月 1 日提出了在佛兰德斯发动进攻的可能性，其他资深的英国政客却表现出相当的不安。劳合·乔
44 治之后声称，政府绝不该为后续发生的事担责。直到梅西讷的进攻已经开始时他才看到了详细的计划，而且无论如何，关于是否该在佛兰德斯进行较大规模军事运筹从未正式达成过一致。他的理解是，巴黎的会议仅仅是让他们保持向西线施压，留待未来某个时刻

再重新考虑其他军事行动。因此黑格在佛兰德斯地区的盲动纯属自作主张，直接违背了英国政府的领导。㉑

事实上，在比利时发动进攻的话题自1916年末以来一直在白厅（英国政府）广泛讨论，而且自那时以后，英军总部的谈话中也时不时地重新提起。改善北部港口和佛兰德斯地区之间交通联系的工作甚至在1916年12月就下达了命令，想必是为了支持未来在该地区发动的进攻。但是劳合·乔治倾向于从另一角度看问题：本着自己的战略构想来解读巴黎的会议，并假定将军们都在他掌控之中。问题是，黑格并不这么看。从黑格的角度来说，首相已经授权指挥官按他们认为合适的方式行事，而他们也正是这样做的。毕竟黑格不是那种喜欢消磨或拖延时间的人，相反，他是个急性子。㉒

劳合·乔治对事情的解读也许令人怀疑，但是黑格的工作同样困难，即说服主要盟友相信其计划是明智的。一直以来人们都默认法军会参与到进攻中，即便只是对德军预备队发动调虎离山的行动（几天前已在巴黎达成一致）。然而在接下来的几周里，这种设想逐渐转变了。突然爆发的哗变和军纪涣散开始蔓延，谣言传到了英军总部，说法军出了非常严重的问题。5月18日，当黑格见到贝当，直截了当地问道：

“法军还打算尽到在巴黎会议上承诺过的全部职责吗？我能指望法国全心全意地合作吗？”

这位法国总司令缓慢地点点头，向黑格充分保证，法国将继续进攻。据他说，他正在计划4个较小的军事行动，其中一个安

45 排于 6 月 10 日在马尔迈松（La Malmaison）的贵妇小径开展。他还同意向佛兰德斯派出 6 个师，由保罗·安托万（Paul Anthoine）将军指挥，在黑格部队的左翼配合行动。[23]

然而，贝当的确在私下表达过担忧。他害怕黑格会重复尼韦勒将军的错误。“北部进攻”的目标深入德军防线太远，太具野心。他建议目标应该更近、更节制，尽管这肯定还得由英军总司令下决定。[24]不过，这是个警告：明确呼吁重新思考黑格计划的某些方面，重新审视一场大规模突破的可行性，以及从尼韦勒的失败中吸取教训。这个警告黑格本应好好留意，但固执己见的他完全忽略了。他对自己的军队有信心，毕竟麾下士兵一直在提升战斗效率，这在最近阿拉斯的军事行动中已有所展示。在那里，英国和英联邦自治领的军队曾通过一系列强有力的前期进攻为尼韦勒的主攻助力。更何况他们的士气始终高涨，侵蚀着法军的军纪涣散问题在这里丝毫未见。对于黑格而言，贝当是个悲观主义者，而悲观主义者向来赢不了战争。

关于当年余下的日子有可能取得的战绩，黑格的信心大部分来自对麾下战士能力的深信不疑。到 1917 年 5 月，英国远征军状态接近顶峰。它被分为 5 个集团军，镇守的防线从位于佛兰德斯地区的玻辛赫（Boesinghe）一直到位于皮卡第（Picardy）起伏山区的圣康坦市（Saint-Quentin）。有超过 180 万士兵，还有相当可观的一系列武器和装备，现在的这支军队以相当大的优势成为英国组建过的最强大军队。[25]最初的远征部队成员都是长期服役的正规军——传奇的“卑鄙佬们”。[*]他们每分钟可进行25轮瞄准射击，1914年在蒙斯（Mons）曾让德国军队闻风丧胆。然而3年后，其中的大多数人都不在了：不是牺牲就是伤退——伊普尔和奥贝尔岭（Aubers Ridge）、卢斯（Loos）和索姆河的杀戮之地令他们大幅减员。

失去了大部分正规士兵意味着1917年的英国陆军将是截然不
同的构成。英国远征军的人员数量最初通过合并国防义勇军和预 46
备役军人而增加，然后，基奇纳（Kitchener）的志愿兵团（那些在战争爆发后入伍的人）从1915年夏天起就至法国开始部署。但军队持续的扩张加上前线惨重的损失，意味着英国政府不得不诉诸更加直接的方法来保持军队的实力。1916年1月27日，《兵役法案》（*Military Service Act*）正式通过。该法案规定18—41岁之间的单身男子都要应征入伍（除了拒服兵役者或身体不适宜服役者）。4个月后，又出台了第二部《兵役法案》，将条款扩充至所有男子，无论婚否。于是，第三次伊普尔战役的参战军队可谓在英国历史上最接近“全民皆兵”的状态。[26]

黑格的军队呈现出其所属社会群体的特质：坚实可靠、热爱祖国，不知愁苦，带着一种自嘲式的幽默感。也许这支军队比不上其他部队那样精锐或威风，同时代的人们注意到，其中仍留有某些古板守旧之处，很多关键职位仍由过去的正规军士兵担任，他们对陆军在1914年和1915年的快速扩张从未真正高兴过。但

---

* Old Contemptibles，1914年的英国远征军士兵对自己的戏称。通常认为该称谓源自德皇威廉二世在战争初期发布的某道命令中对英军的轻蔑说法：“消灭英国叛徒，踏平弗伦奇将军卑鄙的小军队。”不过这一命令并未找到确凿的佐证。——编者

这支军队也很难被打败，它在防守中顽强而坚决，在进攻中越来越有成效。何况它依托着大英帝国强大的工业和经济实力，当时正发展到顶峰。来自伟大的英联邦自治领的兵员数以十万计，他们都将在大战期间奔赴西线：加拿大人、澳大利亚人、新西兰人，还有南非人，所有人都不自觉地在 1917 年那个千钧一发的夏天，被拉进了佛兰德斯的战场。

阿拉斯的战斗继续着，断断续续，战况逐渐恶化。直到 5 月 17 日，行动最终停止。这场战役 4 月 9 日的开篇或许大获成功，但后期行动中，恶劣的地面条件和你死我活的堑壕战令各师损耗率高得惊人，这在索姆河似曾相识。在比勒库尔（Bullecourt），阿拉斯东南部一个平平常常的小村庄（现已被摧毁），打了两场残酷
47 的战役。当时英军和澳军试图向重兵守卫的兴登堡防线推进。负责这次军事行动的是休伯特·高夫将军，就是将在伊普尔发起主攻的那个人。比勒库尔将向高夫的批评家们进一步证明他的好斗和固执。在两个星期艰苦的斗争之后，比勒库尔村的敌军撤离了，但这很难被视作一场胜利。因为单单在这一个战区，英国远征军就承受了 1.4 万的人员伤亡，整个战区尸横遍野。[27]

随着阿拉斯的军事行动停止，英国的作战部队开始向伊普尔迁移。在春日的暖空气中，部队开往或者说被运往他们的新宿舍，离开索姆河沿岸起伏的高地或是朗斯（Lens）烟熏火燎的工业区，来到了佛兰德斯颇蕴凶兆的平坦地形上。毫无疑问，索姆河有时景色优美，尤其当夏日空中飞满叽叽喳喳的云雀时。但佛兰德斯，正如小说家亨利·威廉姆森（Henry Williamson）所形容的：“湿

漉漉的佛兰德斯平原”，始终是一片阴郁沉寂、遍地弹壳的荒原。而它的首府伊普尔，始终是一座死亡之城。[28]到 1917 年，英国士兵口中的“雨拨儿”（Wipers，一直读不准“伊普尔”的比利时发音），成了堑壕战危险处境的一个代名词。在其他战区，英国士兵可以盼望着数月的“共生共荣”，享受定期的和平与安宁，也许还能进行一系列与敌方互惠互利的“安排”。但是，伊普尔永远也不会是这样。进入堑壕线的军队知道，他们正在踏入一个危险区域，将长期受到炮击和狙击的威胁，更糟的是敌军对你的所有行动都一览无遗。“这里‘德国佬’就在你的头顶。”[29]

几乎没有士兵盼望着奔赴那个战场。一等兵 H.S. 泰勒（H. S. Taylor），一位利物浦苏格兰营（国王利物浦团第 10 营一线部队*）的军士还记得那年春天，坐着一列小型客运列车从波珀灵厄（Poperinge）出发，列车在黑暗中转轨驶向伊普尔。士兵们对于将要去往突出部的前景感到忧郁沮丧，这个消息对于泰勒所在排中一位年轻的二等兵来说显然难以承受——他在途中“用自己的来复枪射出一发子弹击碎了右手食指”。从车站开始他们经历了即将成为常态的通过仪式：行军通过伊普尔的废墟，然后在前线阵地就位。据泰勒所说，最糟的是横穿大广场（Grande Place）的大片开 48
阔地，当他们悄悄走过纺织会馆的断壁残垣时感到“毫无遮蔽”。

* 英国本土军（Territorial Force）是英国陆军中的地方志愿兵部队，在第一次世界大战期间大量加入英国远征军赴欧洲大陆作战。鉴于大量远征，本土军规模翻倍扩充，建立了与最初部队组织架构相同的“二线部队”（second line），来负责本土自卫并作为“一线部队”（first line）的后备力量。随着战事发展，“二线部队”职责复杂化，也被派到海外服役。——编者

这“对于我来说是一次难以名状的可怕经历，我敢肯定对很多其他人也是一样，”他写道，“因为夜晚经常会受到榴霰弹和高爆弹的轰炸。我们特别想赶快去往最近的小路上，那里可能还有一点遮蔽。我们无休止地填着弹坑……以便夜间行军”。[30]

虽然伊普尔仍将是接下来夏秋数月的焦点，但梅西讷岭暂时成为关注中心。普卢默的进攻将反映出英国远征军转变作战方式的很多新进展。正如 4 月 9 日所看到的那样，英国军队正在迅速发展一个战术体系，几乎可以突破西线的任何阵地，而且这样做的代价也是可以接受的。问题是步兵仅靠自己无法穿过无人区——敌对双方之间那片千疮百孔的荒地，他们会暴露于从来复枪到机枪的重型火力之下，可能会打破攻击波的连贯性；敌人预先部署的火力网早已瞄准无人区，进攻发起后几分钟内弹幕就会落下，他们将毫无招架之力，而任何援军或预备队都无法上前。即使他们能够接近敌人的堑壕，攻击波接着就会遇上一排排带刺的铁丝网，让他们陷于杀戮场或是让他们的行进戛然而止。1915—1916 年是毫无战果的，充满着痛苦、煎熬和错误。其间发生的许多片段令生还者战栗不已：无人区一排排的尸体，整连的士兵“挂在铁丝网上”，碎入泥浆的宏大希望。

炮火似乎为堑壕战的两难处境提供了十分明显的解决方式。如果将足够的炮火集中于正确的目标，那么就可以切断铁丝网，让守军（至少暂时）抵抗无效，并摧毁敌人的炮组。然而，问题在于细节：让火炮在合适的时间打中目标（还要用恰到好处的火力）。在过去，英军枪炮是不适于这项任务的。它们经常有误差。

炮弹时常不稳定，意味着相当大一部分不能爆炸（在索姆河可能 49
有将近 1/3）。[31]甚至炮弹的型号也很重要，因为试验显示，榴霰弹（使用最广泛的军火）在轰击加厚带刺铁丝网时经常是无效的，所以很多部队喜欢使用高爆弹（但是数量有限）。另外，对敌军的火炮部队定位总是很困难的。他们定期转移，通常躲在山岭或是丛林后面，总之，目标非常小。

所有这些问题的解决方案花了几年的时间才得到发展和完善。1915 年发生了“炮弹丑闻”（shells scandal），当时重要军火的短缺造成了严重的政治危机。之后，内阁成立了军需部（Ministry of Munitions），有助于给英国工业生产注入活力。尽管新工厂建起和运营花了一些时间，但是到 1917 年，这一改革的成效已经能感觉到了。英国远征军现在可以使用更多的枪支（包括必不可少的“重机枪”），几乎无限量地制造出来的炮弹（而且普遍更为可靠）。开创性的工作也在进行，利用“声波测距”和“光学测距”技术来定位敌军炮组。原理上，这需要通过一系列扩音器记录飞行炮弹的声波，然后计算出它们来自哪里。观察员们还需负责监视敌军炮口焰并通过一系列三角测量来确定其位置。[32]此外，到英军在阿拉斯作战时，皇家炮兵的技能已经有了“巨大进步”。枪炮官们现在格外注重精准射击：他们测量风速和气压，以及炮弹重量和发射火药的影响，然后相应地调整射程和方向。这和 1914 年的方法已经不可同日而语，当时是基于推断：开火，看炮弹落在哪里，然后调试。[33]

然而能够以持续而精确的炮火打击目标只是英国军队越来越

复合化的方法中的一个元素。皇家飞行团在整个战争中承担着火炮空中定位和“联络侦察”的角色，作用越来越大。飞机飞过战线，拍摄或轰炸目标，以及进攻敌军飞机。但是这绝不是件轻松
50 的事。1917 年春天，皇家飞行团面临着在阿拉斯上空最严峻的考验。在后来广为人知的“血腥四月”（Bloody April），英军与优越的德军飞机（如信天翁 D1、D2 和 D3）做着艰苦的斗争。这些德军飞机速度更快，而且能够比英军的飞机爬升得更高。德国空军被编为战斗机中队，在曼弗雷德·冯·里希特霍芬男爵（Baron Manfred von Richthofen）这样的精英飞行员率领下，在一段时期内大获成功。[34]在 4 月就击落了 275 架英国飞机，造成超过 200 名飞行员和观察员阵亡。据估计，许多牺牲者被德国精英战斗机中队击落前，甚至只有 100 个小时的总飞行时间。[35]

与炮术思路相似，英方是从技术和战术两方面来应对“红男爵”*这类人物的。皇家飞行团不得不尽自己最大努力支援地面部队，同时焦急地等待着新一代飞机从工厂里开出来。不过到初夏为止，事情开始转向对英军有利的一面。数量可观的新飞机抵达法国，其中包括 SE5 战斗机和索普维斯“骆驼”战斗机，这帮助英军重新确立了空中优势。SE5 于 1917 年 4 月最先引入精锐的第 56 战斗机中队，尽管起初遭遇了一些开头难的问题，但是 SE5 坚持下来，成为这场战争最著名的机型之一：速度快，可以迅速安全地爬升，能够和所有德军战斗机匹敌。机长詹姆斯·麦克古登（James

* 里希特霍芬的绰号。——译者

McCudden），第56战斗机中队的一位飞行员，把SE5称为“非常高效的战斗机器，远远优于同时期的敌方飞机”，同时，它还“基本上温暖而舒适，驾驶起来很容易”。[36] SE5同索普维斯“骆驼”战斗机一道，到1917年夏用于保证英国西线上方的制空权，后者成为第一次世界大战中最成功的协约国战斗机。[37]

火炮和飞机不是唯一让战争性质转变的武器。8个月前，在尸横遍野的索姆河，英军最先使用了被称为坦克的装甲车辆。到梅西讷战役时，初代马克1型坦克（Mark I）有了相当大的改进，其最新变体马克4型坦克，现在即将到达法国。马克4型坦克在前身进行了大幅优化，装甲更厚（以抵御德军的穿甲弹），而且内部机械构造也更完善（有装甲保护的油箱以及更为可靠的燃料供给 51
系统），提升了英军在战场上的战斗力，还激发了德国陆军进行愈演愈烈的军备竞赛，以寻找合适的对策。尽管坦克的时代尚未到来，对机械可靠性的追寻亦是一项持久的挑战，但这再一次显示出英军在致力于打破堑壕战僵局方面是多么的努力。[38]

在所有这些措施中，英国没有忘记步兵——混战中的独行者。步兵排眼下配备了各式武器，让他们在必要时能够靠自己打出一条路。不仅有来复枪和刺刀，英国士兵们现在还能使用米尔斯手榴弹（一种可靠的定时引爆手榴弹）、枪榴弹（装置于来复枪枪口的特制杯型发射器上）、刘易斯机枪（一种半手提式轻型机枪），以及从1917年3月启用的3英寸（81毫米）斯托克迫击炮（能提供近距离的密集火力，可发射高爆弹或烟幕弹）。拥有了这些武器，现在的英国步兵攻打德军据点或是应对反攻就更加容易。再加上新的战术强调“开火和移动”，又采用了侧翼进攻和渗透来帮助他们穿过“炮火席卷”地带，英国步兵现在比前几年更有可能从战场上生还。[39]

尽管英国远征军目前在应对战役时战术和技术上已经成熟，但仍有相当多的障碍有待扫清。攻入敌方阵地在某种程度上确实可行（尤其是和一年前相比），但是对于军队应该走多远、大规模突破是否存在可能等严肃问题始终没有定论。尼韦勒攻势失败了，贝当对法国军队进行了重整，推崇猛烈的炮火和缓慢而稳妥的推进（所谓的“贝当战术”），但是英军从来没有这样的顿悟。黑格，就其个人而言，对这位法国总司令一直不太满意，始终坚信可以达成重大突破，即使在他的下属中有越来越多的人，包括很多高级指挥官，对这样一场巅峰式进攻的前景都不那么乐观。
52 有限进攻和无限制进攻间的矛盾将贯穿英国远征军在西线的整个历史。[40]

亨利·罗林森爵士，第 4 集团军指挥官（受黑格指派负责联合登陆作战），是所谓“咬住不放”（bite-and-hold）攻击的主要支持者。他附议贝当的论断——放弃旨在深入德军战线的大规模进攻，他感到英军应该以一种明确的消耗战方式打仗。他们应该利用尽可能多的火力，进行有限的、“一步一个脚印的”军事行动，来攫取当地具有战术重要性的据点，最好是在高地上。一旦这些被“啃下来”，敌军就会被迫在处于劣势的时候反攻，这就让英军有机会施展他们的火炮，给敌军造成巨大损失。早在 1915 年 2 月 8 日，罗林森曾写道：“要想击败德国人，必须通过一个缓慢消耗的过程，通过我方缓慢和逐步的推进，每一步都需准备好优势火力以及巨大的军需支出。”[41]尽管当时所需的火力水平还达不到，但这一行动理念颇具启发性。唯一的问题是黑格仍然不为所动。对黑格来说，“咬住不放”顶多是对战场形势一个暂时的、有限的反应。重大突破和决定性进攻才是不变的信条和作战的精髓。

虽然黑格对“咬住不放”本能地反感，阿拉斯攻势的开局还是始于一系列计划周密的限制性进攻。由于地形的特点以及夺取梅西讷岭的绝对必要性，普卢默也将以同样的方式行事：集中战斗力于一个清晰明确的目标，而不是争取“全面彻底的”成功。[42]在梅西讷，步兵和炮兵将在精心策划、时机恰当的进攻中协同作战。首先，普卢默的地雷将引爆，旨在严重削弱德国的防御能力，以便步兵攻占军事目标。在进攻之前的几个星期，步兵为这次袭击接受了特别训练。普卢默想让每个士兵都对军事目标了如指掌，所以建造了大规模的模型和训练场，使得每个营的部队都可以熟 53
悉他们的军事目标并在其中进行演练。即使他们的长官伤亡，在烟雾和炮火中，英国士兵仍须清楚该做什么。[43]

进攻中的步兵将由战争史上最严密的火力部署提供支援。为期 11 天的轰炸将削弱 1.7 万码（15.5 千米）战线沿线的防御力量，普卢默的大炮最终向德军阵地投射了共 350 万发炮弹。地雷引爆后，紧接着第 2 集团军所有的火炮（超过 2 000 门）将同时在进攻打响时刻开火，形成 3 道火力网，彻底摧毁德军前线的残余。与此同时，重炮集中火力轰击所有已知的敌军枪炮据点，目的是防止任何可能的反抗。仿佛这些还不够，普卢默还成功获得 72 辆马克 4 型坦克。这些坦克将被分布在前线，用于攻击特别选定的战略据点，如果在这些地段的推进受阻，坦克的厚装甲和 6 磅（57 毫米口径）炮将大有助益。就准备工作而言，实乃令人叹为观止。普卢默比西线任何英军指挥官都要坚定，立誓不留任何余地。[44]

现在到了千钧一发的时刻。尼韦勒的军事行动一败涂地，但是在战役季的余下时间里，仍有好几个月可供发动再一轮攻势的重大尝试。在卡塞勒（Cassel）的第 2 集团军指挥部，士气极为高涨。黑格 5 月 22 日拜访了普卢默，发现他“精神状态非常好，因为他的第二集团军占据了我们关注的焦点”！[45]据普卢默的参谋长蒂姆·哈林顿（Tim Harington）说，当他们得到英军总部准许进攻的指示，他们变得“充满了希望”。“第二集团军终于有机会了。我们要经受考验了。这个月令人振奋。我们得到了想要的一切。”[46]言谈间，普卢默计划的决定性要素纷纷就位：炮火的轰炸已经开始削弱敌军的防御力量，同时进攻部队正在反复确认最终的部署命令。在 6 月 7 日黎明的曙光中，梅西讷岭的进攻开始了。这将是黑格期待已久的佛兰德斯战役的开篇。

第三章

“一片火海”

一次鲜血、铁器、平方千米的算计。

——维尔纳·博伊梅尔堡[①]

1917 年 6 月 1—20 日

快到 6 月 7 日凌晨 3 点整了，赫伯特·普卢默将军跪在床边祈祷。他的参谋人员已经去往卡塞勒山，那里离他们的指挥部不远，他们去查看地雷的爆炸情况。但是普卢默，这位当了一辈子兵的魁梧绅士，却不能跟他们一起去。那一刻，他的思绪跟随着他的战士们去了堑壕，在那里他们沉寂而焦虑地等待着关键时刻的到来。他自信已为进攻做好了万全的准备，但是仍需要一些时间静静地反思。正如蒂姆·哈林顿后来提到的，普卢默“对人性了如指掌。他把整个集团军当成一个大家庭”，他的成功可以归结为 3 个基本原则：信任、训练和周全。到天亮的时候显然战役进行得很顺利。消息传来，第一和第二军事目标已经被拿下了。[②]

发动进攻的时刻定在凌晨 3 点 10 分。罗伯特·卡思伯特·格里夫（Robert Cuthbert Grieve）上尉指挥着第 37 营 A 连（澳大利亚第 3 师），他永远都不会忘记那个令人兴奋但又让他深感恐惧的时刻，地雷引爆的瞬间好似某种邪恶的洪荒之力从这个星球深处释放出来：

> 那时整片大地都因为地雷的爆炸在震动。堑壕摇晃着、颤
> 55 动着，我真觉得它们会塌陷——整个战线前沿的周遭都被爆炸的火光照亮了，异常古怪。前线最大的雷坑离我们很近，里面包含 20 吨的硝棉，所以我会着力描述它的效应。所有人都提心吊胆地期待着它的爆破。它被引爆的最初信号类似远处传来的隆隆雷声，然后由远及近，接着直接抵达我们的前线。只见大地上腾起一团巨大的蘑菇云，伴随着一声振奋人心的啸叫突然冲上天空，大地在颤抖。对于我来说这似乎糅合了恐惧和解脱——恐惧，因为其深处贮存着可怕的力量；解脱，因为它已宣泄了愤怒，尽管它的粉碎令人伤感，但威胁也随之消失了。[③]

地雷炸出了一个 300 英尺宽（约 91 米宽）、近 100 英尺深（30 米深）的爆破坑，当碎片雨点般落下时，格里夫指挥的连队“像蚂蚁一样向山上爬去”。

总共有 8 万名来自 3 个军的士兵发起进攻：第 10 军向东南进攻，攻击山岭的北肩；第 9 军往东奔向瓦显蒂村；而第 2 澳新军团则由南缘向梅西讷岭进发。在开始阶段，敌人的抵抗是轻微的。

几支零散的机关枪响了起来，但敌人的大部分守军不是被杀就是被凶猛的进攻震慑到投降。虽然在一些地方，浓烟、雾气和气团降低了能见度并造成了一些混乱，但攻击者仍能在不受重大损失的情况下占领德军的前沿与支线堑壕。正如第 2 澳新军团的战争日记所述：“到目前为止，攻击的进展有如机器般精确。在火炮的徐进弹幕前，144 架机枪发射出类似的机枪弹幕……两者的结合扫清了敌人的大部分抵抗，使步兵能够在既定的时间连续夺取军事目标。”相反，敌人的炮火“组织不力、指挥不当”。[4]

在后方的通信兵和指挥官们看来，这场战役似乎正有条不紊地进行着，但在前线，夺取山岭的体验让战士们不知所措。“我们的堑壕像一艘船在汹涌的大海里摇晃着，陆地好像被撕成了碎片”，皇家西肯特郡团第 11 营（第 41 师）的艾伯特·约翰逊 56
（Albert Johnson）回忆道：“那次穿越‘无人区’之行只是一闪而过的画面，其中是众多移动的身影，一心想抵达目标，只在弹坑里稍作休息，因为我们的利炮对周遭造成了巨大的破坏，就好像发生了一场地震。”[5]当第 74 旅（第 25 师）旅长沃尔特·吉尼斯（Walter Guinness）前去寻找进攻营的位置时，不得不依靠指南针来引导方向，因为“整个地表都变了”。“树木和树篱，此前只剩下树干和枝条，而现在几乎全部消失，地面就像巨大的浮石，上面的坑洞深达 10 英尺（约 3 米）。伤员成群结队地往回走，还有一些人晕头转向地四处游荡，不知身在何处。”[6]

尽管摧毁了德军在山岭上的防御工事，这天也并非尽如人意。因为在先头突击中英军和自治领军队的伤亡人数比预期的要少得多。到凌晨时，大批部队开始在山岭线上集结，对于在后方阵地一直观察着的敌方观察员来说，这是诱人的目标。不久，敌方的炮火和远程机枪开始对英军新攻占的阵地进行攻击，迫使英军和澳新军团到处寻找掩护。[7]虽然这对于英军来说很不走运，但是德国军队没有表现出夺回山岭的兴趣。德国的防御理论强调要进行一系列迅速而果断的反击，这本应该在英国巩固其成果之前大力运用。然而，由于战术上的混乱和不切实际地认为德国的防御工事能经受住任何攻击，反应师被部署得太远，无法起到决定性作用。有几个营的确在当天晚些时候尝试接近山岭，但很快便被重机枪和炮弹击退。[8]

到 6 月 7 日晚上，普卢默的部队牢牢地控制了梅西讷岭。虽然战斗还会再持续一周，山顶上聚集的人群意味着伤亡人数的增加已超过了原本的水平，但是，占领梅西讷岭却是一项了不起的成
57 就。也许这是“咬住不放”行动实施以来的最佳范例，证明在适当的条件下，英国远征军能够攻克哪怕戒备最森严的地段。一份第 2 集团军情报摘要宣称，德军守军在山岭上可以对伊普尔突出部进行“全面观察”，由此监视到此次进攻所有的准备工作。“因此，这场战役可以用来衡量德军在有利条件下阻止我方推进的能力，他们拥有任何一支军队梦寐以求的优势条件，从地面情况到准备工作。”而山岭失守了，英军同时俘获了 7 000 多名俘虏和 200 挺机枪。[9]德军在佛兰德斯防线的重要阵地现在掌握在他们手中。

德军 1917 年 6 月 7 日的遭遇到底有多可怕，往往没有被完全意识到。幸存下来的少数几个人对普卢默的坑道地雷爆炸后发生

的破坏事件只留下了模糊的印象。进攻打响之时，巴伐利亚第 17 步兵团的欧根·雷丁格（Eugen Reitinger）中尉在梅西讷岭以北的一个水泥碉堡里，听到前线传来“震耳欲聋的啸叫”。他迅速撤离阵地，奋力向外，看到的是一幅地狱景象。山岭被“笼罩在一片火海”中，“炽热的火山和大块的泥土”向天空垂直喷射，“把它染成血红色”。成吨的尘土和碎石开始如雨水般注下，雷丁格的部队受到重炮轰击，被打散了。不久后，一个衣衫褴褛、上气不接下气的信差从前线逃了回来。他报告说，第 3 营被“炸上了天”。前线这一部分的守军基本上已不复存在。[10]

梅西讷岭下 19 枚巨型地雷［其中一些含有多达 9.5 万磅（约 43 吨）的氨］的爆炸甚至震惊了身经百战的观察员。[11]鲁登道夫写道：“爆炸对士气的影响简直令人震惊，在敌人的步兵进攻之前，我们的部队在几个据点上都撤退了。强有力的炮火穿透瓦显蒂突出部，阻碍了我军后备部队的有效干预和阵地的收复。”[12]几年后，老兵们仍能忆起地雷在毁灭性的火焰弧中爆炸带来的震荡以及山岭上空腾起的窒息烟尘。德国集团军群指挥官鲁普雷希特 58
王储（Crown Prince Rupprecht）来到战场时，对面前的一切感到震惊。“梅西讷岭四周，”他悲哀地提到，“据说遍地都是巴伐利亚士兵的尸体”。[13]德军伤亡人数超过 2.3 万，大部分人死伤于最初把阵地炸上天的地震般的爆破。[14]

至于佛兰德斯地区的德军指挥官，他们明显感觉到了冲击。虽然他们的士兵（没有在爆炸中蒸发的那部分）意志坚决地战斗，但无法阻止山岭在 5 个小时内被攻陷，也无法阻止普卢默将军获得重大胜利。第 19 撒克逊军参谋长阿尔布雷希特·冯·特尔（Albrecht von Thaer）在杜埃（Douai）听到爆破声时只当是个意外，也许是弹药库着火了。当得知这个消息时，他惊呆了：

> 据说在一秒钟之内就出现了 19 个爆破坑，彼此紧挨着，如此之大，如此之深，每一个坑内都可以建起一栋 5 层楼高的公寓。无论什么生命体曾在那里活动，可怕的爆炸发生之时都必死无疑。英国人在此之后直冲向前发动攻击，成功夺取了大片土地，因为守军已经被消灭殆尽。

4 天后，当特尔被传唤到科特赖克（Courtrai，荷兰语为 Kortrijk）的第 4 集团军指挥部时，他发现气氛近乎恐慌。斯台普夫（Stapff）少校，第 6 集团军参谋长，平常是一个“可靠而智慧的人”，现在“非常焦虑和紧张，也不确定应该如何应对德国最高统帅部关于新部队和新材料的要求。众所周知，那些并非想有就有，而总是需要为之战斗”。[15]

对于德国军队来说幸运的是，英国远征军并不准备在梅西讷岭行动后跟进另一次大规模进攻。到 6 月 14 日，普卢默的部队已经巩固了阵地，赶走了撤退中的德国师，但再也没有进一步动作。黑格决定选择一名新指挥官来领导第二阶段的行动，这意味着不会有迅速的突破。对于惶惑的德国指挥官来说，英国未能恰
59 当地利用梅西讷一役带来的冲击进行进一步的攻击很是奇怪。在其位于科特赖克的总指挥部，鲁普雷希特王储本以为 6 月 7 日的

军事行动标志着英国在伊普尔地区大力推进的开始，尤其是针对葛路维村以西 1 英里（约 1.6 千米）处的陶尔哈姆莱茨岭（Tower Hamlets Ridge）。如果攻下这一高地，英国人就可以对梅嫩路以北的整片军事区进行绝佳的观察，这将使德国越来越难以开展军事行动。[16] 6 月 12 日，鲁普雷希特王储在日记中透露，英国的进一步进攻是“肯定的”：其目的将是解放比利时海岸，可能从海上登陆。但是，令鲁普雷希特大感欣慰的是，没有发生任何事，这给德国人提供了一个宝贵的机会，让增援部队进入前线。[17]

尽管在梅西讷发生了大屠杀，伊普尔突出部并没有在德国士兵中获得特别糟糕的名声（不像他们疲惫的敌人）。相反，许多前往佛兰德斯的士兵都有种安慰感，至少在与他们本可能部署到的其他地点（凡尔登、索姆河或阿图瓦）相比时是如此。约翰·舍尔德尔（Johann Schärdel）和他的部队（巴伐利亚第 6 预备役师）前往的是宗讷贝克东南的贝瑟拉雷（Becelaere），新环境给他们留下了很好的印象：

> 我们从阿拉斯战役过来，在我们被部署时，那边的战斗已接近尾声，但仍须等待最后进攻并设法幸存下来。现在，我们离前线还有很长一段距离，作为后方预备役军队待在风景优美、绿意盎然的佛兰德斯。这个美丽的乡村街道清洁、人民友好、杂木成荫、农场遍布，田地和草场交错，景色引人入胜。宽阔的卵石路笔直地穿过，沿着棉白杨林立的大道，无边无际地向地平线延伸。这样一幅平和的画面，在运河水的静谧和

> 风车叶的安静转动中进一步凸显出来。如果不是我们每天必须演习战略战术，如果不是前线的雷声和轰鸣声在远处隆隆作响，总是发出警告和威胁，我们都快忘记战争的罪恶了。[18]

60 舍尔德尔手下的士兵们尽情享受着这里的环境，觉得比此前在法国阿图瓦的经历要好得多。窗户上开着花；弗拉芒语在德国人听来很是亲切；去往根特（Ghent）时士兵们可以在小酒吧喝啤酒，还可以在街边小巷勾搭“放荡的女人”。

其他人对被派往西线这个角落也同样感到欣喜。莱因哈特·勒瓦尔德（Reinhard Lewald）写道：“从我们的观察点望去，伊普尔古城就在前面。”勒瓦尔德的炮兵连部署在葛路维东北方。“我们找到了一片干燥的草地，搭上了帐篷。天气美好，生活灿烂，”他记录道，“这里的战斗一直在如火如荼地进行。在大规模的爆破之后，英国人占据了我们的前沿阵地”。敌军的火炮部队正开始拥入突出部，勒瓦尔德的炮兵连的主要任务是破坏或摧毁它们。他们借助飞机和热气球进行观察和报告，每天都会发射大约 100 枚炮弹，并且经常炸毁散布的弹药库，取得了“很大的成功”。每个人都期待不久后大规模进攻的到来。[19]

到 1917 年 6 月，西线的力量对比保持着微妙的平衡，双方都没有明显的优势。英国和法国军队合起来可以集结 175 个师（包括比利时和葡萄牙的小规模部队），而德国军队在西线总计有 156 个师（另有 80 个在东线）。事实上，协约国军队数量上的优势可能比纸面上的 19 个师更多。英国师（总共 62 个）比德国师强大得多（大概高出三分之一的战斗力），而且弹药数量几乎无限制，机枪更多，食物明显更好。在火炮方面，协约国军队仍保有更大的优势——7 300 多门相对于敌方的 4 800 门。[20]然而，无论协约国军队在士兵和火炮方面拥有什么样的优势，德国军队内在的职业性和凝聚力，以及德军西线防御阵地的天然实力，都足以抵消这种优势。

在佛兰德斯，德国人拥有一系列强大的防线，排除了协约国
军队迅速突破的可能性。1916—1917 年冬建造了 3 条所谓“佛兰 61
德斯防线”，即著名的兴登堡防线的北延伸线。从里尔（Lille）郊区开始，经过佛兰德斯，一直延伸到奥斯坦德和米德尔凯尔克（Middelkerke）之间的海岸。佛兰德斯防线为这一地区的各种防御行动奠定了坚实的基础。尽管它们还没有完全建成［最后方的第三佛兰德斯防线（Flanders Ⅲ）只是处于调研阶段］，但是德国人的判断是正确的，他们认为，如果协约国发动进攻，他们将有足够的时间在这条防线被突破之前巩固它。尽管如此，德国最高指挥部意识到，如果他们的军队在这一地区撤退，哪怕是相对较短的距离，要想保住比利时港口和鲁莱斯的主要铁路枢纽，即使不是不可能，也很困难。因此，在梅西讷岭一战之后，德军不惜一切代价也要加强德国的防御。

到 6 月，第一佛兰德斯防线［Flanders Ⅰ，从帕斯尚尔正前方高地沿着布鲁德塞安德（Broodseinde）山岭向下延伸至葛路维］和英国前线之间的地带正在进一步迅速转变为一系列防御区，密布着混凝土枪炮位和炮台。除了英国堑壕对面的主要防御工事外，

德军还挖掘了第二条防线〔阿尔布雷希特防线（Albrecht Line）〕。第三条防线从赞德福德（Zandvoorde）向上延伸到宗讷贝克和更远处的威廉阵地（Wilhelm position）。每一条防线都是 2 000—3 000 码（1.8—2.7 千米）纵深的设防区。前线由相对较少的部队镇守，预备队呈梯队部署，深入后方，处于大多数英军枪炮的射程之外。[21] 一名目击者指出了他们如何“在一些地方修建混凝土堑壕，在其他地方通过将坚固的木材或木桩牢牢地打入地面，建筑高而稳固的护墙进行强有力的防护”。机枪位都是用钢筋混凝土筑成的碉堡。在一些地方，小型电车轨道一直修建到前线，这个宝贵的方法能够及时输送补给。[22]

该计划是由德国最高统帅部起草的，目的是按照春季检验过的理论实施防御战。“对手在前线防守较弱的情况下攻了进来，应该已经在抵御对抗方时用尽了力量；而在前沿堑壕失守后，对
62 抗方变得更强了，其军队在后方做好准备后又重新投入战斗。”此外：

> 由于敌人在数量上的巨大优势，特别是在火炮方面，我们必须预估到阵地的损失。但由于比利时港口近在咫尺，将这种损失限制在最低限度就尤为必要。因此，为了防止任何突破的横向扩张，即使人力有限，我们也在后方根据地的延伸线上以及根据地之间的防护墙建造上做了大量工作。在现有或在建的设防区后方，新的作战部署系统已经启用。[23]

在德国最高统帅部，鲁登道夫知道他们需要的不仅仅是新的防御体系；他们需要一个能统领这一切的人。他命令弗里德里希·卡尔·“弗里茨”·冯·罗斯伯格（Friedrich Karl ‘Fritz’ von Lossberg）*上校（当时在第6集团军服役）立即前往西克斯特·冯·阿米恩（Sixt von Armin）将军的第4集团军报到，该军据守着佛兰德斯前线。罗斯伯格长期以来一直被认为是德军防御战的战术专家，经常像旅行推销员一样被派往各部队，因为德国最高统帅部认为这些部队可以从他的建议中受益。[24]6月13日上午，罗斯伯格驱车前往第4集团军指挥部，见到了他的新指挥官。阿米恩曾在索姆河战役中担任军级指挥官，“作为一名上级领导他表现得非常出色”，他立即欢迎罗斯伯格来到他的指挥部。他确信英法两国都准备对他的军队发动“强有力的大规模进攻”，所以还有很多事情要做。[25]

第4集团军被分成5个集群（基本相当于英国的“军”），以相应的战区命名：里尔、瓦显蒂、伊普尔、迪克斯梅德（Dixmude）、诺德（Nord）。[26]最重要的区域是在突出部周围战线的中段：瓦显蒂集群和伊普尔集群。在这两处，冯·阿米恩可以依靠经验丰富的部队和久经沙场的部下。卡尔·迪芬巴赫少将（Karl Dieffenbach）是一位军龄很长的莱茵兰人，第一次世界大战大部分时候都在东线。在他的指挥下，瓦显蒂集群据守着从瓦尔讷通（Warneton）到贝勒瓦尔德湖的前线，驻扎在第9预备役军附近，前线有5个师。其北面 63

* “弗里德里希·卡尔”是罗斯伯格的本名，通常被人称作“弗里茨”。——编者

是伊普尔集群，由陆军少将冯·施泰因男爵（Freiherr von Stein）指挥。他是一名天赋过人的火炮军官，1879 年加入巴伐利亚军队。他的 3 个前线师隶属第 3 巴伐利亚军，他们的堑壕一直挖到朗格马克村（Langemarck）。在其身后有 5 个反击师——这是纵深防御计划要发挥作用所必不可少的。[27]

在与冯·阿米恩进行了长时间的交谈之后，罗斯伯格（现在担任他的参谋长）联系了德国最高统帅部，并要求增援紧缺的作战参谋；他们需要这些人来打好即将到来的战斗，鲁登道夫很快就同意了这一要求。罗斯伯格随后驱车前往前线，会见了那里的一些高级军官，包括第 4 集团军的大多数师级指挥官。他上一次于 1914 年秋天来过佛兰德斯，立即就开始重新熟悉这个战区。他跪在路边检查土壤，沙子和黏土的混合物在他手中破碎开来。罗斯伯格知道地面在接下来的战斗中有多重要：

> 佛兰德斯地区的土壤有一层非常绵软肥沃的腐殖质，其深度可达地表以下 1—3 米。深层土壤下面有一层大约 1 米厚的不透水黏土。如果这层黏土被火炮轰破，那么地下水就会涌出来，火炮弹孔将被注满水。在这里建造的几乎所有炮位都必须落在腐殖质层上，因此敌人很容易辨认出来。天气越来越干燥，表层土变得非常坚硬，这令攻击者处于有利条件。若是佛兰德斯常见的大雨天，腐殖质层会变成沼泽状的泥浆，那时守军便更有优势。[28]

罗斯伯格花了大量时间计算出守住前线所需要的部队和火炮数量，请求德国统帅最高指挥部务必批准。尽管手边有紧急的需求待满足，但他有信心德军会守住阵地。

毫无疑问，罗斯伯格的到来激发了德军在佛兰德斯的防御行
动。就阿尔布雷希特·冯·特尔来说，他很欣喜。他完全确信佛兰 64
德斯即将发生一场“决定性的战斗”，需要采取某些行动来重新组织德军的防务。尽管“工作盼不到头”，他很高兴罗斯伯格现在已经就位。“罗斯伯格成为我们的首长在我看来对局势真的很有利。”他认为，“他真是一个勇敢的人，一个一流的军人，每个人都信任他。他给指挥官们留下了深刻的印象，而且他从最高统帅部要来了所需的部队、火炮和弹药”。[29]特尔正在从撒克逊军调到第 9 预备役军，该部队据守着伊普尔东南前线。在任何即将到来的攻势中，这一阵地都是最重要的。

在科特赖克的指挥部，罗斯伯格雷厉风行地做着准备工作。他要求改进通信网络，确保麾下各炮兵旅和机场都与上级指挥所相连，并将网络接入他的小办公室。“这一网络覆盖了数千千米，”他自豪地说，“它的存在在佛兰德斯战役中确实很有价值。在我的办公桌上，把这些线路连接起来，我就可以同时和所有战地指挥官、师部、炮兵旅部、机场通话。集团军参谋部的各个部门总是以这样的会话形式相连，听取命令，然后按照我的命令行事。这些命令我事先已与集团军最高指挥官讨论过”。每过去一天，罗斯伯格这个雷厉风行、精力充沛的战士就有更多时间来完善部署——就像一个国际象棋选手为了完美的防守而把棋子布好一样。

休伯特·高夫将军的指挥部于 6 月 1 日迁往前线。他们占领了波珀灵厄以北几千米处的拉洛维（La Lovie）城堡，整个战役期间他都将待在那里。高夫和他的参谋都不太喜欢他们的新家。这是“一座丑陋的红色建筑”，只是有一座大花园才弥补了它的不足，因为第 5 集团军队伍的不断壮大，花园里帐篷林立，还建满了尼森式桶形掩体。不走运的是，地面上有一个很大的池塘，所以一
65 旦德军下决心对城堡实施打击，池塘将是轰炸机的完美瞄准点。[30]搬到新地点后不久，谣言开始流传，说城堡里居住的人（一位比利时伯爵和他的家人）暗中通敌，这就可以解释为什么这座房子从未被击中过（在几乎完全被炮火夷为平地的一片景象中）。据高夫说，“尽管对于我来说城堡为什么、怎么会在破坏中幸存一直是个谜，但我不相信这些传说里有一句是真话”。[31]

休伯特·高夫爵士是一位 46 岁的骑兵，来自英国军队最杰出的家族之一：他的父亲、叔叔和兄弟都赢得了维多利亚十字勋章。[32]高夫以较大优势成为英国远征军中最年轻的指挥官，自战争爆发以来还得到了相当迅速的擢升。高夫是一个极度自信的人，相应地，他机智聪明、魅力过人，也会心胸狭窄、充满报复心。可悲的是，高夫有着局限性，快速晋升害了他。1917 年夏天，第 5 集团军因准备攻击时的草率大意而饱受诟病，总是与普卢默严密周全的第 2 集团军形成对比。尽管如此，高夫本能的进攻性和“走上层路线”的名声意味着黑格看待他时态度很亲善。

让高夫指挥主攻的决定长期以来一直被视作黑格的主要错误之一。[33]不是因为高夫没有能力胜任，相反，他是一名骁勇的士

兵，1916 年 11 月昂克尔河（Ancre）的进攻调度为他赢得了赞誉。问题是，高夫缺乏对战场地域的深入了解（与普卢默形成对比），下属从不信服他有能力指挥这么大的行动。此外，高夫“对战斗的真实情况掌握得不全面”，下属中滋长着一种“恐惧的情绪”。[34]他在比勒库尔的表现进一步加剧了人们对他不能胜任这项工作的担忧。澳大利亚军队曾投入该战斗，伤亡惨重，自此对高夫心存怀疑。澳大利亚官方历史学家查尔斯·比恩（Charles Bean）批评这位第 5 集团军指挥官对比勒库尔的德军“几乎是孩子气地急于 66
给予致命一击”。“他试图在狭窄的战线上进行深入的渗透”，从而打破了“每一个阶段甚至是排长们也认可的规定”。[35]我们将看到高夫如何在伊普尔处理他所面临的更艰巨的任务。

高夫尽力了。他每天都外出，通常会花上长达 12 个小时远离拉洛维在战线上巡视。他会在马背上视察第 5 集团军麾下各部队——工程师或炮兵、步兵或通信兵——并向军官强调合作的重要性。“如果你们在一起工作，就能学会如何在战斗开始时相互帮助。”这句话他经常重复说起。[36]高夫通常由他的参谋长尼尔·马尔科姆（Neill Malcolm）陪同，他们一起间接地加强了对战场的观察。不走运的是，德国的大部分阵地位于山岭线的反向斜坡上，这意味着从英军战区是看不见的。他们手里拿着双筒望远镜，在前线上跑来跑去，探索该如何攫取这片高地，同时研究每天收到的情报。第 5 集团军收到的命令是确保帕斯尚尔岭和关键的鲁莱斯—托尔豪特（Roulers-Torhout）铁路线的安全，从而为奥斯坦德的联合作战攻击提供支持，这将为“取得比利时海岸”留出余地。[37]但具体如何实现？对黑格来说，这次攻击将是决定性的：一次粉碎性打击，将摧毁德军右翼，取得海岸，甚至可能促成整条战线的全面推进。高夫明白这一点，不过他也意识到这样的军事目标只能在一定范围内实现，所以尽管他肯定比普卢默或者罗林森对前景更加乐观，但他的计划仍是有条不紊的，而非黑格希望中的那样。于是，充满矛盾的进攻计划就此拉开了序幕，而统揽全局的指挥官还不确定目标所在。[38]

与此同时，英国的战略构想仍然一如既往地支离破碎。在梅西讷漂亮一击的 5 天后，黑格就他未来的计划为伦敦的战时内阁准备了一份简报——这是劳合·乔治和他的同僚们第一次得到关于
67 佛兰德斯行动计划的详细解读。黑格强调说，目前已经取得了良好的进展，如果他得到了他所要求的大量兵员和火炮，那么在伊普尔取得成功的可能性就更大了。他认为，任何旨在加固战线的行动，都有可能弥补伊普尔这类战区较有可能产生的天然损耗问题。因此，他所谓的“北部行动”计划正在以尽可能快的速度推进，尽管这些计划自然需要一段时间才能成熟。在这一点上，他提醒战时内阁，“德意志民族的忍耐力正受到如此严峻的考验，以至于那里的不满情绪已经积聚到了极限”。他的消息来源表明，德国军队已经显示出“毫无疑问的恶化迹象”。如果英国现在放松压力，那么德国的“渺茫希望”将会重燃，对法国的士气也会产生相应的负面影响。但是，如果他们集中资源，就可以在当年夏天取得“更大战果”，使“取得最后胜利更有把握，甚至有可能在当年内取得胜利”。[39]

黑格是乐观主义者，他坚持不懈地认为胜利就在眼前，这始终是他作为指挥官的主要缺陷之一。虽然对于任何士兵来说，对胜利一定要有不可抑制的信念，但在黑格身上，这种信念往往压倒了他对任何既定局势可能取得战果的更加客观明智的判断。[40]这种失误部分归咎于他的情报主管约翰·查特斯（John Charteris）。据说，他是一个懦弱的“好好先生”，呈送上司的材料都是无休止的虚幻描述，显示协约国离胜利是多么的近在咫尺。坦克部队参谋J. F. C. 富勒（J. F. C. Fuller）中校称查特斯是“一个老当益壮的家伙，对人过分亲密，和‘赣第德’* 一样乐观，可以变出大获全胜的捷报……就像从帽子里变出兔子一样”[41]。现实情况却乏善可陈得多。虽然查特斯的报告肯定强调了德国失势的迹象，但是黑格也有自己的主见，而他那臭名昭著的过分自信（被一种强烈的宗教宿命感所强化）深深地根植在灵魂深处。当黑格继续监控“北部攻势”的准备工作时，他确信战争的高潮时刻已经到来，他将能够给出最后一击。[42]

不过很少有人认同黑格的乐观态度。6 月 2 日，英军总部新 68
闻联络官内维尔·利顿（Neville Lytton）少校向黑格简要介绍了法国报纸记者对战争的态度，并明确表示“沮丧的感觉”已经深深扎根。当晚晚些时候，欧仁·德伯内（Eugène Debeney）少将（贝当的参谋长）访问了黑格在博尔派尔（Beaurepaire）的城堡，带来了更坏的消息。他带着一封来自贝当的信，称他受委托把法国军

* 伏尔泰笔下人物，该词字面意思为“老实人”。——译者

队的“整体形势”摆在黑格面前。据德伯内说，法国士兵对自己的境遇感到不满和不快，这意味着不得不立即放许多士兵去休假。很不幸，这就让贝当无法在6月10日发动攻击，接下来一个月都不行。尽管“哗变”一词从未被使用过，但德伯内脸上的阴森表情已经表明了一切，留黑格自己去判断他真正能指望多少法国方面的支持。[43]

利顿和德伯内可能都带来了坏消息，但黑格认为没有任何理由重新考虑他在1917年剩下时间里的计划。事实上，这些只是令他确信，一定要取得重大胜利，以重振萎靡的士气。就在黑格发布未来计划简报的前一天，查特斯撰写了一份对形势的评论，详尽地支持了首长的观点。他报告称，德国的伤亡是巨大的，每月不少于25万人；德国军队的士气明显比1916年更低落。他预言，德国在4—6个月内就无法维持其目前的陆战实力，如果战斗以目前的强度继续下去，“那么德国很可能被迫在年底前遵照我们的条款缔结和平条约”。[44]黑格在6月19日前往伦敦参加战时内阁会议时，就带着这种乐观的心态。

黑格对形势的乐观判断与白厅内加剧蔓延的怀疑乃至消沉情绪形成鲜明对比。英国军队的士气依然良好，但在国内一切都不太好，每过去一个月，厌战情绪就更加明显。4月30日—5月12日，工业动荡席卷全国，20多万工人因担心进一步面临所谓的
69 “削减”个人工作机会而罢工。[45]英国首都的空战加剧，使民众情绪更加恶化。5月25日—10月1日，伦敦和英格兰东南部再次遭到德军的轰炸。大型的充气飞艇——齐柏林飞艇，自1914年以来

一直是英国领空的主要威胁，但德国空军决定依靠被称为“戈塔”（Gothas）的大型双引擎轰炸机，这标志着空战进入了一个新阶段。6 月 13 日，伦敦遭遇了开战以来最致命的空袭——18 架“戈塔”飞过英吉利海峡，在大范围内投掷炸弹。这次袭击总共造成了超过 12.5 万英镑的损失，162 人死亡，400 多名伦敦市民受伤，其中包括波普勒区一所学校的几十名儿童——一枚 50 千克重的炸弹在一间教室爆炸。[46]整个伦敦受到的冲击是显而易见的。战时内阁在突袭发生当天下午开会，同意增加皇家飞行团的中队数量，并向国防投入更多资源。[47]

尽管景象惨淡，黑格到达伦敦时，热情丝毫没有减弱。在此之前，罗伯逊曾警告过他要小心，不要做超出能力范围的承诺。罗伯逊说，劳合·乔治确信获取这场战争的胜利要从意大利入手，并希望立即派出 12 个师和 300 门重炮。不过，罗伯逊向黑格保证，只要自己还是帝国总参谋长，这种情况就永远不会发生。此外：

> 我希望你牢记的是：不要声称你今年就能结束战争，或者德国人已经被打败。要说你的计划是最好的计划，当然它本来就是，而其他计划没有一个是安全的，更不用说能取得决定性结果。然后等他们来拒绝你和我的建议吧。他们不敢那样做。[48]

罗伯逊这个人就是这样。他或许是一个坚定的“西线人”，相信胜利只能从法国达成，但他从不会对黑格照单全收。和许多其他英国高级指挥官一样，他总是偏爱“咬住不放”的作战方式，所以自然而然地转变了曾经一腔热血的乐观情绪，这种情绪常常如夏日的酷热一般席卷黑格的总部。尽管如此，他本能地厌恶政
70 客和文官，特别是像劳合·乔治这样的阴谋家。这意味着即使他不时地向总部谨慎地发出暗示，提醒他们不要追求太过宏大的突破，但为了统一战线，也只能支持黑格和他的计划，别无选择。

黑格怎么看待罗伯逊定期的干预行为不得而知。他有一个习惯，就是不理会让他难受的信息，他很可能会把它记下来，但不是当作明智和审慎的建议，而是作为罗伯逊思想问题的又一例证。事实上，罗伯逊的话可能巩固了黑格日益滋长的想法，即帝国总参谋长该走人了。在伦敦期间，他甚至会见了劳合·乔治，讨论将罗伯逊调到海军部的可能性。[49]至此，罗伯逊发现自己身处危险的无人区：夹在首相和总司令之间——首相毫不掩饰对帝国总参谋长的不满；而对于总司令来说，只要不是全身心无条件地支持他，他也同样敏感。罗伯逊只能一如既往，尽己所能地在威斯敏斯特独自耕耘，单枪匹马。

在伦敦，汉基所谓的“皇家常规战役”即将拉开序幕。[50]黑格开启了会议议程，解释了他的部队将如何扫清比利时海岸的敌军。既然梅西讷岭已经被占领，高夫的第 5 集团军将在法国和比利时部队（以及普卢默第 2 集团军）的协助下，继续推进到帕斯尚尔—斯塔登（Passchendaele-Staden）岭。这将是连环进攻的第一步，正如黑格所承认的那样，这可能会“引发激烈战斗，也许会持续数周”。不过，一旦赢得这一区域，高夫将向东北方向进攻托

尔豪特（Thourout），同时再通过进一步行动（通过与海军和海陆联合部队合攻）把敌人赶出海岸城市尼乌波尔特（Nieuport）。随后的进攻方向是奥斯坦德和布鲁日（Bruges），可能会有机会用到“大规模高度机动的骑兵部队”。黑格相信“总局势”是这样的，即任何进攻的结果都可能超出预期，推动战争的“重大发展”。[51]此外，这位元帅强调“现在正是有利时机”，必须尽一切努力打败德军。他挥舞着查特斯的报告，声称“如果战斗继续以目前的强 71
度进行，德国将在6个月内完全耗尽它现有的人力”[52]。

劳合·乔治烦躁不安地坐在椅子上，这正是他不想听的。诚然，他对梅西讷一战印象深刻，但他感觉在佛兰德斯发动大规模进攻的想法需要深思熟虑。他永远不会容忍黑格在西线地形图上展示他的计划，用手勾画他的部队将前进多远：“先是右手强悍地划过地图表面，然后是左手，大拇指最终触到德国边境，指甲盖跨过边境线。”[53]在6月21日的战时政策委员会会议上，首相明确表示反对该计划。他认为，鉴于协约国与德国相较下人力有微弱优势（仅多15%），枪炮数量相等，以及法国不太可能给予大力支持等因素，成功的可能性微乎其微。他抱怨说，失败将“是一件非常严重的事情”。如果他们无法扫清比利时海岸的德军，也许“只能”前进十一二千米（同时伤亡惨重），那么“将在全世界造成非常恶劣的影响”。在他看来，成功必须是“压倒性的”，是有力的牵制性行动和敌人士气的全面崩溃；他认为理想中的条件远未得到满足。此外他还问，有什么理由能够让人信服他们可以取得超越索姆河战役的战果？当时花了5个月的时间只推进了5—6英里（8—9.7千米）。

“然而，当时我们的军事顾问就像现在这样乐观。”[54]

毫无疑问，扫清比利时海岸的德军将是最高层的战略目标。第一海务大臣杰利科（Jellicoe）上将敦促进行某种地面行动，他告诉战时内阁，制订 1918 年的计划毫无用处，因为“我们无法继续下去”。虽然很少有人同意海军上将对潜艇战的悲观看法，但这进一步强化了黑格的论点，即他的计划是可采取的最好计划。[55]问题是这是否正如米尔纳勋爵（Lord Milner）承认的那样“值得去冒所涉的风险，值得蒙受可能的损失”。[56]最后，劳合·乔治率先做出让步。他不想“把战略谋划从军事顾问们手中
72 夺走”。如果在考虑了内阁的观点后，将军们仍然“坚持之前的想法，那么他们就必须对其建议负责”。剩下罗伯逊和黑格仔细考虑劳合·乔治的呼吁，涉及 3 点：是否可以获得法国方面“更积极的合作”；进攻意大利前线的可行性；“要求法国向意大利输送枪炮的可能性和可取性”。[57]

当战时政策委员会于 6 月 25 日重新召开会议时，情况几乎没有改变。劳合·乔治试图彻底分裂罗伯逊和黑格，尖锐地询问帝国总参谋长是否同意黑格的观点，认为“北部行动”有可能成功。罗伯逊听到此话似乎脸色煞白，但最终还是意志坚定。结果将取决于他无法控制的情形，虽然他承认用了“刻意有所保留的语言”，但也认为黑格的计划是“最好的选择”——因此，他仍然忠于他曾恳求黑格的事情，即他们必须保持团结。劳合·乔治再度尝试，询问罗伯逊上个月在巴黎的观点（除非法国人“全力以赴”，否则英国人不应单独行动）是否与他目前的立场不一致，但罗伯

逊不肯上钩。在巴黎，他们曾承诺在“全部兵力”到位的情况下继续进攻西线。但是“若不战斗”，罗伯逊疲倦地补充道，“我们永远不会打赢这场战争”。至此，劳合·乔治有所收敛，黑格暂时被允许继续他的准备工作，同时法国政府将接受新一轮压力，要尽一切可能配合黑格的计划。[58]这是一个各方都不满意的局面：黑格从伦敦回来时感到有些受挫；劳合·乔治则急得像热锅上的蚂蚁，因为这次的战略像紧身衣一样裹住了他，而他缺乏足够的意志力去挣脱。

第四章

“我们有时间完成吗？”

73 军队为防御战所做的准备之充分前所未有。部队和师级指挥官们面对这一战满怀信心。

——弗里茨·冯·罗斯伯格[1]

1917 年 6 月 21 日—7 月 15 日

“一年中最长的一天，我们甚至还没开始为真正的大规模战争做准备。”英国远征军总部的约翰·查特斯感叹道。那是 1917 年 6 月 21 日，距离塞尔维亚恐怖分子加夫里洛·普林西普在萨拉热窝背巷暗杀奥匈帝国皇储弗朗茨·费迪南大公已过去近 3 年。每天晚上，查特斯都会站在办公室外面抽烟，听着林间的风声和鸟鸣声，这种声音总是伴随着前方隆隆的炮火声。现在，随着季节交替，夏夜开始变得漫无尽头，想到又一个冬天要在战争中度过，又一个冬天要待在前线潮湿、露天的堑壕中，悲楚的情绪油然升起。这让人们联想到牵制着协约国战争运筹的厄运，还有他们夺取胜利的希望，而这种希望却像摇曳不定的蜡烛般一闪一闪，行将熄灭，周围只有一片黑暗。

“6 个月前我曾认为，到这会儿我们应该已经离和平很近了。”查特斯写道。然而战争并没有很快结束的迹象，他感到很沮丧：

> 现在看来又要打一整年的仗，这似乎不可避免了。再过
> 6 周，“3 年”这个似乎是最极端的限度也将被超越。除了美
> 国目前在我们这边，我们的境况并不比去年这个时候好多少，
> 甚至没什么不同。无论那时还是现在，我们都在为一场大规模 74
> 的进攻做准备，但那时，俄国仍然指望得上，法国的仗也打
> 得顺利。而现在，俄国已经没有希望，照目前情况，法国也是
> 如此。我们不能对意大利抱有太大希望。达达尼尔的冒险行动
> 已经泡汤。萨洛尼卡城也不中用，事实上比不中用更糟。美索
> 不达米亚无论从哪方面来看都不重要。我们在这里孤军奋战，
> 是唯一活跃着的军队。

尽管前景黯淡，但查特斯仍对英国军队的作战能力充满信心。“我们会做得很好，这是毫无疑问的。”然而有一件事却一直在纠缠着他。“我们有时间完成吗？”②

普卢默在梅西讷的惊人一击已过去了两周。正是在两周前，巴伐利亚士兵被 100 万磅（约 454 吨）的高爆炸药炸死，横七竖八陈尸战场，这一可怖景象令鲁普雷希特王储悲叹不已。然而，在佛兰德斯地区不见有进攻。6 月溽暑中，一些人以为战争不再继

续也情有可原。保罗·梅兹（Paul Maze）是第5集团军的联络军官之一，他是个能人。他花了几天时间研究地形并勾画出要进攻阵地的草图。每天，他都会“藏在罂粟花中间”，看佛兰德斯的地貌：从右边的帕斯尚尔岭到它身后伊普尔的“壮烈遗迹”，中世纪纺织会馆的残垣还在那里，看起来“就像是被客人们分食后的生日蛋糕”。尽管伊普尔在早期的战斗中遭受了巨大的毁坏，又是德国枪炮手的完美瞄准点，但梅兹认为这个小镇“有力而顽强，令人印象深刻”。它的面貌随着光线的变化而不断变化。有时它灰墙林立，像一个巨大的地穴。其他时候，它的每栋房子又都变得非常突出，清晰易辨地伫立着，把周围的景观置于次要的位置。[3]

鉴于7月下旬和8月天气的糟糕状况，延迟主攻会产生重大后患。亨利·罗林森原本建议梅西讷进攻结束后只暂停两三天，这期
75 间用来移动火炮和提出新目标已经足够了，然而他们总共花了近8周的时间。高夫需要时间组织部队、计划进攻，而安托万的法国部队加入左翼则进一步拖延了进度。在拉洛维，高夫眼看着对面德军实力不断增强，越来越不安。不仅仅是皇家飞行团遇上了更多的德国空军中队，情报部门所发现的敌军师数量也开始令人不安地增长。高夫无能为力，只能对他的下属强调伪装和迷惑的重要性，同时安慰自己，德国的增援“与黑格的战略思想一致，迫使德军集中力量”对付他们，而不是法国战场。[4]

进攻逐渐开始成形。到6月底，高夫制订了一项计划，希望能够迅速、果断地突破伊普尔突出部。他从英军总部收到的文件设想的是第一天进军1英里（约1.6千米）左右，这就足以占领德

国的第二防线（阿尔布雷希特线）。一到两天后，再向右侧的葛路维高原进军。一旦攻下这一地区，军事行动就会在中部重新展开，继续向东推进，越过斯廷比克河（Steenbeek），登上帕斯尚尔岭。在了解了黑格（他非常清楚突破突出部的必要性）的指示后，高夫重新起草了计划，将这种更具野心的行动方式纳入考虑之中。新计划中又加上了一个目标——向外朝德国的第三防线（威廉线）进军。如果这一目标得以实现，他的部队将向第四个目标前进——再向东朝布鲁德塞安德的主岭进军 1 英里（约 1.6 千米）。停顿几天后，继续向突出部的顶端推进，然后向外到达海岸。[5]

为了达成这些目标，高夫把全部 4 个军从左到右沿线部署在 8 英里（约 12.9 千米）长的一段前线，希望将德国守军和火炮分散到他的整片战区。他担心，如果集中兵力和火炮向葛路维推进，敌人将更容易遏制他的前进。在 6 月 26 日的一系列会议上，
高夫再次确认了行动的许多关键方面，包括目标的顺序和至关重 76
要的火炮支援。攻击将分 3 个阶段。第一阶段（蓝线）深入德国阵地约 1 000 码（约 0.9 千米），包括霍格（Hooge）和维洛伦霍克（Verlorenhoek）两个村庄。第二阶段（黑线）又深入 1 000 码并向上延伸至韦斯特胡克（Westhoek）、弗里森博格和皮尔奇。终极目标（绿线）再向前 1 500 码（约 1.4 千米），朝着波勒冈树林（Polygon Wood）和圣于连（Saint-Julien）方向进军。如果拿下这一阵地，高夫建议进一步推进至布鲁德塞安德（红线）。如果一切顺利，这将使整个进军深度达到 5 000 码（约 4.6 千米）。[6]

就在高夫最后敲定计划时，英军总部开始嘀嘀咕咕表示担忧。

6 月 26 日，黑格的军事行动负责人约翰·戴维森准将向拉洛维发来一份备忘录，警告说将步兵推进至他提出的深度很危险。虽然黑格确实希望取得重大进展，但他不反对让戴维森提出这个问题。“经验表明，这种行动在真正实施的那天可能且往往会取得出色的战果，但代价是使作战部队变得组织混乱，这使他们在有利形势下也难以尽快继续战斗。”戴维森没有对高夫雄心勃勃的计划表示肯定，而是提议每隔两三天“慎重而持续地推进”，每次 1 500—3 000 码（而非高夫提议的 5 000 码飞跃）。此外：

> 毫无疑问，有了充分和有效的火炮准备，我们就可以将步兵深入推进 1 英里（约 1.6 千米），而不至于造成不必要的损失或混乱。我强烈建议，占领帕斯尚尔—斯塔登岭的行动应遵循这一原则，即一系列此类行动，一个接一个地以短时间间隔进行，以避免在某个特定时期出现大规模的换防部队、大规模的火炮转移以及枪支、部队、弹药和物资的大规模快速推进，还是在实际缺乏通信的情况下。

78 戴维森认为，德国人会让预备队上前控制他们的进军，所以最好在自己的部队有组织和有良好支援的情况下迎战，而不是在他们疲惫不堪、远离己方通信网络的时候。跟普卢默和罗林森一样，他认为“咬住不放”是在西线作战的唯一方法。[7]

高夫不为戴维森的干预所动。他在战后问詹姆斯·埃德蒙兹爵士：“这不就是迂腐或者说一板一眼的头脑写出的东西吗？”[8]

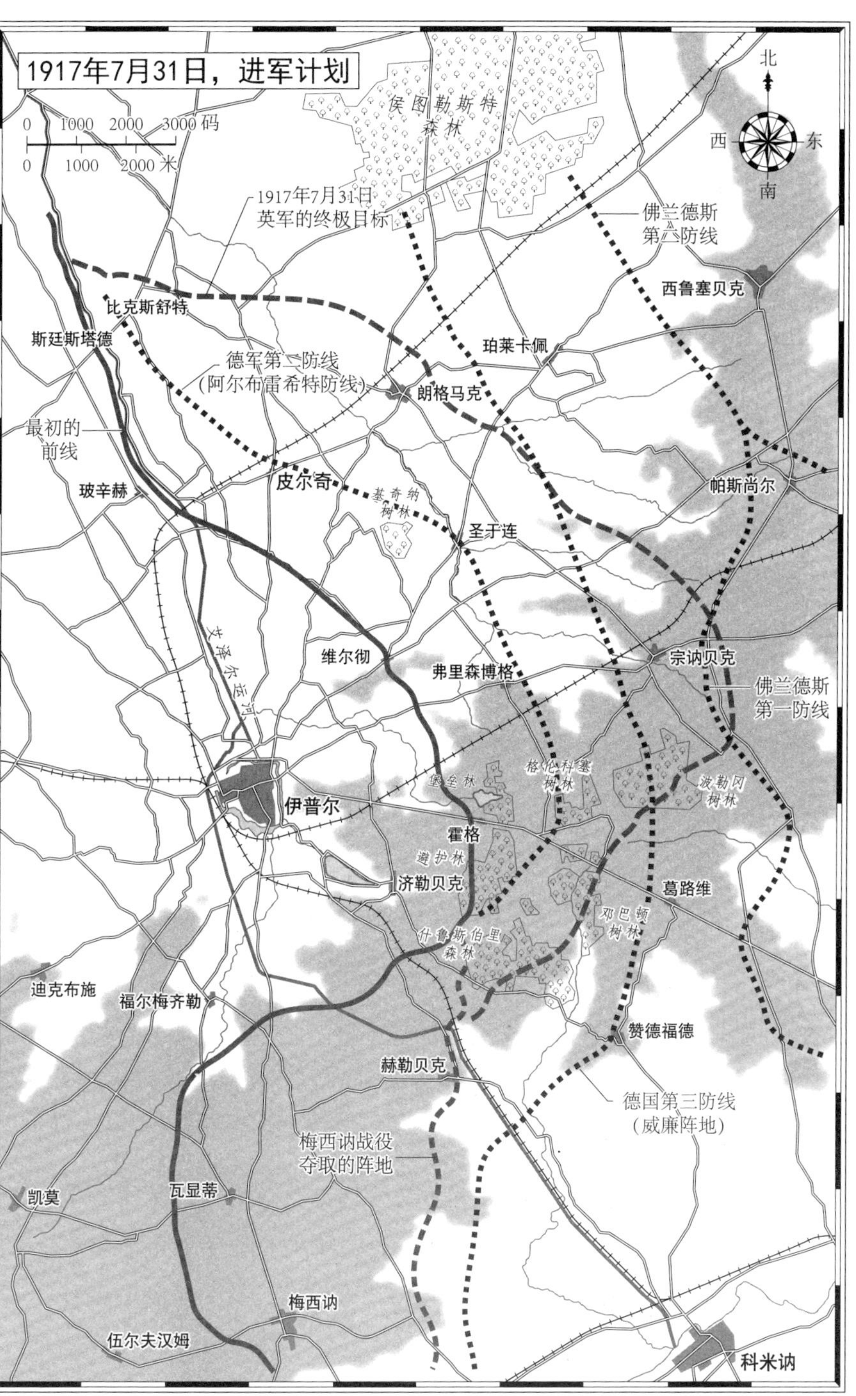
1917年7月31日，进军计划
0 1000 2000 3000码
0 1000 2000米
北
西
东
南
侯图勒斯特森林
1917年7月31日英军的终极目标
佛兰德斯第二防线
西鲁塞贝克
比克斯舒特
斯廷斯塔德
珀莱卡佩
德军第二防线(阿尔布雷希特防线)
朗格马克
最初的前线
玻辛赫
皮尔奇
基奇纳树林
圣于连
帕斯尚尔
艾泽尔运河
维尔彻
弗里森博格
宗讷贝克
佛兰德斯第一防线
格伦科塞树林
堡垒林
波勒冈树林
伊普尔
霍格
避护林
济勒贝克
葛路维
邓巴顿树林
什鲁斯伯里森林
迪克布施
福尔梅齐勒
赞德福德
赫勒贝克
德国第三防线(威廉阵地)
梅西讷战役夺取的阵地
凯莫
瓦显蒂
梅西讷
伍尔夫汉姆
科米讷

高夫的回信（写于 2 天后）更具外交色彩。他指出："从总体原则上，我同意这份文件，因为它主张一系列连续的有组织攻击。"不过高夫认为讨论的重点是，他们是否应该在第一天尽己所能地深入进军（也许一直到红线），利用好数周以来所做的准备。如果第一天不"充分利用一切优势"尽可能地向前推进士兵和火炮，却采用一系列耗时的逐步突进，那将是一种浪费，况且吃力程度跟深入进军并无二致。尽管如此，高夫仍认为他的作战方式符合短间隔的"一系列有组织攻击"，即每 10 天有一次重大的推进。[9]

戴维森的备忘录凸显了英国最高统帅部内部就如何开展行动存在着根本的意见分歧。据高夫说，分歧主要在于该有一个限制性的明确目标还是一个不明确的目标。"总部赞成前者，我赞成后者。"高夫称，他持这样的态度主要因为"很多例子表明，过分谨慎让许多行动的实际成就远远低于应有成就"。他列举了 1915 年 9 月在卢斯的行动，1916 年 7 月对索姆河的夜袭，以及当年早些时候对维米岭和梅西讷岭的攻袭。这些都能佐证，在"敌人完全没有组织起来时"令已经取胜的部队停在预先设定的目标线上，往往导致无法占领"完全开放、本可以不遇抵抗就夺取的阵地"。[10]基于所有已做好的准备和计划，高夫的推理是（毫无疑问是有一些道
79 理的），最好在第一天尽可能深入地进军，而不是专断地将战士们限制在某些目标战线上。

约翰·戴维森的干预旨在迫使总部内部就攻击应该是什么样以及攻击是否过于野心勃勃展开辩论。安排在 6 月 28 日的集团军指挥官会议试图解决这一问题。经过一番讨论，第 5 集团军的原

计划保持不变，尽管黑格向高夫提过负责葛路维高原的右翼部队有多重要。黑格强调，一定要确保拿下葛路维高原，然后再攻下布鲁德塞安德岭和帕斯尚尔岭，否则部队将推进到另一个突出部，三面暴露在炮火之中。[11]然而，在进攻前这至关重要的时刻，高夫几乎或根本没有留意黑格的建议，而是保持自己的计划不变，把麾下 4 个军排成一线，彼此相邻，全部投入第一天的大跃进。

历史学家普遍认为高夫的计划是错误的：过于雄心勃勃且不完善，充满矛盾。事实上，没有人对这个计划表示满意。步兵被部署在一段广阔的前线上，奉命向更远处进军，比在梅西讷［最多推进了不超过 2 000 码（约 1.8 千米）］走得还远。与黑格的希望不符，右翼并没有特别集中的兵力，葛路维高原构成了一个巨大的障碍。高夫认为，他必须在第一天抓住机会，尽最大努力向远处深入，理想情况下可以扫清面前的一切，所以他的部队推进面宽泛而深入，抱着最好的期望。事实上，第 5 集团军的计划无论如何都会有鲁莽的因素，特别是与普卢默更稳健的提案相比。这一切的问题在于，高夫的进攻要求英军火炮在前线非常广阔的一带压制或摧毁敌人的防御工事。这是极为不可能的事情，但是高夫出于他的本性，似乎并不担心。他坚信他的部队会为他带来胜利。[12]

坦克的使用也令人怀疑高夫的计划是否经得起推敲。第 5 集
团军的作战计划以火炮和步兵的协同为基础，但第 5 集团军还能 80
够召集 3 个旅的坦克（总共 216 辆）。调用这些坦克是为了协助扫清德军第二防线以及辅助向第三防线的推进。[13]坦克能否对佛兰德斯的突破做出有意义的贡献很值得怀疑。休·艾勒斯（Hugh

Elles）准将（坦克部队指挥官）在战斗前警告总部，坦克只有在地面未遭猛烈炮击的情况下才能发挥作用，任何大规模轰炸都将大大减少坦克奏效的可能性。他的情报主官弗雷德里克·霍特布莱克（Frederick Hotblack）上尉甚至定期分发“沼泽地图”，详细说明了预先轰炸的影响，并展示了排水沟渠的破坏将如何把斯廷比克河（一条与前线平行的溪流）变成“一道宽阔的流动的泥浆护城河”。然而，这些担忧似乎被漠然置之——总部唐突地指示坦克部队不要继续传达这种忧虑。[14]

是否应该在佛兰德斯部署坦克仍是一个悬而未决的问题，但有一种论点认为，无论情况变得多么艰难，所有可能的准备，所有可能的武器在如此重要的进攻中都要就位，高夫显然同意这一观点。[15]然而，人们不难理解坦克指挥官们的心情，他们无助地看着漫长的预先轰炸和大范围的反炮兵斗争开始破坏战场，并逐渐将其变成稀粥状的淤泥。在严重炮击后的地面上，坦克每分钟行进最多不可能超过10—20码（9—18米）。在湿地上，速度还会慢得多。而在满是树桩和林地残根的地区，坦克根本无法调遣——它们成了德国野战炮的囊中之物。[16]作为一名坦克指挥官，W. H. L. 沃森（W. H. L. Watson）后来写道：“想到突出部的坦克，我们之中对这个国家比较了解的人就有点发抖。”[17]

高夫的军级指挥官现在肩负重任，这些人将指挥进攻德军战线。他们都是顽强的士兵，在西线的所见足以让他们知道什么是危险，以及他们的决定能改变多少。第5集团军从玻辛赫（此地联合了法军）到济勒贝克（Zillebeke，伊普尔以南）部署了4个

军，排成一线：卡万勋爵（Lord Cavan）的第 14 军；艾弗·马
克西爵士（Sir Ivor Maxse）的第 18 军；赫伯特·瓦茨（Herbert 81
Watts）的第 19 军；还有克劳德·雅各布爵士（Sir Claud Jacob）的第 2 军。这些进攻都不是轻而易举的，但人们普遍认为，雅各布所进攻的是这一线最不利的区域。他的战士面对的是高耸的葛路维高原和一系列阴森的破败林地——什鲁斯伯里森林（Shrewsbury Forest）、避护林（Sanctuary Wood）、堡垒林（Chateau Wood）和斗篷林（Inverness Copse）。这是黑格于 6 月 28 日给高夫标出的区域。黑格指出，若该右翼安全堪忧，就不可能再向东推进，会受到猛烈的纵射炮击——结果证明确是这样。随着攻击开始进入倒计时，一切很快变得显而易见：进攻的成败很大程度上取决于雅各布。不管发生什么，葛路维高原绝不能暴露在德军枪口下。

随着高夫的指挥官们制订出计划，大量待办事项应运而生。成千上万吨的补给一定要跟上；交通壕和支援壕一定要挖好；炮兵一定要集结到位。然而，根本没有足够的人力来完成这些任务，很快，法国指挥官安托万就抱怨说无法为火炮挖掘足够的炮坑和弹药储藏点。他于 7 月 2 日拜访黑格并警告他，对法国军队来说，佛兰德斯的进攻一定要“绝对成功”，只有在“有条不紊的全面准备”做好之后，才能派出步兵“越过堑壕”。[18]黑格派给了高夫 7 000 多士兵援助，但 7 月 7 日，高夫被迫返回总部，手里拿着帽子，请求推迟进攻。进攻日期原定于 7 月 25 日（各军级指挥官认为能准备就绪的日期），但在与黑格进一步会谈后，最终商定在 3 天后，即 7 月 28 日发动进攻。[19]

各军级指挥官之下，是第 5 集团军的数百名下属军官：师和旅级指挥员；主管营或炮兵连的中校或少校；上尉和他们的连队；少尉和他们的排。他们必须熟悉自己的片区，并搞清如何实现其目标。整个前线，在掩体和堑壕里，在弹坑遍布的村庄和扎
82 满帐篷的田野里，常常是在烛光下，关于未来战斗的各种细节汇集在一起。行动的命令发出了；储备品储存好了；战术得到了磨炼。在第 14 军，师部的指示涉及情报摘要、堑壕模型、来复枪的使用、侧翼部队、与法国的联络、加拿大维米岭行动的经验教训、联系飞机（将跟随进攻步调）、巩固已攻占的堑壕，以及军官们在部下面前表现出“乐观愉悦”的重要性。[20]到目前为止，英国远征军好比一台任务明确、运转正常的机器。前一个夏天在索姆河战役中首次亮相的那支热切的，或者说显得有些青涩的军队，已经不复存在了。现在，局势的严重性或者说它所要求的职业化程度已经无可否认。战争是一个严厉的监工，但现在，1917 年，人们有一种感觉，英国人终于摸透了它的心思。虽然胜利可能不是必然的结果，但他们这次至少能取得巨大的成就。

到 6 月下旬，在西线战事平息后，德国最高统帅部可以冷静地研究局势了。鲁登道夫将军基于 6 月 25 日的一份报告认为情况并不太糟。意大利人最近的一次攻击被奥匈军队遏制，不需要德国增援［第十次伊松佐河战役（Tenth Battle of the Isonzo）］；巴尔干和土耳其前线的局势无须立即关注；单独与俄罗斯达成和平局面的希望仍然很大。在西线，法军进攻力量显然正在减弱，

至少暂时已经在埃纳河战役中耗尽了。尽管英国在梅西讷战役中的成功为日后在佛兰德斯的进攻创造了条件，但其对阿拉斯的进攻已得到遏制。虽然这一切都很好，但鲁登道夫过分高估了无限制潜艇战对协约国战争运筹的影响。他写道：“鉴于潜艇战对英国海上经济的影响，英国需要迅速取得战果。”此外：

> 英国普遍木材短缺，意大利和法国普遍煤炭短缺。很明显，我们的对手没有像在索姆河战役中有那么多的弹药
> 了。可以看出，弹药的生产及其向西线的供给有所减少。 83
> 法国也决心做出新一轮的流血牺牲，不过由于春季的战事失利加上损失巨大，军队的情绪不佳，这也在最高统帅的更迭上有所体现。我们有尚未公布的证据能清楚表明，法国军队中的无纪律状态越来越不受控制。在俄国，解体继续进行着。

对鲁登道夫来说，德国在海上施压的时间越长越有利。他甚至预言，美国人的到来不会从根本上改变这一状态（这将是另一个重大误判）。他十分肯定，“胜利的前提就是我们依然团结、保持勇气”。[21]

然而，德国最高统帅部并不完全满意。尤其是，他们担心国内的士气情况，在这一点上他们感觉到了麻烦——鲁登道夫称之为“种种软弱的表现”。[22]一段时间以来，他们对帝国首相贝特曼·霍尔维格是否有发动战役所必需的欲望感到信心不足。对将军们来说，德国国内任何软弱的表现，官方对于无限制的全

方位胜利之外的结果表现出哪怕一丁点儿的接纳，都会让他们的敌人欢欣鼓舞，延长这场战争。因此他们对长期以来赞成和平谈判的人心存怀疑。6 月 19 日是个转折点，兴登堡写信给首相，告诉他必须让国家准备好面对第四年的战争。兴登堡承认，潜艇战没有达到他们所希望的效果，但毫无疑问，这场战役必须继续，“以持久的精力和足够长的时间”来迫使敌人寻求和平。与此同时，有必要鼓舞国内的公众士气，明确表示德国绝不会同意“过早投降”。[23]

贝特曼·霍尔维格的反应先是怀疑，然后越发沮丧。他对一位同事说：“这将令人失望透顶，因为柏林有传言说战争在秋天就会结束。”这位同事形容首相“非常悲观”，而且“对最高统帅部非常愤怒”。[24]首相最终在 6 月 25 日做出答复，对潜艇战最终取得成功的可能性发出“警告”。“事实证明，基于统计数字的假设太不可靠，不能单凭信念去重蹈覆辙。”此外，和平要由德国全权支配的观念是一种幻想。他敦促兴登堡不要把“基于谅解的和平”前景弃置一边。奥匈帝国很难在冬天继续战争——届时英国投降的可能性很小。他敦促最高统帅部务必尽力削弱敌人的力量，特别是英国，但不要危及他们达成和解的可能性。[25]

贝特曼·霍尔维格基本上没有发表任何激进的、失败主义的言论——毕竟，他只是提议不应该轻率地放弃妥协下的和平，但即便如此，对最高统帅部来说仍然很过分，因为他们期待的只是政客们不假思索的忠诚。鲁登道夫于 7 月 12 日提出辞职，说他对首相没有信心，这引发了一场全面的政治危机。[26]虽然长期以来渴望罢免首相的是德国政治生活中保守主义和民族主义一翼——军队、最高统帅部、实业家和泛德扩张的倡导者，但德国帝国议会内部较为温和的成员也开始厌倦他。6 月 27 日，议会中最大的政党社会民主党派代表拜访了贝特曼·霍尔维格，要求说他们不仅需要明确声明德国赞成和平谈判，不吞并其他国家，而且还需要进行更多的内部改革，主要是在普鲁士推行平等选举权。如果这一要求被否决，他们威胁要在几天后的下一轮战争贷款表决中投反对票。随后在 7 月 6 日，马蒂亚斯·埃茨贝格尔（Matthias Erzberger）向帝国议会发表讲话，宣布和平需要立即实现。[27]

德国政界的两极现在正相互对立着。这场对立中，一方想让战争无情地进行直到德国可以向敌人施加条件；另一方，主要是议会的左翼议员，想让战争的目标适度一点。对于贝特曼·霍尔 85
维格来说，埃茨贝格尔 7 月 6 日的声明意味着自己的地位变得岌岌可危。他最终于 7 月 13 日辞职，由普鲁士财政部副部长格奥尔格·米夏埃利斯博士（Dr. Georg Michaelis）接替。米夏埃利斯是一个相对不知名的人物，他立即明确表示，将“始终同意”最高统帅部的行动。他被官员形容为一个“优秀的行政人员”，将军们可以仰赖他留在国内坚守阵线。[28]德国皇帝在柏林的贝尔维尤宫里闷闷不乐——他意识到自己在别人看起来多么软弱。7 月 16 日，他告诉冯·米勒（von Müller）上将（海军内阁部长），鲁登道夫是如何在这件事上胁迫他的。然而，德国皇帝仍然试图保持一种错觉，认为他仍能控制局势。米夏埃利斯是这样说的：“他对兴登堡和鲁登道夫耍了一个小花招，因为他在他们到达柏林之前已经接受了首相的辞呈，所以在接见他们时他说：‘那么你们想要什么？首相早已经走了。’”[29]在兴登堡的支持下，鲁登道夫的话现在是“永恒的自然法则”。不管德国是否知道，它已经朝着军事独裁又迈出了一步。[30]

在佛兰德斯，协约国的进攻似乎不可避免，德国的针对性准备工作继续快速进行。“我们从来没有见过像在伊普尔前线上方这样大规模的空战。”德国士兵约翰·舍尔德尔写道。他注视着每天发生的空中决斗，最后的结局总是会有飞行员从燃烧的飞机中坠落，而且没有挽救他们性命的降落伞。他的任务是帮助维护从旅级到团级指挥部之间的电话线，考虑到炮击的强度，这并不容易。这是一个危险的游戏：在白色和红色警报探照灯的强光之间躲避；试图在狼藉的弹坑中，通常是在猛烈的炮击下，找到电线断开的末端。他并不是唯一一个注意到战线后方的军事墓地越来越大的人。他的战友目睹了民兵部队在乱葬坑里放置尸体，看着他们戴着防毒面具来隔绝“腐烂带来的难闻气味”。紧张局势似乎每天都在加剧。“一切都充满了狂躁不安……”[31]

86 在位于科特赖克的指挥部，德国北方集团军群的指挥官鲁普雷希特王储确信，敌人的袭击即将来临——各种征兆都摆在那里，长期积累的经验为静待发生的事件赋予了一种宿命感。鲁普雷希特是巴伐利亚最后一位国王路德维希三世（Ludwig Ⅲ）的儿子，他是一个冷静而能干的战士，似乎并没有继承他家族传奇般的怪癖。[32]作为巴伐利亚王室的一员，鲁普雷希特在战争中不可避免地要承担关键角色，他也没有令人失望。他曾在 1914 年作为第 6 集团军指挥官参加过一些最激烈的战斗，从那时起便一直留在西线。除了对法国的大规模入侵之外，鲁普雷希特把大部分时间都花在防御上，调集各师以遏制协约国军队愈加频繁的进攻。他可能想过要继续保持攻势，但战略大局不允许这么做。他的任务很简单：坚守下去，不管付出什么代价。

鲁普雷希特于 1916 年 8 月晋升为集团军元帅（同时接手指挥他的集团军群）。当前，他负责西线介于北海和瓦兹河（Oise River）之间的部分，可能也是这条战线最关键的部分。他的集团军群由 65 个步兵师和 1 个骑兵师组成，划为 3 个军。虽然从理论上讲，其兵力似乎与对面的协约国军队势均力敌——尼乌波尔特附近沿海地区的比利时和法国部队以及相当大一部分英国远征军——但他知道他的部队在数量上较弱。英国师包含 12 个规模约为 1 000 人的营，而德国师只有 9 个营，每个营 750 人左右。英军的火炮力量也比对手强大得多，有超过 3 000 门火炮，而德国只有 1 100 门。[33]鲁普雷希特非常善于处理这种压力。他通常穿着巴伐利亚将军的单调灰色制服（配有银色领章），避免像德国皇帝所钟爱的那样炫耀皇室权力。他明智地将部队的大部分作战控制权留给了优秀的参谋长赫尔曼·冯·库尔（Hermann von Kuhl）将军，后者自 1915 年以来一直忠诚地为他服务。[34]

库尔的工作勤勉而高效，在其调遣下，鲁普雷希特下辖各师 87
逐渐为战役做好了准备。他从 7 月初就开始对此进行记录，“有越来越多的迹象表明攻击即将来临”：

铁路延长，炮位增加，堑壕里的人手越来越多，但还是没有等到攻击。鲁普雷希特王储的集团军群形势严峻，指挥官对此相当担忧。他焦虑不安地看着前线的其他战区，看向朗斯、阿拉斯和圣康坦等地，那些地方随时都可能发生敌人的攻击，即使是助攻。

所有后备人员和火炮都已向北送往佛兰德斯，但王储还是仔细审视了所在的整个战区。不祥的是，第 6 集团军（镇守着正对阿拉斯的前线）发来报告，称对手的列车炮和坦克分遣队到达，可以断定他们也将面临攻击。尽管如此，鲁普雷希特认为佛兰德斯仍是英国目前备战的主要焦点。阿姆斯特丹一位可靠的特工报告称，一场“全面攻击”很快就会开始。他观察着，等待着。[35]

6 月 21 日，鲁登道夫抵达科特赖克，与库尔等高级官员会晤。罗斯伯格用钉在墙上的大幅地图向他们简要介绍了总体情况。前线有 15 个德国师，而敌人有 20 个。德国在前线后方有 12 个师（包括用于发动反击的各师），他们估计敌人还有 15 个左右的师作为预备力量。在最受威胁的战区（尤其是玻辛赫运河区），他们只留下了小规模的分遣队来守前线。在火炮方面，他们拥有 389 个炮兵连，而敌人则有 700 多个，这显然是一个不利因素，但鲁登道夫认为这还不算太多。“弹药情况不容乐观，”他承认，“但如果投入战斗，军队将会得到所需的一切供给；届时没必要有所保留”。他还知道，他们的飞机比对手少得多，但一旦战斗开始，可以根据需要向前线派遣更多的预备力量。[36]

罗斯伯格于6月27日发布了防御命令。核心要义是避免敌人在任何一场攻击之前的猛烈炮击。“防御力量在于隐藏自己、躲开 88
敌人的观察，”他强调，“在大规模进攻前的预先轰炸中，不可能守住堑壕、遮蔽物、固定机枪掩体和火炮阵地。试图去守住这些会耗尽军队实力，造成重大损失，是徒劳无功的”。因此，罗斯伯格希望守军明白，防空洞只是“人的陷阱”，一旦轰炸开始，德国部队应当从中撤离；如果可能的话，向前推进，准备露天作战。考虑到德国阵地的纵深程度，在正确的时间进行反击至关重要。“反击越快，优势就越大。”一旦敌人建立起可行的防御工事并得到火炮支持，反击往往会失败。因此，当务之急是独立发起反击，而非等待上级命令。这就是罗斯伯格所谓的“进攻防御”的本质。[37]

接下来几天继续进行了更多的讨论。在6月30日的一次会议上，鲁普雷希特考虑了撤退的可能性（这是他的参谋人员提出的），从而可以躲避任何英军进攻的“最初打击”。然而，当元帅和他的参谋仔细研究前线的地图以检视这一可能性时，他们意识到要想成功做到这一点，第4集团军必须放弃其全部阵地，包括许多宝贵的高地，而鲁普雷希特并无此意。无论如何，他们最后的防线（第三佛兰德斯防线）仍然未建成。据库尔记录：“当地指挥官同意，目前的堑壕系统适于炮兵和步兵的防御行动，两种兵力的协作以及调用预备役部队的计划已经准备就绪。有计划的撤退所预期的优势并没有大到能盖过我们在撤退后组织防守的劣势。”[38]因此，事情就定下来了：坚守阵地。

然而，决定坚守并不意味着德国人会无动于衷地等待命运。

随着种种征兆显示在佛兰德斯的进攻越来越迫近，罗斯伯格意识到，如果协约国军队能够占领艾泽尔河（法文作 Yser，荷兰文作
89 IJzer）上的桥头堡并沿着海岸行进——正如黑格计划的那样，那么整个德国前线就有危险，可能像黑格所称的那样“打开”。德国决定发动一次破坏性攻击，把敌人打回尼乌波尔特以东，从而保护沿海地区。7 月 10 日清晨 5 时 30 分，德国海军陆战队的突击队在猛烈的炮火和烟雾轰炸下向前冲去。[39]在 3 小时内，他们突破了英国战线，杀死或俘虏了大部分守军，荡平了艾泽尔河上的桥头堡——预想中沿海岸发动进攻的起点。英国迅速下达了反击命令，但当热血冷却下来时，命令被仁慈地取消了——当地指挥官强烈抗议说，这种仓促的反应通常会造成毫无成效的巨大损失。然而黑格并不担心这破坏了他的进攻计划。他告诉罗伯逊，火炮轰击很快就会把敌人“赶出阵地，就像他把我们轰出阵地那样高效”，这也清楚地反映出留在这一区域的德国人有多么危险。佛兰德斯战役彻彻底底地开始了。[40]

第五章

“在持续的炮火下”

> 这不仅仅是迅猛的炮击；仿佛地狱挣脱了镣铐……仿佛敌 90
> 人在向世界宣告：我们来了，我们将获胜。
>
> ——赫尔曼·冯·库尔[1]

1917年7月16—30日

考虑到预先轰炸的重要性，高夫将军竟没有将其列入5月底第一次会议的议程，这便很令人惊讶。[2]在攻击之前要进行什么样的轰炸是英国西线指挥官所面临的最重要的问题之一。几个月前，在阿拉斯战役之前，第3集团军指挥官埃德蒙·艾伦比将军曾与黑格激烈地争论，希望放弃沿用已久的长时间炮轰准备。他所代表的观点认为，他们应该进行更短的所谓“飓风”轰炸，只持续48小时，从而造成突袭效果。轰炸的目的不是摧毁德军防御系统，而是在足够长的时间内令其失效，以便英军步兵越过无人区。但是黑格担心这样做无法压制敌人的防御力量，或者对火炮造成过大的压力，所以不愿冒险，而是选择了更为常规的、为期 4 天的轰炸。③

至于高夫，他的炮术思想与黑格是一致的。在军队会议上，艾伦比公布了“飓风”轰炸计划。很显然，高夫对放弃长时间准备是否明智“表示怀疑”。在第三次伊普尔战役之前，他似乎根本
91 不会考虑其他可能。④鉴于佛兰德斯地区德国阵地的纵深和兵力，以及突袭几无可能的情况，或许“飓风”轰炸无论如何都不会是个可行的选择。高夫最初想要进行为期 9 天的轰炸——从 7 月 16 日开始，在 7 月 25 日进攻之前达到高潮。然而，由于进攻一再推迟，轰炸最终延长至两周，成为英国远征军历史上为期最长的预先轰炸。这是一场火力的炫耀，数以百万计的炮弹将以残酷无情、碎骨粉尸的方式被发射，这是西线上最后一次大规模的预先轰炸。⑤

高夫的火炮资源规模惊人。在进攻前的几个星期里，近 3 000 门炮被运到前线：2 000 多门野战炮［主要是 18 磅（84 毫米）炮和 4.5 英寸（114 毫米）榴弹炮］、718 门中型炮和 281 门重炮。他们有超过 420 万发炮弹。⑥从理论上讲，这样的火炮优势应该是足够了。在上一年的索姆河战役中，英国人只能调集一半的火炮，且用来支援进攻的重型榴弹炮严重短缺。在佛兰德斯，英国远征军不仅拥有更多的重炮和几乎无限数量的炮弹，而且还采用了最先进的火炮技术。高夫的火炮需要轰炸的前线长度和深度也很可观。以第 2 集团军为例，他们在进攻中将向南扩张，面对的前线长达 15 英里（约 24.1 千米）［梅西讷战役仅 9 英里（约 14.5 千米）多一点］，而且在大多数地方，德军的防御纵深达到几英里。压制或摧毁如此广大的

防御区，包括数百个几乎坚不可摧的碉堡，将极其困难。此外，他们必须在做到这一切的同时压制或支开包围着突出部的德军火炮。总体上，德国人可以调集 1 000—1 500 门炮——当然没有他们的对手多，但足以对任何步兵进攻构成严重威胁。[7]

让所有火炮就位是一个最高级别的工程问题。火炮必须在夜间部署，而轻工兵小队则不知疲倦地建造着木头平台，以防火炮陷入佛兰德斯松软的泥沼中。他们同时不得不应对德军炮火的骚扰 92
和观察员锐利的目光，后者检视着突出部任何行动的蛛丝马迹。[8]炮组尽可能地隐藏在前线茂密的小型灌木丛或农场建筑中，而那些待在露天的火炮则不得不使用伪装遮障，以遮蔽炮口的闪光，否则他们的阵地就会暴露。[9]让事情变得更为复杂的是，7 月 12 日，在对伊普尔的一次看似例行的毒气轰炸中，首次出现了芥子气。第 5 集团军的化学顾问 G.W. 莫尼耶—威廉斯（G. W. Monier-Williams）上尉调查现场时发现了德国 77 毫米野战炮的炮弹碎片，上面画着不同寻常的绿色和黄色十字架。中了这种新型毒气的人症状同样罕见：

> 首先，一直打喷嚏，鼻子和喉咙的刺激感逐渐增加。然后，在某些情况下，当接触毒气后 6 或 8 小时，眼睛会感受到强烈且异常痛苦的刺激和炎症，伴随着黏液从鼻孔不自禁地排出和不时的阵阵呕吐。

莫尼耶—威廉斯检查了许多伤者，他们都感到“眼部强烈而痛苦的刺激感”，皮肤某些地方起泡。此外，处理过炮弹碎片的军官也遭了殃，接触 6 小时之后出现了刺痛的水泡和手部肿胀。莫尼耶 - 威廉斯不知道德国使用的是什么武器，但没过多久就因刺鼻气味被各部队命名为“芥子气”。[10]可悲的是，这只是对伊普尔进行的第一轮毒气轰炸，这样的轰炸会越来越多。[11]

对于这种规模的进攻，几乎需要做所有的事情：修建道路，输送补给，铺设电话线，埋设电缆，等等。对于军队的命脉——驾驶员来说，伊普尔突出部无疑是西线最不受欢迎的地段。几乎所有的主要道路都被敌人的炮口瞄准，关键的路口，比如比尔十字路口（Birr Crossroads）和地狱火转角（Hellfire Corner），很快就被炮弹炸
2 得坑坑洼洼，散落着死马和烧毁的马车。因为地面非常低平，所以大部分补给不得不在夜间运来，这意味着天黑后伊普尔周围的道路就会交通堵塞——货车和卡车都试图到达目的地并尽快折返。伊普尔—波珀灵厄公路是一个尤其致命的路段。笔直而狭窄得“如同通往天堂之路，但对于那些在狂轰滥炸的黑暗中冒死战斗的人来说，这条道路似乎通往地狱”。一位军官回忆道：“被遗弃的货车、人的尸体、死伤的马和骡子散落在作业现场；长期的辛劳中，陪伴他们的只有弹坑淤泥里伸出的肢体，僵直而怪异。”[12]

纺织会馆的残垣在月光下发白，阴影笼罩着废弃的街道，伊普尔的这般景象将永远刻在那些目击者的记忆中。弗兰克·梅利什（Frank Mellish）是皇家野战炮兵（RFA）中的一名下级军官，他回忆称伊普尔“从来不是适宜久留之地”。“如果有人想要振奋一下神经，只要穿过梅嫩门走一遭即可。一旦决定这样做，他绝

不可能从容出发——直接就冲！我穿过这座城市时跑得比班尼斯特[*]跑一英里赛还快，而且胸前挂着防毒面具，头上戴着锡帽！”[13]另一个下级军官——亨特利·戈登（Huntly Gordon，在皇家野战炮兵第 112 旅服役）刚刚到达法国。帕斯尚尔战役将是他的第一仗，但他很快就意识到即将对抗的是什么。在规定的时间（晚上 11 点），他率领着一支 12 辆货车的车队来到前线，货车满载弹药，在重压下吱吱嘎嘎作响。交通像往常一样拥堵——“通用货车、救护车、卡车、水车、满载步兵的巴士、枪炮，可以想象到的一切。”车队遭到炮击并撞入“一条难闻的毒气带”，损失了 3 匹马（全都死于炮弹碎片），之后终于抵达伊普尔。但戈登没有耽搁。他带领他的人迅速穿过梅嫩门（早已被摧毁，余下的只是小镇城墙上的一个缺口），然后以轻快的步伐呈纵队行进，彼此间隔 100 码（约 91 米），沿着梅嫩路进入突出部的腹地。[14]

在数百吨物资运送到前线并分发给士兵的同时，还有其他许多任务有待完成。通信设备，包括数千千米长的电缆，需要被接 94
入线路，然后连接到电话交换机上。F. A. 斯克莱特（F. A. Sclater）上尉在玻辛赫的第 14 军担任信号官，负责管理连通炮兵连队的电缆。他所在军事区的 8 条线路埋在 6 英尺（约 2 米）深的地下，运气好的话不会有任何危险，除非遭遇最大口径炮弹。在预先轰炸即将开始前不久，他的一台重炮连队的交换机（伪装在一座破

---

* 罗杰·吉伯特·班尼斯特爵士（Sir Roger Gilbert Bannister，1929 年 3 月 23 日—2018 年 3 月 3 日），英国著名中长跑运动员、神经学家，也是首位在一英里赛中跑进 4 分钟的人。——编者

败的农舍中）遭到了猛烈的持续炮击。鉴于多达 80 条电缆连接在这台交换机上，它的破坏可能使迫在眉睫的预先轰炸极难实施。幸运的是，电路完好无损。它们被埋在一层水泥地面下，尽管遭到多发直接命中（农舍“像船一样”晃来晃去），但 7 月 31 日进攻发起时，交换机仍可运转。[15]

对于总部的工作人员来说，可能比战线上那些英国士兵们付出的体力劳动少一些，但即将到来的进攻却带来了特殊的压力。根据保罗·梅兹的说法，拉洛维现在“充满了紧张气氛”。每天晚上，他躺在帐篷里，听着“一排排人拖着榴弹炮就位”的声音，以及满载弹药驶向前线的“卡车发出无休止的轰鸣声”。[16]高夫的参谋长尼尔·马尔科姆估计，他的办公室在某个阶段每天要处理 50 多万字的电报，而他本人要飞过突出部上空两次。这两次飞行都不是很顺利，可能发生致命事故。在第一次飞行中，他的飞机因引擎故障而迫降；在第二次飞行中，一根支杆在飞机着陆时折断了。[17]

在空中，协约国军队享有数量上的显著优势。从阿尔芒蒂耶尔（Armentières）到大海，他们可以召集 800 多架飞机，而德国的飞机大约有 600 架（其中只有 1/3 是单座战斗机）。[18] 7 月 7 日，指挥皇家飞行团的休·特伦查德（Hugh Trenchard）少将针对即将到来的战役发布了命令。战役的主要任务是确保尽可能少的敌机能够飞越英国前线——因此他授权在突出部上空展开咄咄逼人
95 的进攻性巡逻，击退一切敌方战斗机，从而能为其他飞机提供空间，使之不受阻碍地完成侦察任务。同时，特别选定的飞行中队

负责轰炸敌方目标：机场和指挥部，铁路枢纽和道路，堑壕和防空洞——所有这些都与他的进攻策略一致，他确信这将使他们掌控伊普尔上方的领空。⑲

到 7 月 16 日开始轰炸时，特伦查德的空袭已经持续了几天。他的中队袭击了敌人的地面目标，并与德国空军进行了令人头晕目眩的大规模空战，整条战线的结队而行的士兵都目睹了这一幕。有一天，在梅西讷皇家工程师部队服役的阿瑟·桑布鲁克（Arthur Sambrook）记录了他见到德国第 1 战斗机联队（Jagdgeschwader Ⅰ）的情形，该队由传奇人物曼弗雷德·冯·里希特霍芬男爵带领（当时击落飞机战绩为 52 架）。他的飞机“机翼和机身是显眼的猩红色，他们和我们空军的德·哈维兰（de Havilland）战斗机之间的战斗非常频繁，看着相当刺激”。他还目击了一些飘在突出部上空的敌方侦察热气球被摧毁的过程。“起初会有一缕黑烟，接着是一小团火焰，然后热气球便开始起皱、下沉，直到整个成为一团燃烧的火球，向地面冲去，留下一根黑色的烟柱，直立在空中长达几分钟……环境条件很适合实施这种军事活动：许多白色的蓬松云团慢慢地飘来飘去，在飞机偷偷向目标靠近时起到掩护作用。”⑳

德国人明白接下来的日子会有多重要。7 月 19 日，指挥德国空军的冯·赫普纳（von Hoeppner）少将发布了一项通令，承认事态的严重性。“在过去的几天里，敌方涌现出一批战斗机飞行员，兵力呈压倒性优势。而我们的战斗机中队却无法对其采取措施。”他相信，人员与战机的损失比例仍有利于德国，但即将到来的进攻无疑将是一个严峻的考验。“我对整个德国空军充满

信心，我也充分相信：第 4 集团军的空军，尤其是战斗机联队和战斗机中队，将削弱敌军中队力量并击败他们。”相关命令发
96 布，迫切要求击落敌人的侦察热气球并“保障进攻区不被敌机侵入”。[21]相应地，德军在佛兰德斯地区的空中兵力逐渐增加。5 月中旬第 4 集团军只有 13 个空军中队，但是到 7 月底进攻开始时，已经增加到 80 个。[22]

在伦敦，战时内阁关于佛兰德斯进攻的争论几乎持续到进攻日的当天。罗伯逊于 7 月 18 日写信给黑格，向他介绍了战时政策委员会会议的最新情况，该委员会仍未正式批准这次进攻。“无论战时内阁现在对你的计划支持到什么程度，我都理解，”帝国总参谋长匆匆忙忙地向黑格保证，“我每天都在期待他们会告诉我一个结果，但到目前为止还是没有收到”。毫不奇怪，劳合·乔治仍然顽固地反对在法国发动新的攻势，并继续关注他的“意大利冒险”。罗伯逊曾两次告诉他，时间“不多了”，第 5 集团军的准备工作很快就要完成，但这并没有激起首相的紧迫感。显然，战时内阁对于黑格的雄心抱负仍存在顾虑，以及一种“恐惧”，对此罗伯逊解释道：“可能你正拼尽全力做更深入的推进，然而不可或缺的进一步的火炮准备并未跟上。”罗伯逊提醒黑格说，“众所周知，通常情况下，推进的程度必须以火炮支援为限，直到实现真正的突破为止”。还说如果保持这种“逐步推进体系”，他的行动将会得到真正的支持。[23]

3 天后，黑格不耐烦地回复了，话语间透着沮丧和愤怒。“准备工作已经到了这一进阶阶段，战时内阁还没有决定是否批准我

的进攻继续下去，这多少令人吃惊。”他提醒总参谋长，早在 1916 年 11 月，战时办公室就认识到这一行动的重要性，并于 12 月 1 日直接向他传达了扫清比利时海岸敌军的紧迫性。显然，黑格认为，内阁“不明白在现有条件下准备进攻会带来什么后果，也不明白一旦准备工作全面展开，改变计划会带来哪些物质损失，对士气造成什么影响”。此外，他表示很遗憾，自己对局势的判断和认识（“甚至是对每一阶段进军应该推进到什么深度的认识”）并 97
未得到信赖，而他认为至关重要的是“这种事情应该由指挥官当场处理”㉔。

黑格与罗伯逊的通信令双方都感到不满和沮丧，因为他们相互绕圈子，并没有回应对方的观点。罗伯逊再次试图提醒黑格，对他行动的支持直接取决于行动的实施方式，内阁只会同意采用“逐步”推进的方式，以避免不必要的损失。黑格预期的是一种尼韦勒式的迅速突破，并未注意到其中的区别，而是再次提到 1916 年 11 月和 12 月所做的关于必须在佛兰德斯发动进攻的决定。因为他本能地觉得，这次行动的实施方式与内阁无关，所以他看起来没有理解罗伯逊所说的话。因此，又回到了悬而未决的如何实施进攻的问题上。这将是一次重大突破，一场决定性的“撕裂之战”（battle of rupture），旨在几个小时之内将步兵推进到德国防御体系的纵深地带，抑或是一场对梅西讷各防线进行的有限的“逐步”进攻？㉕黑格对这一差别似乎要么是敷衍了事，要么是没有察觉。他敦促高夫实施决定性的推进，同时又告诉战时内阁，攻击可能分为一系列阶段展开。对此劳合·乔治并未据理力争，这将成为后者永久的耻辱。与此同时，这场进攻仿佛能够自行运转一般，悄悄地越来越接近实现。

在德国，格奥尔格·米夏埃利斯被任命为帝国首相并没有让政治危机得到解决。7 月 19 日，就在高夫的火炮开始轰击德国前线 3 天后，帝国议会正式通过了和平决议。“德国拿起武器维护其自由和独立，捍卫其领土。议会正在努力寻求各国之间的基于理解的和平与永久性和解。”决议要求结束“各国的苦难”，呼吁海
98 上自由和经济合作，同时承诺德国政府将努力建立“国际法律机制”。不过，只要德国受到“掠夺和压迫”的威胁，它就会“拧成一股绳，不屈不挠地战斗，直到德国及其盟国的生命和自由”得到保障。[26]

当英军总部的情报部门获悉柏林的政治势态时，认为德国有希望濒临崩溃。尽管对于新任领导人知之甚少（查特斯承认他们“对米夏埃利斯颇为茫然”），但这并不妨碍总部的乐观情绪再次高涨。[27]查特斯在 7 月 22 日的情报摘要中自信地预测，米夏埃利斯将被迫在年底前寻求某种“妥协的和平”。然而，总部似乎没有从德意志帝国的政治困境中获取真的教训，那就是德国政坛日益两极分化，右翼人士接管关键职位，他们拒绝任何所谓的“和平谅解”。[28]任命米夏埃利斯并不是德国准备修正其战争目标的象征。相反，这表明德国军事统治者将竭尽所能继续战争，发动一切残酷的侵略。

柏林的政治阴谋对那些突出部的德国军队来说似乎很遥远，

因为他们又一次准备面对“消耗战”。高夫的炮兵们正向德国各战线发射瀑布般的炮弹，一柱柱烟尘从地面腾起，仿佛燃烧着的小火山。“近几天来敌方火炮活动增加，系统的破坏性火力和火炮距离越来越近，这些都指向即将开始的攻击。”伊普尔集群的战争日记在 7 月 17 日如是记录。“我们的前线，特别是在第 17 步兵师所在区，已成为一片弹坑。敌人有计划地炮击后方阵地、指挥所和火炮，已触及后方道路和重要阵地……佛兰德斯的战斗现已开始。”[29]几天之内，德国情报部门查明了敌对的英国各师情况，并警告己方部队将面临哪些对手，包括第 29 师（“很好的进攻师”）、第 51 师（“精锐的苏格兰师”），以及第 11 师和第 15 师 99
（“一流的进攻师”）。[30]

弗里茨·冯·罗斯伯格每天都要登上瞭望塔，这座塔建在他的指挥部所在地，他可以由此勘察战场。通过双筒望远镜的镜头，他可以清楚地看出英军在为即将到来的进攻做着盛大的准备。他写道，“在许多地方，敌人的火炮轮子挨着轮子”，在他们的炮位附近堆积着“巨大的弹药堆”。他的防御部署尚未完成，因此他要求从德国最高统帅部再开来两列重型和 4 列轻型弹药列车。这些弹药一经调来，他就指挥他的枪炮与英军火力对抗，尽一切可能干扰对方的准备工作，令其举步维艰。[31] 7 月 13—19 日，德国第 4 集团军发射了 58.3 万发炮弹。接下来的一周，德国炮弹的消耗量将达到 87 万枚。紧张的参谋们对所发射的弹药数量感到惴惴不安。[32]

日复一日，夜复一夜，成千上万枚炮弹的冲击摇撼着佛兰德斯战场，雷鸣般的爆炸将地面上的泥土花洒般抛向空中。那些早已习惯前线炮火隆隆的士兵们感到现在发生的事情有一些不同：轰炸比他们所经历过的规模更大、更可怕。在深及 3 000 码（约 2.7 千米）的德国前线防御区内，轰炸最为猛烈。大部分带刺铁丝网被炸成碎片，许多前线堑壕被炸得面目全非。[33]预备役少尉拉乌（Rau）目睹了这场破坏行动，他所在的掷弹兵团第 6 连坚守着霍格周围的战线：

> 没有一条交通壕可以走得通，水泥碉堡都显眼地立着，为敌人制造了绝好的目标。这意味着我们不得不离开堑壕，躲在弹坑里，而弹坑也不断遭受着火力攻击。不幸的是，水位太高，弹坑很快就蓄满了水，别想休息，无论多短都不可能。连
> 100 续不断的阴雨，毒气袭击，持续的突袭和巡逻行动，夜间向前运送储备以及架设铁丝网障碍物的需要，使我们的士兵体力透支，士气低落。

几乎不可能向堑壕里的人提供补给，甚至是命令都难以传达。电话线总是被切断，这意味着前线部队不得不指望信差，而席卷战场的“枪林弹雨”使他们往往成为牺牲品。对于那些在前线的人来说，在进攻到来之前是无法松口气的。[34]

德国在轰炸中的伤亡也不少。在到达前线的几天内，镇守圣于连东南战线的第 235 师遭受了极其严重的损失，8 月 1 日就撤退了。[35]第 455 步兵团的一位士兵是见证人，他生动地描述了上前

线时所遭遇的恐怖情形。“局势令人沮丧。我们连在到达这里的当天遭受了严重的损失。目前我们在支援壕里，位于前线后方几百米处。英国人不断地用最重型的火炮轰击整个地区，地面形成一大堆弹坑，其中一些大到可以在里面盖房子。”第二天，他的连队将开赴前线，但他们已经筋疲力尽，每个人只能靠一个水壶生存一个星期，因为补给无法在炮火中到达他们手中。“死亡在等待我们，”他写道，“像狐狸等待猎物”。[36]

尽管遭到猛烈的轰炸，德国的不少防御阵地仍然完好无损、难以攻破。只有最重型的火炮才可以穿透碉堡，英国人不得不把特制的穿甲弹调往前线，试图炸开碉堡。[37]在葛路维高原凌乱、破败的林地中，许多碉堡仍然隐藏或保护在倒下的树木和灌木丛中，因此英国人几乎不可能瞄准全部碉堡。德国守军或许对炮击的强度感到震惊，但至关重要的是，无论进攻何时到来，他们仍然有能力抵抗。更糟糕的是，聚集在葛路维高原背面山坡上的德军火炮仍然高度活跃。第 2 军 7 月 25 日的情报摘要记录道，敌方火炮 101
的观察“非常敏锐，前线和支线堑壕上任何风吹草动都会立即引起猛烈的炮击”。[38]

尽管英军火炮在诸多不利条件下开展行动，且伤亡人数与日俱增，但第 5 集团军的火炮手还是逐渐压制住了对手。“在敌人强大的火炮和迫击炮火力下，德国步兵遭受了惨重的损失，但火炮的处境也很困难，”《德国官方历史》记载，“由于持续的行动数量显著增加，到 7 月底，越来越多的炮兵连出现透支迹象。人员和装备损失巨大。重型榴弹炮的损失达到 50%”。[39]在瓦显蒂集群，莱因哈特·勒瓦尔德的炮兵连（隶属第12师）到7月28日已被“射成碎片”，他们所有的火炮都被英国精准的反火炮火力击毁。他记录道，把“损坏了的火炮在两晚之内冒着瓢泼大雨和重炮轰击弄走”是“难以置信的艰苦工作”。[40] 7月25日，鲁普雷希特王储收到卡尔·迪芬巴赫（瓦显蒂集群总指挥官）的一份报告，报告提请他注意英国反火炮火力造成的枪炮损失。他们一半的重机枪、30%的榴弹炮、17%的迫击炮和10%的10厘米炮已遭毁坏。[41]他们别无选择，只有尽可能地保持反火炮射击和扰乱性射击，同时将炮兵连撤到一切可能位于射程之外的地方，留到即将到来的进攻中发挥用处。

德国同样面临着英国人在把火炮和补给运上战场时经历的困难。“不管我们运送了多少门新炮——我们每天晚上都这样做；也不管我们修理了多少门旧炮——我们日夜修理它们，都无法保持我们应有的数量。”一名叫作鲁道夫·宾丁（Rudolf Binding）的德国士兵抱怨道。[42]梅嫩路旁一个混凝土掩体中驻守着一个信号连，约翰·舍尔德尔是其中的一员。对于他来说，炮火的强度几乎无法形容。他记得，最糟糕的景象是在葛路维的高地附近，那里部署的多个野战炮兵连吸引了大量的敌人火力。

102 > 我们无法想象怎么可能在这条遭到严重炮击的引道上把弹药运送到前线，这注定是疯狂无比、生死攸关的旅程。一辆被打成碎片的弹药车堆在路中间的掩体前，前面有几匹马，尸体撕裂开来，还有摔下来的车夫。在路边的沟渠里，有一些尸体已经面目

> 全非，令人毛骨悚然。其中一个死者，脸被一枚手榴弹碎片由后脑勺削下，所以脸部在他的下巴上垂着，盯着我们——一副恐怖扭曲、毫无血色的蜡黄面具。一个人怎么能忍受这样的景象长达数周？当死亡没日没夜地伴随着某个人，它便不再恐怖了。[43]

舍尔德尔和他的士兵们在炮击间隙拼命工作，在葛路维的废墟上四处游走，试图“修理一再被炸断的电线，它们通向团级指挥所”。他们不寻找断了的电线之时，就回到狭窄掩体里的电话交换机旁接电话，等待攻袭的那天。

炮击的强度随着进攻日的临近而无情地加剧，使人们的神经紧张到了崩溃的边缘。7 月 28 日是最糟糕的日子之一。据德国消息人士称，猛烈炮火（*Trommelfeuer*）持续不断，炮弹瞄准前线以及德国野战指挥部和火炮阵地，甚至是行驶的列车也难以幸免。空中到处都是正在搜寻轰炸目标的英国飞行员。[44]德国第 4 集团军使出浑身解数，那天（7 月 28 日），他们的枪炮打完了 19 列弹药补给火车的货量。鲁普雷希特王储形容前线上的火炮活动“异常暴力”。即使在上一个夏天索姆河战斗的高峰期，德国军队每天使用的弹药量也不会超过 8 列火车，而现在，他们使用了 2 倍多的弹药量——由此可见突出部的炮火强度。[45]那天在科特赖克举行的一次会议上，邻近的第 6 集团军参谋长斯塔普夫少校认为，他们应该从位于埃斯泰尔（Estaires）的利斯河 * 上空对德国阵地的敌军

* 利斯河（法文：Lys）也称莱厄河（荷兰文：Leie），流经法国和比利时境内。——编者

103 右翼进行破坏性攻击。但库尔在第 4 集团军总部查看了地图，表示不赞同。为了制造惊人一击，必须进一步向北进攻，也许要进攻到巴约勒（Bailleul）或阿兹布鲁克（Hazebrouck）附近，但库尔怀疑没有足够的兵力可用。[46]

鲁普雷希特集团军群的参谋在考虑是否要发动攻势的同时，最后的防御部署即将完成。德国的预备部队现在已经部署到位，关于前进时间和方式的命令已经下达。一名在第 62 步兵团（隶属第 12 师，该师为瓦显蒂集群的反应师之一）服役的德国士兵记下了自己的思绪，当时他随所在营经历了从汉堡（Hamburg）到图尔宽（Tourcoing）的一系列铁路行程。到达科特赖克的那天尤其令人沮丧。“一辆又一辆的医护列车来接我们。受损的枪炮被运回国内，提醒人们不要忘记战争。”他们遇到的每一个比利时人都面色阴沉，沉默寡言，倔强地盯着那些可憎的征服者。然后他们终于到达了前线。“我们看到天空中闪烁的炮火，许多人都感到自己失去了勇气。”雨一直在下，于是他们拖着背包出发，踏上漫长而危险的征程，迈入葛路维附近的堑壕。“整个晚上这个地区都被火光照亮。”[47]

在 7 月的最后几天，反火炮战斗愈演愈烈。英军和德军火炮手为控制突出部正在进行一场无情的决斗，因为谁在火炮上占上风谁就能控制地面。这将是这场战争中最残酷的火炮战役之一，英军火炮在暴露的低洼地带与德军交火，而德军火炮中大部分都有山脊线做掩护。从空中进行火炮定位固然有帮助，但低云和恶劣天气使皇家飞行团无法像特伦查德希望的那样有效，而且英国几乎每天都遭到猛烈的火力报复。正如伊普尔集群7月29日的战争日记中所指出的：“我们的火炮继续精力充沛地打击敌人的炮组和炮位……特别是在清晨，敌人的堑壕和集结区一次又一次地遭受武装袭击和破坏性火力攻击波。”[48]

前线的后方正在下达最后的行动命令。长长的部队阵列装备 104
精良步入堑壕，与此同时，比以往任何时候都更加狂暴的火炮正在轰击目标。攻势原定于7月28日开始，但由于高夫的准备工作仍未完成，最终又推迟了3天。查特斯回忆说，黑格“非常郁闷，但一旦决定已经做出，他便不再多虑”。[49]除了相信上帝和期盼轰炸能奏效之外，别无他法。然而，高夫用以打开德国防御系统的强大火力存在一个缺点：它实际上正在摧毁整个地表形态。佛兰德斯脆弱的排水系统担负着阻隔积水的作用，经过3年的激战已然严重受损。而现在，在高夫的狂轰滥炸下，它开始罢工了。不管英国人还需要什么，他们迫切需要的是一段时期的干燥天气，在此期间对突出部实施突围。不幸的是，命运与他们作对。当高夫的各师准备突进时，战场上空已经开始形成乌云，天气预报警告降雨将至。或许现在发动如此大规模的战役已经太迟。也许查特斯终究是正确的——也许现在想做成任何事情都已太迟？

第六章

“真是个该死的诅咒”

105 最初的进攻总是最不合意。

——阿尔布雷希特·冯·特尔[①]

1917年7月31日—8月5日

7月31日凌晨，弗里茨·冯·罗斯伯格登上瞭望塔，凝视着黑暗中的地平线，地平线闪烁着炮火的亮光。过去两个星期的预先轰炸似乎达到了高潮。罗斯伯格在当兵时见过很多轰炸，但毫无疑问，这是他见过火力最强的一次。[②]在前线，德军士兵蹲伏在堑壕和防空洞里，等待着暴风雨的来临。约翰·舍尔德尔在巴伐利亚第6预备役师服役，他永远不会忘记那天晚上，记忆在他的脑海中“不可磨灭地燃烧着”。当时他睡在梅嫩路旁的一个地下掩体里，但是醒着，十分焦虑，烦躁不安。“前线平常发出的隆隆声已经大大加强了，”他写道，“声音穿透水泥砌成的厚厚墙壁，就像路过的特快列车发出的轰鸣。谁也没有说一句话。大家只是紧张地等待着即将发生的事情。外面的路上有手榴弹炸裂的声音。现在屋子里挤满了士兵，都不是我们的人。他们一动不动，站着或蹲在那里，大概是要等到可以再次出去。”③

彼时，法国 2 个军和英国 4 个军外加普卢默第 2 集团军麾下的 3 个军，正准备向前推进。他们几个星期以来一直惧怕的就是这个进攻时刻。战士们紧紧地握定来复枪刺刀，脸色灰白，头顶的锡质头盔已仔细涂抹了泥浆来消除反光。发动进攻的时刻将是凌晨 3 106
点 50 分。选择这么早是为了抵消敌人观测上的优势，不过这也意味着进攻开始时战场上一片黑暗。天阴沉沉的，有雾，有些地方厚重的云层低垂在大约 150 米高的空中，整日都纹丝不动。不幸的是，这意味着皇家飞行团无法在战斗中发挥重大作用。有选择的轰炸和扫射任务确实在进行，但在将近 2 500 米的高度开展“持续性进攻式巡逻”的主要计划不得不取消。于是也就无法观测到德国预备役部队通往战场的交通壕（事先已被皇家飞行团指挥部识别）。④所以，高夫计划中的一个要素甚至在手下各师爬出堑壕之前就已失效。这次大规模进攻开局不利。

进攻发动的时刻，随着徐进弹幕呼啸而至，掀起深蓝中飞溅着红色的烟尘之墙，第一波攻击或从堑壕涌出，或从胸墙穿过，朝着目标进军。“整晚都在开火。进攻打响时，所有枪炮齐鸣，”科尔德斯特里姆卫队第 2 营（近卫师）的 W. B. 圣莱杰（W. B. St Leger）中尉写道，“东北方、东方和东南方的整个地平线被一片持续舞动的火焰点燃，那是爆炸的炮弹闪着凌乱的光”。⑤在突出部中部和北部的大部分地区——从韦斯特胡克到斯廷斯塔德（Steenstraat），攻击波很快越过了德军前哨阵地。左翼的两个法国师扫清了他们的目标，没有造成重大伤亡——额外花费时间和精力运来的更多火炮起到了作用，“法国长毛”* 确保了北翼的安全。[6]同样，卡万勋爵的第 14 军按时攻取了目标，鉴于艾泽尔运河以东的德国阵地已于几天前被攻陷。因此，近卫师最早在上午 5 点就能够朝第二个目标推进。[7]

中路的情形类似。艾弗·马克西爵士第 18 军的两个进攻师能够跟上徐进弹幕，并在没有重大损失的情况下攻取了目标。左翼
107 的第 51（高地）师取得了卓越进展，火炮“几乎摧毁了”敌人大部分前线堑壕。孤立的据点几乎不是问题。师史中写道：“每当有抵抗的迹象暴露出来，就会立即遭到部队猛攻——不是通过猛烈而声势浩大的正面进攻，而是有技巧地利用地形和武器，正如他们训练时那样。”[8]年轻的中尉埃德蒙·布伦登（Edmund Blunden）在皇家苏塞克斯团第 11 营（第 39 师）服役，他还记得当时的情形。“我们起兵冲向前，发现无人区地表情况相对良好，惊讶于曾经成倍的德国铁丝网已变为碎片。我们跌跌撞撞走过曾令人恐惧的堑壕，甚至没意识到那是条堑壕。”很幸运，残留的德国前线似乎已被放弃，于是布伦登的士兵小心翼翼地向前推进。“1916 年的战场上德国人的尸体随处可见，现在却几乎无处可觅。”[9]

然而，事情并不总是那么尽如人意。那天最激烈的战斗发生在赫伯特·瓦茨的第 19 军前线，这场战斗将进攻的范围扩大到维尔彻（Wieltje）和伊普尔—鲁莱斯铁路之间。这里地形开阔，逐渐

* poilu，法语词，第一次世界大战中法国士兵的外号，由其不刮胡子就勇敢上阵而来。——译者

1917 年 7 月 31 日，战争首日， 英军担架员在皮尔奇岭废墟中拍照

向皮尔奇岭抬升，遍布着设防的农场建筑和暗灰色碉堡。第 55 师和第 15 师将在 48 辆坦克的支援下再次发起进攻。尽管没有攻下弗里森博格村和波美拉尼亚堡垒（Pommern Redoubt），这次攻击基本上成功地按时完成了第二个目标。⑩在关于 7 月 31 日行动的报告中，第 55 师抱怨道，他们面对的碉堡“尽管遭到重炮轰炸，但仍然完好无损。混凝土几乎没有破裂。5.9 英寸炮 * 从背后直接命中乌兰农场，却没有造成任何影响”。⑪因为碉堡没有被摧毁，步兵必须一次一个地用开火和移动战术相结合的办法消灭它们。正如高地师已经证明的那样，如果经过特殊训练的部队能够压制并

* 15 厘米口径德国野战榴弹炮。——编者

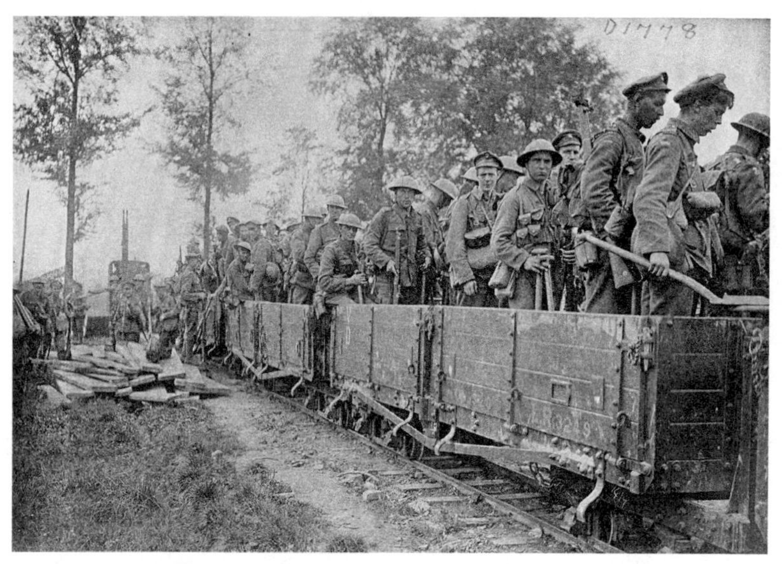

1917 年 7 月 31 日，伊普尔城外的布里伦村，一队先锋营的士兵从铁路罐车上下来

包抄每个碉堡，那么碉堡就可以在不影响进攻节奏的情况下失去作用。但这总是要依靠官兵的勇敢和主动。在佛兰德斯的战役中，
108 个人独自同碉堡较量的例子比比皆是。通常是匍匐上前，通过射击口投掷手榴弹，同时用刺刀刺死试图逃跑的德国士兵。在 61 枚为杰出英勇行为而授予的维多利亚十字勋章中，有 40 多枚颁给了对敌人碉堡或机枪巢发动攻击的个人。⑫

夺取第一个目标的战斗总体上是步兵作战，但也部署了 136 辆坦克来支援向黑线和绿线的推进。尽管只有 2 辆坦克没能在进攻发起时刻及时到达其部署区（考虑到地面条件和持续的炮火，这也算一个小小的奇迹了），但坦克在那天还是难以发挥作用。在一

1917 年 9 月 23 日，在宗讷贝克附近一组混凝土碉堡外留下的德国士兵尸体。1917 年，英国步兵训练有素、装备精良，足以对付这样的据点，但对其发动进攻始终需要很大的勇气。为此次战役颁发的 61 枚维多利亚十字勋章中，有 40 多枚被用于嘉奖个人对敌军碉堡的进攻

份关于支援第 19 军的第 3 坦克旅的行动报告中，地面状况被描述为“对于坦克行动来说糟糕至极”，从而证实了坦克部队的最大忧虑。“7 月 29 日，在重炮声中，大雨把地面变成了一片底部无法承力的沼泽……即使坦克能通过这样的地面，它也只能以最慢速度行进。”即便如此，一辆名为“十字军号”的坦克还是帮助戈登高地（Gordon Highland）的一个营推进到了黑线，它们“对付狙击手、混凝土机枪位和据点，这些多如牛毛……混凝土枪炮位由 6

磅（57毫米）炮来对付。敌人被驱赶到露天地带，我们的步兵在那里为他们准备好了刘易斯机枪。”另一辆坦克“挑战者号”，一整天都在黑线上巡逻，“向任何看起来像机枪位的物体”开火。[13]

如果火炮弹幕出现缺口，给德军以喘息之机，或者带刺铁丝网仍然完好无损，那么坦克便尤为有用。国王利物浦团第10营一线部队（第55师）的一等兵H.S.泰勒当天上午前进时，发现他的营队被“拖延”在他们的第一个目标“摩羯宫堑壕”（Capricorn Trench）之外：

> 这个堑壕仍然由敌人据守着，铁丝网完好无损，有一挺机枪从我们面前的一个碉堡里向外射击。这些因素综合作用，能
> 109 否取得任何进展令人生疑。几分钟后这种情况得到了补救，一辆坦克到达……对付了机枪和摩羯宫堑壕里的敌人，同时在铁丝网中压出两条道。但在驶向我们的前方后，就被野战炮打翻了，就在离我们左边几码远稍高的阵地上。[14]

这种经历颇具代表性。马克4型坦克的最高时速为每小时4英里（约6.4千米），但沼泽地带使它们缓慢的步伐成为带伤的蠕动，让它们非常易受攻击。事实上，7月31日将是坦克部队历史上最糟糕的一天。那天，约半数的坦克作战取得了一定程度的成功，但其余的都有损毁，要么是机械故障，要么是被遗弃，要么是被炮火击中。[15]

步兵和装甲兵的协调问题在第5集团军进攻的最关键时刻

（葛路维高原上）尤为尖锐。事实上，南部战区的地面可能是整个战场上最糟糕的。克劳德·雅各布爵士的第 2 军不得不攻取一系列德军防线。这些防线靠得很近，并且在山脊的反坡上有火炮支援。考虑到任务的难度，雅各布在火线上部署了 3 个师（第 8 师、第 24 师和第 30 师），希望尽可能多地集结战斗力量。他还吁请拥有 48 辆坦克的第 2 坦克旅的 A 营和 B 营（另有 24 辆后备坦克）帮助他们实现第二、第三和（如有可能）第四个目标。然而，第 2 军的进攻只取得相对较小的战果。尤其是坦克无法行进很远。由于地形条件恶劣，只能使用 3 条“狭窄的道路进入”，这让他们处于纵深埋伏的德国炮手和观察员的摆布之中。原本预计于进攻打响时刻发动的 16 辆坦克中，有 3 辆“在起点或到达起点前被炮弹击中，1 辆发生机械故障无法启动”。在剩下的 12 辆坦克中，只有 4 辆能与敌人交战，另外 8 辆要么被直接命中，要么被遗弃。[16]

只是在左翼，进攻才取得了些许实质性进展。第 8 师按计划通过了第一个目标，然后前往韦斯特胡克岭的黑线，但被右方侧 111
翼火力阻止。[17]因为第 30 师和第 24 师本应占领避护林和什鲁斯伯里森林，却被完全拦截。一份事后报告提到了沼泽“有些情况下浸到士兵齐腰的高度”，导致他们“跟丢了”徐进弹幕。当他们拿下第一个目标并准备前往第二个目标时，火炮支援已经太远，无法召回。[18]一整天以来，他们不断努力向前推进。面对着避护林南部边缘的第 21 旅（第 30 师），其经历预示了症结所在。其中一个进攻营，即曼彻斯特团第 19 营，在试图离开集结堑壕时陷入敌人的炮火，这对随后的进攻造成严重后果：

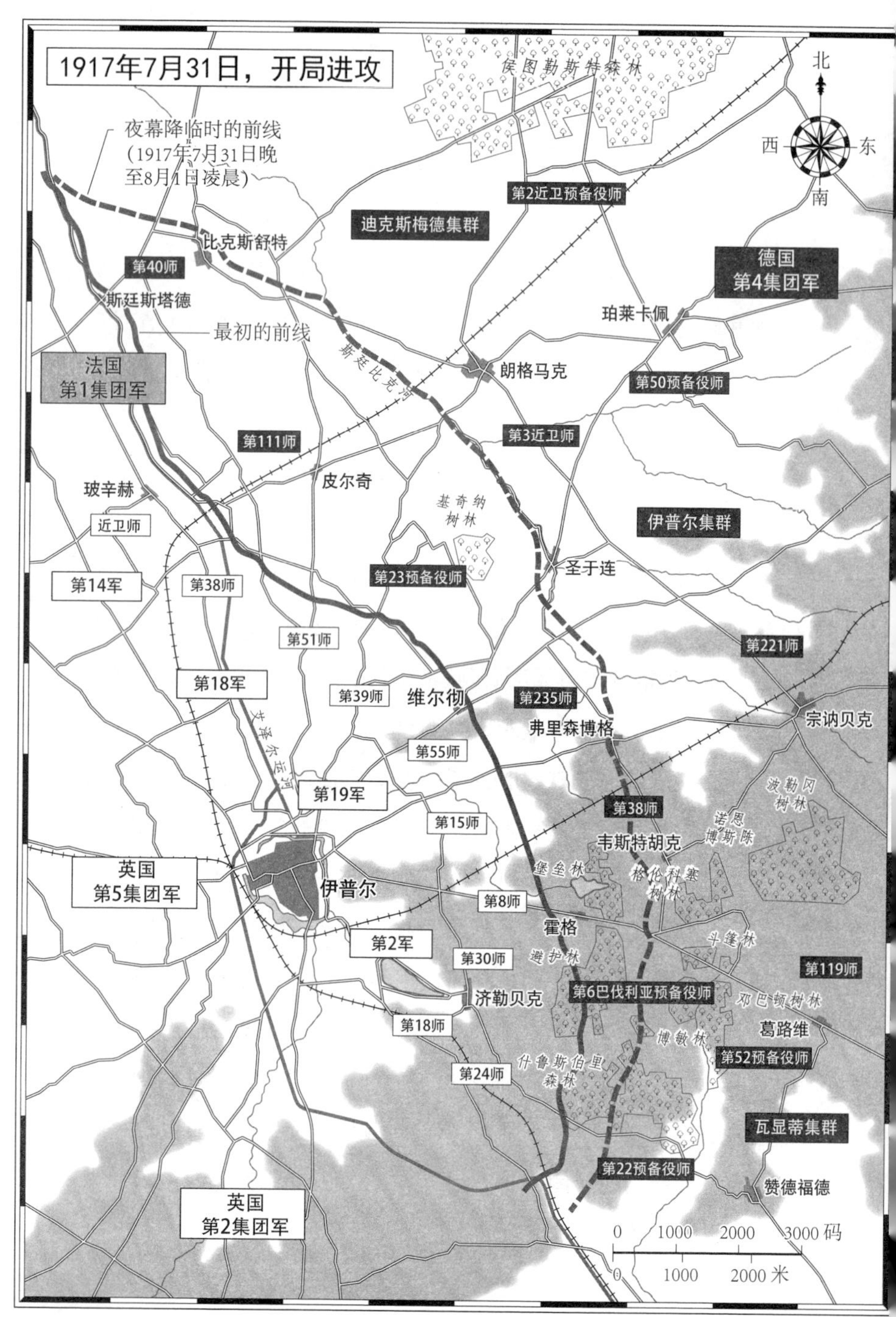
1917年7月31日，开局进攻
侯图勒斯特森林
北
西
东
南
夜幕降临时的前线
（1917年7月31日晚
至8月1日凌晨）
第2近卫预备役师
迪克斯梅德集群
比克斯舒特
德国
第4集团军
第40师
斯廷斯塔德
珀莱卡佩
最初的前线
斯廷比克河
朗格马克
法国
第1集团军
第50预备役师
第3近卫师
第111师
皮尔奇
玻辛赫
基奇纳
树林
伊普尔集群
近卫师
圣于连
第14军
第38师
第23预备役师
第51师
第221师
第18军
第39师
维尔彻
第235师
宗讷贝克
弗里森博格
艾泽尔运河
第55师
波勒冈
树林
第19军
第38师
诺恩
博斯陈
第15师
韦斯特胡克
英国
第5集团军
堡垒林
伊普尔
格伦科塞
树林
第8师
霍格
斗篷林
第2军
避护林
第30师
第119师
第6巴伐利亚预备役师
济勒贝克
邓巴顿树林
葛路维
第18师
博敏林
第52预备役师
第24师
什鲁斯伯里
森林
瓦显蒂集群
第22预备役师
赞德福德
英国
第2集团军
0 1000 2000 3000码
0 1000 2000米

> 几乎就在进攻刚打响后，这些入口就被伤员和试图进入隧道的其他人堵住了。向外的部队行动受到很大的阻碍，一次只能一人两人地出去。这使得他们难以在露天集结，特别是因为天还很黑，英国前线遭到猛烈的炮火袭击。小部分军队为了脱离敌人的弹幕火力线，向无人区挺进，结果是这两个连无法形成战斗编队，从一开始就丧失了凝聚力。

此刻，该营正试图弥补失去的时间，但猛烈的炮火阻碍了他们的推进，使敌人有足够的时间重新部署据点和机枪位。[19]一个预备役师——第 18 师被派去攻取绿线，但发现无法到达他们集结的堑壕，于是放弃了进攻。[20]很不幸，对整个计划至关重要的第二军的目标现在已经遥不可及。

在德国防线的后方，零星的信息和疯狂的谣言在流传着。约翰·舍尔德尔仍然躲在混凝土掩体里，惊恐地看着掩体里开始挤满伤亡人员，“他们躺在狭窄的走廊，缠着沾满鲜血的绷带”： 112

> 不跨过伤亡人员和凝固的血泊就不可能出去。一个挤满伤员和医护人员的包扎站被直接击中，幸存者被担架抬了进来。他们中的大多数受了重伤，救援人员冒着生命危险将他们从包扎站的废墟中救出。现在，获救的士兵们被夹板固定着进行了重新包扎，就在该团的战斗掩体前面，几乎连混凝土边墙的保护都没有。伴随着冲击，一团团泥土和灰尘不断地从上方

> 的灌木网落到伤员和重伤员身上，而这些灌木只为挡住他们，不被飞机看到。

伤员们急于谈论他们的所见所闻。据说，一支普鲁士部队被派去营救巴伐利亚步兵，结果完全失败了，暴露了自己，但没有人知道这是不是真的。“有人谈到一种新型手榴弹，可以投放燃烧的液体，使所有抵抗成为不可能……一个满身尘土的机枪手握着他的武器剩余的部分，冷却器已经被手榴弹碎片撕开了一个大洞。”㉑

整个上午，守军都在为生存而拼命挣扎。最重要的几个堑壕并没有派重兵驻守，堑壕里往往只有少数几个机枪手，大多数防守部队深入阵地，部署成“棋盘”模式，每个据点相互支援。㉒英国的轰炸一发动，德国的红色信号弹就冲天而起，因为德国部队迫切需要保护性弹幕。但是漫天大雾中很多信号弹没有被人看见，只留步兵孤军奋战。在前线的大部分地区，加强后的前哨基地几乎无法阻止进攻。在霍格周围，第 17 预备役步兵团（巴伐利亚第 6 预备役师）的士兵在进攻打响时刻承受的猛烈炮火，迫使这几个前线力量薄弱的连队边打边撤退到后备阵地。㉓在韦斯特胡克，前线阵地被
113 进攻者“完全压制”。第 95 步兵团（第 38 师）第 2 营没有一位军官从前线归来，只有少数受重创的幸存者能够返回该团的主要阵地，报告前哨地区的“英勇斗争”。㉔

在前线，德国的前线营和支援部队试图阻止进攻，通过火炮弹幕、远程机枪扫射和攻击性巡逻飞机的掩护进行局部反击。那天发生了无数鲁莽而有勇气的事迹，包括安东 · 利德尔（Anton Liedl）

的例子。他在第 17 预备役步兵团服役，获得一枚军功银章。他自愿在连部和营部之间进行联络，4 次“不顾危险和疲劳”，直到筋疲力尽倒下。[25]在韦斯特胡克岭，施迈歇尔（Schmeichel）中尉指挥着炮兵连（在该连指挥官阵亡后），几乎独自摧毁了 3 辆坦克。同样，另一名下级军官海曼（Heimann）中尉，尽管被进攻中的步兵包围，但仍然坚守着火炮。再往北，在皮尔奇岭，第 23 预备役师刚要解散时进攻就开始了。约翰内斯·谢弗（Johannes Scheffer）少校（第 392 预备役步兵团第 3 营指挥官）、他的副官及赫姆施塔特（Himstedt）上尉（第 1 教导团）在领导了一次反击后阵亡，当时他们的武器只有手榴弹。[26]

支援部队一到位就投入战斗，尽管整个战场的信号网络崩溃造成了通信和协调问题，支援部队还是在很大程度上减缓了英军的进军步伐。在朗格马克，第 3 近卫师被派去接替第 23 预备役师，但部署工作在英国部队突破阿尔布雷希特线时才完成。通过“持续的近距离战斗”，该师得以在上午的大部分时间坚守阵地，直到弹药短缺使他们别无选择，只能撤退。[27]在葛路维至关重要的南区，第 52 预备役师早在 5 点就已向前推进，以增援梅嫩公路上的巴伐利亚部队。在推进过程中，它遭受了“巨大的损失”，同时“在历经艰难后，攻击波方才穿过猛烈的火力和毒气缭绕的山谷， 114
到达赫伦特哈格公园（Herenthage Park，霍格东南一座被毁的城堡所在地）的西缘，第 4 连在那里进入战斗……”战斗持续了几个小时，但推进开始放缓，“敌人不得不为取得的每一寸土地付出血的代价”。在这里，德国士兵的弹药和手榴弹都用完了，当他们与火炮支援部队重新建立联系时，英国人已开始巩固堑壕。[28]

随着清晨到来，关于战斗进展的消息逐渐传回德国第 4 集团军。尽管形势仍然很混乱，浓雾和低空云层笼罩着战场的大部分地区，德国飞机还是能够确定其前线部队的大致位置，并向第 4 集团军提供了一幅相当准确的图景。[29]很明显，主攻已经结束，敌军部队已经闯入瓦显蒂、伊普尔和迪克斯梅德 3 个集群的大多数前线一带阵地，不过在大多数情况下，第二防线仍然完好无损。[30]德国指挥官本能地认识到，现在正是部署反应师的时候。反应师正在战场后方蓄势待发，随时准备按照防御原则进行干预。[31]在北部，第 2 近卫预备役师于上午 5 时接到警报，于一小时后移至侯图勒斯特森林（Houthulst Forest）以南的集结区。在伊普尔集群指挥的关键中心战区，有两个反应师——第 50 预备役师和第 221 预备役师。在中午后不久，他们奉命在宗讷贝克和朗格马克之间的区域对抗英军进攻的侧翼部队。除了从第 119 师（瓦显蒂集群后方）向伊普尔集群派出的两个团外，另有一个师（第 79 预备役师）向西鲁塞贝克（Westroosebeke）方向进发，将于当晚 5 点左右开始抵达。[32]

随着德国预备役部队赶来，这场战争逐渐陷于危机。高夫计划中的一个关键因素是尽可能地向德军的防御体系推进，上午 8 点刚过，第 18 军和第 19 军的 3 个预备役旅开始朝着德军的第三阵地
115 “跃进”。然而，要穿过无人区的废墟是极其困难的，进攻的各营不得不轮番招架炮火的风暴和众多坚固支撑点的攻击，后者似乎在这天早些时候没有被很好地“清扫”，现在又复活了。爱德华·里德尔（Edward Riddell）中校（第 39 师剑桥郡团第 1 营指挥官）记录

道，当他们接近第二目标（黑线）时，士兵们摇身一变成了“火炮队形”，以防火力集结一处——那些火炮和机枪“越发猛烈了”：

> 但他们从未动摇过。军官们继续指挥士兵前进。一个信号，各个排就分成几个纵列向圣于连进发，时而消失在炮弹爆炸的烟雾中，时而再次出现在视野里；炮弹在他们中间爆炸时，队伍就晃一晃，然后又重新组好。但一直是稳步而缓慢地前进，好像没有什么不寻常的事情发生一样。[33]

令人担忧的是，预备役旅在抵达目标时已经筋疲力尽，暴露在危险之中。由于第2军遭受着密集的反攻，他们还不清楚能坚持多久。

到了中午，战争开始向有利于德军的方向倾斜，这一点是显而易见的，也是不可逆转的。保罗·梅兹走上前线，想弄清楚发生了什么事。他设法穿过了斯廷比克河，然后遇到了猛烈的火力网。“可以肯定战斗现在发展到了新阶段，”他写道，“我感到来自多个方向的德军反攻的压力，在这些地方我们部队的进军显然受到了制约，特别是在战斗最激烈的圣于连周边”。[34]不幸的是，战场上的通信困难意味着英国师部指挥官对正在发生的事情只有零星了解。在第55师，与后方的维尔彻通信，由于无法使用可视信号，所以必须利用信差——耗费一到两个小时把信息从3 000码（约2.7千米）远的地方携带到最近的信号站。[35]不祥的是，第19军在凌晨1点报告称，敌军正在“巩固绿线，大批步兵正在沿着帕斯尚尔岭行进”。显然，反应师已开始抵达战场。[36]

116 至关重要的是，皇家飞行团的联络飞机被派去定位步兵，却很少出现，也很少能对即将到来的反攻发出警告。在任何情况下，步兵都不愿意用照明弹标出他们的阵地。这可以理解，因为他们害怕吸引敌机或火炮，这就使得有限的几架飞机在战场上几乎不可能完成任务。[37] J. S. 沃尔修（J. S. Walthew）中尉是第 4 飞行中队的飞行员，奉命去定位“两个师的去向”，但发现飞行条件使得任务几乎不可能完成。“由于乌云密布，我连一般的高度都飞不起来。事实上，大多数时候我都是在大约 500 英尺（152.4 米）的上空飞行。我们一越过防线，就遭到德国佬连续不断的机枪扫射。”沃尔德在空中只待了 10 分钟，然后一颗子弹射穿了他的油箱，汽油浸湿了他的双腿。他幸运地降落在附近的一个机场，所幸飞机没有爆炸起火。他后来写道：“糟糕的天气实属不幸，否则整个攻势本可以大大推进。”[38]

正如英国人已经发现的那样，在战场上部署部队，然后试图在其周围调遣，这绝非易事。英国火炮仍在试图用远程弹幕火力封锁突出部，这严重干扰了德军增援的进程。那天在反应师服役的士兵在后来的描述中充分体现出对战斗的困惑，以及试图在可怕而致命的环境中前进的恐惧。此外，他们几乎没有掌握任何关于确切目标的信息，也几乎没有与已进入防线的部队进行协调。例如，第 77 预备役步兵团（属于第 2 近卫预备役师，集结于战场北缘）的少尉阿尔弗雷德·沃伦伯格（Alfred Wohlenberg）当天下午试图进行一次深入的侦察，以确定该师发动反攻的地点，但这一切都是无望的。他的马（“一匹看起来惨兮兮的老马”）害怕炮击，不停地用后腿立起；他的一个战友被困在弹坑，失去了马；他的地图在泥浆和雨水中泡烂了；他最终无可救药地迷了路，误 117
闯入另一个团的司令部。[39]

尽管在火力遍布的战场上部署兵力存在困难，但反应师发现他们的对手面临着同样危险的处境。在至关重要的中心战区，英军的进攻在中午时分停滞不前，预备役旅因受到猛烈炮击而分散四处，因敌方渐增的压力而偏离了位置。剑桥郡团第 1 营（第 118 旅）英勇地击退了若干次反攻。第一次是在午后不久，“多亏了坚强的意志、位置优越的堑壕，以及被坦克解救出来的刘易斯机枪和机关枪”。然而，这只是暂时缓和了形势，到了下午晚些时候，整个旅开始撤退。[40]在韦斯特胡克岭上，第 8 师作为第 2 军中唯一获得些许战绩的师，在一轮又一轮的反攻面前也逐渐崩溃，尽管克利福德·科芬（Clifford Coffin）准将（第 25 旅的总指挥官）做出了最大努力。科芬准将因那天英勇无畏的表现而赢得了维多利亚十字勋章。47 岁的科芬准将刚刚升职，展现出了杰出的领导才能和勇气。该师师史写道：“他以一种冷静无畏的精神，将他所遇到的一切都注入生机和决心。他从一个弹坑到另一个弹坑，在夺取的阵地组织防御，并敦促他的部队积极主动做出新的努力。”[41]

英国各营表现出非凡而坚韧不拔的精神，试图保住自己的优势阵地，但一旦一个营开始撤退，其他营也不可避免地照做。伊普尔集群的反应师（第 50 预备役师和第 221 师）一进入阵地，就取得了重大进展，“用刺刀和手榴弹”重新夺回了威廉线的部分地区，并在大部分情况下把英国军队击退到了斯廷比克河一线，这条缓慢流淌的河流与第5集团军的前线平行。[42]到下午晚些时候，双方都知道了德军已夺回他们的第三防线，并正在向第二防线追击撤退的敌军。虽然一些营级指挥官想继续前进，逼敌人退让得更远，但伊普尔集群的冯·施泰因男爵深思熟虑后决定不这样做。
118 部队伤亡惨重，已筋疲力尽，他没有多少预备役力量再投入战斗。因此，他命令士兵镇守斯廷比克河到圣于连一线，在阿尔布雷希特阵地就地开挖堑壕。至少就目前而言，战役已经结束。[43]

下午4点左右，天空乌云密布，开始下雨了。很快，雨水大滴大滴从锡盔上溅落下来，在千疮百孔的地面上形成水坑。德军很多团史都回忆称，部队是在没过膝盖的淤泥中推进反攻的。[44]不过反应师还是完成了他们的工作，在削弱第5集团军进攻方面发挥了关键作用。当晚7点45分，高夫的军级指挥官们在拉洛维城堡会见上司，尼尔·马尔科姆在里面迎接他们。军官们进来，脱下帽子，把雨水从斗篷上抖落。不久，高夫走进了房间。他环顾四周，看着一张张闷闷不乐的脸，坐了下来，开口第一句话总结了他们脸上的失望。

“这场雨真是个该死的诅咒！”[45]

外面雨下得很大，长长的水线顺着城堡的窗户流下来，天渐渐暗了，狂风猛烈地打在玻璃上。会议持续了一个小时。高夫请指挥官们告诉他这一天进攻是如何推进的，从雅各布开始，他声称第30师没能攻取第一个目标。[46]此外，麾下其余的师目前几乎不可能取得进一步进展。他们最多希望未来几天收复在德军反攻中失去的阵地。其他军的情况还不错，高夫遂决定在 8 月 4 日之前设法让他们推进到绿线（第三个目标）。

高夫在某种程度上取得了成功。尽管这位第 5 集团军指挥官对天气感到郁闷，但他还是为取得的战绩而鼓舞。他觉得，这次进攻“确实成功了”，只是被雨的到来所破坏，雨“很快将所有成功的希望化为泡影”。[47]很明显，右翼的计划进展并不顺利，第 2 军在此艰难挣扎，但在其他地方，第 5 集团军已经前进了大约 3 000 码（约 2.7 千米），按时拿下第一和第二个目标，看起来没有出现过高的伤亡。但从战场传回的数字一经收集，第 5 集团军和第 2 集团军（7 月 31 日至 8 月 3 日）的伤亡总数已达 31 850 人。[48]当然够严重了， 119
但幸运的是，这比去年臭名昭著的索姆河战役第一天的伤亡人数要少得多。那是英国军队历史上最大的灾难，伤亡人数达 5.7 万人，其中超过 1.9 万人阵亡。[49]然而，好消息到此就结束了，高夫策划进攻依据的一系列假设被证明是不正确的，或者至少是有严重缺陷的。他试图尽可能深入德军防线，但并不可行，任何推进到第二个目标以外的部队都被反应师击退。因此，似乎约翰·戴维森在进攻前的警告被证明是正确的，需要采取其他办法。步兵根本不可能以那样的速度和距离穿过这样一个分层的防御阵地。它需要咬牙硬攻，一次一条堑壕。

对于在伊普尔作战的部队来说，那里的困难在某些方面似乎比 1916 年遇到的更巨大。两次战役都参与了的老兵查尔斯·卡林顿（Charles Carrington）写道：“这场战役简直又是一场索姆河战役，只不过索姆河战役在没及膝盖的沼泽中战斗更糟糕罢了。”[50]根据威尔士近卫队历史学家 C.H. 达德利·沃德（C. H. Dudley Ward）的说法，士兵们对突出部的战斗经历感到特别压抑。从士兵们的观点来看，攻取阵地并不能结束他们的麻烦，只会带来新的麻烦，或者正如达德利所说，“夺取一个山岭总是让另一个山岭显露出来，而敌人在那里牢固设防”。[51]还有另一个因素，使伊普尔战役比索姆河战役更令人沮丧（埃德蒙·布伦登也注意到了这一点）：在战场上看到的德国士兵尸体很少，这证明在进攻的时候，他们的大部分兵力不在前线堑壕。高夫或许曾试图在 7 月 31 日击倒对手，那天晚上给人一种感觉，德国人不知怎么地就逃逸了。

相反，对德国军队来说，心情就截然不同了。午夜在科特赖克的鲁普雷希特集团军群总部，指挥官们对局势进行了全面回顾。伊普尔集群报告说：“第一天的主要战斗结束了，最终结果是：主
120 攻经过数月的精心准备并配备了一切可用资源，步兵占双倍优势，火炮占三倍优势，兵力之强前所未有，却完全失败了。”[52]在一段 16 千米的前线，英国人或许设法渗透了 3 千米，但恶劣的天气条件和德军对葛路维高原的坚守使得突破的可能性微乎其微。虽然不是所有的反攻都成功，德军损失也“很惨重”，但冯·库尔将军相信“攻袭的势头已经被打破”。[53]

当天晚上，罗斯伯格准备了一份详细的简报，兴高采烈地报告了“第一次伟大防御斗争的有利结果”。他提到，“这次攻击遭到了强烈抵抗。这是一场血腥的混战，我们时而得势、时而失势，但是在这场混战中，我们勇敢的步兵得到坚强火炮的有力支援，

赢得了上风”。在持续而激烈地战斗之后，他们的部队“勇气不减”，失去的阵地大部分很快又被夺了回来。[54]在瓦显蒂集群，参谋军官阿尔布雷希特·冯·特尔也很高兴。据他所知，他们只失去了“不太重要的土地”。“无论如何，”他补充说，“考虑到敌人所做的巨大努力，情况总的来说进展良好，如果继续这样下去，我们真是谢天谢地了”。他继续说：

> 当然，白天和晚上总有很多事情要做，累得要死。今天的大雨对我军来说是天赐良机，因为松软潮湿的地面大大妨碍了英军的进攻；这对英国人比对我们而言更算是一个障碍。我们可以利用这一间歇时间重新整顿队伍，用新的部队替换筋疲力尽的部队。不过当然，我们的士兵在露天环境中躺在水里还是很不妙的，特别是对无数伤员来说，他们的运返工作只能一点一点进行。[55]

德军损失惨重。7月21—31日，第4集团军伤亡约3万人，其中9 000人在作战中失踪，损失35门炮。[56]弹药方面花费也极其高昂。7月，野战炮兵部队原本平均每天发射大约300发炮弹，但在进攻的第一天，这一数字飙升至1 200发以上。[57]据估计，7月31
日，第4集团军的火炮接连发射了相当于27列弹药火车的弹药，几 121
乎是索姆河战役的4倍。这就是“消耗战”的真实写照。[58]

但是战役还能继续吗？黑格在8月1日上午心态尤其乐观。他派了一名联络军官告诉贝当，他的想法是在西线上“不费大力气”，直到美国人出现，“好好对付德国人”，而这将允许他们集中所有的预备役部队对付俄国。“我认为现在是战争的关键时刻，”他补充说，“法国必须尽力、尽快发动进攻，以便与英国合作对付敌人，使其受到最强有力的打击”。查特斯已经告诉了他前一天对俘虏进行审查的重点，令人鼓舞的消息是，所有俘虏中多达 15% 来自 1918 届士兵，他们的士气“比以往任何一批俘虏都低”。[59]了解了这个消息后，黑格次日在拉洛维会见了高夫和马尔科姆。他再次强调布鲁德塞安德—帕斯尚尔岭（实际上是高夫右翼的高地）的重要性，并告诉这位第 5 集团军指挥官，他的“主要努力”必须放在夺取这块高地上。在这一点得到保证之后，他才可以继续他的中路推进。黑格记录道：“我还告诉他要有耐心，要在好天气持续 2—3 天后再让步兵发动进攻”，以便有足够的时间把炮运到前线并等地面变得干燥。[60]

然而雨一直在下。除了 8 月 5 日天空短暂放晴之外，雨一直下到 8 月 6 日，事实上让进攻过早地终止了。8 月 3 日，第 39 师的工兵 A.H. 罗伯茨（A. H. Roberts）写道：“可怕的天气。这是今年最糟糕的经历。除了炮火，一切都被停止了。”他在次日记录道：“我们的师正在撤退，这是值得感恩的事情。我们越早脱离这种天气越好。”[61]考虑到如此恶劣的天气，也许不可避免地会有人要问为什么士兵要在这种有水的环境中战斗。根据弗拉默廷厄（Vlamertinge）气象站（距伊普尔仅 3 千米）的记录，到 8 月 1 日
122 降雨量超过 21 毫米，两天后降雨量接近 10 毫米。整个月份降雨量为 127 毫米，比平均水平多 57 毫米（8 月 14 日和 26 日的大雨

“如果让我说出第三次伊普尔战役的英雄，我的票将投给运送野战火炮弹药到前线的驮马。”1917 年 8 月 1 日，满载炮弹的骡子在伊普尔附近某处向前线移动

尤其严重）。虽然有人认为，在一定程度上，暴雨是可以预见的，但实际上黑格和英军总部不可能预测到如此可怕的大雨。这段天气是整场战争中最不寻常的魔咒。[62]

到 8 月 4 日，因为战场被淹没，很明显，任何希望早日恢复进攻的想法都不成熟。那天，由于天气恶劣，高夫取消了继续进攻的命令，开始解散前线师。没有人愿意接受这个决定，但是在这种恶劣的条件下，不可能再将士兵们置于堑壕线上了。在蒙特勒伊，查特斯确信是这场雨使德国人免于惨败。“一天天的耽搁对我们不利，”他在办公室里踱来踱去地说，“我们一小时一小时地失去了进攻的优势。”德国人可以加强防御和重组军队，而英军只能等待。那天早上，他走上前线，靴子咯吱咯吱地踩进泥里，他发现每条小溪都“涨了”，地面“泥泞不堪”。尽管如此，英国士兵的心情“非常愉快，着实令人惊讶”。[63]对于英军来说，通往帕斯尚尔岭的长途跋涉才刚刚开始。

第七章

“就像加尔各答黑洞”

我记得我像野兔一样奔跑，为了躲避炮弹而四处逃窜，这太荒谬了。你不妨试着躲避一下雷暴中的雨滴。

——约翰·内特尔顿[①]

1917 年 8 月 6—18 日

直到 8 月 6 日，雨终于停了，太阳从乌云堆中现身，倦怠地照耀着一片几乎无法形容的景观。褐色的土地像新耕过的田；断裂了的铁丝网一圈圈卷着；尸体一堆一堆；装备、来复枪、头盔和弹片呈碎片散布。穿过这一切的是数百颗银色的月亮——布满地表的一个个弹坑映照出暗淡的天空。“这地面非常像索姆河战役的地面，每一码都被炮弹炸得乱七八糟，唯一不同的是许多坑要大得多。”二等兵 G. 卡特（G. Carter）回忆说，“双方显然都动用了很多大家伙，”他于 8 月 6 日开着野战救护车来到前线。“弗里茨防线上的堑壕无法辨认，因其只是一行弹坑，偶尔有一点沙袋或铆钉露出。在支援壕沿线，弗里茨每隔一段就有加固的钢筋混凝土建造的碉堡，它们相对而言没有受到损害。”[2]

部队现在只能通过铺设在透湿地面上交叉相连的垫路踏板去往前线。德国炮手已经标记出了大部分的重要通道和十字路口，
124 而空中观察员很快就发现了看起来像蛛网上纤细白丝般的垫路踏板。沿着这些狭窄而不稳当的木头路前进，成为英国和德意志帝国士兵关于这场战役永恒的记忆之一：它们是惧怕和恐怖的传送带，把他们从（相对）安全的后方一直运送到前线。前线没有睡觉或休息的可能，只有不确定的、注定到来的、纯粹的恐怖。对于来复枪旅第 2 营（第 8 师）的约翰·内特尔顿（John Nettleton）中尉来说，“在一大群人中间沿着一条垫路踏板铺成的小道艰难跋涉，听到前面几百码处传来德国佬炮击小道的声音”，总会“刺激着神经”。“你不能停下——总有更多的部队从你身后赶来。你只能继续，热切地祈祷炮击在你走上前去时停止。这总让我感到心脏都跳了出来。”[3]

大雨或许使第 5 集团军的行动暂时停止，但高夫将军还是决心夺取他 7 月 31 日未能实现的目标。在 8 月 7 日的一次会议上，英军商定，第 2 军将根据地面状况，在今后一两天内设法攻取黑线。[4]将由两个师发起进攻：第 18 师向斗篷林和格伦科塞树林（Glencorse Wood）进攻。而第 25 师在它的左翼，将向韦斯特胡克村推进。作战环境之于步兵，用官方历史委婉的说法来讲“非常难挨”。要调动足够的火炮来支援这次进攻是非常困难的，而且由于持续下雨，几天来一直没办法利用反火炮火力。高夫的情报官

员还警告说，敌人已经巩固了他们的防线——在鲁莱斯铁路沿线又发现了一个师。此外，在 8 月 1 日至 4 日攻占前线之后，两个进攻师一周的大部分时间都待在前线。部队疲惫不堪，浑身湿透，筋疲力尽。⑤

在前线部署足够的人员和物资，确保整个战场的路线畅通无阻，是最重要的后勤事务之一。因为一切都必须从后方运来，所以食物和水几乎总是很匮乏。因此，英国军队不得不依靠火炮军官肯尼思·佩奇（Kenneth Page）称之为“令人非常不快的特种 125
饮食”，即牛肉罐头、硬饼干和陈面包。能成功地运到前线的水，通常装在两加仑的汽油罐里，这让士兵们不可避免地会尝到汽油的味道，经常引起他们的抱怨。⑥第 2 军总工程师戈比（Godby）准将在每日进度报告中记录了他们如何始终不懈斗争以维持日常事务的运转。8 月 3 日，由于“持续下雨”，他所在地区的大部分主干道路对卡车施行了 24 小时关闭。去韦斯特胡克的路“据说比泥巴路好不了多少”。接下来的一周里，他召集了一支由工程师和中国劳工组成的小部队，他们的工作似乎永无止境：填补弹坑；建造庇护所和防空洞；维护泵送装置和水箱等。到 8 月 4 日那一周结束的时候，第 2 军位于布塞博姆（Busseboom）的车间已经建造了 2 100 块堑壕板、312 码（约 285 米）长的骡车道、10 个厕所、8 000 多根坑柱和 10 座可以运送重炮的桥梁。只要有时间，戈比还指挥部队修理和回收被遗弃的坦克，但在这种情况下，恶劣的天气“使作业几乎不可能”。⑦

攻击终于在 8 月 10 日凌晨开始；几天前的一场大雨造成了又

一次的延误。第 18 师发现敌人在等他们，就在越过堑壕时布下了猛烈的火力网。师史写道："密集的来复枪和机关枪火力在正面和侧面爆发，在这样的火力作用下，攻击波很快尝到了滋味，萎蔫了。几乎没有人幸免，除了那些躲在四散的弹坑里的人，他们最终又回到了我们原来的前线。"[8]这一天最大的成功是第 25 师占领了韦斯特胡克，而且在猛烈的反攻下成功地保住了胜利。那天的通信尤其困难。炮击产生的烟尘使可视信号几乎无法实现，而信差往往牺牲或受伤，攻占的碉堡还经常遭到切近的炮火轰击。一位目击者写道："就像加尔各答黑洞[*]一样。"[9]

鉴于英军面临的严重困难，8 月 10 日的战果在某些方面还是
相当令人鼓舞的。然而，第 5 集团军将发现几乎不可能重新发动
进攻，因为眼前的条件对英军不利。雨水和潮湿，加上德国防守
126 的兵力，意味着到 8 月中旬，英军实际上已经被遏制住了。天气
继续破坏高夫的计划，他只能仰望黑暗的天空，咒骂他们的厄运。
这位第 5 集团军指挥官原本希望在 8 月 13 日恢复主要行动，但克
劳德·雅各布要求更多时间巩固他在葛路维高原的阵地，所以高
夫同意推迟 24 小时。然而，雨，还是雨，一直在下：8 月 14 日
降水量 18 毫米，第二天又增加了 8 毫米。高夫别无选择，只能
把进攻推迟到 8 月 16 日黎明。[10]进攻（后来被称为"朗格马克战
役"）的基本轮廓是第 2 和第 9 军推进到波勒冈树林与宗讷贝克

* "加尔各答黑洞"指的是历史上位于加尔各答威廉堡的一间牢房。印度莫卧儿帝国时期孟加拉纳瓦布（行政长官）西拉杰·乌德·达乌拉的军队在此关押百余名英国战俘，1756 年 6 月 20 日因牢房条件恶劣发生大批俘虏窒息事件，在英国掀起轩然大波。——编者

支脉之间的德国第三防线。这将需要前进大约 1 500 码（约 1.4 千米）。北翼的战区将由第 18 和第 14 军负责，这样就缩短了向朗格马克推进的行程。在他们的左翼，法国第 1 集团军将向朗格瓦德（Langewaade）和默尔克（Merckem）推进。[11]

进攻的准备工作远非理想，这不可避免。地面湿透，被几乎连续不断的炮火撕扯着，这意味着在有些地方无法挖掘合适的编队堑壕，这就使步兵暴露在无人区。此外，地面非常潮湿，所以无法部署坦克，因此进攻连只能靠自己。事实上，在大多数地方，能到达前线就已经不错了。对在第 2 军第 8 师工作的约翰·内特尔顿来说，8 月 16 日是“糟糕的一天”——他经历过的最糟糕的一天。他负责在凌晨 4 时 45 分带领一个进攻营（皇家伯克郡团第 2 营）在发起进攻的时刻及时到达指定位置。该营必须从比尔十字路口沿贝勒瓦尔德岭而上，然后到达韦斯特胡克的高地。但这并不容易：

> 即使在国内，在和平时期的条件下，军队以一纵列在黑暗
> 中穿过田野也几乎总是会失去联系的。在这里，由于地面千疮
> 百孔，又在大部分时间里处于炮火下，保持联系是不可能的。
> 一人伤亡造成的延误，甚至是炮弹接近时士兵们躲避和卧倒
> 造成的延误，足以打破这队士兵的编队。一旦纵列断掉，后面 127
> 的人就极难追上来。稍微点一下兵，时间就会浪费过去，而且
> 即使在平路上，队伍的后部跑步行进仍然会被落下。这里，你
> 想跑都跑不了。

1917 年 8 月 16 日，时运不济的朗格马克战役期间，英军在皮尔奇附近千疮百孔的地面上前进

内特尔顿尽力了。他在韦斯特胡克岭的反坡上部署了装备着红光手电筒的部队，作为信号兵（严格指示他们从晚上 11 点开始打开手电，直到营队出现）。总部分给他 16 名向导（每个排一名），而且他也告诉指挥官“每个人都应该与前面的人保持联系”是多么重要。可是营队还是迷路了。在前面领路的内特尔顿尽量放慢了速度，而且经常停下，花了大半夜的时间终于到达目的地（红光队早已放弃任务）。当他们终于到达韦斯特胡克岭时，内特尔顿发现只有一个连队跟着他。他沿着原路返回，溅起了泥浆和污水，最后在进攻发起时刻的前 20 分钟找到了“迷途的羔羊”。[12]

让进攻营到达正确的地点困难重重，在 8 月 15 日晚上到 16

日凌晨的那个湿得滴水的夜里，内特尔顿描述的这种情况在前线各处都有发生。战场场地直接造成后勤问题，即使是简单的部署也非常费力。第 167 旅（56 师）指挥官 G.H.B. 弗里斯（G. H. B. Freeth）准将向上级指挥部提出了若干紧急交涉，要求推迟进攻，因为他指挥的旅就位时遇到了严重的困难。不仅地面“几乎无法通行”，而且他的一个支援部队（皇家伦敦市燧发枪团第 3 营）已经在 3 个晚上“连续换地方”。此外，两个进攻营“只有不到 24 小时的时间用来研究地面情况，而且任何时候想进行研究都是极为困难的，因为他们遭受连续炮击、缺乏深入侦察、需要时间来安排细节和研究命令，而且前方地区缺乏有效的通信手段”。作为一次大规模进攻的前奏，情况再糟糕不过。[13]

到了进攻打响之时，攻击在某些地方以惨败告终。弗里斯关于准备时间不足的警告被证明是完全正确的。南部和中心的 128
进攻部队，也就是第 2 军和第 19 军，几乎没有取得任何战绩。至于第 56 师，原计划在南部形成防御侧翼。虽然最初的进攻进展顺利，敌人的小部分守军在进攻旅面前溃逃，但进攻的士兵在遇到一条大约 30 码宽（约等于 27.4 米宽）、5 英尺深（1.5 米深）的“宽阔泥带”时“失去了”弹幕。孤立的德国据点仍保持活跃，并一再阻挠英军推进的努力。在几天后的一次旅部调查直截了当地阐明了失败的原因：“准备和侦察的时间不够，没有时间攻取目标，等等，军官、士官和士兵一心想着这些，所以进攻前的集结颇费了些功夫。”[14]

中路的情况更糟。H. E. 瓦茨的第 19 军本应穿过 1 英里（约

1.6千米）的开阔地带，向格拉文斯塔夫进发。第16（爱尔兰）师和第36（阿尔斯特）师并肩作战，计划打掉一个可畏的迷宫——相互支援的数个碉堡和农场废墟。然而，进攻师在进攻之日的作战兵力已经远远下降，他们已经在战线上待了两个星期（这期间相当大一部分的人力被用于运送部队和承担体力劳动）。[15]

研究阿尔斯特师史的专家西里尔·福尔斯（Cyril Falls）无情地指出："进攻的故事，唉！不是很长。"士兵们一"越出堑壕"，就遭到来自前线几个重要据点的重机枪扫射，包括加利波利农场（Gallipoli Farm）、舒勒农场（Schuler Farm）、印度村舍（Hindu Cott）和边境公馆（Border House）。这些据点"似乎完全未受几个星期以来火炮的轰击"，在某些情况下，它们本身就是相当强的防御工事，包含多达6个不同的功能区。"地上是一片名副其实的泥潭，"福尔斯继续道，"他们发现'扫荡'体系是不可能实现的。他们不得不与混凝土工事战斗，他们无法由此经过并把它们留给后方的'扫荡者'"。[16]

英军和法军的各师在进攻的左侧战区取得的成绩相对好些。他们越过了洪水泛滥的斯廷比克河，占领了朗格马克，但代价是灾难性的——超过1.5万人伤亡，再次证明了德军仍然非常危险。[17]在这
130 片战场北部区域，R. J. 克拉克（R. J. Clarke）中校所在营、皇家伯克郡团第4营一线部队（第48师）正在行动。他在几天后给母亲的一封信中描述了发生的事情：

> 尽管困难重重，攻击仍在继续。这里德国佬的主要防御力

> 量是一系列的混凝土炮坑和掩体，建造得非常坚固，而且分散得当，彼此能够支援，另外机枪火力很猛。其中一个被水和沼泽包围，只有一条路通向那里。除了最大的炮弹之外，它们能抵挡一切，并且可容纳二三十人。我们攻下几个后发现它们用处很大！我们旅的战斗力很强，尤其是白金汉郡士兵们。* 我们仍处于预备队状态，虽然有些连队也参与了战斗并表现出色。我们发现和我们对战的巴伐利亚士兵打得很好，完全没有听说的那种低落士气。我们从未在任何战斗中遇到过这样的强敌，尽管据说他们的师比起 3 天前进入战线时的状态已经大不一样。地面很糟糕，坦克无法移动，所以不能来援助我们。如果有坦克的话，我们应该能拿下所有目标。⑱

对德国人来说，这是一个完全不同的故事。毫无疑问，守军在风雨和泥泞的条件下遭受了严重的损失，但当进攻到来时，躺在炮弹坑里或蹲伏在掩体里抵挡攻击波，还是要比试图穿越洪水泛滥的战场容易得多。《德国官方历史》记录显示，英国的进攻是以“极其猛烈”的弹幕为先导，步兵快速跟进，尾随其后，“他们从斯塔登—玻辛赫铁路两侧闯入德国阵地”。“在铁路以北，他们穿过斯廷比克河，到达比克斯舒特（Bixschoote），将德国军队从科尔特比克河（Kortebeek）东岸击退。在铁路以南，他们拿下了朗格马克，占领了圣于连的部分地区，甚至渗透到了珀莱卡佩

* 原文为 Bucks，白金汉郡（Buckinghamshire）的简称。——编者

1917年8月16日，朗格马克战役
默尔克
0 1000 2000码
0 500 1000 1500米
侯图勒斯特森林
北
西
东
南
朗格瓦德
迪克斯梅德集群
德国
第4集团军
第214师
夺取的战线
比克斯舒特
科尔特比克河
法国
第1集团军
珀莱卡佩
第79预备役师
前线
第29师
朗格马克
斯廷比克河
伊普尔集群
第20师
第14军
第183师
第11师
皮尔奇
玻辛赫
第12预备役师
第48师
第18军
基奇纳树林
圣于连
英国
第5集团军
第36师
巴伐利亚第5师
维尔彻
第16师
第19军
弗里森博格
圣让
第54师
第2军
第8师

（Poelcappelle）。”在北部战区，双方为争夺朗格马克村进行了激烈的战斗，德军无法击退进攻部队，英国人还是坚守了下来。[19]

在至关重要的南部战区，情况就令人满意得多了，反应师再次证明了其效率。上午 9 点刚过，第 12 预备役师的 3 个团对第 16 师和第 36 师发起了反攻，使得这两个师只朝他们的目标磕磕绊绊 131
迈进了几步。由于皇家飞行团没能够在德国士兵集结时发现他们，所以当敌人步兵纵队越过宗讷贝克支脉并占领英军的冲锋阵地时，已然疲惫不堪的爱尔兰士兵大吃一惊。在 1 个小时之内，大多数英军先遣队被杀或被逼回起点。[20]尽管这些反应师取得了成功，但它们似乎遇到了与 7 月 31 日类似的问题，即缺乏与目标相关的信息以及难以推进。低级军官施密特（Schmidt，彼时服役于巴伐利亚第 5 师预备役团）记录了当天下午发生的事情。“关于前线一无所知，”他写道，“零星的消息传来，内容混乱不清。营队现在何方？反攻成功了吗？”最后终于收到前进的命令：

> 整个地带遍布地狱之火。架设电话线无济于事。通过信号灯发送的消息可见度为零。但必须做些什么……我们像疯子一样在炮弹爆炸产生的蘑菇云里跑来跑去，蘑菇云有房子一般高。我们现在在哪里？继续前进。这绝对是正确的方向。我们一定会遇到德国人或英国兵。在一道树篱后面，火焰可以说还未蔓延开来，我们才能喘上一口气。我们需要定位！我们必须确保继续向西！从火的包围中冲出去！

这些灰头土脸的士兵设法到达了他们的第1营。他们沿着德军第三防线——威廉·斯泰伦（Wilhelm Stellung）防线排成一列，这里再次处于重炮袭击之下，他们就在此支援。那天施密特的团俘虏了第36师的3名军官和157名士兵。他们把阿尔斯特师士兵诱到后方时，施密特发现一个军官蹲在沟里，动弹不得。“他那张刮得干干净净的脸上有一双圆圆的、水汪汪的蓝眼睛，眼里满是不可思议，一切竟发生得这么快。”他们带走了这个军官，几分钟后获悉反攻成功了。[21]

空军和火炮支援对防御工作来说至关重要。德国第1战斗机
132 联队当天击落了16架敌机，其中包括曼弗雷德·冯·里希特霍芬击落的第58架飞机；里希特霍芬在例行的飞行巡逻中遇到了尼乌波尔特侦察机。“经过长时间的追逐，我攻击了一个对手，在短时间的战斗后，我击中了他的发动机和油箱。”这架由第29中队的少尉W. H. T.威廉斯（W. H. T. Williams）驾驶的飞机开始旋转，后于战场北缘的侯图勒斯特森林某处坠毁。[22]在地面上，德国火炮发射了“海量”炮弹，历史学家维尔纳·博伊梅尔堡记录了他们的顽强抵抗。他估计，8月16日，德国火炮发射了26.9万多枚炮弹。如果假定英国人使用的炮弹数量是该数字的2倍，那么光是那一天的炮弹总数就将超过1870—1871年普法战争期间发射的所有炮弹。[23]由于整个集团军群只有9列火车的弹药储备，鲁普雷希特王储确实有理由担心他们能否继续这样挥霍无度。然而，这条堑壕线，或者说它剩下的部分，守住了。鲁普雷希特探视一些英国俘虏时，他们说，宁愿自己的军官被打死，也不愿经历这场

屠杀！[24]

莱因哈特·勒瓦尔德是这场火炮战役的参与者之一。8 月 9 日，他回到了服役的火炮部队。他之前在莫伯日（Maubeuge）参加了一个为期 3 周的射击课程，并不期待回到突出部。他的炮位“不太理想”：

> 两门炮瞄准的是一片破碎的庄园，位于荷玻斯（Hollebusch，贝瑟拉雷北部的一片森林地带）东部边缘。第三门炮位于荷玻斯前方约 200 米处。我们不能在土地上挖基座或弹药库，因为会立即碰到地下水。这个地区非常泥泞，在持续的雨水中，我们需要不断地用石头加固通往火炮的道路，以便运来弹药或撤出火炮。敌人尚未发现火炮部队，但整个地区日夜遭受着魔鬼般炮火的袭击，这对生活在简陋的波纹铁皮棚屋里的我们来说是非常难受的。[25]

8 月 16 日，火炮部队发射的炮弹已达炮筒极限。勒瓦尔德写
道：“敌人遭受了可怕的损失。”那天下午，英国军队发现了他的 133
炮，并瞄准他们进行了猛烈的反火炮射击。于是他命令士兵暂时撤出，以躲避最糟糕的情况。后来他们回来时，那地方已是坑坑洼洼、冒着烟的一番乱象。“炸出的堑壕，里面可以装下一整个迫击炮排。”更糟糕的是，炮弹击中了一处战时墓地，致使“数十具尸体”被扯了出来。他们的几个庇护所也被直接命中。但幸运的是，勒瓦尔德和他的士兵连同珍贵的火炮幸存了下来。[26]

朗格马克战役是第4集团军的一次重大胜利，德国指挥官理所当然地对事态的进展感到高兴。“对于那些准备和酝酿战斗并成功争取到胜利的军官和队伍，我要表示感谢和赞扬。”西克斯特·冯·阿米恩将军宣读了当天的命令。他特别赞扬了担架员和医务人员的工作，他们“积极的行动和不懈的工作”使伤员能够在相对较短的时间内从前线撤回。“部队包扎所、总包扎所和野战医院的医生、全体护理人员以及所有医疗车和救护车都尽心尽力地完成了艰巨的任务，他们富有成效的合作同样值得充分肯定。”[27]冯·阿米恩很清楚谁赢得了这场战斗。

伦敦的气氛仍然紧张。早在8月3日，战时内阁就提出进攻是否“实现了预期的希望”这一问题，罗伯逊则竭力压制即将产生的厌恶情绪的任何迹象。[28]黑格写了一份关于“1917年7月31日战斗”的报告，于8月4日递交战时内阁。他认为战斗的结果是“非常令人满意的”。此外，他相信，目前为止取得的目标将为后续准备工作提供“极大的便利”，一旦地表变干便可准备后续的推进。[29]然而，黑格面临的压力正在增加。罗伯逊于8月9日写信给他，向他介绍了劳合·乔治支持建立“协约国军队总参谋部”的最新情况。这一想法在8月7—8日与法国人和意大利人举行的会议
134 上被搁置。首相之前曾在2月臭名昭著的加来会议上尝试着提过类似做法，而他显然仍渴望能有某种统一的军事参谋部。“由于法国人不断强调，必须在巴黎设立一个中央参谋部，我知道劳合·乔治是想将来与某个组织达成一致，以便把这件事从我手中夺走，

交给法国人处理。”罗伯逊严肃地写道：“不过我们走着瞧。”[30]

尽管进攻开局不利，黑格并没有心情重新考虑这一年剩下时间里的计划，罗伯逊日益不安的情绪对他并没有造成什么影响。他决心重申权威，并提醒英国政府，坚持执行他的行动计划是多么重要。他确信这必然会带来积极的结果。“你已经知道我的看法了，”他在8月13日回复罗伯逊说，“简而言之，这点是决定性的，即唯一正确的政策是政府全心全意地支持我，把一切可能的资源集中在这里。现在就去做，趁还有时间，而不是继续讨论其他事务”。黑格重复了他的老生常谈，说他只有得到足够的支持，敌人才能被打败。“偶尔浏览一下我们每天的情报摘要，便能让最多疑的人也相信我所写内容的真实性”，此外，“我已经在战场待了3年，我知道自己在写什么”。[31]

黑格对未来的成功前景仍然乐观，这在一定程度上是因为发生在70号山的事情。70号山在阿图瓦的朗斯以北，那里加拿大军一直在行动。8月15日，加拿大第1师和第2师在这片可以俯瞰镇子的高地发动了“咬住不放式”攻击以转移敌军注意。行动原定于8月初进行，但糟糕的天气导致该行动一再推迟到当月中旬。在猛烈炮火的协助下，由于计划经过深思熟虑，精确而翔实，加拿大军队终于占领了高地，挖掘工事，等待着避免不了的德军反击。在接下来的10天里，朗斯周围的地段变成了屠杀的祭场，德国部队参与到这场恶战中以夺回高地。共有9 000多名加拿大士兵在仅仅是“转移注意的进攻”中阵亡或受伤。[32]然而，这场攻击达
成了目标。7个德国师参与了70号山作战，伤亡人数高达2万。 135

这是实践消耗战的一个绝佳例子。[33]

朗斯的屠杀至少对黑格来说是德国军队快要崩溃的标志。查特斯办公室传来的情报看起来只是证实了他一直以来的想法。德国军队显然在奋力坚守阵地：一些部队受到战斗的重创，年轻士兵现在比预期的提前应征。而且据估计，在佛兰德斯战区，敌人的师比在索姆河战役中消耗得快得多。因此，黑格仍然看好战争的前景，在8月19日告诉他的高级参谋："如果我们能够继续努力，到12月可能会赢得最后胜利。"[34]但并不是每个人都像他那么自信。在英国政府的战时办公室，罗伯逊自己的情报来源让他无法对德国的弱点做出那么乐观的解读。在黑格8月13日的信中，他指责帝国总参谋长做出的"悲观估计"与自己对德国军队状况的评估不一致。"我确信，这些悲观估计非常有害，导致很多当权者持悲观态度，而如果基于同样充分的信息，采用相反的观点，就能够非常好地帮助国家走向胜利。"他补充道，不过收效甚微。[35]

事实是，虽然英军总部收到的许多情报本身都有失准确（即使不太正面的消息往往被淡化），但是黑格错在对情报做了过分解读，迫使情报契合自己的先入之见。黑格过于依赖俘虏审查，这个情报来源众所周知并不可靠。然而黑格坚信，许多德国师不是因为不断的战斗而疲惫不堪，就是士气即将崩溃。[36]到了这个阶段，甚至查特斯（本应该是黑格进攻理论的"大护法"）也与他的总司令意见不一。8月18日，查特斯撰写了一份报告，称目前行动的压力德国最长只能承受12个月，前提是战斗保持"目前的强度"。黑格了解了这一点后，"更进一步"向战时办公室报告说，时间正在“迅速逼近，届时德国将无法维持其军队目前数量的兵力”。[37]对黑格来说，正如他一再告诉上级的那样，进攻绝不能松懈。

在这个时候，首相本应采取行动。莫里斯·汉基确信劳合·乔 136
治会在本月中旬的某个时候敦促重新审视攻势。行动的继续总是要取决于战果，考虑到迄今为止的战果不多，英国政府重新考察佛兰德斯发生的情况是完全有道理的。[38]黑格得以继续进攻，这一直是个富有争议、众说纷纭的问题。劳合·乔治后来响亮而坚定地宣称，他被欺骗了，战时内阁从来没有得到过伊普尔战场上各种事件完整而不加修饰的真相。[39]确实有这方面因素（事实上首相时常缺乏关键信息），但不应太过强调这些问题。根本上，在英国战争运筹的这个关键时刻，劳合·乔治缺席了。如果他真的认为西线有可行的替代方案，那么他就必须利用黑格的不幸，并借此采取行动。但是他没有这样做，这将困扰他的后半生。

战时内阁第一次提到佛兰德斯行动是在 8 月 2 日，罗伯逊几乎没有向同事们说明行动的进展。他说，他对“媒体报道的内容没有什么补充”，还说在三分之二的战线上，“我们已经实现了所有目标”。[40]虽然第二天（在黑格的第一份电报发出后），有人简短地提起了最近在朗格马克发生的进攻，但直到 8 月 17 日，英国政府才与军事情报部部长、陆军少将乔治·麦克多诺爵士（Sir George Macdonogh）就这一问题进行了详细讨论。左翼“完全成功”，但在其他地方却遭到敌人的“强烈反抗”，敌人仍然占领着高地。麦克多诺对德国预备役部队“不断衰弱的迹象”感到振奋，但他承认，天气“糟糕”，而且由于地面的性质，他们不大可能抓获很大一批俘虏。自 7 月 31 日以来，伤亡超过 4.5 万人。[41]

麦克多诺的报告去掉了战时办公室的光环，揭露了一些事情：黑格的进攻并不完全成功，德国人仍在顽强抵抗，敌人仍然占领
137 着至关重要的高地，以及伤亡惨重。然而劳合·乔治没有因这一发人深省的信息采取行动。当汉基向他施压时，他发现自己出奇地懒散和“反应迟钝”。[42]他仍然对 6 月和 7 月令人厌倦的争论感到痛苦，并被其他事务（包括 8 月 17 日史末资提交的关于组织空中行动的重要备忘录）分散了注意力。首相似乎开了小差，可以说他的注意力本应坚定地关注突出部。相反，劳合·乔治却在处理手边事务——铁路骚乱、战争保险、重炮产量、小麦储备，等等，同时还在与让他恼怒的持续性神经痛做斗争。难怪在 8 月，他花了相当多的时间待在位于苏塞克斯大瓦尔斯特德（Great Walstead）的乡间别墅，这让急需从英国政府重压下逃离的他有了喘息的机会，虽然只是暂时。[43]

黑格于 8 月 21 日向战时内阁发出了关于战争的第二份报告。他急于解释为什么没有取得突破，以及政府为什么必须遵照他的计划办。他写道：“在我上次报告之后的几天里，天气一直如此不遂人愿，以至佛兰德斯的推进无法重启。”这种“不可避免的拖延”使敌人有时间增援部队，并对黑格的部队发动“猛烈的反攻”。尽管如此，第 5 集团军已经取得了重要的阵地，任何进一步向布鲁德塞安德顶峰的进军都无疑将意味着新进展——获得“宝贵的阵地优势”，“长驱直入”粉碎敌人的“抵抗力量”。黑格重申了

他从查特斯的报告中得出德国衰落的“确凿证据”，然后承认这场战争可能会持续“几个星期”。因此，只有一件事要做：“继续不中断地在佛兰德斯对敌施压，尽我们最大的力量。如果在冬天来临之前没有取得完全的成功，就在明年尽早恢复进攻。”[44]

黑格继续坚持下去的愿望在某种程度上是可以理解的，他毕竟是一个骄傲的人。但他却很少留意到佛兰德斯的行动是多么迅速地重蹈了索姆河战役的覆辙。朗格马克确已被占领，但是在葛路维关键高地上的推进也已严重停滞，没有迹象表明第 5 集团军 138
什么时候能再次进发。但是黑格和高夫都认为自己无可指摘。黑格关注恶劣的地面条件，认为本该给火炮准备留出更多的时间（如果他真有这么周到，本可以给足时间）。高夫则以责怪自己的士兵而得到安慰。[45] 8 月 17 日，这位第 5 集团军指挥官在拉洛维举行的一次会议上明确表示，他希望调查“是什么原因导致部队在特定情况下未能坚守已取得的阵地”。如果军官和军士没有充分的理由就撤退，他希望他们接受军事法庭的审判。[46]

然而，如果高夫的说法可信的话，那他就不是不假思索地严守纪律、不计一切代价投身攻势的军人做派了。根据这位第 5 集团军指挥官的回忆录，他在 8 月底的某个时候对佛兰德斯行动失去了信心。显然他去见了黑格，告诉他必须停止进攻，但总司令却不予理会，坚称英国必须自己承受这个“重担”。[47]高夫是否真的做过如此强硬的表达尚不清楚。有人暗示，这是后来杜撰的，以维护他的形象。鉴于他坚定地力争恢复他的声誉，这是很有可能的。[48]高夫对保持攻势从未持回避态度，即使攻势不大可能成功，他仍继续下令进攻（以“拉平战线”）直到9月的第二周。事实是，高夫绝不会放弃他在佛兰德斯的使命。无论是个人原因还是职业原因，都有太多的利害关系，他不能退缩。[49]就这样，战事得以进展：永无休止的一排排步兵溅起泥浆，踏着又薄又晃的垫路踏板开赴前线。炮火的“枪林弹雨”从未停止，狭窄战线上的仓促进攻带着希望和勇气向前推进，但成功的希望渺茫。帕斯尚尔的经典印象正是这样被创造出来的。

令所有伤员都从8月16日的进攻中恢复过来需要数天，有时是数周的时间。当士兵或他们剩下的人被带来时，军队高级包扎所的医生和护士目睹了最糟糕的景象。马丁·利特尔伍德（Martin Littlewood）上尉是皇家军医部队的医生，隶属第15（苏格兰）
139 师，负责着波蒂泽城堡（伊普尔东郊）附近的一个包扎所。这是一项累人且危险的工作。8月18日，他的一名部下在门口被“一片滚烫的弹片”击中。利特尔伍德次日的日记传达了突出部日常生活中单调的恐怖：

> 我们四周到处是猛烈的爆炸，有些非常近。又一个人在门口被击中。这种事从上午11点30分一直到午夜不断发生。路上是5.9英寸（15厘米）火炮弹幕。一辆救护车于中午被击翻。我们周围的3个担架堆放点被炸毁。其中约70个成了碎片（原文如此）。3发炮弹直接命中建筑物。坦普尔顿中尉被截肢。午夜时分，一个弹药堆放点沿路点亮了500码（约457米）的距离，大部分是烟幕弹和信号弹。[50]

利特尔伍德竭力使自己振作起来。无论城堡里的条件多么恶劣，那些被抬进来找他疗伤的人总是那么坚强，他感到很惊讶。8月24日，一名皇家恩尼斯基伦燧发枪团的中士被担架抬进来，受了重伤，制服上沾满泥浆。他在一个弹坑里躺了9天。利特尔伍德治疗的另一个爱尔兰人已经在战场上待了11天，一直在照顾两名伤员，直到他们死了，他才爬着回到他的堑壕线。佛兰德斯战场上伤员的命运就是这样。

在如此糟糕的条件下，士气开始受到打击也就不足为奇了。8月16日的进攻不仅仅是又一次失败，它似乎成了一个转折点，严重影响了第5集团军的情绪，削弱了士兵对指挥官残存的信心。爱尔兰各师的经历尤其令人心碎。对官方战地记者菲利普·吉布斯（Philip Gibbs）来说，战役后的“普遍看法”是，他们是“罪大恶极参谋工作的受害者，成了悲剧的牺牲品”。此外，他还发现军官和士兵们“痛斥第5集团军在这13天的猛烈炮击之后让士兵们发起进攻”，然后“像扔旧鞋一样把他们抛开”。[51]西里尔·福尔斯写了关于第36师的文章，当时该师遭受了严重的打击。他表达了类似的沮丧情绪，将该师在梅西讷的经历（当时效力于第2集团军）与高夫指挥下的行动进行了对比：

> 第2集团军与其他部队实行完全不同的联络体系。哈林 140
> 顿将军的车停在每一扇门前，那些兴高采烈的年轻参谋们知道集团军前线的每一条交通壕，他们在前线防御工事里与连长喝酒，然后回到指挥部与旅长或奥利弗·努金特（Oliver

Nugent）将军（第 36 阿尔特斯师指挥官）喝茶。他们在高级指挥部与部队之间形成了真实的联系……伊普尔遭遇的困难比梅西讷大得多，每个人都知道。但在伊普尔，这些困难却似乎没有在梅西讷那样得到应有的精准处理、关切和深谋远虑。这位二等兵感到了差别。[52]

还有其他迹象表明，士气开始受到打击。一位集团军邮政审查员在 8 月底报告说："人们不确定我们的军队是否会取得最终胜利，他们越来越倾向于相信军事宏图必须让位于政治智慧。"[53]

尽管越来越不安，但（剩余的）攻势仍在继续。高夫在 8 月 17 日的会议上讨论了计划，定于 8 月 25 日发动新的进攻，并希望这场进攻是决定性的。在进攻发动前，必须"拉平战线"，确保实现上次攻击中所有未尽的目标，因此一系列小型行动得以批准：8 月 19 日第 18 军行动，8 月 21 日第 2 军行动，8 月 22 日第 19 军行动。一旦这些进攻成功了，第 5 集团军就有望采取更具决定性的行动。[54]高夫指挥官们的情绪仍然不得而知。并没有异议记录在案，但奉命对敌人据点和树林发起更多攻势，必定令他们感到单调枯燥，因为这些地方本该第一天就被攻下，却至今仍在顽强地抵抗。"必须小心不要浪费兵力，"高夫警告他的指挥官，"否则我们的部队就不够用了。"但是这位第 5 集团军指挥官却正在西线犯下最严重的战争罪行之一——今年早些时候他在比勒库尔就已犯下这一罪行：下令在没有侧翼支持和没有足够时间进行有效准备的情况下，在狭窄的前线发动进攻。这将是他最后的机会。

第八章

“问题在于集中”

首相显然很困惑，一如其前任。政府对军事行动的干预在 141
多大程度上才算合理？

——莫里斯·汉基爵士[1]

1917 年 8 月 19 日—9 月 5 日

8 月 20 日上午，德皇视察了黑尔戈兰岛（Heligoland）的防御工事后，前往根特西南方的瓦勒海姆（Waregem）。鲁普雷希特王储、西克斯特·冯·阿米恩和弗里茨·冯·罗斯伯格庄严地排成一列迎接德皇一行的到来。在视察了部队后，威廉二世发表了被一名助手称为“过于冗长的讲话……其中许多对听众而言完全无法理解”。[2]午餐时，讨论转向前线的局势和伊普尔突出部重新爆发激烈战斗的问题。冯·阿米恩承认，在过去的两个月里，第 4 集团军已经损失了 8.4 万人，但皇帝“似乎有些不为所动”。鲁普雷希特显然不满意这种反应，他试图强调事情正在变得多么困难。“我告诉他我们在佛兰德斯的损失非常巨大。”他表示，没有足够的预备役部队，到来的预备役质量很差，这意味着不可能再打一个冬天的仗。海军参谋长冯·霍尔岑多夫上将喜气洋洋的乐观情绪无助于鲁普雷希特的心情。冯·霍尔岑多夫属于德皇一派，他向鲁普雷希特保证，潜艇战将迫使英格兰在10月底前退出战争。闻此，鲁普雷希特只是笑了笑。“海军的人都是些危险的乐观主义者！”③

据鲁普雷希特的参谋长赫尔曼·冯·库尔说，8月中旬击退英
142 军新一轮的进攻标志着战斗第一阶段的结束。“英国的目标很明

1917年8月，德皇威廉二世到访佛兰德斯（可能是海岸沿线防区）。前排三人左起分别是：鲁普雷希特王储、德皇和西克斯特·冯·阿米恩（德国第4集团军参谋长）

确，”他说，“他们打算把伊普尔以东和以北的高地作为突入佛兰德斯平原的跳板”。虽然这一目标没能达成，但德军多个师的战斗力已下降到危险的程度，而且“在鲁普雷希特王储集团军群所控的整个地区，（用新的部队）迅速替代疲惫的部队已被证明是很困难的。”到8月20日，佛兰德斯的战斗已使17个师筋疲力尽，为了守住前线，他们不得不采取越来越疯狂的平衡行动，将损耗严重的部队转移到安静的片区，而他们的替换部队则被调往北方。然而，随着战争的持续，“这种换防变得愈加困难，尤其当佛兰德斯战线上的每个师都需要有一个反攻师去支援时”。此外，加拿大部队对朗斯的攻击又让德军额外投入了5个师，这意味着鲁普雷希特在伊普尔的换防计划不得不全盘取消。④

在其他地方，坏消息似乎正在迅速增多。德皇访问比利时那天，法国在凡尔登发起了期待已久的行动，默兹河两岸都遭到攻击。法国4个军使用了近1 800门火炮和几乎无限量的弹药参与这次攻击，旨在夺回304号山和死人山（Mort Homme）。虽然战斗很艰苦，地形多山且植被茂密（从而降低了火炮的效力），但这次行动实现了法国的军事目标，且“只有”1.4万法军伤亡。德军的损失可能大致相当——包括1万多名士兵被俘。8月29日，普恩加莱总统拜访了贝当，并向他授予法国荣誉军团大十字勋章，感谢他“在凡尔登重新确立我方军事地位”。法军逐渐以势不可当的态势恢复了进攻意志。尽管士气仍然脆弱，需要持续管理，但显然法军再度恢复了开展有限又有效的军事行动的能力。⑤

意大利人也在进攻。在法国攻打凡尔登的前一天，意大利总

143 司令路易吉·卡多尔纳（Luigi Cadorna）将军在奥地利和意大利边界沿线的伊松佐河率部推进。双方自 1915 年起就在此交战。这场战役——第十一次伊松佐河战役，在那一刻标志着意大利对奥匈帝国战争的高潮。意大利军队在 16 千米长的前线上打开了一个深达 8 千米的缺口，抓获了 3 万名俘虏，缴获了 145 门炮。[6]奥地利损失官兵超过 10 万，总参谋长阿尔兹·冯·史特劳森堡（Arz von Straußenburg）别无选择，只能向德国求助。虽然兴登堡和鲁登道夫最初都不愿意派遣德国军队去营救奥地利人，但最终一致认为，反攻伊松佐河的提议是可行的，如果有足够的准备时间，一些困难是可以克服的。由于地形多山，部队需经特殊训练，还要有驮畜及足够的时间以便进入部署区。兴登堡下令建立一个新的集团军，即第 14 集团军，并为拟定的行动拼凑出 7 个师，暂定于 10 月中旬发起行动。[7]

与此同时，在佛兰德斯，高夫的“拉平战线”行动于 8 月 19 日开始，7 辆坦克沿着圣于连至珀莱卡佩的公路突袭，这条公路尚可勉强通行。在烟幕的掩护下，坦克能够摧毁曾阻挡整个师的一些据点，同时在此过程中俘虏了大批德国士兵。[8]以其中一个碉堡命名的“科克罗夫特行动”（Cockcroft action）是独创性和想象力的非凡体现。一份事后报告显示：“坦克接近圣于连的斯廷比克河，越过斯廷比克河，然后于进攻打响时刻在阵地就位——整个过程中是否会被听见，这似乎是一场大赌博。”（阵地距敌人不足 400 米）机枪和炮火，以及低空飞行的飞机，已奉命在攻击前的两个小时时间里淹没坦克的噪声，而这似乎起了作用。库茨（Coutts）

少尉指挥 G 型坦克（装备 43 倍口径长管炮）直冲上珀莱卡佩公路，带领进攻力量冲入重型机关枪的火力范围。正如他后来报告的那样，他们的“回应很有力，一刻钟后，从科克罗夫特碉堡里 144
跑出来 30—50 个敌人。很多敌人被杀死，尸体弃在路边，面目全非……”[9]

8 月 19 日的成功鼓舞了萎靡不振的坦克部队的士气，但没有增加他们在佛兰德斯作战的热情。早在 8 月 2 日，休·艾勒斯准将看到下雨了，就建议第 5 集团军撤出剩余的坦克，集中起来用于在更好的地面进行突击。第二天，富勒中校还报告说，从“坦克的角度”来看，这场战斗“可以被视为无望”。何况在这种情况下，继续使用坦克“只会导致良好的坦克和更好的人员被浪费”[10]。彼时，坦克军团的参谋们正在计划一次大规模坦克突袭——最终成为 1917 年 11 月的康布雷战役（Battle of Cambrai）。要在如此潮湿的条件下工作，他们有理由感到烦躁。他们一次又一次地告诉英军总部，他们想要的是坚固、未被无休止炮击撕碎的地面，还需要制造突袭的条件。有了这些便能展现坦克真正的实力。

8 月 22 日，第 18 军和第 19 军再次发动攻击，收复了数百码的土地，但一些地方的德军碉堡和农舍废墟几乎无法撼动。这些地方的名字如今大都被遗忘，但当时这些臭名远扬的黑暗之地充满了死亡和痛苦：波茨坦（Potsdam）、万皮尔（Vampir）、博里（Borry）和加利波利农场、印度村舍和 35 号山，诸如此类。尽管地面实际上是一片沼泽，18 辆坦克还是被凑在一起准备进攻。C 营的 4 辆坦克试图沿着弗里森博格—宗讷贝克公路行驶，但遭到

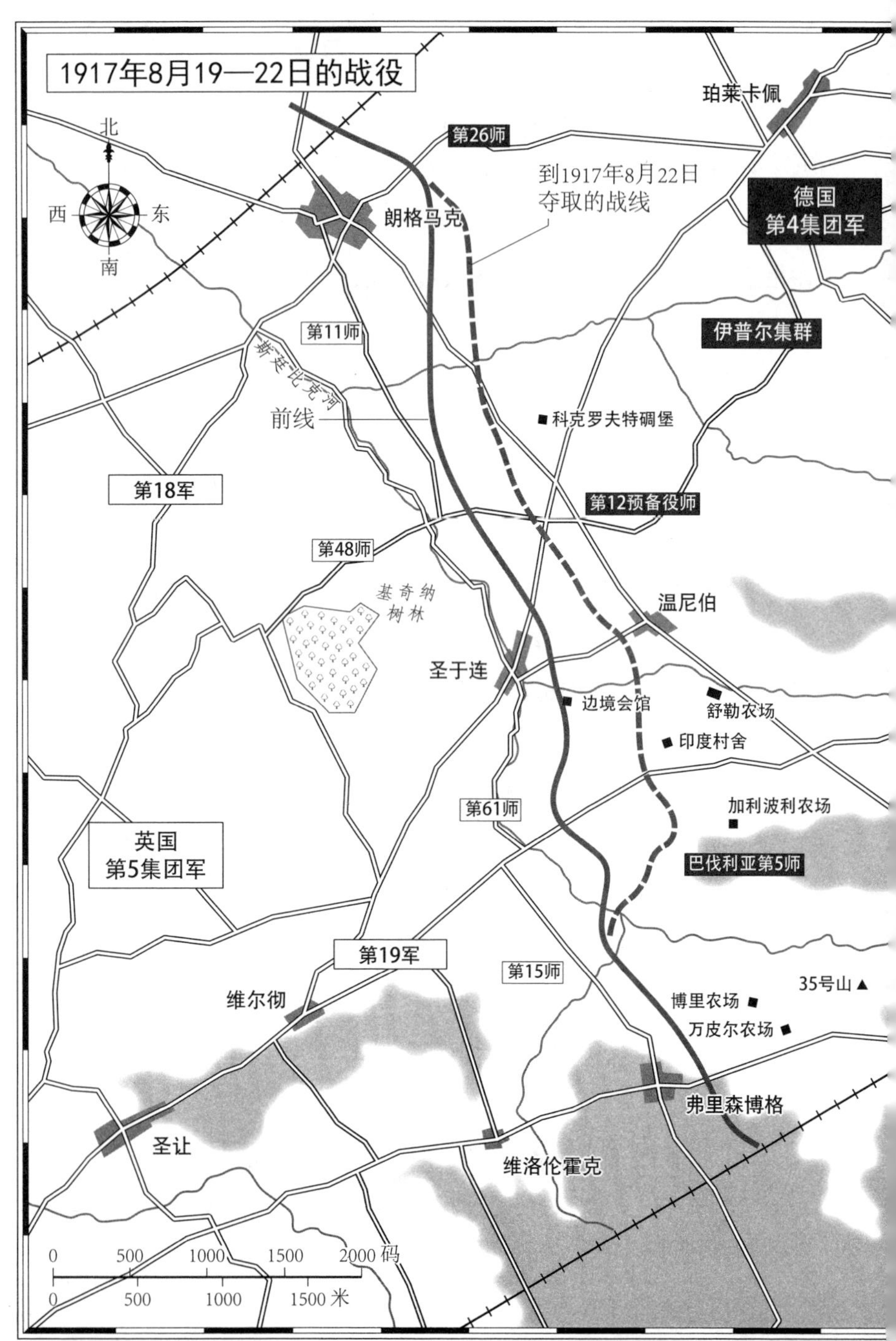
1917年8月19—22日的战役
北
西
东
南
第26师
珀莱卡佩
到1917年8月22日
夺取的战线
德国
第4集团军
朗格马克
第11师
伊普尔集群
斯廷比克河
前线
科克罗夫特碉堡
第18军
第12预备役师
第48师
基奇纳
树林
温尼伯
圣于连
边境会馆
舒勒农场
印度村舍
第61师
加利波利农场
英国
第5集团军
巴伐利亚第5师
第19军
第15师
35号山
维尔彻
博里农场
万皮尔农场
弗里森博格
圣让
维洛伦霍克
0 500 1000 1500 2000 码
0 500 1000 1500 米

非常猛烈的炮击，被打得几乎无法与周围的泥土区分开来。1 辆坦克被炮弹击中，其余 3 辆全部被弃。虽然 F 营的 6 辆坦克帮助清理了一些狙击手和机枪，但对坦克部队来说，这又是一个值得警醒的日子。[11]

战役现在正在恶化成一场残酷的消耗战：一群群步兵在嘎吱
作响的泥海上一步一滑，随着德国机枪哒哒作响，又一次进攻撤 146
回了。僵局的典型表现是葛路维高原的战斗，到 8 月的最后几个星期，这场战斗已经演变成围绕斗篷林和格伦科塞树林（梅嫩路外的两片破碎的森林，已经抵挡了英国的一系列重大袭击）的一系列恶战。8 月 22 日，V. A. 库珀（V. A. Couper）少将的第 14（轻步兵）师试图再次夺取这块破碎土地的控制权。在接下来的 3 天里，库珀的师发现自己陷入整个战役中最残酷、最跌宕起伏的战斗中，因为很明显德军不会不战而退。[12]库珀遇到的是一个常见的问题：他的师没有足够的战斗力在如此困难的条件下占领和坚守阵地——特别是在他们的侧翼“完全暴露”，不断受到格伦科塞树林周围高地机枪的压力的情况下。

4 个营发起了最初的进攻，但由于敌人抵抗的程度和穿越铁丝网缠绕的荒地之困难，在这之后几天里又有两个营加入协作。后续的调查得出结论，由于伤亡和坑坑洼洼的地表，最初的袭击未能实现所有目标。这就是说，最后的目标“只有孤立的小部分人到达，他们太脆弱、太分散了，无法抵抗敌人在两翼的迅速反攻”。[13]康沃尔公爵轻步兵团第 6 营（第 14 师）的乔治·罗林斯（George Rawlence）上尉记录了发生的一切。他们于 8 月 22 日凌晨

1 点开始沿着可怕的梅嫩路向前线行军。“我们度过了一段糟糕的时光，”他记得，“德国佬把我们的进军打得粉碎，并在炮轰中夹杂毒气弹。我不得不命令大家戴上防毒面具，你可以想象那模样：漆黑一片，戴着玻璃护目镜，身上不断散发的热气使护目镜模糊不清，路上有许多大洞，四周都是炮弹在爆炸”。他们发起了一次进攻，但接着就遭到敌人反击，“敌人一次又一次地用机动突击队发起冲锋，不顾一切地投入战斗，同时维持着恐怖的炮火攻势”。[14]

罗林斯的士兵们最终于 8 月 25 日得到接防。他承认：“我们都
147 精疲力竭，在这样的情形下，一个人会感觉过去几天发生的所有事情看起来都像是一场遥远的梦。”

> 你看，我们一直都在路上，有机会的时候就打地铺睡觉。昨天（8 月 24 日）是最糟糕的一天……一整天战斗都在来来回回激烈地进行着，最后我们让出了 200 码（约 183 米）的区域，但仍然据守着山岭的顶部，以及周围很多的地方。我们的两个新营随后上来，穿过我们所在位置，进入我们上午坚守的阵地，结果却发现面前几乎只有死伤的德国佬。

然而，不管第 14 师多么努力地战斗，他们都无法守住斗篷林。那天，德军第 34 师和第 32 师终于清理了那片林地上千疮百孔的残余势力，让雅各布的第 2 军在连续 3 天的无休止消耗战中一无所获。从某种意义上说，这是对整个佛兰德斯战役的恰当总结。

在流过这么多鲜血之后，斗篷林的失守不可避免地促发了一

场内省。英军 P. R. 伍德（P. R. Wood）准将的第 43 旅伤亡最为严重，据他说，“失败的问题完全在于（缺乏）集中”。对他来说，吸取的关键教训是懂得了压倒性力量的重要性。即使“军事目标很小，但在战术上具有至高重要性，且夺取它便于日后的行动，那么从长远来看，当一场进攻属于广阔战线上进行的更大军事行动的组成部分时，更明智、更实惠的做法是在其中投入比通常认为足够多的兵力还要高出至少 50% 的兵力，以确保夺取并守住原定的军事目标”。他建议深入部署各营，从而“确保更强的推进力”，并有足够的力量抵抗反攻。此外，最初只有一个旅（由 4 个营组成的）承担了这个任务，而最终有 6 个营参加了战斗。“如果从一开始就可以调遣 6 个营，他们的全部力量就可以发挥出来，而不是零敲碎打地投入战斗，”伍德说，“我确信这样
本可以取得完全的成功”。[15]他准确地指出了问题所在。英国人又 148
故态复萌：缺乏准备，侦察和筹划时间不足，很少或没有与侧翼部队配合，匆忙发动小规模进攻，损失巨大，收获甚微。索姆河的覆辙又重蹈了。

与当时英国对失败进行的紧急调查形成鲜明对比的是，人们普遍认为在 8 月下旬的战斗中德军发挥出了最佳水准。8 月 22 日，第 23 预备役步兵团（第 12 预备役师）的军士特奥多尔·奥赫施勒（Theodor Oechsler）接受了冯·阿米恩将军的当面表彰。该步兵团在圣于连周围部署时，俘虏了一整个坦克小组。他描述了自己的感受——在猛烈炮火中面对威胁要占领他们阵地的叮当作响的铁怪物：

> 清晨6点钟，地狱般的炮火开始了，由此产生的烟雾使我们在弹坑里几乎看不到几米之外。而我们都在等待一场能见距离内的攻击。终于，英国人蜂拥上前，我们用来复枪招呼他们，以至于活着的人纷纷撤退。我们刚完成这个任务，就看到一辆坦克从我们身后的路上向我们驶来。在坦克的威胁下，我们离开了弹坑，在公路后面找到了一处合适的地方。突然，令我们高兴的是，坦克被困在弹坑里，再也无法前进。我和同连队的舒尔茨中尉以及火枪手克吕格尔一同攻击了那个怪物，但完全徒劳！我们用手榴弹和来复枪——什么都用，但连一个洞都没打出来。坦克手们也在那里不断射击。我在炮筒下点燃了一个由6枚手榴弹组成的炸弹，但也没有帮助。

那天晚上晚些时候，奥赫施勒和他的手下又爬上了坦克。他们将几枚手榴弹塞入在坦克装甲上发现的一个小孔，然后奥赫施勒喊道：“滚出箱子，否则它会爆炸的！”小舱口立即打开，8名坦克手以最快的速度爬了出来，乞求饶恕。[16]

在科特赖克，鲁普雷希特王储对部队的绝佳表现感到非常自
150 豪，尤其是考虑到他们面对的情况。他注意到，8月22日的战斗“持续到深夜”。炮弹的需求量如此之大，以至于他的储备缩减到只有7列车弹药。[17]尽管如此，他相信士气仍旧高昂。8月24日上午，他会见了巴伐利亚第5师的一些军官和士兵；他们参与了朗格马克战役。

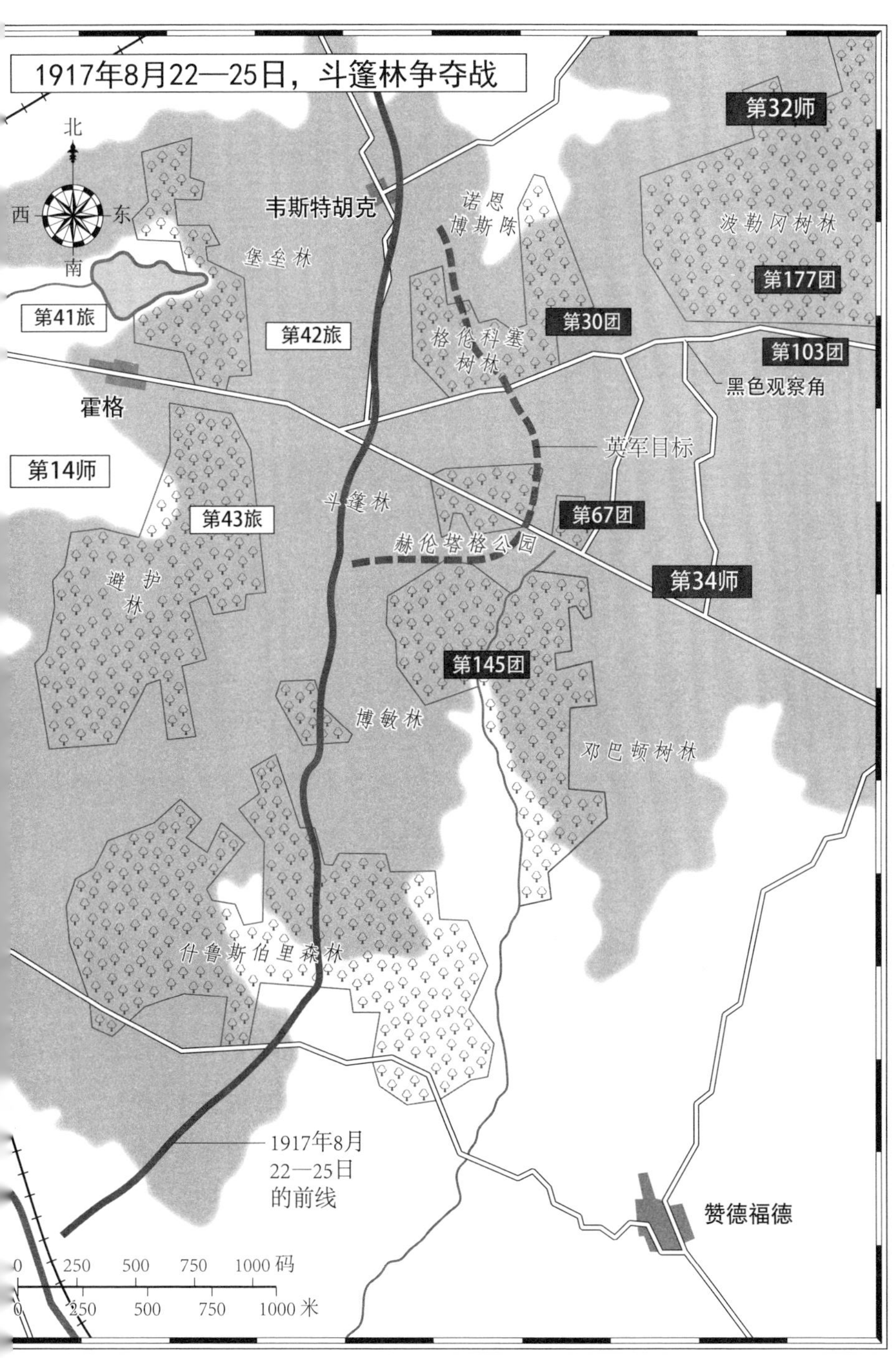

1917年8月22—25日，斗篷林争夺战
北
西
东
南
韦斯特胡克
诺恩博斯陈
波勒冈树林
第32师
堡垒林
第177团
第41旅
第42旅
第30团
格伦科塞树林
第103团
黑色观察角
霍格
英军目标
第14师
斗篷林
第43旅
第67团
赫伦塔格公园
第34师
避护林
第145团
博敏林
邓巴顿树林
什鲁斯伯里森林
1917年8月22—25日的前线
赞德福德
0 250 500 750 1000 码
0 250 500 750 1000 米

> 我采访过的所有军官都强调，我们杰出的步兵优于英国步兵。在我们的反攻中，英国人往往很难自卫，而英国军队以前可是在火力墙面前都奋起抵抗的。显然连军官都双手高举着跪下，毫不挣扎就投降了。一般来说我们的部队都是希望参加进攻的。诚然每一个留在防御工事里的士兵都很痛苦，但我们的方法是正确的……[18]

在瓦显蒂集群中，阿尔布雷希特·冯·特尔也持类似意见。他在8月23日的日记中写道："昨天的战斗总的来说进展顺利。"他的损失是预料中的，但他认为由于德军组织得当，火炮和弹药更为充足，所以这些损失与去年索姆河战役比起来还算少。"相应地，部队的情绪比去年好得多。"[19]

1917年8月，巴伐利亚第5师士兵在格拉文斯塔夫附近的堑壕里。在朗格马克战役中，该师在击退英军进攻中发挥了关键作用

战斗预备队的使用，可以封锁敌人的渗透，在关键时刻反攻，这仍然是德国防御战术的核心。斗篷林被夺回两天后，第 4 集团军发布了一份关于如何运用这些预备队的报告，其中总结了近期战斗的教训。强调了组织和准备工作，以及迫切需要避免被横扫突出部的炮火击中。即使在重炮轰炸中，侦察也“永远不能懈怠”。部队“在预期的部署日前几天必须尽量休息”。集结点必须位于“主要火力区之外”，并在可能的情况下，改善住宿条件以应对天气变化。各营应进行“至少两三次”的协同演练，并确保反应师与其对应支援的前线部队保持密切联系。报告强调的一个关键点是，不要把部队集结得太靠前。“如果各师以更饱满的状态投 151
入战斗，那将能够充分补偿反击中损失的那一点点时间。”如果采取了这些措施，第 4 集团军相信所有的反攻都有“成功的希望”，在 8 月的最后几天，这一点似乎得到了证实。[20]

回到伦敦，大卫·劳合·乔治的心情很好，8 月 26 日，他给罗伯逊写了一封信：“意大利方面的进攻似乎进展顺利，从报告来看……如果及时充分地利用，将有很大的可能性取得胜利。”首相还没有放弃绕行西线的愿望，而且卡多尔纳在伊松佐河战役的成功使他兴奋不已。在读了英国驻意大利联络官德尔梅·拉德克利夫（Delmé-Radcliffe）少将的报告后，他确信奥地利士气低落可能预示着那条战线上的“军事胜利信号”。[21]对劳合·乔治来说，这一成功的消息鼓舞人心，令他窥见了诱人的前景：绕过西线、绕过黑格军队苦苦挣扎的泥泞杀戮场就可以取得成功。

然而，劳合·乔治对意大利军队的信念，就像他对尼韦勒的天真信仰一样，将被证明是一种危险且错误的寄托。德尔梅·拉德克利夫评价其人“闲话很多，干脆利落的评估很少”，同时他对意大利方面的战争努力一贯持毫不掩饰的乐观态度。这掩盖了事态的严重缺陷。[22]意大利士兵离取得决定性胜利还有一段遥远的距离，他们正面临一系列磨人的问题：士气低落、疲惫不堪，缺乏重炮和弹药，以及指挥官腐败、野蛮、常常指挥无能。然而，身在唐宁街的劳合·乔治踱来踱去，读着报告，向秘书发着牢骚，就是没有看到这些问题。对他来说，意大利战线提供了决定性成功的可能性，因而不需要在西线付出流血的代价（或者至少不需要英国流血）。他鼓起勇气，敦促罗伯逊立即采取行动，提醒他有“重大责任”，不能失去这个“充满希望的开端”。“你不认为出现了一种
152 新的情况，需要协约国立即采取行动，支持意大利的进攻，弥补其不足，使其能够把奥地利的撤退转变为溃败吗？”他问。

帝国总参谋长毫无疑问是皱着眉头读这封信的，对他而言这种干预完全无益，这位业余战略家根本不知道把数百门重炮运到意大利阿尔卑斯山会遇到什么实际困难。他决心阻止这场行动。在第二天（8 月 27 日）举行的战时内阁会议上，罗伯逊的军事行动处长弗雷德里克·莫里斯爵士宣布了坏消息。“能帮助意大利人取得有效结果的唯一方法是给他们提供足够数量的大炮，而这些只能从伊普尔行动中抽调出来。”进一步说，运走火炮将意味着放弃佛兰德斯战场（必须承认这很像是劳合·乔治议程上的内容），而这将对英军的士气产生“灾难性”影响。他建议，他们

能做的最佳选择就是继续在比利时进攻，在那里他们能“真正为意大利人提供最直接的帮助”。[23]8月28日，罗伯逊继续向战时内阁提出这一防御行动，向在场的人讲述“过去八九个月发生的事件”，主要是自冬季以来的协约国政策。在给战时内阁成员说完了这些冗长而曲折的历史之后，他宣称，“取消西线进攻以便为卡多尔纳将军提供支援是错误的策略，支援抵达他那里时将为时已晚，无济于事”。[24]

尽管罗伯逊固执地拒绝支持劳合·乔治的愿望，首相还是不肯放手。在9月4日的一次协约国内部会议上，向意大利人输送火炮的问题再次被提出。这次会议黑格也参加了。当时在伦敦的法国指挥官费迪南·福煦建议可以提供100门中型炮。如往常一样，军方有人对此提出抗议，不过最终，支持盟友的政治要求胜出。黑格被告知重新检视他的火炮情况，如果可能，将安托万将军的50门炮交给意大利人。虽然劳合·乔治看似取得了一些进展，但算不上重大胜利。贝当承诺在黑格下一次重大行动之前将归还这些火炮，这才稍稍安抚了黑格。此外，即便50门炮终归送到了卡多尔纳将军手中，但这根本不代表首相期望的协约国战略有了决 153
定性转变。再一次，军事指挥官对首相的魅力拒不买账，首相就好像被困在泥沼里。[25]

在佛兰德斯，事情已经到了紧要关头。和1916年一样，英国人一直在不停地打打杀杀。高夫于8月27日发动进一步的攻击，马克西的第18军向朗格马克—葛路维防线（威廉阵地）推进，但一再遇到同样的问题。“天气状况很凄惨，”一份事后报告记录，“前一天晚上大雨滂沱，一直持续到行动当天进攻打响之后”。地面是如此糟糕，以至于两个进攻师（第 48 师和第 11 师）的步兵如果前进得慢一点，就可能跟不上徐进弹幕。事实上，即使每 8 分钟覆盖 100 码（约 91 米）——这是 7 月 31 日弹幕速度的一半——掩护火力也很快就把苦苦挣扎的步兵甩在了后面。报告继续说：

> 攻击波立刻发现几乎无法前进。德国佬起初表现出投降的倾向，但他们马上看清了形势，意识到我们的部队动弹不得，于是再度拿起来复枪，充分利用了这场不公平竞争，同时每一挺机枪都对准了我们在泥沼中挣扎的士兵。[26]

结果是可以预见的。虽然在少数据点取得了屈指可数的进展，但在其他地方步兵成群结队地被击倒。很明显，第 5 集团军并没有接近黑格“北部行动”明确要求的那种决定性胜利。

马克西右翼的情况也是一样，第 19 军继续辛苦作业。第 61 师的进攻本该于烟幕弹筒发射之后进行，以保护第一波攻击不被敌人观察到，但当他们“越过堑壕”时，“强风”吹过，烟幕弹筒无法点燃。徐进弹幕以与第 18 军相同的速度做渐进移动，但是，正如战争
154 日记所记录的，“地面被满是水的弹坑分割得支离破碎，到处都是湿滑的泥浆，很明显，这使我们的先头队伍无法保持联系。在接近敌人的堑壕时，他们遇到了来自加利波利农场、基尔农场（Keir Farm）和玛莎公馆（Martha House）的猛烈炮火”。下级军官试图集合他们的人，但没有用。武器因被淤泥堵塞而无法开火，许多进攻士兵掉

进弹坑溺水，1/3 的士兵和半数的军官被击中。军队在敌人堑壕前约 100 码（约 91 米）处停滞下来。[27]

第 61 师的攻击可能是第三次伊普尔战役所有失败的进攻中最糟的例子之一。大雨、浓雾、火炮支援不足加上险恶的地面情况，这些因素结合起来意味着进攻的步兵几乎不可避免地会遭到屠杀。穿越无人区非常困难，这意味着“开火加移动”的战术几乎无法实现。而且，由于敌人的据点在任何情况下都能够随意开火，所以打头阵的攻击波惨遭摧毁。当第 46 中队的飞行员亚瑟·古尔德·李（Arthur Gould Lee）终于在 9 月 1 日起飞时（许多中队已经停飞数日），他对战场的景象感到震惊——战场上散布着数千具尸体。他沿伊普尔以东的前线飞行，试图“弄清英国领地的终点或德国领地的

1917 年 8 月，伊普尔附近某处第 19 步兵团指挥所受伤的德国士兵

起点”，但什么也看不见。他只是在注意到“一小群白色斑点”后才发现了步兵，意识到那些是地面上人的脸。“我猜想他们的制服覆盖了太多的泥浆，让他们成为地表景观的一部分。很难想象人类怎么能待在这样的沼泽中，更不用说在其中战斗。”[28]

到该月底，第5集团军已经打得精疲力竭。在那周的最后一天，8月24日，高夫的部队伤亡近1.7万人，但收获甚微。[29]“直到天气好转之前，”尼尔·马尔科姆在8月28日哀叹道，“8月26日会议记录中提到的所有日期……都可能被视为暂时搁置。”高夫原本希望第14军、第18军和第19军继续沿着绿线向珀莱卡佩方向进攻，但现在这是不可能的了。任何进一步的行动都将取决于良好的侦察（在这样的暴风雨天气无法实现），以及将足够的火
155 炮运送到斯廷比克河一线。在第18军，艾弗·马克西在将足够的火炮运进他的目标射程已很困难，何况他“怀疑是否能找到足够的火炮阵地”来支援任何进一步的攻击。这支军队的指挥官别无选择，只好放手。在天气好转之前，他敦促他的部队“继续占领战术要地，以期加强战线，为未来的行动赢得一个良好的‘跳板’位置”。他还希望能够“特别注意”向前方地区延长铁轨和道路，泵出掩体中的浸水，并尽可能加固已占领的碉堡。[30]

休伯特·高夫爵士是为了实现黑格的突破而被派来的，此刻看上去却非常沮丧。9月2日，他发表了一份备忘录，内容涉及“最近行动的迹象”和部队向德军反攻让步的“危险倾向”。“没有比这更糟糕的了，”他说，“如果这种行为在军队中普及开，军队就永远不会取得胜利，而且损失惨重”。此外，撤回的军队“不仅

给战友和国家造成了不必要的损失，而且给军队和民族带来了耻辱”。对高夫来说，这并不是“因为缺乏战斗精神”，而是因为缺乏训练，以及未能利用足够的来复枪火力击退“不可避免的”反攻。他敦促他的军官“坚持到底”，里里外外巩固夺取的堑壕，同时向他们的下属强调“勇气、决心和进攻精神”的重要性。最后，他直言不讳地提醒手下：“如果英国士兵一心想要前进，那么德国佬就无法阻止他们。”[31]

高夫在出了差错时倾向于责怪自己的士兵，这并不是什么新鲜事。事实上，1915—1916 年间，他也是这般行事。攻击失败的原因往往在于没有充足的准备时间或是缺乏火炮，但高夫总是在失败后的第一时间开除一两名指挥官。[32]即使是意志坚定的军队，也无法在未受压制的机枪火力和猛烈炮击中前进，尤其是在这种险象环生的潮湿地面上，然而他似乎对此不为所动。此外，他并不知道如何对付德国破坏性很大的反攻战术。然而，他会发现他的 156
时间不多了。8 月 23 日，由于没有进展，黑格不得不推迟海陆联合登陆计划，该行动原计划与伊普尔的突破联合进行。现在，尽管犯了种种差错，黑格还是决心在其他地方做出改变。[33]

8 月 25 日，这位总司令官访问了位于卡塞勒的第 2 集团军指挥部，让普卢默将军负责重新向葛路维高原推进。[34]与此同时，高夫被警告说，在第 2 集团军准备好率先发起新的进攻之前，他别打算进行任何“大规模”行动，任何行动都应“有条不紊，充分联合”。[35]相应地，第 2 军占领的土地（一直到伊普尔—鲁莱斯铁路）现在将归普卢默管辖。对于黑格来说，这样的改变一定是很困难的，毕竟他曾对这位亲信怀有极大的信心，但越发显而易见的是，第 5 集团军的士气正在直线下降，大家需要一名新的指挥官。[36]在比利时，只有一个选择：赫伯特·普卢默爵士，这位经验丰富的老兵，其谨慎的计划和有限的进军在今年早些时候曾遭到黑格的抵触。普卢默一直在维护着高夫的右翼，也许也在等待着黑格的召唤——但他似乎没有幸灾乐祸的想法。他始终是一个忠实的下属，意志坚定、头脑清楚，笃定地信仰基督教。然而，他的接受并非没有条件。他清晰而坚定地告诉黑格，他需要 3 个星期的准备时间。到现在，黑格的选项已经越来越少，除了接受，别无选择。[37]

在他位于中世纪山城卡塞勒的总部，普卢默将军试图找出一些方法来解决这个问题——如何在如此困难的环境中取得有意义而可持续的进展。早在 8 月 12 日，他就编写了一套战术说明，建议逐步缩短前进的距离或边界（每一次都启用新的部队），定期暂停进军，以确保各地区的敌军得到“彻底扫清”，且确保部队为下一阶段做好准备。[38]普卢默似乎掌握了德国防守战术的精髓：“越
157 深入他们的防线，就发现他们越强大、越有组织性。越深入他们的防线，我们就越容易变得软弱和无组织。”因此，他建议按比例增派部队到最远的目标，这样他们就有足够的兵力击退敌人不可避免的反攻。此外，只有当火炮准备和徐进弹幕比以往任何时候都更深入、更彻底时，只有更多重型火炮部队集中力量定位和摧毁敌军枪炮时，进攻才能取得成功。“这是步兵通往成功的真正道路，”他认为，“敌人很清楚这一点”。[39]

占领葛路维高原需要在西线防守最严密的地段之一推进约 4 000 码（约 3.7 千米）。普卢默想分 4 “步”（每一步大约 1 000 码，每 6 天行动一次）完成这个任务。这样第 2 集团军就能控制山岭，同时也让第 5 集团军能够从其左翼向宗讷贝克—格拉文斯塔夫支脉推进。一旦实现了这些目标，普卢默希望能够对帕斯尚尔—斯塔登岭发动终极攻击（此后可能出现乘虚而入的机会）。[40]第 2 集团军于 9 月 1 日发布了第 4 号行动命令，其中概述了如何实施第一步。[41]这次攻击将夺取从布鲁德塞安德到赫勒贝克（Hollebeke）的帕斯尚尔岭南部地段，包括波尔德霍克（Polderhoek）和陶尔哈姆莱茨的高地。两个军将进行主攻：第 10 军和第 1 澳新军团，通过阿尔布雷希特防线向波勒冈树林和葛路维进发。侧翼将由南面的第 9 军负责，而第 5 集团军则向北往威廉防线推进攻势。这次行动包括 3 个不同的阶段——红线、蓝线和绿线——但不会是一次很深入的推进。相反，普卢默的计划直接源于他的“咬住不放”信条：为严格限定的推进做好充分详尽的准备——深入距离不超过 1 500 码（约 1.4 千米），由大炮一路掩护。

火炮是重头戏。虽然高夫的行动中使用了大量坦克，但它们在
普卢默的计划中几乎没有位置。第 1 坦克旅的任务是在圣于连到珀
莱卡佩的公路上保卫一系列据点，但在其他地方步兵足矣，无须用 158
到坦克。[42]他们将依靠强大的预先轰炸取而代之，来“打破步兵无
法逾越的障碍”（同时尽可能不制造新的障碍），让敌人的前线部队
和火炮部队与补给（尤其是食物）隔绝，叫敌人“一旦徐进弹幕接
近便躺到弹坑或掩体的底部”，以及“在侦察基础上对敌方炮组进行

破坏性射击”。到了战斗打响的决定性时刻，5 个深入距离约 1 000 码（约 0.9 千米）的徐进弹幕将掩护前进的部队，用榴霰弹和高爆弹组成的火力墙扫平前方地面，所向披靡。一旦夺取目标，持续的弹幕将对准敌人的反攻或可能的接近路线开火，以确保德军预备队得到全方位应对。[43]要想达到这个目的，第 2 集团军需要大量的火炮和弹药。为了进行为期 7 天的预先轰炸，并确保进攻得到全力支持，普卢默将军要求（随后收到了）1 800 多门火炮［主要是 18 磅（84 毫米）炮，但也有大量重型的榴弹炮用于对付德军掩体］和将近 350 万发炮弹。[44]高夫随意的突击现在被秩序和方法所取代。火力将胜过调遣。第一步将于 9 月 20 日踏出。

第九章

“艰苦作业的开始”

> 毫无疑问，步兵的实际能力并非取决于穿越的距离，而取决于他们所遭受的敌方火力强度。 159
>
> ——赫伯特·普卢默爵士[1]

1917 年 9 月 6—19 日

新的部队正在进入前线。9 月 7 日，爱德华·范肖爵士（Sir Edward Fanshawe）的第 5 军接替了瓦茨（Watts）的第 19 军，同时更南边，第 10 军和第 1 澳新军团则接替了克劳德·雅各布爵士饱受战火摧残的师，并占据了韦斯特胡克和什鲁斯伯里森林之间的前线。英国和法国部队自 7 月 31 日开启进攻，整个 8 月都在战斗，不过下一阶段的战役将由澳大利亚和新西兰部队承担进攻的矛头。澳新军团在加利波利经受了“战火的洗礼”后，1916 年逐渐向西线集中。现在他们被编成两个军——第 1 和第 2 澳新军团，分别由两位中将威廉·伯德伍德爵士（Sir William Birdwood）和亚历山大·戈德利爵士（Sir Alexander Godley）指挥。

就像所有那些进入突出部的士兵一样，澳新军团士兵也怀着复杂的心情。虽然他们从春天开始就享受了很长时间的休息和训练，已为投入战斗做好了准备，但一些部队还是抱怨他们经历了太多的艰苦战斗。尤其是澳大利亚第 4 师，经过比勒库尔和梅西讷的激烈交战后，正努力消化 9 000 多名新兵，时有报道称年轻士兵临阵脱逃或擅离职守。[②]来自悉尼的 19 岁的爱德华·林奇
160 （Edward Lynch）在“战斗 4 师”服役，对一直待在前线怨气重重。“当行动的消息传来时，一些士兵非常坚决地表达了他们的观点，认为军队上级背弃了我们的师。”他写道。在严肃、不悦的心情下，他们乘汽车前往韦斯特胡克，进入预备队。[③]

第 4 师的脆弱情绪并没有大范围扩散，但常有人说澳新军团纪律不佳。英国皇家工程师阿瑟·桑布鲁克记得在新埃格利斯（Neuve Eglise）曾与澳大利亚第 3 师的士兵同住一个营地。“这个营地绝不能被误认作国王陛下的近卫旅部队驻扎地。”他酸溜溜地提到。看上去唯一一个“在行为和机敏度上接近近卫兵传统”的人是他们连的军士长约翰·米特钦森（John Mitchinson），“每次检阅澳洲佬的时候，他都会血压升高”：

> 我们的出勤率比同营地的伙计们好多了，我们总是穿着制服接受检阅。我们的澳大利亚同伴衣冠不整，站在说不上是队列的队伍中，抽着烟斗和香烟，交头接耳。他们的连队军官从来不在各队列间前后走动来视察，从前排看了第一眼后就知

> 道大概情况了。他们沉浸在吞云吐雾和咀嚼烟草中，吐口水却不是为了擦亮装备。[*]当他们需要列队齐步离场时，军官们只是说：“好了伙计们，我们走吧。”④

更糟糕的是，澳大利亚士兵（至少与他们的英国亲戚相比）军饷很优厚。英国士兵们羡慕嫉妒地看着澳大利亚士兵一天 6 先令的收入（同时无疑还拨弄着自己叮当作响的口袋，里面装着每天 1 先令的军饷）。

澳大利亚士兵为自己时髦而邋遢的外表感到自豪：一件宽松的夹克穿在身上，一顶传统的毡帽偏着戴在左边。查尔斯·比恩是澳大利亚官方战争史的作者，他指出，澳大利亚皇家部队（AIF）的制服可能让一些人感到沉闷：一种带着淡淡豌豆汤色的卡其军服，黄铜纽扣被氧化成单调的黑色以防止反光，但它“只为一个主题设计——服务于战争需要”。⑤“挖掘工们”[†]本身也是如此。 160
他们所有人都相信自己是比母国同胞更好的战士，认为英国人对“吐口水擦装备”的痴迷只是不必要的“破事”，太麻烦了不值得。虽然澳大利亚士兵因不守纪律和不服从命令而闻名，但即使是黑格也不得不承认英国远征军不如南半球的士兵优秀。当总司令于 8 月 29 日视察澳大利亚第 2 师和第 5 师时，他违心地强调自己对他

* spit and polish 是英国海军和陆军中流传的一句俚语，字面意为“吐口水擦亮装备”。根据《韦氏词典》，该说法指过分干净、有序、着装整洁。此处被化用来揶揄澳大利亚士兵。——译者

† digger，第一次世界大战中澳洲士兵的外号，由第一次世界大战中普遍挖掘堑壕引申而来。——译者

们的举止很满意，并指出“哪怕他们在和平时期接受了多年的训练”，行军表现也不会更出色。[6]

第 2 集团军印发了关于敌人新防御方法的小册子，为“渐进式教学”打下基础，在此基础上各排各部“一直在演习新编队和新战术”。“在火枪射击训练的同时，还注重调教纪律和使用辅助性武器——刺刀、刘易斯机枪、枪榴弹和手榴弹。”[7]在澳大利亚第 4 师，整个 9 月都在“积极地进行”训练，主要针对如何处理他们将面临的弹坑防御。乡间的长途行军、近身操练、战术训练和火枪射击术使士兵们忙碌不停。[8]本 · 钱皮恩（Ben Champion）中尉来自新南威尔士州的斯坦莫尔（在第 53 营服役），他在波珀灵厄重新加入自己的营，目睹了繁忙的景象。“作为艰苦作业的开始……我们打着背包进行了一次 15 英里（约 24 千米）的行军，现在整个营的状况非同凡响。”他写道。这在两个澳新军团中是普遍情况。[9]

此刻，奇怪的停战似乎突然降临在千疮百孔的佛兰德斯战场。源源不断的卡车和步兵纵队、骑摩托车的通信员和工作队还在来来往往。伊普尔仍是一个繁忙的活动中心，虽然它还在遭受来自空中的轰炸，但轰炸程度远不如数月前那般猛烈了。虽然小规模袭击仍在一些地方继续，例如 9 月 6 日第 19 军在博里农场采取行
162 动，4 天后第 6 师在 35 号山发动进攻，但英军总部于 9 月 10 日取消了所有小规模行动。[10]更令人鼓舞的是，自 8 月下旬以来，天气稳步好转。和风晴空意味着湿透的战场终于有可能变得干燥起来。查尔斯 · 比恩写道：“从表面上看，战场从沼泽变成了沙漠。”尤

其是韦斯特胡克岭，那里残破的农场建筑和饱受炮击的碉堡，甚至让一些澳新士兵想起了沟壑纵横的利比亚沙漠，他们在部署到西线之前曾在那里接受训练。[11]

战线后方，在布满了白色帆布钟形帐篷的田野里，英国和自治领军队暂时从进攻中得到了喘息的机会。查尔斯·卡林顿是英国皇家沃里克郡团第5营一线部队（第48师）的下级军官，9月在圣奥马尔（Saint-Omer）附近待了一阵子，“在富饶起伏的乡村，天气适于收割，宿舍适于居住”。“我们尽情享受阳光，时光悠长，

“世界上最糟糕的地方。”一名加拿大士兵试图穿越佛兰德斯战场。在这样的条件下占领帕斯尚尔山岭，可以说是加拿大在第一次世界大战期间取得的最伟大成就

轻松愉快，活着真好。我们更关心师级足球杯赛而不是战争，不过我们也关心训练新招募的这队新兵。他们现在刚入伍，但和老志愿兵一样，都是好兵。”[12]“要不是炮声隆隆，要不是我们为青梅子讨价还价的时候偶尔会有炮弹打在波珀灵厄，要不是敌人的飞行员锲而不舍，每晚都在附近的某个地方投下炸弹，我们可能早就把这场战争忘得一干二净了。”在坦克部队服役的 W.H.L. 沃森记录道：“有人穿过松林散步，有人在荒原上慢跑，有人与队友进行惊心动魄的足球比赛，有人短途旅行到巴约勒去钓鱼，或在凉爽的傍晚到卡塞勒去吃一顿愉快的晚餐。”[13]

有一个老掉牙的笑话：只要是英国人不进攻时，突出部便是阳光灿烂，1917 年 9 月也不例外。第 56 飞行中队的詹姆斯·麦克古登上尉回忆说：“这段时间的天气非常好，我们总是有很多空闲时间，所以我们非常享受。”当麦克古登和他的飞行员们不在飞机上时，要么在食堂里打扑克边听留声机，要么在户外打一只拴在杆子上的网球——一种被称作“绕杆球”（bumble-puppy）的游戏。天气热的时候，他们会在机场附近的小溪里洗澡。如果下雨的话，
163 他们会乘便车到附近的城镇，主要是圣奥马尔，然后把军饷花在茶室里，用来品尝精致的法式糕点。[14]这样的生活听起来可能是田园诗般的生活，但西线飞行员的生命有时却可能是以小时来衡量的。9 月 6 日，麦克古登在驾驶他的 SE5 战斗机时，遇到了两架新型敌机：福克三翼战斗机（Fokker Triplane）和普法尔茨侦察机（Pfalz Scout）。虽然这次遭遇战没有任何结果（“我们周旋了一阵，多数情况下是德国佬在射击”），但他对自己的刘易斯机枪的表现

感到失望，花了几天的时间试图使机枪的发弹装置正常工作。[15]他的担心是对的——5 天前，曼弗雷德·冯·里希特霍芬驾驶一架新启用的三翼飞机在宗讷贝克上空击落了一架英国侦察机。9 月 3 日，德军第 2 战斗机中队在一天之内击落了 11 架英军飞机——这清楚地说明了面对如此强大的对手，维持持续的空中影响力要付出多么昂贵的代价。[16]

德国轰炸机中队还定期出击英国战线。这些袭击造成的伤亡人数可能相对较少——特别是与战场上的伤亡人数相比，但失去对后方地区的空中控制却让英国皇家飞行团指挥部日益担忧起来。1917 年 7—11 月，德国飞机向西部很远处的圣奥马尔等目标投掷了 600 多吨炸弹。[17]9 月 15 日，第 2 集团军要求增援伪装帐篷，以取代显眼的白色帐篷。而且休·特伦查德少将授权在攻势恢复前几天对德国机场进行日间轰炸，并加紧打击德国铁路通信和部队住所。[18]当指挥官们抱怨空袭时，黑格和特伦查德感到迷惑不解。他们二人都相信，英国皇家飞行团所采取的攻击型空战战术是正确的，应不惜一切代价予以坚持。发现来袭飞机非常困难，特别是在夜间，而他们认为宝贵的资源应该用来对付敌人的基础设施，而不是用作防御性巡逻。英国士兵只好继续忍受下去。

尽管每天空战都有损失，但是皇家飞行团中队的工作仍有增
无减。他们在为支援新的攻势做准备。每天都要航拍数百张战场 164
照片进行处理和分析，然后送往军级和师级指挥部去分发。仅在 9 月，皇家飞行团就用掉 14 500 多张底片，分发了近 35 万张相片。[19]特伦查德定期向黑格汇报“飞行团的工作”，并对他的飞行中队所

做的工作感到非常自豪。他于 8 月 28 日造访了蒙特勒伊，给黑格递上了最新照片，让这位总司令印象深刻。黑格在日记中写道：

> 我们现在的照片清楚地显示了敌人的“弹坑”，这些弹坑现在已经成为敌人的阵地。这些阵地后方由士兵走出的道路首先引起了我们的注意。经过对照片的仔细研究，防御系统似乎完全符合西克斯特·冯·阿米恩将军“建设防御阵地”的小册子上指示的路线……[20]

这就是伊普尔突出部前线的实际情况——弹坑之间的简陋阵地连成一串，围绕碉堡深深扎根，这给进攻者带来的是比战争早期的战线防御复杂得多的问题。

3 个星期的时间被划出来，用于进行新一轮的进攻。进攻是在精心准备下完成的，对细节格外关注，这是第 2 集团军的特色。必须修建新的公路和道路以从第 5 集团军转移大量火炮，而修建轻型铁路则是为了从铁路终点站向前线运送成吨的物资。[21]在第 1 澳新军团的阵地，每 100 码（约 91 米）就放有一小堆铺路石和木板，每 1 000 码则是更大的一堆。所有道路都分成若干段，分别由合适的军官负责。第 1 澳新军团总工程师 A.C. 乔利·德·洛比涅尔（A. C. Joly de Lotbinière）准将说：“整个地形由一大堆弹坑组成，由于德国液态毒气（芥子气）在弹坑中能附着 24 小时或更久，我们更多的人被毒气熏倒，人数超过被炮弹击中的，而炮击几乎从未停止过。”[22]虽然如此，到 9 月 18 日，大部分关键路段和铁轨已经铺设，为随后的进攻奠定了坚实的基础。

下达给进攻部队的命令内容深入而广泛，经常详尽地说明进 165
攻如何进行。[23]在第1澳新军团，前线已经过彻底侦察，各级官兵对将要前进的地面轮廓都非常熟悉。他们在布塞博姆村的防线后面建造了一个相当大的战场模型，一个月来各营都被抽调来观看。“每一个细节都标有精确的尺寸，德国佬的堑壕、水泥碉堡和掩体都标上了记号，还有可能的机枪阵地。”本·钱皮恩在9月6日看到了这个模型，他还记得，“这张巨大的比例尺地图是通过成千上万张航拍照片合成的，工程师们花了一个月的时间来建造。有能力的军官向我们解释了模型，我们完完全全记住了模型，在阅读手里的地图时可以想象出该地区的样子。”[24]信息表（背面印有实用的地图）也分发到了连级部队，同时工兵不知疲倦地工作，竖立了数千个路标，铺设了数千米长的胶带，以便引导各营进入正确的阵地。就进攻步兵而言，士兵的头盔上甚至打上了彩色补丁，以示他们指定攻取的目标——红线、蓝线或绿线。[25]

所有进攻部队都定期听取关于将得到何种火炮支援的简报，因为必须保证完美把握行动时机。在进攻打响时刻（清晨5点40分），徐进弹幕将在领头的攻击波前150码（约137米）就绪，并在3分钟后开始推进。然后它“向前走了”整整200码（约183米），耗时8分钟，接着减速，以每6分钟100码（约91米）的速度移动，直至到达红线[第一个目标，在格伦科塞树林的另一边，哈内比克河（Hanebeek）沿线]。在红线，它将停留45分钟，以使进攻旅有足够的时间巩固成果，“扫荡”战区，并确保“跃进”营准备就绪。在指定的时间，它将前进到蓝线（第二个目标，沿着波勒冈树林的西缘，包括威廉防线的大部分），每 8 分钟覆盖 100 码。按照普卢默的命令，它将在那里停留更长的一段时间（2
166 小时），然后以每 8 分钟 100 码的标准速度推进到绿线（最终目标，向波勒冈树林深处再做一段相对较短距离的推进）。每次停顿时，烟雾就会发射，以保护进攻者不被敌人观察到，并让官兵有时间重新组织。[26]这次，不留任何侥幸。

与英国方面狂热的活动形成鲜明对比的是，德国守军的动作有一种被暂停的感觉。“我最强的信念是佛兰德斯战役已经结束。”冯·库尔将军在 9 月 15 日写道。他打电话给第 4 集团军的西克斯特·冯·阿米恩，向他简要介绍了最新情报报告。德国观察员发现一个英国师在火炮支援下离开了沿海战区，这表明来自尼乌波尔特的进攻不是那么迫在眉睫。如果要继续从伊普尔突出部发起进攻，那么英国人不是必须在沿海保持兵力吗？在里尔附近迫降的一名被俘的皇家飞行队飞团员也宣称佛兰德斯的攻势几乎已经结束。虽然冯·库尔说不准，他还坚称“仍应谨慎行事”，但是他相信他们已经渡过了夏季攻势最糟糕的时期。[27]

到 1917 年 9 月，德国情报的来源非常广泛，一些来源比其他来源更可靠，包括空中侦察，法国和比利时的间谍、特工线报，以及无线电截获信息。俘虏审讯仍然是评估敌人意图最简单、最直接的方法，就像在英国军队中一样。9 月 11 日，阿尔布雷希特·冯·特尔记录了审讯英国士兵的新程序，这种程序可能“并不完全有尊严和符合道义”，但“实用”，似乎很奏效：

> 当他们被送到时，首先被带到一间牢房，在那里他们会遇到另一名英国军官，后者先于他们一段时间被捕，会非常想知道他的同事在军队里做些什么，是否在筹划另一次进攻，等等。然而，这并不是一名真正的被俘英国军官，而是讲英语
> 的德国特工，英语讲得就像母语一样流利，对英军的情况也 167
> 了如指掌。为了套取情报，他穿着英国军官的制服。㉘

这只是德国军队对俘虏进行系统审讯的一个环节，重点是如何使俘虏感到轻松自在，从而使他们更有可能泄露重要信息。㉙对于一个处于守势的军队来说，能够猜测敌人的意图是至关重要的。

库尔的判断是否正确是 9 月上半月在鲁普雷希特指挥部激烈辩论的主题。第 4 集团军定期向集团军群提交关于重新发动攻势可能性的评估，但没有得出明确结论。一方面，毫无疑问，伊普尔周围正在发生一些事情，但这意味着什么，是不是大规模恢复行动的前奏，还不清楚。敌方火炮部队的数量无疑比以前少了，但艾泽尔运河和科尔特比克河（朗格马克以北）上修建了新的桥梁，这两座桥梁可能是发动新一轮进攻的跳板。铁路网也在前线后方延伸，最明显的是在迪克斯梅德集群和伊普尔集群前方。还值得注意的是伊普尔西北和敦刻尔克附近营地建筑和住所有所增加。一些人认为，新的进攻即将来临，可能针对伊普尔集群，但也会向北延伸至默尔克和赫勒贝克南部那么远，但其他人不同意。

天气晴朗，敌人活动却少，这意味着英国人肯定已经放弃了，尤其是考虑到这一年行将结束，不是吗？事实上，德国情报部门并不能确定。[30]

战争似乎暂时收尾了。随着军事活动的突然停止，弗里茨·冯·罗斯伯格因过度劳累而在9月中旬患上了流感。不过对其他人来说，停顿带来的不是疾病，而是内省。“这里很无聊，”阿尔布雷希特·冯·特尔沉思道，“你坐在这里等着，绞尽脑汁想敌人打算干什么。”他希望英国人再次进攻，“否则这将是一个信号，
168 表明他们希望等春天美国人到来”。[31]到9月的第一个星期，火炮活动明显减少，鲁普雷希特王储报告说，他的主要军队的战斗活动量“极低”。他收到情报说，澳大利亚第1师已被调到埃及，正如他在日记中写的那样，这可能“表明英国希望把军事活动的重点转移到叙利亚和美索不达米亚”。事实上，佛兰德斯战区变得如此平静，以至于9月12日，鲁普雷希特和库尔一样得出了战斗结束的结论。[32]

对双方来说，由于在伊普尔的主要行动停止，大量参战的步兵和火炮部队得到接防。托尔豪特的铁路枢纽整个9月都很繁忙，因为数以千计穿着大地灰色制服的德国士兵通过此地进出突出部。9月11日，第27步兵师在威廉防线遭到猛烈炮火袭击，被圣于连以东的第2近卫预备役师接防，第3预备役师（8月16日的反攻师之一）也被第236师取代。[33]这是前线大规模重组的一部分。经过3个月的激烈战斗，指挥伊普尔集群的巴伐利亚军于9月10日得到接防，士兵们前往根特郊区的玛丽亚凯尔克（Mariakerke）享

受应得的休息。他们被近卫军取代，这是一支由费迪南德·冯·夸斯特（Ferdinand von Quast）中将指挥的精锐部队。[34]

不仅仅是士兵需要替换。9月，整个伊普尔战区的火炮弹药消耗巨大，每天可达40万发，炮筒都处于极限状态。7月31日—9月25日，伊普尔集群因磨损问题不得不更换1 775门野战炮和1 250门重炮。[35]在瓦显蒂集群，火炮曾在击退英国对葛路维高原的新一轮进攻中发挥了重要作用，许多部队急需更换新装备。莱茵哈特·勒瓦尔德火炮部队参与支援了8月24日在斗篷林的反攻，整晚进行“猛烈的破坏性射击”，火炮“持续开火”，直到弹药耗尽。8月28日，两门炮被反火炮火力击中。在接下来的一周里， 169
他们经常遭到猛烈的炮击，因为英国人搜遍了火炮阵地和通往阵地的路线——任何可能找到火炮的地方。根据勒瓦尔德的日记所述，当他们在9月11日接到撤出的命令时，他们的火炮需要彻底检修，枪炮手人手不够，马匹也极度短缺。总而言之，他们精疲力竭了。[36]

他们于9月13日黎明离开，前往蒙斯市附近的瑞尔比斯（Jurbise）。他们被送到火炮训练基地，在那里火炮部队将“全面恢复战斗力”，配备新的火炮、新的人员和新的马匹。令他们惊喜的是，驻扎地是一座空置的城堡——城堡主人在战争爆发时逃到了巴黎。勒瓦尔德记录道：

大厅宽敞漂亮，配有贵重的家具和漂亮的起居室。每人都有一张四柱床。城堡周围有宏伟的设施和数百英亩的鹿园。城

> 堡旁边是一座 14 世纪大修道院的废墟。从城堡看向鹿园宽阔的草坪，景色十分美妙。此外，还能享受无忧无虑的休息和美好的天气。

勒瓦尔德形容他们的环境就像置身于“仙境”。在佛兰德斯充斥烂泥和死亡的前线待了几个月之后，这种如释重负的感觉压倒了一切。在这里，“景色宜人，秋高气爽”，士兵们度过了一段宁静的日子：打猎、射击、骑马，也许还想知道佛兰德斯的战役是否已经结束。[37]

西线长时间的平静正是第一军需总监埃里希·鲁登道夫想要的。鲁登道夫 8 月底从比利时回来后（其间在一场火车相撞事故中幸运逃生），又恢复了他的旧习惯。[38]在克罗伊茨纳赫，他依然严格按照惯例办事，很少破例。他通常在早上 8 点前来到办公桌前，在兴登堡来之前工作 1 个小时。德皇在中午到达，他们会花一些时间谈论军事形势和前夜出现的紧急问题。谈话将持续到早
170 餐时间（下午 1 点），早餐通常在 45 分钟内用毕。唯一能让鲁登道夫从繁重的工作中解脱出来的就是每天散步，通常是和兴登堡一起，在他们的别墅（威廉一世皇帝的故居）与总部所在地奥拉尼霍夫（Oranienhof）公馆之间。有时当地人会送来礼物或鲜花，他们便感激地接受，但通常不会有人打扰他们。之后鲁登道夫回到办公桌，一直工作到晚上 8 点，晚饭这时才端上来。他会留在德国最高统帅部统筹战事，直到午夜或凌晨 1 点。[39]

鲁登道夫有时给人的印象是一个铁石心肠的人——一个不善

于表达的军人，没有温度和感情。但有时他会摘下面具。9 月 5 日，他接到消息说，他的继子弗朗茨·佩尔内特（Franz Pernet）中尉——第 2 战斗机中队的战斗机飞行员——驾驶的飞机在英吉利海峡被击落，几天后尸体被冲上荷兰海岸。鲁登道夫立即前往妻子所在的巴登—巴登（Baden Baden），他哀痛不已，说佩尔内特一直“像自己的儿子一样”。[40]然而，鲁登道夫没有时间悲伤——他受命在多条前线统领作战。9 月 1 日，德国第 8 集团军在东线发起了一次重大攻势，越过德维纳河（the River Dvina），占领了过去汉萨同盟的港口里加（Riga）。德国最强悍的军人之一奥斯卡·冯·胡蒂尔（Oscar von Hutier）将军负责此次行动，并取得了惊人的成功，渡河作战，使俄国人伤亡超过 2.5 万；德国仅损失 4 000 多人——这进一步说明了为什么东线的战争看起来像是自然而然地结束了。[41]

里加的胜利意味着鲁登道夫可以把更多的时间投入计划中的意大利攻势。准备意大利作战的各师被组织起来接受山地训练，同时还装备了所需的一切：工程部队和堑壕迫击炮部门，飞机和热气球，汽车和马匹运输。[42]回到西线，英国重启在伊普尔的准备工作日益令人关切，即便德国最高统帅部不确定这意味着什么。
王储并不能提供什么帮助，只能告诉鲁登道夫必须“靠自己的力 171
量处置”。即使如此，鲁登道夫承认：“王储并不是唯一一个焦虑不安的人。”[43]鲁登道夫相信，无论他人怎么说，这条线都会守住。任何可用的德国预备队都已经被指派去意大利，所以德国最高统帅部只能敦促其指挥官坚定意志。他们重新强调对部队进行“爱国教育”，启用一系列“福利干事”（*Wohlfahrts-Offiziere*）处理投诉，并指导士兵阅读适当的读物。他们要确保德国的士兵和平民意识到真正的利害攸关，认识到展示出饱满的战斗精神和自我牺牲的重要性。[44]

鲁登道夫所谓的“爱国教育”是否够用，还有待观察。很明显，这种做法无助于解决人们吃得不饱、休假不足和疲惫不堪的状况。尽管该计划的某些方面，包括提供免费啤酒的晚间谈话，似乎特别受欢迎。[45] 9 月 10 日，鲁道夫 · 宾丁被任命为师级“福利干事”，负责协助评估部队的情绪。他收到了鲁登道夫 1917 年 7 月 31 日命令的副本，其中警告不要渲染“悲观主义和制造革命”，特别是在国内战线，因为国内战线“全神贯注于单调乏味的工作，几乎不了解形势的重大以及陆军和海军舰队的煎熬”。因此，讲课的军官必须不断地“培养和保持士兵对德皇和王储的感情、对德国强烈的祖国情怀”，恢复他们“对胜利的信心”。宾丁赞同这项计划（“战争是赢还是输取决于家书”），但他觉得这需要投入大量时间，而回报却很少。每当干事问及士兵们情况如何时，他们的反应都很冷淡——通常只是耸耸肩，咕哝着“还行”。[46]

德国军队可能没有遭受过俄国军队的长期不稳定或法国某些师哗变之类的痛苦，但无疑有过一些低潮。第 26 师的记录得以保存，该师在 8 月 16 日—9 月 4 日期间在朗格马克作战，因炮火遭受重大损失。全师士气似乎因在佛兰德斯服役而受到打击，随
172 后又受到若干纪律事件的困扰。例如，第 121 步兵团的 4 名士兵在拒绝列队行进后因“叛变和严重的不服从”而受到责罚，而部队中似乎长期存在着“打架、抢劫、抗命和偷窃”的问题。该

师的战绩很差，以至于后来被调到意大利前线，在卡波雷托（Caporetto）参加战斗。[47]其他事件似乎是内部处理的，不过很难说这种情况有多普遍。1917 年 6 月和 7 月，巴伐利亚第 6 预备役师在佛兰德斯服役期间发生了一定程度的兵变。在驻守第二防线时，这些士兵遭到密集炮火的袭击，造成重大伤亡，士气因此崩溃。其中一名军官约翰·舍尔德尔记录道，他的团长对第 22 团第 10 连发生的事情“深感震惊”。团长站在士兵们面前，由于“羞耻和激愤”几乎说不出话，提醒他们“兵变是不可磨灭的耻辱”。然而这些士兵并未受到惩罚。[48]

事件正在迅速发展，第 4 集团军强制性的田园生活告终了。冯·库尔将军预言佛兰德斯战役结束之时，第 2 集团军的火炮已经开始了预先轰炸。预先轰炸会以不同的破坏程度继续进行，伴有常规的徐进弹幕演习和佯攻，直至攻击开始前不久。德国守军焦灼地挤在碉堡或混凝土掩体里，脸色苍白，双手颤抖，伴随着炮弹在头顶爆炸。这就像在刑架上被人折磨，永远不知道什么时候结束。事实上，当英国士兵在战场上搜寻德军阵地时，似乎有种虐待狂式的快感：使压力逐步攀升，然后完全释放。“所有堡垒和碉堡都在精心计划下被占领了，”施维尔登（Schwilden）上尉写道，他服役于第 15 预备役步兵团（第 2 近卫预备役师），部署在格拉文斯塔夫周围：

> 在 9 月 20 日之前，5 个（碉堡）因直接命中而被摧毁，此外，英国火炮不断沿整个前线以及向后方地区集中火力。从清

> 173 晨慢慢开始，然后在一个小时的时间里演变为猛烈炮击。我们很容易就能推断，步兵的进攻马上就要来了。连队处于高度戒备状态，并被提醒说，一旦发生攻击，无论何种情况，他们都有责任守住前沿阵地。[49]

在一些地方，德军的防线似乎很薄弱。在玻辛赫和赫勒贝克之间，只有 6 个前线师，另外 3 个反应师在他们后面，其中两个是集团军预备队。整个前线只有 752 门火炮——还不到普卢默组织行动所需兵力的一半。[50]此外，在前线关键的中段葛路维高原，镇守德军阵地的是 3 个疲惫不堪的师：第 9 预备役师、巴伐利亚补充师（Bavarian Ersatz）和第 121 师。到普卢默的进攻开始时，他们已经在战线上待了 3 个星期，急需接防。对他们来说，1917 年 9 月 20 日将是整场战争中最糟糕的一天。[51]普卢默终于准备好了。

第十章

“惊天大混战”

你不了解佛兰德斯意味着什么。佛兰德斯意味着无休止的 174
忍耐。佛兰德斯意味着鲜血和碎尸。佛兰德斯意味着无所畏惧的勇气和至死不渝的忠诚！

——无名德国士兵[1]

1917年9月20—25日

终于到了发动猛攻的日子。这样的日子几乎注定伴随着阴雨天气。在比利时拉洛维，高夫将军的第5集团军目前已经被降级去掩护普卢默的左翼部队。高夫被这场雨搅得心神不宁，所以午夜时分，他与普卢默取得了联系，建议推迟进攻。普卢默的特种部队指挥官们对此莫衷一是，在与他们进行商议之后，这位第2集团军的指挥官决定继续进攻。[2]这是个历经波折的决定。在难以捉摸的天气状况下命令进攻本来就够糟的了，但是如果不进攻会更糟。如需撤销进攻，命令一定得即刻发出，同时还要起草其他方案。前线各部队不可能无限期地待在堑壕里，而且很可能在一两天内就需要轮换，这样便失去了任何出奇制胜的可能。普卢默的脑海中无疑出现了最坏的结果：一场混乱的、部分的进攻，有些部队退出行动，但另一些部队也许会因为没有得到确认而继续按原计划行事。那是不堪设想的。事到如今只能孤注一掷。

正是在 9 月 20 日凌晨，德军前线指挥官们最担心的事情得到了证实。凌晨 3 点不到，距离英军打响进攻还剩两个多小时，一
175 位湿漉漉的澳大利亚军官被带入德军第 121 师位于宗讷贝克南部的指挥部。他在与他的连队进入阵地的过程中被俘获，俘获地点在澳大利亚军第 2 师的前哨基地。他掉队了，撞上了一支德国巡逻队。巡逻队很快抓住了他，将其扭送到最近的德军指挥部。尽管他试图销毁携带的文件，德军审讯人员还是在他身上找到了军事行动的情报，证实两个澳大利亚师将跨过伊普尔—梅嫩路发动攻击。几分钟内，一条警戒通令经由无线电传开，德军师级火炮部队被告知对在澳大利亚阵地进行“歼灭式”开火。[3]

现在就是和时间赛跑，看谁会最先反应，看德国守军是否有足够的时间抢在攻势来临前先发制人。尽管澳大利亚军第 2 师在进攻打响前几分钟就处于轰炸之下（大概是因为情报泄露），但还没有严重到打乱即将发起的进攻。在那些德国炮弹轰炸的地方，至少有一支澳军部队为躲避炮火提前“越过堑壕”。[4]清晨 5 点 40 分，整个前线逐步积聚的紧张气氛被猛然打破，炮火暴风雨般猛烈地砸向千疮百孔的战场。第 27 旅（第 9 苏格兰军师）的信号官阿奇博尔德·戈登·麦克格雷格（Archibald Gordon MacGregor）

回忆，最初的弹幕“震人心魄”，火炮“轮子挨着轮子”，在战区前方排成一列。他写道，这是一场“惊天大混战”。[5]前线每5码（4.55米）就有一门火炮或一台榴弹炮，形成了密集的火力网，强度至少2倍于7月31日高夫发动进攻时的火力支持。[6]这场战役后来被称为“梅嫩路战役”，它的势态发展总的来说正如普卢默所计划的一样。炮火之墙护送着各进攻师向目标行进，与德军保持着一定的距离。这是一面火光之盾，任何事物都无法穿透。

1917年9月20日，梅嫩路战役期间，一枚炮弹在济勒贝克附近的一群英军担架员和德军战俘附近爆炸

在徐进弹幕的硝烟后面，进攻正在展开。第 5 集团军负责北翼，由第 5 军、第 18 军和第 14 军派出的 5 个师“越过堑壕发起冲锋”。考虑到跨越这片满目疮痍、积水泛滥的荒原难度极大，这
176 次进攻可谓十分成功。在 35 号山和威廉防线中被称作“野鸡堑壕”（Pheasant Trench）的一段（坦克在此基本无用武之地），战斗更为艰难，但是英军的推进速度和敏捷度似乎让德国守军措手不及。[7]在第 9 师，南非旅攻占了博里农场和波茨坦公馆，这两个重兵守卫的据点在近两个月的多数时间里一直阻挡着英军在该地的行进。“户外基本没有敌方步兵抵抗，”报告称，“但是他们在碉堡内部进行机枪扫射，直到他们被包围……经历了我方重炮轰炸，被俘敌人意志极度消沉”。[8]从当天早上对这些德国俘虏进行的审讯中可以了解到，很多人都曾被警告会有一场进攻，但是没人收到明确的指令。而且，这场进攻的“迅捷程度让他们措手不及，几乎毫无招架之力”。[9]

普卢默的大规模火炮的惊人成效在第 1 澳新军团的主攻中尤为明显，其间第 1 和第 2 澳大利亚师并肩作战。在第 7 营（第 2 师），亚历山大·霍利霍克（Alexander Hollyhoke）中尉和他的战友们一起前进，跟在他称为“一堵夹杂着爆炸的烟尘之墙”后面，那是徐进弹幕在前方开路。霍利霍克的战士们完全没被这个场面威慑到，他们是那么的泰然处之，点着烟斗或香烟，然后“稳步跟在弹幕后方，脸上挂着欢快的微笑”。

> 到处都能看到德国士兵的尸体——被弹幕或是来自行进部

> 队的子弹打死。受到震慑，军心涣散的俘虏们开始成群结队地投诚，或是蜷缩在弹坑中，然后被送往后方。在德军碉堡或混凝土掩体完好无损或只是被炮火轻微损坏的情况下，往往由小队士兵对其进行短平快式攻击。往入口处丢一两颗炸弹，通常就能迫使占领者投降。在整个行军过程中，一直伴随着炮弹从头顶飞过的嗖嗖声。有的高，有的低，一些实在太低了。随着炮弹在周围爆炸，很多人可谓九死一生。大多数德国士兵都会时不时地被飞行中的高爆弹或榴霰弹击中，只要不是被击成重伤，他们仍在如火如荼地战斗着。[10]

霍利霍克的士兵们做了他们该做的事情：夺取最远的目标（绿线）， 177
“扫荡”他们的战区，巩固战果。接着弹幕停留了两个小时，让他们有足够的时间挖一条新的堑壕线并与后方建立联系。

第 1 澳新军团的情况也类似。几个月来一直在争夺的地方现在已经攻下，包括格伦科塞树林的断根残枝和一个叫诺恩博斯陈（Nonne Boschen）的小灌木林。尽管在黑色观察角（Black Watch Corner，波勒冈树林西南端）遇到了一些抵抗，但在其他地方，澳大利亚军队成功攻占了敌人的碉堡，小心翼翼地穿过了德国剩余的防御工事。后来的一份报告指出：“敌人没有表现出预期的抵抗，在我们推进的战线后方，他们没什么能留住的。”[11]第 2 师得出结论认为，进攻如此成功有若干原因，包括周密的训练，士兵们良好的身体状况，彻底的侦察，“系统地建立战时仓库”和进入前线作战的路线，火炮和机枪弹幕的深度，进攻营推进的紧迫性——“士兵们紧紧跟随火炮弹幕，迅速冲向每个阵地。在大多数情况下，敌人没有时间开火。”此外，由于许多在弹坑和堑壕中的德国士兵被炮火打得“晕头转向”，他们的抵抗只能说是“非常微弱的”。[12]

再往南是第 10 军对葛路维高原的进攻，尽管战斗很激烈，但仍按计划进行。第 39 师的战争日记记载：“夜间大雨滂沱，很难在布满弹坑的地面移动。黎明时分，毛毛雨还在持续下着，浓雾和低云再加上强风，使得观测和空中侦察几乎不可能实现。”部

带着送信狗的德国轰炸巡逻队，照片可能摄于 1917 年 9 月底

1917 年 9 月，德国侦察巡逻队。德国的反攻战术依赖于对战场的侦察，但由于雾、雨、烟、尘的影响，往往无法达成

队越过堑壕发起攻击时，遭到来自混凝土碉堡和机枪掩体的猛烈炮火。“在刘易斯机枪和枪榴弹火力掩护下，士兵们不顾一切地向前冲锋”，方才取得突破。到了早上 6 点，该师已抵达红线［布尔加树林（Bulgar Wood）西缘］，两个多小时后，增援部队已“跃进”
到第二个目标（扫清了大部分森林中的敌军），正忙于挖掘堑壕。[13] 178
在其他地方，第 23 师在穿越斗篷林和梅嫩路沿线一系列完好的德军掩体时遇到了强大阻力。虽然伤亡惨重，但“每个人都非常清楚自己的任务，所以编队和方向仍然保持得很好，各部都独立完成了自己在蓝线的目标”。在这天余下的时间里，巩固战果的行动持续进行，冒着狙击手的子弹。[14]

就是在这个战区，出现了整个战争中最杰出的两起英勇事迹。威廉·伯曼（William Burman），来复枪旅第 16 营（第 39 师）一名 20 岁的士官，在穿越无人区的战斗中赢得了维多利亚十字勋章。伯曼的连长对所发生的事感到震惊：

> 伯曼中士是有史以来最优秀的同伴。他身高只有 5 英尺 4 英寸（约 163 厘米），但有一颗狮子的心脏，不知畏惧。当我们距目标一半路程时，一挺机关枪从 30 码（约 27 米）开外的弹坑里向我们开火，我可怜的同伴们纷纷倒下。伯曼中士独自一人面对看似必死无疑的局面继续前进，杀死了 3 名机枪手并缴获了机枪，以英勇的行动挽救了他身后战友的生命，并让连队得以继续前进。他一路扛着枪到达最后的目标，并把枪对准强弩之末的敌人，自始至终他的勇气和毅力都令人称奇。[15]

第二枚维多利亚十字勋章颁发给了舍伍德森林人团第 16 营的欧内斯特·埃格尔顿（Ernest Egerton）下士。他几乎独自一人端掉了敌人的一个据点，他的指挥官称之为“我所见过的最蛮的英勇行为”。在进军的混乱中，一个德国碉堡被遗漏，但是埃格尔顿（他还在为他哥哥 8 月的阵亡致哀）冲上前去报仇。“我先射中了开火的士兵，”他记得，“然后射死了第二个士兵，他正拿着另一条弹带待命，第三个士兵也被我射死，那是个掷弹手”。就这样，德国守军被猛烈的攻击惊呆，拖着脚步走出去，双手举在空中。[16]在其
179 他地方，第 41 师在上午 7 点 47 分之前完成了第一个目标（推进到阿尔布雷希特线），上午 10 点 15 分夺取了蓝线［越过巴塞维尔比克河（Basseevillebeek）］。到了 11 点，观察员们发现英国军队出现在陶尔哈姆莱茨岭。[17]现在，战争最关键的部分开始了：德国开始反击。

各反应师已集结完毕，准备在上午 8 点向前进军，但他们未能按计划行动。前线通信几乎完全中断，这意味着他们无法详细了解正在发生的情况。此外，皇家飞行团的飞行员天刚亮就在突出部上空飞行，成功地干扰了德国的计划。当天，他们向地面目标发射了 2.8 万多发子弹，投掷了 60 多枚炸弹。这些地面目标包括向前线进发的步兵纵列、火炮部队和机枪巢。与 8 月 16 日不一样，当时恶劣的天气阻止了空中观察员锁定德军预备队。这次，英国飞机能够提供关于反应师行动的重要信息，这对第二阶段的战斗至关重要。英国火炮至少从空中报告得知了 8 次反攻，包括上午 8 点 30 分在宗讷贝克的反攻，上午 10 点 20 分在波勒冈树林的反攻，下午 2 点至

2 点 30 分在赞德福德以东的反攻。[18]通过“区域呼叫”（zone calls），飞机能够指挥火炮向目标发射毁灭性火力，据《德国官方历史》说，这“削弱了预备队的反攻势头”。[19]

直到下午，德国防守战术中至关重要的全面反攻才取得进展。
从大约下午 2 点开始，有关敌人集结的不祥报告开始传入英军师
级和军级指挥部。巴伐利亚第 16 师、第 236 师和第 234 师 3 个预
备队师的人员从梅嫩、摩尔勒德（Moorslede）和西鲁塞贝克方向
向前线进军。这在第 2 集团军情报部门的预料之中，命令即刻下
达，在敌人可能部署的地区，调动一切可用的中型和重型炮发射
火炮弹幕，同时加入远程机枪火力共同组成钢铁风暴。到下午 5
点，反应师已经到达战场，但他们无法抵挡前方的炮火，进入开
阔地后就被打散了，成队地被英军的巨大火力残酷地消灭。[20]《德 18
国官方历史》说：“他们在不同的地点设法击退了英国人，夺回了
一些重要据点，但总体而言，对已经站稳脚跟的对手而言，德军
的攻击只取得了有限的成功。”[21]

如此简短的官方措辞掩盖了当天下午发生的恐怖和屠杀。理论上的反攻强调的是灵活有效地吞没已遭削弱、铺得过开的敌军。形成鲜明对比的是，现实情况中反应师往往准备不足，缺乏秩序和明确的目标，而且他们遇到的是掘地三尺的敌人。一位名叫克莱恩（Kleine）的德国士兵简短描述了那天反攻师所经历的情况。他是第 236 师第 459 步兵团的一员，当他的团试图发起反攻时，发现整个地区都被炮火覆盖了。“在试图向前进攻、靠近通往前线的山坡上的敌人时，我们的突击连和他们的支援炮兵连伤亡

惨重。”一颗炮弹直接命中他们的指挥所，消灭了他的 14 个战友。他的腹股沟被弹片击中，而一名下士失去了理智，在盲目的恐慌中四处奔逃，口吐白沫。虽然他们在舒勒农场［位于圣于连以东 600 码（约 549 米）外的宗讷贝克—朗格马克路上］附近取得了一些小收获，击退了第 55 师，但这是可怕的一天。[22]

如此交织着混乱和屠杀的场面似乎很常见。第 11 步兵团（属巴伐利亚第 16 师）在上午 11 点 30 分收到报告说，威廉防线已经被占领，敌人已经在挖掘堑壕。一系列令人无法喘息的快报记录了接下来的 6 个小时里发生的事情，表明德国军队在应对普卢默的进攻时遇到的部分困难：

> 11 点 30 分：贝瑟拉雷以西和以南的地段，远至波尔德霍克岭，处于敌人猛烈的弹幕之下。
>
> 183 14 点 10 分：侦察巡逻队已派出，查明情况后将继续进行攻击。
>
> 14 点 30 分：第 21 步兵团第 3 营报告说，敌人就在威廉阵地以东，完全未受火力攻击。威廉阵地并未失守。大量英军机关枪密集部署在一起，我们只能从东北发起侧翼进攻。由于营队规模严重缩小，目前不可能进行正面攻击。营队损失惨重，损失了许多机关枪。
>
> 15 点 45 分：收到消息，敌人正以强大的力量镇守威廉阵地。要进行推进，火炮支援是必不可少的。
>
> 16 点整：团部再次致电预备役旅，请求火炮开火，否则

> 攻击是不可能的，因为毫无疑问，威廉阵地已由英国人掌控。
>
> 17点30分：报告说，威廉阵地确定被敌人牢牢占据，敌人正在那里露天作业，完全没有受到任何火力攻击。编队仍然混乱。火炮的穿透效果是进攻成功的先决条件。我们急需担架员。[23]

9月20日显然不同于7月31日或8月16日。这一次，英国军队不会拉得过开，也不会脆弱无力，不给德军迅速果断反击创造条件。现在他们已经做好了准备：堑壕挖掘完毕，火炮支援到位。

黑格在英军总部关注事件进展时非常高兴。他在日记中写道：“所有报告都表明，敌人的损失非常严重，大约有2万人。”[24]虽然英国的损失也很可观，但似乎给人一种取得了标志性胜利的印象。除了在舒勒农场和陶尔哈姆莱茨周围的少数几个地方，第2和第5集团军都夺取了他们的目标（包括斗篷林、格伦科塞树林和威廉防线的大部分地段）。关键的是，他们守住了这些地方，并且对反应师造成了巨大的破坏。这当然不是一场轻松的战役，但他们不可阻挡、意志顽强，一寸一寸在高地上前进。事实上，普卢默将军似乎完成了不可能完成的事情：扭转了在8月底面临的战术困境。这一次，反应师进军得越远，他们就变得越混乱，面临的阻 184
力就越大。普卢默完全推翻了著名的纵深防御战术。

“梅嫩路战役。英国的巨大成功，林地守住了。”《泰晤士报》在9月21日星期五上午报道，“我们的部队昨天在伊普尔以东的一条横穿伊普尔—梅嫩公路的 8 英里（约 12.9 千米）前线上取得了巨大成功，夺取得了具有重大军事意义的阵地，令敌人伤亡惨重，俘虏 2 000 多人。”[25]接下来的几天又给出了更多细节。9 月 22 日，《泰晤士报》详细报道了参战部队的数量和种类：格伦科塞树林的澳大利亚部队；斗篷林的北郡团；万皮尔农场和博里农场的苏格兰和南非部队；伊比利亚农场（Iberian Farm）的西兰开夏郡地方自卫队士兵。此外，有充分证据表明英军已经取得了重要的成功。德国战俘谈到了“我方火炮火力的压倒性特质和步兵推进之高明”，而且，据“特约记者”报道，整个进攻“和梅西讷的辉煌胜利一样准备充分，而在这场战争的所有行动中，二者最为相似”。[26]

在战役结束的几个小时内，英军总部的参谋人员正在分析从这场战役中可以吸取什么经验。“最后 3 天的战斗比预期的更为激烈，”查特斯在 9 月 23 日写道，“我们准确预测到了德军采用的战术：他们不会尝试支援前线，但会组织严密的近距离反攻”。他估计德国军队对第 5 和第 2 集团军分别发动了 11 次反攻，除了一次其余都被击退。[27]在卡塞勒，第 2 集团军迅速发表了一套作战评论。尽管有很多值得鼓励的地方，包括徐进弹幕的速度（“很合适”），为引导步兵布置的标志带和“充分准备的路径”具有“重大价值”，使用信号弹向经过的飞机发出信号等，但普卢默的参谋长蒂姆·哈林顿还是强调需要更好的训练。“这一点越来越明显，
185 即必须更加重视开阔地带的作战训练，激发初级军士和列兵的主动性和领导力，这在军官们伤亡时会显得非常必要。”[28]

除了战斗中出现的战术问题外，还有一个更大的问题，即普

卢默的方法是否奏效。梅嫩路战役是自7月31日以来战斗应如何进行的一个范例吗？这是否证明了第2集团军“循序渐进”的方式比高夫在更广泛的前线上更具野心的进攻略胜一筹？普卢默肯定得到了许多赞誉，而高夫在这些方面是遭到否定的。历史学家们一直以来普遍认为，普卢默那种有限的、重火炮的方法，是应对突出部恶劣条件的唯一可行的战术对策。[29]然而，怀疑不时地浮现出来。历史学家罗宾·普赖尔和特雷弗·威尔逊认为，梅嫩路战役并不像其支持者所宣称的那样是空前的成功，而是“一次逆境中的胜利”。他们认为普卢默的方法只能以过高的伤亡代价获得有限的土地。在梅嫩路战役中，有2.1万人伤亡，获得的土地面积仅略超过5平方英里（约13平方千米），即每平方英里伤亡3 800人，与敌人的损失大致相当。对比7月31日的结果，梅嫩路战役的代价似乎高得出奇。例如，根据普赖尔和威尔逊的说法，高夫备受非议的开局进攻夺得了18平方英里（约47平方千米）的土地，每平方英里约有1 500人伤亡。[30]这还不到普卢默9月20日的一半——那么情况究竟如何？

高夫的维护者们一直认为，他7月31日的主攻从未得到应有的承认。据高夫传记的作者说，第5集团军“在地面和防御工事上的战斗和推进能力不亚于山岭上的情况”，况且他们火炮更少，战线更广。[31]此外，高夫的攻击提供了进一步发展和突破的可能性，而普卢默的行动方式却不允许这种可能性存在。因为普卢默的目标服从于火炮的覆盖范围，所以无论形势多么有利，都不可能修改或变更计划。普赖尔和威尔逊根据这些思路辩称，之所以普卢默的行动被认为更成功，只是基于他们行动的背景："人们对高夫在 7 月 31 日取得战果的评判，不是基于一场有限的推进（这
186 正是高夫所尝试的），而是出于对在比利时海岸取得突破抱有的宏大期望（由黑格引发）。相反的是，普卢默的行动没有承载这样的期望。"因此，梅嫩路战役并不是第 2 集团军宣称的那种完美无缺的胜利。[32]

然而，梅嫩路战役还有更多的意义，并不只是统计学上冷冰冰的数据。7 月 31 日的攻击或许比 9 月 20 日取得了更多的土地，但其中大部分在攻击开始之前就已被德军放弃，这与他们纵深防御的理论是一致的。与此相反，9 月下旬普卢默的士兵进军的战场，是德军非常想争夺的土地，他们损失不起。另外，德国反攻师的全面进攻未能削弱普卢默的进攻，这令德军惊惶不安。7 月 31 日，德军曾重新夺回英军最重要的战果，但在 9 月 20 日却未能再次实现，德军防守战术不再奏效，这极需关注。事实上，德军对梅嫩路战役中军事活动的反应比 7 月 31 日更为敏锐和焦虑。那时，德军轻松对付了高夫的进攻，德军因各团的战斗表现和防御策略取得的成就而沉浸在自豪感当中。相反，9 月 20 日没有这种愉悦感，只有阴郁、忧虑的焦灼。[33]因为不管德军指挥官承认与否，他们都畏惧普卢默将军。

梅嫩路战役带来的震惊在德国最高统帅部内产生了突如其来的焦虑感。虽然第 4 集团军的报告掩饰了战斗的结果，坚称一切都很好，但鲁普雷希特王储却不是那么确定。"我们犯了过去的错误，一次又一次低估敌人的实力。"当消息传来，他愤怒地写道。

他承认，他和其他人一样应该受到责备（“这次我也以为，由于
英军的巨大损失，他们再也无法在佛兰德斯重启大型战役”），他
完全被新攻势的准备工作所欺骗。他沮丧地总结说：“对敌人的意
图不确定，还要依赖基于此得出的对策，正是防御的主要缺点之
一。”他的参谋长冯·库尔将军（也犯了同样的错误）在克罗伊茨 187
纳赫的德国最高统帅部参加会议，当他回来的时候，也找不出办
法安抚大家的情绪。集团军群迫切需要替换马匹，但没有一匹可
以提供。他们的燕麦配给也增加不了。他们还收到警告，说应该
在汽油消耗方面实行“极端节约”——而且这些限制很可能会一直
持续到春天。“恐怕我们离和平还很远，”鲁普雷希特在那天晚上
有些绝望地写道。[34]

9月22日，德军在陶尔哈姆莱茨周围进行了一系列进一步的反攻，但未能摧毁英军的战果。库尔命令第4集团军紧急审查其防御战术。据观察，英国人现在重点不在前线的炮火，而在对战斗区域后方预备队行动的干预——似乎是在应对反应师现在的重要地位。此外，缴获的文件显示，英军正在采取新的攻击方法。在每个旅中，3个营将“以同样强度的攻击波”前进，而第4个营作为后备队，如果情况允许，将向前跃进。然后，他们会挖掘堑壕，用一层层深入部署的机枪守住前线，其间一直有持续、强大的弹幕做掩护。这样一来，虽然可能没有实现突破，但英军仍然可以确保取得有限的阵地。针对此，库尔提出了3项主要建议：首先，必须加强德军火炮；第二，“频繁尝试进攻”（主要是强有力的突袭），迫使英国人以更强的兵力据守他们的前线，并挑

衅他们采取不明智的行动；最后，反应师应该对敌人的渗透进行“加速”反击。[35]

在所有本应对梅嫩路印象深刻的人当中，劳合·乔治仍然无动于衷，这不免令人感到奇怪。在他看来，这些都是老生常谈，还把来自英军总部的任何消息都看作肮脏和腐败的。9 月 24 日上午，劳合·乔治在伦敦讨论了中东的战事，埃德蒙·艾伦比将军正准备在加沙对土耳其人发动重大攻势。之后，劳合·乔治穿过英吉利海
188 峡，前往西线。[36]当他到达时，发现英军总部的氛围是“不容置疑的兴奋”。黑格“容光焕发”，查特斯“洋溢着胜利的喜悦”，而基格尔“有一种沉默的匠人气息，他在工作室中潜心研究设计出的计划效果很好”。劳合·乔治听厌了他们抓获的俘虏“意志明显消沉”的说辞，他向黑格提出想亲眼看看。他最终见到了“杂草般的一大群德国人”，按理说似乎可以确信了，不过他后来声称英军总部在他到达之前特别下令转移了所有“四肢健全的战俘”。[37]

根据莫里斯·汉基的说法，劳合·乔治在 9 月下旬对英军总部的访问实际上是他最后一次介入并制止战斗的机会。但是，由于他遇到了“一贯的乐观主义，而计划稳步持续地执行又强化了这种乐观主义”。他声称，几乎没有正当理由制止进攻。其中一个问题是，战时办公室的新闻往往是正面的，而“能够使官方报告更明晰的非官方信息，其传达通常会有相当大的滞后性”。这意味着当劳合·乔治听到相互矛盾的谣言时，事情已经在继续发展了。[38]从他的角度来看，不走运的是，他造访英军总部的时候恰逢英国人取得了梅西讷战役以来的最大成功，这大大消除了首相无趣的怀疑主义。无论

劳合·乔治有多少唠叨或抱怨，黑格都不会停止进攻，这一点很清楚，除非直接命令他停止。因此，如果劳合·乔治要重新控制英国的战争运筹，那么他需要迎难而上，越勇敢越好。

劳合·乔治从蒙特勒伊出发前往巴黎，讨论一个在国际形势下似乎是充满希望的亮点。9月19日，英国政府收到驻西班牙大使阿瑟·哈丁爵士（Sir Arthur Hardinge）的电报，这似乎为戏剧性的事态发展提供了诱人的希望。“国务部长说，他通过一位西班牙外交代表获悉，德国政府很乐意就和平问题与我们进行沟通。”这种试探来自德国的一位“非常尊贵的人物”，显然，这是为了判 189
断英国政府是否愿意听取和平建议。[39]这是德国新任外交大臣理查德·冯·居尔曼（Richard von Kühlmann）提出的一项建议，他被授权研究英国是否会就光复比利时问题进行谈判。作为交换条件，德国要求自由处理俄国事务，且英国归还战争初期占领的德属非洲殖民地。

对英国来说，问题在于与德国达成妥协和平究竟是否可能或可取。战时内阁不确定该采取什么样的方式，英国在某些方面可以同意放弃俄国，让其屈从于自己的命运，但这样做对其他盟友可能产生不良影响，这令英国持谨慎态度。最终，所谓的“居尔曼和平风筝”没有任何结果。黑格和罗伯逊除了继续战斗之外，反对做任何事情，劳合·乔治在国内陷入使自己“致命一击”的豪言壮语中，无力探索该如何从这场屠杀中脱身。9月27日，在首相从法国返回后不久举行的战时内阁会议上，各方同意必须征求英国盟友的意见，10月6日，外交部通知了驻伦敦的有关大使。

正如人们可能担心的那样，他们的反应很冷淡。协商一致认为，应立即排除单独实现和平的可能性。此外，任何形式的“圆桌讨论”只有在“协约国奋斗的主要目标已经夺取之后”才能进行。[40] 3天后，冯·居尔曼认识到不可能分裂协约国，便提醒帝国议会，德国永远不会放弃其在西部——主要是阿尔萨斯—洛林的领土要求，这使得谈判和平的任何可能性化为乌有。[41]

“居尔曼和平照会”的失败意味着西边的战争将持续到来年。在突出部的上空，英国和德国战斗机为了争夺制空权发生了大规模的混战。没有任何援军，也没有任何期待。9月23日，来自第10战斗机中队的德国神人维尔纳·沃斯（Werner Voss，击落47架飞机）被亚瑟·里斯·戴维斯（Arthur Rhys Davids）中尉击毙，这成为这场战争中最著名的空中决斗之一。沃斯遭到詹姆斯·麦克古
190 登率领的第56中队6架SE5组成的巡逻队的伏击。正如麦克古登回忆的那样：“这架三翼飞机还在6架侦察机中间盘旋，只要有机会，6架侦察机都在向它开火。每架飞机都有两挺枪，我一度注意到至少5架飞机同时发射曳光子弹[*]，形成一个圆锥，那架三翼飞机就在锥体的顶端。”因为选择了坚持战斗（沃斯本可以加速撤退），他表现出非凡的献身精神和勇猛气概，甚至一种蛮勇，但一旦他选择了，结果就不可避免。经过大约10分钟狂乱的空战（大部分SE5都遭到弹击毁坏），沃斯的飞机被击中，然后俯冲而下撞到地面，摔“成上千碎片”。[42]

---

* tracer bullet，因填装有曳光药剂，弹头飞行时会发亮，在夜间或光源不足时显现出清晰的弹道轨迹。——编者

1917 年 9 月 23 日，从斯特灵城堡（梅嫩路以南的一个据点）看到的景象，显示出一片弹坑海洋中废弃的坦克。远处是 7 月 31 日经过激烈战斗的避护林

在地面，英军在为普卢默将军的第二步做准备，不敢浪费一点时间。同以往的所有重大攻势一样，他们需要艰巨的计划和后勤运筹来修建新的道路和轨道，以便继续推进。幸运的是，天气好转，天空晴朗，伴随着呛人的灰尘，这意味着第 2 集团军的工程师和先锋部队以及劳工和司机能够开始工作。在第 1 澳新军团中，每一个有空的人——2 兵连、野战连和预备队——都被“用来推进道路、电车轨、骡道、垫路踏板和供水系统的建设”。据总工程师说：

我们正在经过的乡村是一片弹坑的海洋，弹坑里充满了山

> 谷中的水。因此，我们的道路在穿越山谷时是浮着的。我们用柴捆、篱笆等打下基础，然后铺上铺板。战区原来的乡村公路大多数已经完全消失了，但原则上，我们尝试沿着这些路线走，有些弹坑里能发现一些筑路碎石。就地面的坚固性而言，当地人在修路时一定选择了最好的路线。一般来说，我们的前方道路更多地必须用像这样的铺板建成，这意味着得加快作业，而且我们无法获得足够的碎石用于铺设碎石路。[43]

他们是在间歇的炮火中完成这一切的，炮火有时会很猛烈。当月，第 1 澳新军团的施工队至少伤亡 550 人。这项工作是致命的，但至关重要，流汗可以避免流血。

第十一章

“重大的战争”

任何地方都没有一丝遮盖物，也没有一棵树或任何种类的掩体。只有泥浆和死亡。 191

——斯坦利·罗伯茨[①]

1917年9月26日—10月3日

梅嫩路战役后，黑格急于尽快再次出击。他在9月21日写道：“鉴于我们的气象专家认为好天气可能持续一周，最可取的做法是充分利用这种好天气，以及我们目前取得的相对于敌军飞机和火炮的优势。”[②]黑格已与普卢默将军商定，第2集团军将再次进攻，让第1澳新军团占领波勒冈树林和宗讷贝克的全部地区，同时其侧翼部队继续沿直线前进。如果成功的话，随后第三步就可以朝着布鲁德塞安德的主岭和格拉文斯塔夫支脉前进。[③]黑格决心不管发生什么事情都继续前进。他在9月23日指出：“我的计划是尽可能大力推进伊普尔攻势。”还有很多机会。[④]

普卢默的第二步——波勒冈树林之战，于9月26日上午5点50分开始。这一战的准备和普卢默负责的其他战役一样复杂，结果也差不多。两个澳大利亚师——第4师和第5师，将再次承担主攻，向宗讷贝克以南的第一佛兰德斯防线推进约1 200码（约1.1千米），同时扫清前线这一段的主要障碍：波勒冈树林。辛克莱·亨特（Sinclair Hunt）中尉之前是新南威尔士州克罗伊登市（Croydon）的一名教师，他现在是第55营（第5师）的一员，
192 在进攻的前一天晚上随该营向前线移动。他们沉默不语地跟着一群向导，向导把他们要走的路线用标志带标出，一直到位于波勒冈树林的西南端的进发点。这里曾经是一片欣欣向荣的新树林，现在“完全没有任何生命的迹象”。即使是绿色的树苗也无法在这样一个定期被猛烈火力扫荡的地方生存。亨特回忆道：“整条路看起来像一片由烧焦破碎的三四英尺高（1米左右）树桩组成的森林。”每隔一段时间，德国阵地就会“嗖”地喷出一枚信号弹，致使他们不得不蹲下来，一动不动，“这样德国佬就不知道发生了什么”。[5]

一旦就位，伏在弹坑或弹洞中，他们便等待着进攻的时刻。德国守军似乎预感到即将发生什么。信号弹“以不寻常的频率”发射，而且很快就有炮弹朝着亨特所在的战区落下来，造成了一些伤亡，但幸运的是，大多数攻击都没有命中。时间嘀嗒嘀嗒地消逝。

大雾弥漫，我们只能透过雾朦胧地看到德国佬的信号弹。

波勒冈树林鸟瞰图，摄于 1917 年 9 月 5 日。到 9 月 26 日被澳大利亚士兵占领时，已不见树林，只剩下“烧焦破碎的三四英尺高树桩……完全没有任何生命的迹象”

> 还有10分钟，一个个士兵从这里或那里起身，拉紧腰带或伸展蜷缩的四肢。还有3分钟，雾更浓了，当他们悄悄地固定刺刀准备进军时，一部分人变得非常不安。背后的一声炮响盖过了其他声音，突然间整个大地似乎爆炸了，成为一个翻滚沸腾咆哮的喷发中心，就像被女巫的魔杖触了一下，从地面上冒出一大群士兵，像排成列的小蠕虫一样——每一个都扭着身子朝前方一条闪烁着呐喊着翻滚着的战线进发，那是一条尘土、炮火和烟雾构成的战线。

过了75码（约69米）后，他们看到了第一批德国人，只是些“被弹幕吞噬了的”尸体。过了100码（约91米）后，他们遇到了“一个排的德国佬，他们惊慌失措”，双手举在空中朝他们跑来。他们很快就到达了波勒冈树林远端的大土丘［“孤山”（the Butte），比利时军队曾经用它来训练火枪射击］，肃清了一个防空洞，然后重组各排以进行下一阶段的进攻。

查尔斯·比恩后来将9月26日的火炮弹幕称为“有史以来
193 最完美的一次对澳大利亚军队的掩护”。它在他们面前轰然爆发，“就像一场吉普斯兰（Gippsland）森林大火”。[6]随着火炮弹幕准时到达第二个目标，亨特和他的士兵尽可能地紧跟在后面（“伙计们寸步不离”）。偶尔会有几发过近的炮弹（其中一发差点击中亨特，没有爆炸），但这些并没有削弱士兵们近敌的迫切心情。“在一个碉堡最终被一发炮弹击中前，它的周围挤满了‘澳洲兵’，他们争先恐后到处寻找可以投掷炸弹的‘烟道’或通风口。德国佬在大多数情况下不希望被劝降，但这回只呼叫了一声，他们就举着手跑出来，丝毫没有要战斗的迹象。事实上，我们在大多数碉堡里发现的来复枪，连刺刀都没有固定。”亨特对他们的成就感到振奋。他自豪地说：“这是我们所经历过的最周密的一次进军。火炮弹幕非常完美，我们紧跟其后，只需要走进阵地，开挖堑壕。”⑦

在左侧，澳大利亚第 4 师向摩勒纳雷斯特胡克（Molenaarelsthoek）的第一佛兰德斯防线推进，取得了良好进展。一份事后报告记录：“弹幕在约定时间清晨 5 点 50 分落下，3 分钟后，我们的部队开始在弹幕下向前紧密推进。在所有部队都走过我方的前线堑

3

在波勒冈树林战役中，西约克郡团的士兵在圣朱利安—格拉文斯塔夫公路边攻克的德军碉堡中

壕后，我们调整了攻击波间的距离。”虽然早晨雾蒙蒙的，能见度很低，军官们不得不依靠罗盘来保持方向，但猛烈的轰炸扫清了面前的一切。第 49 营的指挥官哈罗德·保罗（Harold Paul）中校说：“弹幕的密集度和威力极大地削弱了敌人的士气，他们的绝望恐慌和投降意愿就是明证。在个别情况下，敌方狙击手确实使用了来复枪，但这些狙击手很快被处理掉了。”[⑧]上午 7 点 15 分，第 16 营到达第一个目标（红线），不到 1 小时，“跃进”部队到达蓝线，德国士兵“大量投降”。[⑨]

更多问题出现在侧翼，那里的弹幕密度较低，地面更难穿越。

1917 年 9 月 26 日在波勒冈树林战役中被俘的德军士兵。面对镜头的士兵展示了经典的“千码凝视”，这是经过重创的人所共有的表情

在北部，第 5 军实现了大部分目标，但未能到达 40 号山。这是宗讷贝克以北的一个德军阵地，仍然掌握在敌人手中。进攻基本上是按计划进行的，但是步兵被宗讷贝克溪挡住了，之后便失去了与徐进弹幕的联系，因此遭到了机枪火力阻击，进攻在距离最终 194
目标约 600 码（约 549 米）处被迫停止。[10]对于南部侧翼的第 10 军，情况更不稳定，部分原因是前一天德军发动了一次严重的破坏攻击。待到决定性进攻打响时，第 33 师已经有大约 5 000 人伤亡，连续战斗超过 24 小时。该师匆忙重组，补充预备役旅（第 19 旅）来加强攻击波。当天上午该师向前推进时“遭受了极端的痛苦”。[11]幸运的是，澳大利亚第 15 旅帮助重新建立了战线，并推进到波勒冈树林的远端目标。这片破碎林地中的战斗叫人苦不堪言，令人难以置信。

正是在这里有两个人赢得了维多利亚十字勋章：杰克·德怀尔（Jack Dwyer）中士（第 4 澳大利亚机枪连）和二等兵帕特里克·约瑟夫·布格登（Patrick Joseph Bugden，第 31 营）。德怀尔负责一个维克斯机枪小组，他在 9 月 26 日和 27 日整整两天领导了对阵地的防御。他对危险浑然不觉，从一个弹坑移动到另一个弹坑，敌人从林地的断根残枝中发起不计其数的反攻，他指挥机枪火力对抗，表现出非凡的勇气，更不用说难得一见的运气了。有一次，他的机枪被炮弹击中而毁坏，于是他召集小组成员穿过敌人的弹幕，以便调用后备枪。“帕迪”*·布格登表现出了同样的勇敢，可惜

---

* 爱尔兰人名昵称。——译者

没有那么走运。他到无人区去救助伤员至少 5 次，但最后一次被一枚炮弹碎片重伤，死时年仅 20 岁。[12]

陶尔哈姆莱茨的堡垒周围爆发了更激烈的斗争。陶尔哈姆莱茨是德军在佛兰德斯南翼的固定阵地，已经抵抗了多次袭击。第 39 师部署在梅嫩路以南约 1 000 码（约 0.9 千米）处，“越过堑壕”后取得了“快速进展”。虽然该师的右半翼由于地面条件差而被耽搁，但其他地方的进攻步兵按时占领了目标。一份事后报告指出：“在陶尔哈姆莱茨岭西侧斜坡上遇到了敌人的抵抗，但很快就处
195 理掉了。我方部队穿过陶尔哈姆莱茨并越过附近的高地，伤亡很少，我们按照预定时间夺取了德军各旅前线的目标。”右边是沼泽地带，加上南部德军在据点的连续火力阻击［最著名的是被称为“方形要塞”（Quadrilateral）的德军阵地］，致使进展停滞——必须在某些地方撤退，形成一个防御侧翼。尽管如此，第 39 师稳稳地控制着高地，即使是德军集中的炮击和两次单独的反攻也没有击退它。其中德军第二次反攻在晚上 7 点前不久发动，被“火炮加机枪火力联合镇压下去”。[13]

战斗的第二阶段，德军反应师试图发起反攻，这与 9 月 20 日的事件惊人地相似。一天的大部分时间里，英国飞机都一直在战场上搜寻目标，对敌人进行扫射和轰炸，同时也在留意暴露的德军火炮。不过，它们最重要的贡献是在下午早些时候开始注意到德军部队向前移动的迹象：一列列步兵、卡车和马匹使赞德福德东南的道路水泄不通。于是，德军可能的集结区、十字路口和交通枢纽遭到重炮射击。[14]当时有 3 个编队奉命前进：第 17 师在南

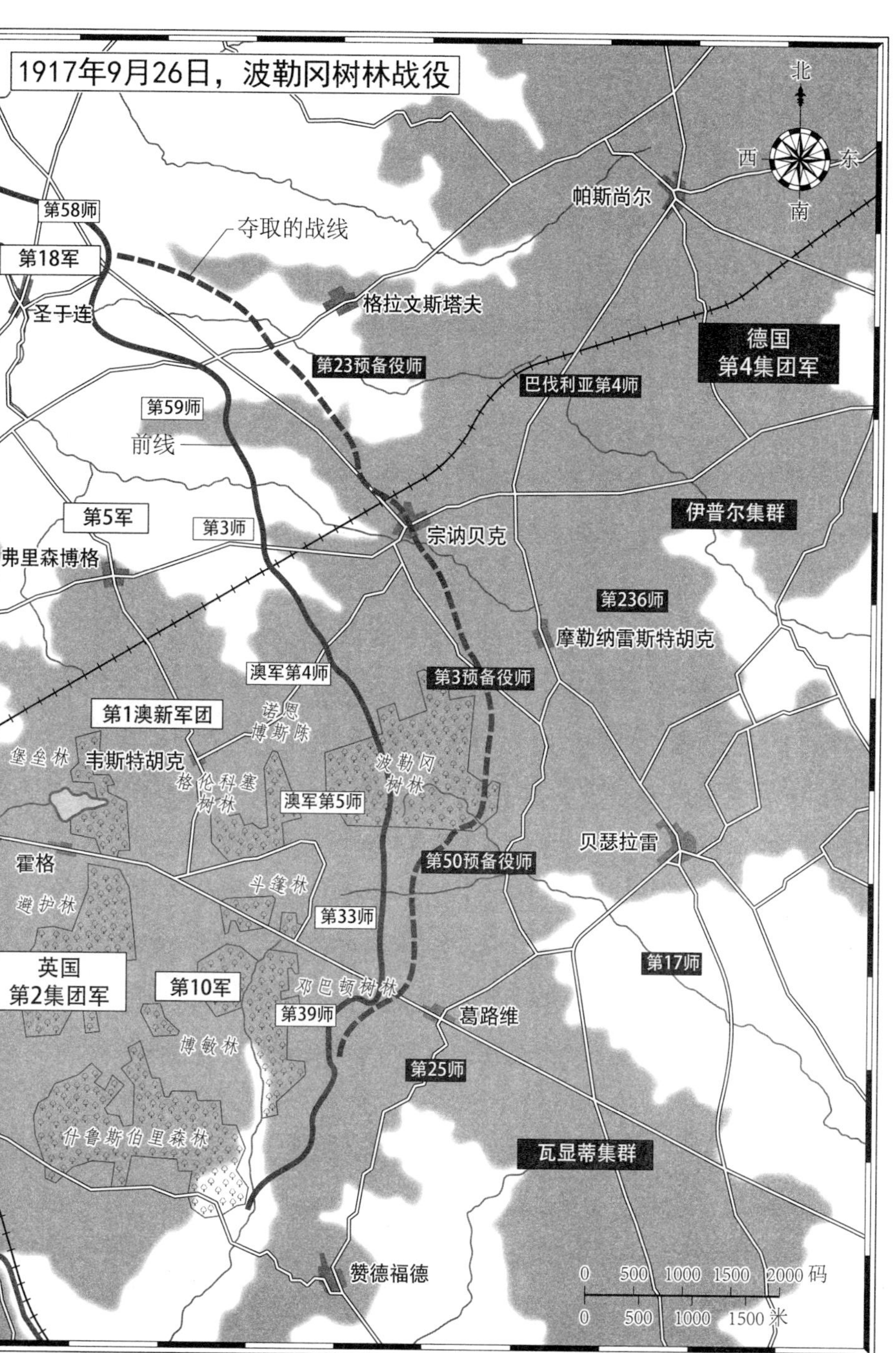
1917年9月26日，波勒冈树林战役
北
西
东
南
帕斯尚尔
第58师
夺取的战线
第18军
圣于连
格拉文斯塔夫
德国
第4集团军
第23预备役师
巴伐利亚第4师
第59师
前线
第5军
第3师
宗讷贝克
伊普尔集群
弗里森博格
第236师
摩勒纳雷斯特胡克
澳军第4师
第3预备役师
第1澳新军团
诺恩
博斯陈
堡垒林
韦斯特胡克
波勒冈
树林
格伦科塞
树林
澳军第5师
贝瑟拉雷
霍格
第50预备役师
斗篷林
避护林
第33师
第17师
英国
第2集团军
第10军
邓巴顿树林
第39师
葛路维
博敏林
第25师
什鲁斯伯里森林
瓦显蒂集群
赞德福德
0 500 1000 1500 2000 码
0 500 1000 1500 米

部战区迎战第10军；第236师对抗第1澳新军团；第4巴伐利亚师沿着第5军的前线排布。[15]

卡斯帕里（Caspari）上尉（第75步兵团第2营）在第17师，奉命前往波勒冈树林以南进行突破。上午10时30分，他们收到新一轮进攻的消息，立即奉命前往，但由于炮击猛烈，他们只能“迂回而痛苦地”选择前进道路。通信中断，直到下午1点才进入集结位置，准备前进。他们的前进可谓一场噩梦：

> 到处都是高爆弹的爆炸和烟幕弹的扩散，使得能见度降低，呼吸困难，眼睛刺痛。不可能遵循既定路线，也不可能保
> 197 持个人或队伍之间的适当距离。指挥官们只是带领士兵跌跌撞撞地向西行进，穿过轰鸣的灰黑色弹幕墙，弹幕墙不时闪烁火光。我们小心翼翼地留意着火力最密集的地方，试图通过火力较弱的地点，绕过通信不畅的火炮阵地、沼泽和树篱，寻找能够跨越涨水的小溪的地方。

令人难以置信的是，卡斯帕里的士兵设法靠近了波尔德霍克城堡周围的英国阵地，但发现所有的进入路径都处于机关枪和迫击炮的射程下。无论他们是试图单独推进还是集体推进，都被击倒了。他痛苦地说：“这已超出了人类的承受范围。”[16]

其他部队的情况也差不多。第459步兵团（第236师）于12点55分受命前进，但与澳大利亚士兵的对抗没有什么进展。步兵们手握来复枪匍匐前进，每人提着两个装满手榴弹的沙

袋，但遭到重炮和机关枪的阻击，这使推进迅速停滞下来。他们勇敢地继续向前，脸上“满是灰尘和汗水”，太阳在天上熊熊燃烧着：

> 要是能见度不那么好、地形不那么宽阔平坦就好了，英国人就不至于对数英里外的一切一览无遗！在这片动荡的土地上，前进的速度越来越慢。但是每个人都在咬紧牙关。因为解救前面四面楚歌的兄弟们是非常关键的。到目前为止，先遣队的损失一般，但是现在他们已经到达布鲁德塞安德的高度，敌人在我们的步兵面前设置了最后一道火力防线。所以反攻已遭察觉。由泥土、金属碎片和碎石组成的房屋大小的喷泉到处迸发，仿佛无形的巨大拳头在重击，无情地击打着一切。每个还没有被击中的人都在可怕的火力墙中寻找缺口，因为呼吸困难和极度恐慌而近乎精神失常。[17]

第459步兵团的进攻和其他步兵团一样失败了。他们在几小时内
损失了550人。同样，巴伐利亚部队的最后一次反攻也被野蛮地
击退。据第5军的记录，“敌人在进攻中似乎受到了我军炮火的严 198
重打击，组织混乱，在露天地带遭到我军刺刀的攻击，很容易就
被驱散了”。[18]

波勒冈树林大获成功，英军又前进了1 200码（约1.1千米），但伤亡人数开始上升。9月26日，第5集团军和第2集团军共伤亡15 375人。这比梅嫩路战役少了约25%，但由于伤亡发生在

明显更短的前沿地带［8 500 码（约 7.8 千米），对比 9 月 20 日的 14 500 码（约 13.3 千米）］和数量更少的师之内（7:11），因此从比例上看，伤亡更重。[19]波勒冈树林的进攻师每平方英里（约每 2.6 平方千米）地面伤亡约为 4 400 人，比梅嫩路高出约 15%。[20]这不仅说明后续每走“一步”的收益将不断缩小，而且还说明了德军作战部队仍然那么高效。此外，与敌人反火炮火力的战斗难以为继。德军的炮击在整个下午给英军持续造成损失。林肯郡团第 5 营二线部队（第 59 师）的情况证明了轰炸的密集程度。那天早上，他们进攻了维尔彻—格拉文斯塔夫公路上的一排据点。德军表现出“很弱的战斗力”，先头部队一包围他们的阵地，他们就成群结队地投降。然而，林肯郡团刚一夺得最终目标，就遭到猛烈持续的轰炸，特别是在夺取的碉堡周围，这些碉堡“遭到粗暴的对付”。当他们从战斗中撤出时，该营记录，总兵力为 21 名军官和 563 名士兵中，只有 10 名军官和 275 名士兵能够继续执行任务，伤亡率超过 51%。[21]

爱德华·坦纳（Edward Tanner）是伍斯特郡团第 2 营（第 33 师）的一名牧师，他 9 月 26 日正在梅嫩路的一个包扎所，他描述了那些身心受伤的人被带进来时令人心碎的情景：

> 一整天，伤员源源不断地进出救援站，地板上是一大堆肢体残缺、痛苦扭动着的人。这看起来非常可怕，我只能说
> 199 我太庆幸自己的注意力能转移到其他事情上了。那天下午，
> 我记下了看到的情况。地板上的铺位挤满了我们所遇到的伤

势最严重的伤员。国王皇家来复枪团的一个19岁的年轻人脸被撕裂，沾满了血迹。他能说的全部话就是“开枪打我，医生。请开枪。开枪打我”。他离开救援站不久就死去了。门里面有一个人手腕骨折，动脉被刺透了。血涌向地面，必须使用止血带。两个坐着的伤员伏在门边的长椅上。这两个人前一天都吓得不敢下担架，而现在我们不能送他们上担架了，因为其他人的伤情要紧急得多。另一个年轻的国王皇家来复枪团士兵平躺着，身体的一边完全被炮弹碎片撕裂了。他的短上衣被扫射得所剩无几。还有一个人躺在门廊不省人事，一颗子弹击穿了他的大脑。

对于坦纳来说，最难处理的伤员是那些在战场上失去理智并遭受“炮弹休克”的人。他们显示出一系列不同的症状：一个高地团士兵“完全精神错乱了——他大声叫喊最离谱的胡话，甩动着手臂和腿”；一个年纪太大不能服现役的士兵“整天在门口浑身发抖”；还有两个年轻士兵，“每次炮弹飞过，都浑身发抖，畏缩不前”。[22]这是普卢默进军的代价：残破的身体和垮塌的心智。

进攻者可能遭受了重大损失，但波勒冈树林对防御者而言也绝不好过。事实上，普卢默方法的成功在第4集团军指挥部引起了更多的焦虑。德军反攻已经发动，但收复的土地很少，伤亡一如既往地惨重。9月11—30日，德国损失了3.85多万人，其中9 700人被列为失踪（许多人无疑被俘）。[23]一些团受到的打击尤为严重。第229预备役步兵团在梅嫩路以北作战的历史记录表

200 明，他们在波勒冈树林经历了战争期间最激烈的战斗。9月19—28日，43名军官和1 109名士官及士兵了阵亡，1 000多人受伤。[24]巴伐利亚第4师的两个团在宗讷贝克附近进行反击，情况也同样糟糕，一天之内损失了40名军官和1 300名亡兵，却什么收获都没有。[25]

一些部队的士气似乎正在逐步崩溃。第3和第50预备役师在与澳大利亚士兵的对战中遭受了重大损失，前者在战斗前发生了多起逃兵事件。9月26日，德军一个排集体投降，而另一个连拒绝进入前线（协约国军队情报部门估计，这可能是由于其中有很高比例的乡土突击队[*]和受压迫的波兰部队）。[26]阿尔布雷希特·冯·特尔在瓦显蒂集群的掩体里观察战斗时悲痛欲绝。他在9月28日的日记中写道："我们正在经历一段暗无天日的时期。"研究着来自战场的报告，俯身看着十几幅地图，他才开始认识到普卢默的进攻是多么有效，而他们的反应是多么有限。他的叙述最清楚、最有力地描述了"咬住不放"战术对那些被派去迎战的德国指挥官而言是什么样子：

> 我再也不知道应该对英国人采取什么措施了。他们给自己设定了一个相当有限的攻击目标：虽然跨越了前线相当广大的区域，但前进深度仅为500—1 000米。在这片区域的前面，在我们的阵地深处，英军燃起一场毁灭性的大火，任何生物

* 德文为landstrum，德国民兵部队，由被用于本地防御的下等军队组成。——编者

> 都无法在这场大火中存活。在这场大火的保护下，他们没有遭受很大损失，只是进入一片尸横遍野的战场，并迅速在那里安顿下来。而我们的反攻部队必须首先穿过快速的火力攻击波，接着会在那后面遇到一个固定的机枪方阵，如此，我军必将溃不成军。过去几天我们遭受了最痛苦的兵员损失。前天一大早，我们的一个师遭到严重袭击，我立即从后方命令一个新的师进行反击，提供接防。在可怕的火力中前进时，该师 201
> 失去了许多兵员，不久后它便寸步难行。当然，英国人也遭受了损失，但在这个过程中损失的可能不多。这是一场主打火炮的战斗。英国人有 3 倍于我们的火炮和 6 倍于我们的弹药。于是我们可爱的士兵一个接一个地倒下了。人们总是在想：如果我们从一开始就在前线部署更多的士兵，那这些士兵显然还是会被消灭。但依照我们目前的做法，从后方调预备队精兵到薄弱的前线，也将不再奏效。[27]

特尔只得祈祷出现“创造性的好想法”，正如他所说，既然英国人已经放弃了他们著名的渗透策略，那么任何能帮助德军应付当前形势的想法都可以考虑。他认为，唯一的希望是大量使用坦克，但德国军队没有。“罗斯伯格也不知道该怎么办，”他哀叹道，“鲁登道夫明天早上会来，他想和我们谈谈，但他也不知道还有什么万全之策”。[28]

鲁登道夫在最高统帅部负责统筹全局，他可能没有特尔那样拘谨，但他也不知道应该如何回应普卢默的战术。9 月 30 日，他

1917 年 9 月 27 日，一群德军士兵在陶尔哈姆莱茨支脉被俘后，穿过伊普尔的废墟。波勒冈树林之战是普卢默迈出的第二“步”，再次说明了“咬住不放”的有效性

向总参谋部报告说，“最近英军的进攻，包括炮击、烟雾和机关枪攻击，对我方集结在相对狭窄战线上的大量部队来说几乎是不可抵挡的”。[29]他对这些新的事态发展感到非常担心，因此返回比利时与高级军官会晤，讨论可以做些什么。他写道：“无论如何，我方防守战术必须进一步提高。我们就这一点达成了共识。”

> 唯一的问题是，找到正确的补救办法非常困难。我们只能小心翼翼地实验。前线军官的建议倾向于以前的战术，也就是只稍稍加强我方前线，并且放弃用反攻师进行反攻，取而代之的是当地部队就地进行反攻。在敌人进攻开始之前，这些当地部队的反攻要紧跟上前，且分布到广阔的前线上。因此，前

> 线的防守要再密集一些，才能获得力量，同时整个战场要比以往更具深度。[30]

然而，为了使这种做法奏效，德国最高统帅部需要提供更多的兵 202
员，即在每一个前线师之后都有另一个师，鲁登道夫称之为“前所未闻的部队支出”。大家一致认为要加强前线防守的部队，将支援和预备役部队调得更近，以便他们能够更快地进行干预，并在前线部署更多的机枪，试图将一切进攻都粉碎在初期阶段。[31]德军还安排在 10 月 4 日上午发动一次破坏袭击，夺取宗讷贝克西南的重要观测阵地。[32]

事实上，他们没有完美的解决方案来应对“咬住不放”战术。让更多的士兵进入堑壕并不是理想的策略，但考虑到英军火炮火力正在深入德军防御区，德军可能别无选择。[33]9 月 30 日发布的第 4 集团军命令敦促军队必须迫使英军在堑壕中部署更多的士兵，以使这些士兵成为德国火炮的目标。[34]但是，如何部署反应师仍然是一个重大问题。因为反应师的集结需要一定时间，所以他们往往是在英国人有机会开挖堑壕之后才在战场部署的，英军通常到下午会开始挖掘工作。正如在 9 月 20 日和 26 日所看到的那样，如果英国人有足够的时间组织起来，那么各反应师就几乎无计可施。因此，大家一致同意先留住它们一两天，随后进行更系统、更有组织的反击，希望通过这个策略来避免那些不利因素。虽然这并不是对纵深防御战术的直接摒弃，但这说明德军承认，第 4 集团军要想有任何机会击败普卢默的限制性进军，就需要对战术进行修改。[35]

命令已发出，要求前线部队根据需要调整防御组织。比如，9月29日，进入宗讷贝克周围防线的第5近卫步兵旅（第4近卫师）接到命令，针对英国的进一步进攻发出警告：

> 在今天的指挥官会议上，大家对一个事实进行了多方面的讨论，那就是在针对限制性目标的敌对攻击中，预备役师和
> 203 突击师的反攻往往来得太迟，造成的损失与取得的成功不成比例。在许多情况下，反攻很难到达前线，伤亡惨重，尽数溃败，而我们的敌人只满足于已经取得的目标。敌人之所以能巩固占领的土地，靠的是很快地架设好数不尽的机枪，以及紧跟在进攻者后面的保护性攻击波；进攻者在攻击波的保护下开挖掩体。

因此，守军奉命加强前线防卫部队，并在可能的情况下，在敌人准备进攻时迅速进行破坏突袭。8个连将守住前线，而团里的其他人则被转移到“主要火力区之外”，随时准备进行干预。这是否行得通尚不清楚——只有时间能说明问题。[36]

鉴于9月20日和26日的事件，每个人都知道，再过几天就要发动新的攻击了。在英军战线一方，随着增援部队的到来，进行了一系列重大的换防行动。第2澳新军团占领了伊普尔—鲁莱斯铁路一段，就在第1澳新军团左侧，一直到第18军所在地。黑格在9月28日的一次会议上敦促将军们准备在10月4日的下一次

攻击后充分利用好成功。[37]他们将占领葛路维高原的东部边缘，包括重要的布鲁德塞安德村。“我认为敌人已经岌岌可危，”他告诉他们（声音比平时流露出更多情感），“有力的一击可能会带来决定性的结果”。他预计，如果他们摧毁或中断鲁莱斯的交通枢纽达到48小时，敌军就可能溃败，“因为敌人那时只能依靠一条铁路线在根特和大海之间为部队运送补给”。[38]

英军是否即将取得重大突破？现在有可能大量使用骑兵吗？尽管最近的两次进攻取得了成功，普卢默和高夫都不是非常肯定，并且都在波勒冈树林进攻后的几天里向黑格表达了保留意见。虽然他们对迄今为止取得的成功感到高兴，但他们认为（事实证明是正确的），在进一步利用成功之前，必须夺取帕斯尚尔一直到西 204
鲁塞贝克的高地，这可能需要再进展两三“步”——每一步1 500码（约1.4千米）。当然，在每一步之后，都必须重建道路和轨道，运送火炮，增加支援，这都需要宝贵的时间。[39]黑格也许是皱着眉头阅读这些笔记的，他于10月2日在第2集团军指挥部会见了他们，并“指出了形势是多么有利，有必要采取一切必要手段来利用好任何成功……在情况允许时”。“高夫和普卢默都默认了我的意见，”黑格接着说，“并且全心全意地做了安排，时候一到就将计划付诸实施”。[40]

时候到了。我们也许可以原谅高夫和普卢默默许黑格重燃的乐观主义，即便他们清楚地知道离突破还很遥远。他们以前也见识过：一场建立在万全准备和非凡火力基础上的有限成功，使得黑格对激动人心的突破行动重燃信心。正如他们已知的那样，最好点头同意，继续手头的工作。在第 2 集团军指挥部，普卢默将军继续他一贯的作风，蒂姆·哈林顿将其比作“大公司”董事长的作风。本着董事会会议的精神，普卢默会坐在一张大桌子的前面，桌子可以延伸出相当长的一截，以便容纳尽可能多的指挥官和参谋。在他们的计划敲定之前，普卢默总是询问每个人是否都同意。哈林顿记得，就在波勒冈树林之战后的一次会议上，“军级指挥官、总参谋部军官和炮兵部队的将军之间就进攻边界、弹幕叠加，以及相邻编队的责任等有关问题进行了一系列长时间的争论”。哈林顿说：

> 会议暂时将人员分成几个小组，但过了一段时间，他们很明显都准备好要报告，并且围着长桌子重新集合起来。普卢默将军在最顶头的座位上坐直了，背对着主窗口，从他的军级
> 205 指挥官和参谋人员脸上的关切可以看出，在最后几个问题上已经达成了一致意见。然后他说：“你们达成了各方都满意的共识吗？”在大家都基本表示认同后，他慎重地对他的军级指挥官进行了个人意愿调查。

对哈林顿来说，这就是为什么第 2 集团军上下能够“坚决执行通过的计划，齐心协力，通力合作，坚定拥护军队领导层，忠诚不渝，心甘情愿”。[41]

在卡塞勒的指挥部，参谋人员嗡嗡地讨论着，电话的声音回荡着，一场大规模的军事行动正在进行。亚历山大·戈德利爵

士第 2 澳新军团的先头部队澳大利亚第 3 师于 9 月 29 日晚进军伊普尔。他们踏上熟悉的征程，穿过鬼魅般的街道，经过纺织会馆的废墟，然后向堑壕进发。第 35 营的指挥官亨利·戈达德（Henry Goddard）中校回忆道：“夜晚阴沉沉的，乌云密布，遮住了新月，交通拥挤，道路上满是运输弹药和配给的推车，偶尔还有一门野战炮或榴弹炮，加上移动的部队，使得队伍需要经常停下来。”当长长的步兵队伍无声无息地经过建筑物的框架时，戈达德对“战前美景”的宏大感到惊讶，而这幅美景现在已经被

设在伊普尔堡垒里的澳大利亚第 3 师指挥部。指挥官约翰·莫纳什爵士形容此处“好像在矿井里进行地下作业，狭窄的隧道，左一条右一条延伸至小小的寝室里，整个照明都靠电灯”

敌人的火炮摧毁了。“我们感到重大的战争正在进行，这意味着还要进行更重大的工作，才能完成消灭德国佬的任务。”他们经过镇子的堡垒，穿过护城河，然后沿着宗讷贝克路向前，一直走上战线。[42]

伊普尔已经够糟糕的了——特别是当队伍侥幸躲开了过路的德国飞机投掷的一枚炸弹，但是一旦离开了（相对）安全的镇子，暴露在敌人炮火下的感觉立刻让他们不知所措。事实上，就好像在但丁笔下的某种噩梦中，澳大利亚士兵越是深入突出部，情况就越糟。戈达德接着说道：

> 我们经过著名的“地狱火角”，没有在那里逗留。当骡子
> 206 驮队的车夫们靠近这个地方时，他们很明显会猛烈地抽打坐骑，以迅雷不及掩耳的速度越过那里。这个村子，或者我们所能看到的部分，呈现出一幅悲惨的景象。所剩无几的树木被炸得稀烂，翻倒的货车和其他车辆的残骸，以及被毁坏的几所房屋，都充分显示了在这整条道路上发生的一切。

两名向导带领他们以排为单位朝对应的阵地走去。“泥，泥，泥，泥没过了我们的靴腰，然后到膝盖，加上我们还背着沉重的包裹，如此种种使我们的行军不幸变得迟缓。”机枪子弹偶尔从头顶呼啸而过。腐烂的尸体的气味钻进鼻子里，令人作呕。他们的堑壕很难称得上名副其实，因为很浅，视线很差，没有铁丝网，也没有任何掩蔽物。天亮的时候，他们需要依靠自己的智慧面对

这样的环境。

该师指挥官约翰·莫纳什（John Monash）少将在该镇设立了指挥部。10月1日晚，他告诉妻子：“我正在伊普尔东边堡垒靠近梅嫩门的一个掩体里写信。3年来，它一直苟延残喘。现在，它漂亮的街道，它的广场，它的大教堂，它的历史性建筑纺织会馆，它的大街，它那华丽公寓林立的林荫大道，都已不复存在”，只有“一堆烧焦的废墟，令人惋惜”。虽然莫纳什的生活区肯定比堑壕里更舒适，但也并不奢华：

月光照耀下的伊普尔纺织会馆。对于那些曾在突出部参战的人来说，列队走过这座诡异的废墟是难以忘怀的仪式

> 住在这里各方面都好像在矿井里进行地下作业，狭窄的隧道，左一条右一条延伸至小小的寝室。整个照明都靠电灯，而电灯又靠我的便携式电力装置充电。天气又冷又湿，老鼠到处乱跑，臭气熏天，极不舒服，但我得在这儿待上 3 个星期。我、副官、书记员、通信员、厨师、勤务兵和下属军官都为了安全藏在四处——小舱室里、壁龛里和地下掩蔽部里。

莫纳什的食堂在一个小舱室里（他形容这个舱室就像一艘不定期货船），没有什么可移动的空间，总是处在人来人往不断的噪声当中。他指出："军事活动混杂在一起，声势浩大。"他将其与墨尔
207 本伊丽莎白街*的交通状况相提并论，说："其程度对杯赛最后一场赛后 1 个小时而言，是后者的 10 倍。"[43]他只有 3 天的时间让他的师为梅西讷岭以来最大的战役做准备。

关于德国人已经改变防御战术的情报逐渐传开。查尔斯·卡林顿中尉（第 48 师皇家沃里克郡团第 5 营一线部队）于 10 月 3 日黄昏时分率领他的连队到达集结位置。他"痛苦得无以复加"，类似在罪犯被处决之前必须"把他们关在死刑犯牢房里"的感觉。"还有很多日常工作要做，"他记得，"我是在一种不真实的情绪中做的，就好像这是一场游戏，一场表演。我真正的自我充满了这样的预感：这就是结局，我注定要死去或被军事机器压垮……"就在即将动身的时候，他收到了最新的情报报告，感到心灰意

* 该地举办足球杯赛时常发生交通堵塞。——译者

冷。“有两个德军连队现在据守着前线，而我要用一个连队去进攻。”——这表明德国人在波勒冈树林之战后多么重视他们的前线。该连最终在黑暗中到达了指定战区——越过了曾经的朗格马克—葛路维防线所在地。㊹

那天晚上，有成千上万的官兵来到前线，卡林顿只是其中之一，每个人都必须应对自己的恐惧和忧虑。到了第二天早晨发动进攻的时刻（定于上午 6 点），第 2 集团军将再次投入战斗。4 个军将从陶尔哈姆莱茨岭进攻到格拉文斯塔夫以北［总宽度为 9 700 码（约 8.9 千米）］。第 1 和第 2 澳新军团将对布鲁德塞安德岭发起主攻，而第 10 军将深入葛路维高原，第 5 军则掩护北部侧翼。虽然在梅嫩路战役之前进行了几天的猛烈轰炸，在布鲁德塞安德战役之前却没有这种准备。尽管英军此前做出了很大的努力来压制敌人的火炮，但是进攻仍将以大规模的徐进弹幕作为开端，在进攻打响时刻启动，以期获得突袭的效果。㊺第二天发生的事件将是佛兰德斯战役的高潮：野蛮的进攻将粉碎德国的防御，并使黑格有可能实现他的目标，尽管这一前景一度看起来遥不可及。

第十二章

“势不可当的打击”

敌人气焰嚣张，我们都在祈祷天气能遂人愿，这样我们才能继续打击敌人……一切都取决于我们向前线运送火炮的速度。

——约翰·莫纳什爵士[①]

1917年10月4—8日

1917年10月4日，又是一个痛苦的雨天早晨，充满了焦虑。地面又湿又滑，能见度很低，厚厚的细雨浸透了空气。到了清晨5点30分，大部分进攻旅都在集结阵地就位，士兵们伏在无人区外的进攻出发线后，固定好刺刀。[②]一切似乎都很顺利，但离发动进攻的时刻还有20分钟时，德国火炮开始开火，以支持他们预先计划的破坏性攻击。炮弹落在宗讷贝克周围澳大利亚师的前沿阵地上。虽然这可能会引起恐慌和混乱，但士兵们仍然保持镇定：他们尽可能地贴紧地面，尽己所能地帮助那些被击中的人，祈祷着炮击会过去。在一些战区，营级指挥官命令士兵向前行进，离开集结阵地，以避免最坏的情况，同时等待着进攻的时刻。[3]

早上6点，当英军火炮开火时，目击者看到的是一堵“火焰墙”降落在德军堑壕上。[4]在爆炸声和飞扬的尘土后面，进攻的步兵站起来冲了出去，同时无疑还点着香烟。查尔斯·卡林顿中尉写道，弹幕的“重量和密度足以让我们在索姆河战役中看到的任何东西相形见绌”。卡林顿中尉是前一天晚上进入战线的，他确信 209
自己即将赴死。他指出，最大的困难是“识别地面上的任何地点，即使已经花了几天时间研究大比例尺地图、航拍照片和‘军团模型’”。你的位置几乎无法确定，你的目标在哪里也无法确定，因为“月球般的地表弹坑遍布，一个挨着一个，充满了水或淤泥质黏土，几乎可以把靴子从脚上扒下来”。他的士兵奋力保持方向，却偏向左边，拿下了邻营的目标。当卡林顿退役后从事写作的时候，他惊讶地发现历史学家把这场战役（被称为布鲁德塞安德战役）提升为“像梅西讷战役这样的战术杰作”。对他来说，“这只

1917年10月5日，澳大利亚第24营在布鲁德塞安德岭挖掘防御工事。布鲁德塞安德战役是整个攻势中最为成功的战役之一，引发了德国最高统帅部的恐慌

是在泥沼中的自由式摔跤”。⑤

在第 1 和第 2 澳新军团的正面，士兵们出动时经常分成几个部分，沿着弹坑的边缘小心翼翼地走成一排，同时有散兵进行掩护。“透过大炮轰鸣和炮弹爆炸声，可以听到子弹飞过的呜啸声，就来自离我们不远的一排维克斯机枪。”第 2 营（澳大利亚第 1 师）的二等兵 H.G. 哈特内特（H. G. Hartnett）回忆道：“我们前面的几个营很快就排成一条线开始进攻。奇怪的是，尽管炮火猛烈，但我们周围伤亡很少。”不久之后，他们遇到了几批德国俘虏，他们很快就把这些俘虏所有的武器或任何可能携带的纪念品都拿走了。“他们一获释，就跑到担架旁，担架上躺着我们的伤员，他们一对对地站在每个担架的两端。”⑥他所在的旅仅遇到“轻微”的抵抗，然后便于上午 9 点 45 分到达最后目标，开始忙着挖掘工事。⑦

一天中最困难的任务落在第 2 澳新军团的肩上。澳大利亚第 3 师和新西兰师不得不攻取格拉文斯塔夫和宗讷贝克支脉，这是夺取帕斯尚尔岭之前的最后一块高地。这里，步兵以最快的速度前进。新西兰士兵得穿过哈内比克河，这条小溪已经变成一片广阔的沼泽，这使他们放慢了速度，暴露在德军的炮火下。幸运的是
210 地面非常软，所以许多炮弹在爆炸前就陷进地里去了。士兵们被冒着烟的冰水浇了一身，但幸运的是这让他们免于损兵折将。⑧很快，还没有被破坏的掩体和碉堡开始开火，断断续续的机枪声弥漫在空中，而进攻者执行着例行任务：压制火力，发射枪榴弹或堑壕迫击炮弹，同时指定的小组在这些掩体、碉堡等障碍物周围

活动，压制它们，通常是用刺刀杀死守军。

当天，士兵们赢得了 8 枚维多利亚十字勋章，其中包括两名澳大利亚士兵，他们是一等兵沃尔特·皮勒（Walter Peeler）和中士路易斯·麦克吉（Lewis McGee），分别来自第 37 营和第 40 营。两人都表现出极大的勇气，独自对付敌人的掩体和碉堡。麦克吉的连队在离他们的最终目标只有 100 码（约 91 米）远时，遭到被称为“汉堡堡垒”的德军阵地的猛烈炮火攻击。“这个堡垒里有许多敌人，他们把机枪放在堡垒顶上的一个凹口里，向 B 连直射，机枪子弹把掩护我方士兵的弹坑顶部削掉了。”麦克吉奋力奔跑了 50 码（约 46 米），“面对着必然的死亡”，用手枪射击堡垒里的敌人。[9]与他同时得到勋章的沃尔特·皮勒也表现出同样执着的决心。他所在的营前进时遇到德国机枪手和狙击手小组，这些敌人可能会对澳大利亚步兵造成严重打击。这时，皮勒从一个弹坑冲到另一个弹坑，一挺刘易斯机枪挎在腰间不断射击，杀死了大约 30 名敌人。他后来承认：“我根本没见到我所杀死的人的面孔。他们只是穿着敌军制服的人。有他们没我，有我没他们。”[10]

大体上来说，这是一场步兵和火炮的战斗。皇家飞行团只能以有限的方式提供帮助，因为大风劲吹、低云密布。云层在一些地方降到 400 英尺（约 122 米），这使得“区域呼叫”只发出了 49 次（9 月 20 日为 394 次）。在这些条件下有 26 个目标被摧毁，但如果天气好一点，本可以实现更多的目标。[11]至于坦克，只有少数几辆被分配到前线，所以能做的也很有限。尽管如此，对于坦克兵来说，10 月 4 日无疑是令人欢欣鼓舞的。最值得注意的是，第

211 1 坦克旅 D 营的 11 辆坦克与第 18 军配合，向珀莱卡佩村的断壁残垣推进。坦克帮助步兵前进，用它们的 6 磅（57 毫米口径）炮让碉堡偃旗息鼓，并摧毁了几栋仍然坚持抵抗的农场建筑，然后才撤退，基本毫发无损。这次进攻还有一个突出特点是坦克与步兵合作密切，坦克兵驾驶技术高超，因此步兵得以在没有重大人员伤亡的情况下夺取了目标。[12]

对于四面楚歌的守军来说，形势危急。一些地方的德军投降了，而另一些地方的德军却打得很顽强，只能一次消灭一部分。巴伐利亚第 6 师和第 10 合成师部署在珀莱卡佩周围，兵力严重不足。据报告，普通连队只有 50—100 支来复枪（而全员兵力为 200 人）。虽然在英军士兵步履艰难地穿越斯特罗姆比克河（Stroombeek）时，这些德军部队展示出了强大的抵御力，但在其他地方，他们无法阻止英军前进，自己也不得不后退。[13]沃尔特·拉波尔特（Walter Rappolt）是第 1 近卫攻城炮兵团的一名军士，整个上午都在随他的炮兵部队不停地行动，无休止地发射“歼灭式”和“阻击式”弹幕，必须大声喊叫才能跟别人沟通。他记得那天早上 6 点半左右看见一个德国兵从前线摇摇晃晃地回来，“看起来更像是动物，而不是人类，脸色灰白……眼睛睁得大大的，光着脚，裤子和夹克被撕破了，手臂上的伤口汩汩地流血”。他们收留了那个散兵，给他包扎了伤口，递给他一杯咖啡。过了一会儿，那人开始张口解释发生的事情。“渐渐地，他恢复了神智，告诉我们，他的大多数战友都被俘虏了，我们前方几乎已空无一物。他们击退了 3 拨英国士兵。第四拨突破了他们的防线……”[14]

那些被指派重新夺取宗讷贝克西南高地的普鲁士部队，发现
自己处于最糟糕的时间和最糟糕的地点。攻击原定于上午 6 点 10
分进行，但正要前进时，突然陷入一场尘土、烟雾和弹片的噩
梦，第 2 集团军的开局炮轰从天而降。据第 4 近卫步兵师的师史 212
记述：

> 清晨 5 点 55 分，就在我们的步兵准备进军前不久，一场炮火风暴爆发了，这与以前所经历过的任何炮火都不同。整个佛兰德斯的大地都在震动，似乎熊熊燃烧起来……火力齐放，威力四射，相比之下，凡尔登和索姆河的恐怖算什么？比利时最偏僻的角落里都可以听到战斗的轰隆声，就好像敌人要告诉全世界：我们来了，我们会势如破竹！但他们没有打败我们！他们错判了我们！即使他们用数以千计的火炮轰炸我方部队……以至于从数学的角度看，没有一寸土地能免于炮火的侵袭，但有一件事他们摧毁不了：我们前线部队的勇气。[15]

残酷的事实是，在接下来的大混战中，勇气可能会像人的身体一样轻易地消失。第 212 预备役步兵团本应在这次进攻中冲锋，却被撕成了碎片。当天上午，该团蒙受了 1 000 多人的伤亡。报告显示，一些进攻连损失了 95% 的有生力量。难怪德国士兵的尸体覆盖了整个战场。[16]

到了中午，这场战役就结束了。第 2 集团军到上午 8 点已经夺得红线的大部分区域，停留了一两个小时（主要是为了“扫荡”

鲁普雷希特王储在佛兰德斯颁发勋章。1917 年秋天，德国最高统帅部承认，佛兰德斯的情况“超过了以往任何恐怖的经历”

被占领的阵地）后，又向蓝线行进，下午 1 点钟后不久就巩固了蓝线。他们又“咬住”了 1 200 码（约 1.1 千米）的德军防线，4 000 多名战俘被押送到后方。虽然德军对英军新赢得的阵地发动了多次反攻，但是德国士兵发现自己面临的是训练有素的机枪和来复枪射击，这些一上来就打散了他们的纵队。在北面，第 5 集团军的第 18 和第 14 军夺得了左翼阵地，占领了珀莱卡佩村。[17]是否有可能行进得更远仍不清楚。尽管后来在一些地方取得了更多不算太大的进展，例如第 18 军又推进了 500 码（约 457 米），但
213 大家普遍认为，任何对计划的背离都太过冒险。德军仍有 8 个师处于严密的预备状态，众所周知，他们在佛兰德斯第二和第三防

线上的阵地基本上完好，所以不可能对他们发动任何“突袭”。第2集团军决定按兵不动，这可能是最好的选择。⑱

也许没有什么激动人心的壮举，但布鲁德塞安德战役似乎取得了惊人的成功，几周之内，这个“战争最伟大的胜利”的消息就传遍了整个帝国。⑲到处都是德国的阵亡士兵：他们被猛烈的炮火驱散，在下陷的碉堡里被撕成碎片，或者像任人宰割的牛一样被机关枪扫射。第2集团军情报部门记录了德军随处可见的低落士气和混乱组织。几乎每一个守备师的连队都有俘虏，无线电台现在“相当安静”，没有“真正的大部队反攻”。记录总结道：“他们的机枪和来复枪火力不稳定，火炮继续向后方和侧翼撤退。”因为德军努力试图换防被打垮的师和成千上万的伤员，让新的部队进入前线，所以还出现了“异常的火车运行”。⑳威廉·伯德伍德中将的部队（第1澳新军团）占领了布鲁德塞安德村，对他来说，己方的成功“无疑是完全的成功，重要的成功”。“德军最近在前线的兵力大大增加，但他们不仅损失惨重，而且失去了在西线最重要的阵地之一。更何况他们事先就得知打击即将来临。”㉑

当然可能总是有一些人始终未曾信服布鲁德塞安德的胜利故事。劳合·乔治应该会嘲笑黑格的“胜利”，而更近一些的历史学家罗宾·普赖尔和特雷弗·威尔逊也曾质疑，这场战役是否真的“构成了势不可当的进军典范”。㉒他们声称，这场战役一些明显的成功无疑是由于“敌人错误的判断和纯粹的坏运气”（例如在宗讷贝克命途多舛的破坏攻击），而这种情况在随后的行动中不太可能

再次出现。此外，普卢默获益于前一整个月的干燥天气，而惯常
215 的秋季降雨即将取而代之。鉴于英军当时正俯瞰着帕斯尚尔前一片不祥的低洼地带［拉夫比克河（Ravebeek）汇入斯特罗姆比克河的地方］，再多几天的恶劣天气战场就会被淹没，取得重大进展几乎没有可能。更令人担忧的是，布鲁德塞安德战役并未解决根本问题，即向帕斯尚尔高地推进的过程中，英军的进攻面越来越狭窄。他们越深入帕斯尚尔岭，两翼就越容易暴露在德军的火炮部队面前。

我们可以对这些批评提出若干反对意见。诚然，德军的反攻恰巧赶上英军发动进攻的时刻，使得后者占了优势，但这就是战场上的命运。事实上，鉴于英军自进攻开始以来遭受的可怕运气（特别是天气），他们理应享有一点儿好运。的确，冬天一天天迫近（减少了取得重大进展的可能性），但普卢默受命继续推进，也尽了最大努力。在越来越窄的战线上作战，这的确不太理想，但1917 年 10 月的佛兰德斯有什么战术是理想的呢？问题在于第 2 集团军还能做些什么。它可以继续沿着这些战线前进，也可以恢复更广泛和更深入的渗透攻击，但正是后者造成了 7 月 31 日和整个 8 月期间战役的挫败。

普卢默的所有决定是否都正确仍然没有定论，尽管如此，布鲁德塞安德战役依旧堪称一次重大成功，事后看来，它将是佛兰德斯攻势的高潮。查尔斯·比恩也感觉到了这一点。他认为这是在西线上取得的最果断、“最干净”的胜利之一。此外，“除了参战的指挥官和部队之外，从没有人充分认可这次战役”。“这是一

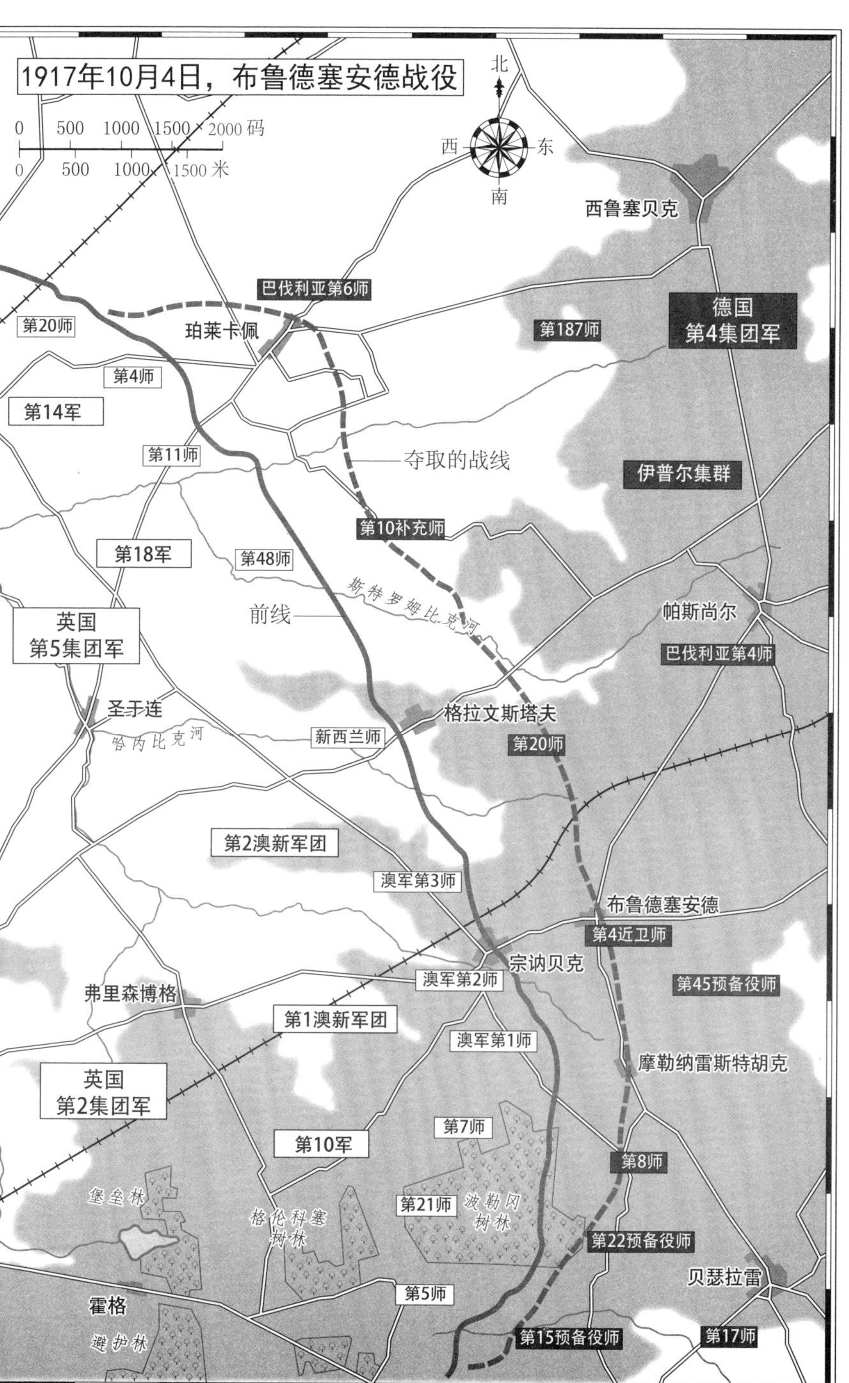

1917年10月4日，布鲁德塞安德战役
北
西
东
南
0 500 1000 1500 2000 码
0 500 1000 1500 米
西鲁塞贝克
巴伐利亚第6师
德国
第4集团军
第20师
珀莱卡佩
第187师
第4师
第14军
第11师
夺取的战线
伊普尔集群
第10补充师
第18军
第48师
斯特罗姆比克河
前线
英国
第5集团军
帕斯尚尔
巴伐利亚第4师
圣于连
格拉文斯塔夫
哈内比克河
新西兰师
第20师
第2澳新军团
澳军第3师
布鲁德塞安德
第4近卫师
宗讷贝克
澳军第2师
第45预备役师
弗里森博格
第1澳新军团
澳军第1师
摩勒纳雷斯特胡克
英国
第2集团军
第7师
第10军
第8师
堡垒林
第21师
波勒冈树林
格伦科塞树林
第22预备役师
贝瑟拉雷
第5师
霍格
避护林
第15预备役师
第17师

次势不可当的打击，"他写道，"交战双方都知道这一点"。布鲁德塞安德是15天内进行的第三次这样的打击，迫使德国人离开他们在突出部上最重要的一个阵地，而且是在事先知道有打击即将到来的情况下。[23]同所有军事行动一样，这次行动唯一真正重要之
216 处是它带给敌人毋庸置疑的严重影响（正如比恩充分认识到的那样）。《德国官方历史》称，这场战役对英军来说是"相当大的成功"，并详述了己方近乎绝望的屈服感。这种感觉充斥在德军对佛兰德斯地区战役的指挥当中，因为他们意识到自己的"新作战方法"（在前线部署更多兵力）没有任何效果。"我们必须用上伊普尔集群和瓦显蒂集群后方的所有反击师，"官方历史指出，"集团军指挥部得出的结论是，没有任何方法可以保住阵地或抗衡敌人在火炮和步兵方面的压倒性优势。在这些猛烈攻击中失去阵地是无法避免的。"[24]

从布鲁德塞安德战役炮火的强度也可看出，德军是多么努力地希望保持对高地的控制权。那一天，第4集团军发射了30列火车的弹药，超过7月31日的总数，创造了德军在该战役中发射炮弹的最高纪录。[25]"佛兰德斯的战役仍在继续，强度与日俱增。炮火持续不断，令人难以置信，"瓦显蒂集群指挥官卡尔·迪芬巴赫少将（在给家人的信中）写道：

> 星期四（10月4日），他们以12个师的兵力再度进攻。我们勇敢的同胞——第25步兵师，据守着最重要的阵地。他们没有放弃一寸土地，在午夜前后击退了对葛路维的最后一

> 次进攻。接下来，敌人又从某一点深入渗透了 2.2 千米，但我方被安排反攻的梅克伦堡师（第 17 师）的殊死搏斗，击退了他们，使他们只能在我右翼最外侧占据 1 千米的阵地。我军在那里的英勇行为难以言表，非亲眼所见不可。预计还会有 4 天的大战，在此之后佛兰德斯平原将成为无法通行的沼泽，而英国人将无法在这些平原上实现目标。㉖

与迪芬巴赫一样，一些德国观察员因为敌人获得的地盘相对较少
而欢呼不已，似乎忽略了普卢默“咬住不放”战术的要点。但毫 217
无疑问，德国军队正承受着巨大的压力。㉗

德国 10 月 4 日的伤亡惨重。多少可以料到，增派兵力巩固前线只带来了更大的损失与更严重的混乱。部署于此的部队很是不幸。在贝瑟拉雷，从前线下来的第 8 师没有一个营的兵力超过 300 人，有些营的兵力减少到不足 100 人。㉘第 4 近卫师在几天之内就失去了 86 名军官和 2 700 名其他官兵。㉙在与新西兰士兵交战的第 20 师的两个步兵团中，伤亡人数超过 2 000 人（约占额定兵力的 42 %）。㉚据俘虏说，该师的伤亡率“极高”，“几乎被消灭”，连队从 120 人减至 24 人。9 月 29 日—10 月 9 日，德军共有 257 人死亡，878 人受伤，2 588 人失踪。㉛事实上，一些澳大利亚营，特别是第 3 师的营，遇到大批自愿投降的德国士兵。他们前进的地面也布满了死伤的敌人。例如，第 37 营沿着宗讷贝克北部边缘前进，俘虏了 420 名德国俘虏，仅在他们的战区［将近 500 码（约 457 米）见方］就有 350 人死亡。㉜

对于德国最高统帅部来说，布鲁德塞安德之战是一系列重大战役中最近发生的一场，似乎也是最糟糕的一场。一位德国历史学家称之为 *der schwarze Tag*，“10 月 4 日黑色的一天”。[33]在德国最高统帅部，鲁登道夫迎来了第一批战斗报告，绝望难以掩饰。他写道：“情况异常严重，我们又一次遭受了巨大的损失。很明显，更密集地据守前线，这个我 9 月最后一次访问前线时被采纳的策略于事无补。”[34]几天之内，他会见了西克斯特·冯·阿米恩，讨论了需要进一步建设防御阵地以阻止英军进犯的问题。他还要求阿米恩就不危及沿海潜艇基地的情况下可以放弃多少土地

德国高级军官，包括西克斯特·冯·阿米恩（中间，扬头者）和兴登堡元帅（右二），在布鲁德塞安德战役后会见了手下一些士兵。10 月初，德国最高统帅部承认，他们对于实施得当的有限进攻无可奈何

发表意见。德军讨论过在葛路维进行一次针对英军右翼部队的重大反攻，但由于人手不足、弹药短缺，反攻无法实施。因此，如果德军不能进攻或重新部署，他们必须找到其他方式来应对即将发生的情况。㉟ 218

10月4日之后，鲁登道夫立即认识到必须进行战术变革。他没有征求高级指挥官的意见便下令恢复纵深防御，更强调让机枪手咬住前线。第4集团军应在敌军阵地和德军前线之间建立一个“前区”（被称为 *Vorfeld*）。“敌人进攻时，必须越过这一地带，这样我方火炮将有时间在敌人到达我方主要抵抗战线之前对付他们。”㊱（如冯·库尔将军所解释的）这基本上意味着“堑壕前500—1 000米纵深的弹坑区被视作前哨区，由一连串岗哨和几挺机枪镇守”。当受到攻击时，前哨地区的士兵将撤退到主要防御战线，之后火炮将降下一道“破坏性弹幕屏障”。德军希望这能给反应师足够的时间就位，同时也让“我方火炮有机会在前哨区粉碎敌人”。这种战术唯一的问题是，何时撤退到主要防御战线并不总是很明朗——是敌人发动大规模进攻的时候，还是只是局地进攻的时候？而且前哨区的士兵往往会有种被遗弃感和绝望感（在某种程度上可以理解），这会导致他们比理想情况更早地撤退。正如库尔所遗憾地指出，“完全不犯傻的方法”并不存在。㊲

鲁登道夫于10月9日发表了进一步评论。他认为，最近的失败主要源于反应师“部署不当”。他指责说，发布的命令要么舍不得动用反应师，要么动用得过早或过迟，目标不明确，缺乏与支援火炮的协调配合。前线部队有责任把敌人赶出战区，只有在做

不到这一点的情况下，反攻师才会参与进来。至关重要的是，反
219 应师只有在得到适当配合和支持的情况下才能发起反击，而且要“集中且迅速”。“指挥艺术，”他强调，“包括经济实用地部署反应师，维持其战斗力”。[38]虽然这样确实很完美，但这种精细的区分往往难以在混乱不堪的战斗中执行。阿尔布雷希特·冯·特尔本可以告诉他，准确判断应该何时、如何运用反攻师，这几乎是不可能的。通信中断，部队陷入孤立或混乱，这意味着指挥官们不得不在准备不充分的情况下提前动用后备力量，听任这些士兵在战场上的猛烈火力下白白送死。事实上，在战争的这一阶段，唯一能阻止英国人的就是天气（鲁普雷希特称之为“他们最有效的盟友”），而它也将再度成为守军的帮手。[39]

可想而知，在布鲁德塞安德战役之后，英军总部的情绪再次高涨。虽然这些战果不能得到进一步地利用不免令人沮丧，但是黑格和他的手下都很高兴。“今天取得了非常重要的胜利，”元帅写道，“我们的运气很强大，因为敌人集中了这么多师，恰巧碰上我方进攻时刻发起的超高强度火炮弹幕”。黑格从不放过任何一个机会，他于10月4日下午会见了集团军指挥官，决定下一次进攻将比计划提前两天（10月8日）。黑格相信敌军各师已完全投入战斗，后备力量所剩无几。他认为现在是加快速度的时候，催促普卢默向帕斯尚尔村再进一步。现在是向前推进、占领高地的时候了。[40]

此时看到黑格的人都有这样一种感觉，即无论付出什么样的代价他都绝不放手。“在充满焦虑的那几个月，我最多只能在周末见

到黑格，”他的牧师乔治·邓肯（George Duncan）写道，“由于计划受挫，伤亡名单不断变长，他无疑非常苦恼，但他不会公开表达对这类事情的想法”。有时他也更爱争论。一天在午餐时，话题转向一位师级指挥官，他显然“表现出不安和沮丧”，这种心情在突出 220
部很常见。于是黑格转向邓肯，直视着他的眼睛。

“那家伙不相信我们能穿透敌人并战胜他们……”他说，然后继续吃午餐。[41]

其他人则不那么乐观。查特斯的乐观精神比起他的长官总是相形见绌，他感到随着进攻蹒跚推进，负担越来越重。“伤亡很可怕，”波勒冈树林之战后的第二天，他写道，“不敢想象。停止战斗的诱惑太强烈了，但对国家来说，继续下去显然才是正确的事情”。在布鲁德塞安德战役之后，他几乎不再对进攻取得成果抱任何希望。他在 10 月 5 日写道：“我们现在完全可以停下来过冬了，这是有充分理由的，除非一整月都风和日丽，否则目前没有扫清海岸敌军的可能。”[42]

自那时起，人们都有一种感觉，认为布鲁德塞安德之战后，整场战役应该被叫停。英国人赢得了显著的胜利，占领了格拉文斯塔夫岭，这是帕斯尚尔岭前的最后一座山岭。鉴于日益恶化的天气和糟糕的地面，也许他们应该留在原地暂停行动，满足于已经取得的成就。[43]查特斯也这样认为，但黑格却一如既往地乐观，想要继续推进。他确信，如果夺下帕斯尚尔岭，那么“敌人将被迫从迪克斯梅德的前线和侯图勒斯特的防御工事中撤退，毕竟他们不能冒险让部队在该地区被切断”。[44]相应的计划迅速起草，针对另外一系列的 3 个边界，一个紧接着一个（预计分别于 10 月 9 日、12 日和 14 日实施）。第 2 集团军将推进至帕斯尚尔岭，第 5 集团军在北部提供侧翼支援，目的是从斯普里特（Spriet）打破第一佛兰德斯防线，然后再攻占西鲁塞贝克村。[45]

如此雄心勃勃的一系列行动，在这一年如此晚的阶段计划开展，本应引起高度重视。然而黑格的下属，从普卢默一直往下，对英军总部当前的提议几乎没有什么异议：在短短 6 天内发动 3 次重大攻击。到目前为止，第 2 集团军指挥官普卢默在战役中几乎没有迈错一步，他对于继续战斗欣然接受。他的参谋长蒂姆·哈
221 林顿后来声称“他从未想过停下来回头”，而且无论如何，他手下部队没有地方过冬（只能在帕斯尚尔岭上）。[46]在指挥链的下一层，亚历山大·戈德利爵士（第 2 澳新军团指挥官）也同样热情洋溢，他将在下一步发挥突出作用。毫无疑问，他告诉新西兰国防部长詹姆斯·艾伦爵士（Sir James Allen）：“德国佬的士气越来越低落，如果这样的天气再持续一段时间，我们可以在冬天来临之前再出击几次，德国佬很快就会走向终点。”[47]

鉴于接下来将发生的情况（以及 10 月 9 日和 12 日即将笼罩普卢默各师的恐怖气氛），是否应该在布鲁德塞安德战役之后停止进攻，这个问题值得探究。黑格的辩护者总是引用蒂姆·哈林顿的观点：别无选择——绝对有必要控制帕斯尚尔的高地，从而令敌人失去阵地，夺得更高、更干燥的地面还可以让英国士兵在那里过冬（1918 年又可以从那里发起新一轮攻势）。[48]此外，考虑到 10 月 4 日取得的压倒性胜利，即使要付出沉重代价，也值得继续努力消

灭德军残余。不是吗？在黑格最坚定的捍卫者约翰·特瑞恩看来，继续进攻的原因是“复杂的”：充分利用最近取得的成功，保持对敌主动权，抓住“在年底前把德国打趴下”的机会（尽管也许很渺茫）。[49]因此，必须不惜一切代价占领帕斯尚尔岭。

然而，痛苦的事实是，帕斯尚尔岭不需要被占领，或者至少不值得承受由此带来的巨大损失。的确，格拉文斯塔夫岭（英国人刚刚占领的山岭）不及帕斯尚尔高，俯瞰东北方也不见开阔的乡村，但它们的高度只差数米，而且守住格拉文斯塔夫的难度在许多方面都要低于据守帕斯尚尔岭，甚至可能要容易得多。在这两个山岭之间，可能是整个战场上最糟糕的一片地带：拉夫比克河在那里汇入斯特罗姆比克河，那里的农场——水田农场 222
（Waterfields）、沼底农场（Marsh Bottom）、彼得·潘农场（Peter Pan），以及其他一些有着与水有关名称的农场，都被淹没在沼泽中，处于贝尔维尤岭支脉上德国阵地的俯瞰视野下，这些阵地还把守着通往帕斯尚尔的西侧通道。这片土地本身就是一个重大障碍，本可作为极好的无人区。此外，帕斯尚尔岭实际上是守不住的。当它在1917年11月被最终占领时，一份详细的评估报告承认这个新赢得的阵地非常不利。“现在可以从240°的弧度上的任何一点炮击”前线部队，“增援部队和近处的预备队没有任何掩护”，供给物资运送到前线“极其困难”，在紧急情况下增援驻军几乎不可能。[50]然而，对黑格来说，帕斯尚尔岭蕴含的重大意义超越了它在地图上的重要性。

黑格想要向前推进，不仅仅是受到了战场胜利的鼓舞，也不仅仅是因为感到德军正在崩溃，更是为了回应英国政府日益增长的不安情绪。他需要给他们一些东西，任何东西。前一天他收到罗伯逊的“重磅炸弹”，威胁要提早停止进攻。9 月 25 日布洛涅举行的一次会议在“原则上”商定，英国远征军将从法国军队手中接管大部分前线，这便抽走了黑格的预备队，使得在佛兰德斯集中兵力几乎成为不可能。[51]黑格很不高兴，带着恶意嘟囔着“这件事罗伯逊没有起好作用”，并抱怨自己对事态发展毫不知情。[52]但黑格肯定知道会发生这种情况。政府对“北部行动”的支持向来暧昧不明，现在进展又失利了，不可避免地让英军总部再次成为关注的焦点。事实是，劳合·乔治仍然决心要对佛兰德斯战役暗中使坏，现在他已经决定，做这件事唯一的办法是从黑格手中拿走武器。

元帅像往常一样顽强地与首相角力。英国首相要求评估英军
223 在俄国被迫退出战争一事中扮演的角色（作为居尔曼和平照会讨论的一部分），黑格全权负责此事。黑格写信给罗伯逊（日期为 10 月 8 日），内容涉及熟悉的领域：除打败德国军队外没有任何战略选择，采取“各种间接手段”攻击同盟国的危险性，在伊普尔取得的“良好进展”，持续作战对德国师的消耗效应，不一而足。黑格得出结论，必须在秋季剩下的时间里继续保持进攻，这将为下一年带来“决定性成功的极好前景”，但前提是英国必须全力投入西线。即便俄国在接下来的几个月失败了（德国人便能将部队转移到法国），他也坚信美国会在 1918 年加入战争并提供足够的战斗力量来打败德国军队。[53]

从某些方面来说，黑格的备忘录可圈可点。德国的武装力量是同盟国的重心，若他们失败，奥地利人和土耳其人也会失败。虽然俄国从战争中退出将使大量德军增援部队被派往西线，但黑格的猜测是正确的：这不会给德军在西线上提供决定性的优势（1918 年的情况正是如此）。然而黑格对形势的理解引出了一个问题，即维持佛兰德斯攻势是否仍然可能或可取，而他在这方面的立场较为强硬。他满怀希望地说：“完全有希望再坚持几个星期，取得战果，大大增加敌人在人员和士气上的损失，使我们在春天恢复进攻时处于更有利的地位。”此外，令他高兴的是，他们将在当年年底“占领几乎所有原来掌握在敌人手中的观察据点”。然而黑格一定不希望有人提醒他，他的攻势不只是为了削弱德国的师或夺得关键的观察据点，也是为了解放比利时海岸并实现战略性目标。就这一点而言，这场攻势失败了。

黑格似乎再度忽视了战术中存在的蹩脚矛盾：突破性行动旨 224
在确保大规模夺得土地，而更为有限的“咬住不放式”进攻旨在粉碎德国各部队，二者之间存在对立关系。正如贝当长期以来指出的，在 1917 年的背景下，协约国军队取得任何成功都只能寄希望于公然消耗的方式：使用密集的火炮进行有限的攻击来削弱德军兵团，同时尽可能少地暴露己方部队。但是黑格从来没有完全转向这种思维方式，他认为“北部行动”主要目标就是夺取阵地。如果他想在更有限的、消耗战的基础上行动（这是他手下指挥官们一再主张的），那么还不如在 70 号山的加拿大进攻线上发动军事行动。事实上，如果想用消耗战拖垮敌人，那么佛兰德斯无疑是最糟糕的地方，因为德军在此拥有优势，即掌握了高地，而英军不得不占据着被炮弹打得千疮百孔的沼泽。

至于罗伯逊，随着时间的推移，他的回旋余地每隔一周就会变得更小，不得不忍受与首相的频繁冲突。10 月 9 日，他向黑格抱怨说："他这些天来一直在找我的麻烦。"[54]劳合·乔治对提交的军事建议深感厌恶，但现在更倾向于采纳这些建议。他越来越想要建立某种统一的军事指挥，至少是在协约国之间成立一个委员会，达成战略共识，让他绕过黑格和罗伯逊。他在 10 月 3—11 日出席了战时政策委员会召开的 4 次会议，并再次重申他的信念，即英国应"尽一切努力让德国脱离其盟友，首先是土耳其"，这将需要"充分的军事援助"和一个击败奥斯曼帝国的可行计划。[55]他还于 10 月 10 日召开了一次特别战争委员会会议，并邀请约翰·弗伦奇爵士（Sir John French，前英国远征军总司令）和亨利·威尔逊爵士（Sir Henry Wilson，东线指挥部总司令）在会议上发言，利用这两位军中人士向他们的前同事施压。[56]

尽管劳合·乔治的努力近乎狂乱，但他几乎没有取得什么成
225 果。罗伯逊一路与他斗争，坚持认为任何将土耳其赶出战争的企图（正如首相所敦促的那样）都充满了困难，无论如何，在后勤上是不可行的。[57]他还明确表示，弗伦奇和威尔逊的与会表明首相对他的建议缺乏信心（事实的确如此），为此他将提出辞职。这种情况可能会导致内阁垮台，最终招致尴尬的僵局，根本问题都得不到解决。罗伯逊得到了保证（虽然并不完全令人信服），称战时内阁邀请弗伦奇和威尔逊就好比申请"独立的医学鉴定"，而他们

两人完全有这样的资格。[58]与此同时，就像打架的学童被朋友拉开一样，科松勋爵（Lord Curzon）警告劳合·乔治，任何将罗伯逊排挤出去的企图都可能导致内阁辞职，包括他本人、德比勋爵（陆军大臣）和阿瑟·巴尔福（外交大臣）。[59]劳合·乔治除了无济于事地大发雷霆之外，别无他法。10 月 11 日，他向同事们预测，最近的一次进攻将失败，而且“他将在 3 周后提请战时内阁注意这一点”。[60]首相的预言是对的。佛兰德斯的攻势即将进入最声名狼藉的阶段。

第十三章

“欲速则不达”

226 我们的死者成堆。这是我所见过最可怕的屠杀。

——亚历山大·比涅[1]

1917年10月9—12日

普卢默将军下一步行动的成败将取决于后勤保障：确保进攻营拥有实现目标所需的一切。黑格希望这次进攻比原定计划提前两天发起，但由于又开始下雨，只能提前24小时。从10月7日上午到两天后进攻开始时，25毫米的降雨浸湿了已很湿滑的战场，严重破坏了后勤和工程安排，而这又是诸多事项赖以维系的根本。[2]推迟进攻似乎是明智的，但可能造成严重影响，无论如何，意见发生了分歧。10月8日下午黑格与普卢默共进茶点时，普卢默告诉他，亚历山大·戈德利爵士曾“特意要求不要推迟”，戈德利的部队（第二澳新军团）将发起主攻。就这样，他们将于第二天早上进发。[3]

道路和轨道必须尽快向前铺设，而现有的道路和轨道需要进行几乎昼夜不停的维修工作。维尔彻—格拉文斯塔夫公路是一条特别重要的干道，由皇家工程师部队派出野战连负责现场维护，他们辛勤承担着这项越来越琐碎的任务。木材“用锯子直接切割下来，还是绿色而粗糙的”，被运送到维尔彻的铁路终点站然后卸下，接着用尽一切办法运送到前线。道路施工的最佳方法是“准 227
备好大致平整的路基，在上面铺设四五根纵梁，在纵梁上钉上宽而结实的横梁，形成一个连接的铺板”。然后在两边钉上木板作为“车轮挡板”，以确保打滑的卡车不驶出笔直而狭窄的道路。虽然这种筑路方法无疑能使行动一点点稳步推进，但德国的炮击经常逼其停止。由于重型榴弹炮只能拖离公路几米远，所以它们成为诱人的目标，德军几次直接击中榴弹炮堆放点，在周围炸开了巨大的弹坑。④

鉴于到达火炮阵地很困难，第 2 集团军别无选择，只能依靠驮马。每匹驮马都拴上 8 个炮弹（每侧 4 个），然后被带往前线，穿过泥泞和死亡的危险荒原。J. A. 怀特海德（J. A. Whitehead）是皇家飞行团（暂时隶属第 18 师）的一名赶马人，他记录了日常工作。起床号在午夜吹响，草草扒完早餐，再前往弹药仓库，装载马匹背上的袋子，然后排成一队（“我们之间留有足够的空间，避免炮弹炸伤或炸死太多的马匹和赶马人”），走 5 英里（约 8 千米）的路程到达前线。不可避免地会有伤亡，怀特海德承认，唯一的目标是“为火炮提供越来越多的弹药”，即使这意味着不断从死马和死人中清理出道路。当回到营地时，他们继续振作精神，刮掉靴子和制服上的泥，检查和整顿马匹。

这种苦差事不可避免地对人们的精神造成了损害。“我们是怎么忍受的，日复一日，周复一周，我不知道，”他回忆，“但我确实知道，在那些漫长、疲惫、邋遢的路途中，我骑马或是伴着马匹行走，往返于火炮阵地，只睡过几个小时”。

> 令人惊讶的是，在这段时间里，我们几乎没有人报告生病
> 的情况，但是当事情平息下来时，生病的人数却增加了。另外，
> 我们眼前的景象是一大片泥和水，零零落落的树干和一些只有
> 228 钢丝演员才能在上面保持平衡的垫路踏板，然后是泥，是泥，
> 还是泥。很多时候，我们都跟马儿一起在泥中跋涉，突然，一
> 匹马或我们中的一个就会落入弹坑。但我们不得不爬出去，像
> 狗一样摇晃自己，然后继续前进。[5]

“如果让我说出第三次伊普尔战役的英雄，”炮手弗兰克·梅利什写道，“我的票将投给运送野战火炮弹药到前线的驮马……它们背着或拉着巨大的重物穿过几乎没有公路或铁轨的乡村。它们常常陷在黏糊糊的泥里，依靠后腿的跗关节，有时甚至是腹部前进。炮击开始时，它们根本得不到掩护，就耐心地站着，直到被击中或炮击停止。它们似乎从未惊慌失措，如果在饱受折磨时有人站在附近，它们仿佛还会倍加感激。”[6]

解决工程和后勤问题最终将被证明超出了第 5 和第 2 集团军的能力范围。有两个坦克营被派去协助高夫将军的行动，但糟糕

“如果让我说出第三次伊普尔战役的英雄，我的票将投给运送野战火炮弹药到前线的驮马。”1917 年 8 月 1 日，满载炮弹的骡子在伊普尔附近某处向前线移动

的地面使他们无法靠近前线，而普卢默（从来不是坦克旅最热情的拥护者）甚至都懒得派遣坦克。[7]疲惫不堪的野战连像蚂蚁一样工作，在整个 10 月里创造了拼凑完工的奇迹，但这还不够。能够被拖进火炮阵地的火炮太少了，而那些可用的火炮常被部署在露天地带，处于极其危险的位置：一半沉入黏稠的泥浆中，这使得炮组成员拼命寻找能够撑起火炮阵地的任何东西——木材、木箱、混凝土板。没有可靠和坚固的射击平台，几轮下来很快就陷入困境，这意味着射击准确度得不到保证。士兵们不得不费力地把炮

从泥里抬起来，重置它们，并再次开火——这一切都在不断增加的敌人反火炮火力中进行。弹药短缺是另一个问题。虽然驮马和赶马人的英勇精神是卓绝的，但这远远满足不了真正强有力的预先
229 轰炸和徐进弹幕所需要的大量弹药。[8]“在这个神佑的世界里，我们梦想的只有弹药，”皇家飞行团的军士斯坦利·罗伯茨（Stanley Roberts）写道，“那些炮的胃口极大。要为它们找到足够的食物是不可能的，它们就是这样贪婪。”[9]

在普卢默的第四步中，第 2 澳新军团将进行主攻，不是与澳大利亚或新西兰部队协同，而是与两个英国师——第 49 师和第 66 师，这两个师在 10 月 8 日晚上于弗里森博格周围集结。大雨倾盆，他们要走 2.5 英里（约 4 千米）才能到达前线。这本用不到 5 个小时，但一些进攻营花了两倍的时间，身心崩溃、筋疲力尽、全身湿透，才在进攻开始前不久到达进发点。[10]前线迫切需要尽可能多的火炮，这意味着在进攻前几天步兵的路线问题被忽视了，进攻营不得不依赖维护不当的垫路踏板，这些踏板很快就令士兵筋疲力尽。此外，因为建造能够运载火炮的单行公路是重中之重，因此没有足够的双行公路来运送人员和物资，造成了额外延误和似乎无休止的交通堵塞。[11]

在战线的另一边，德军第 4 集团军或许在前 3 次进攻中遭到重创，但它仍然坚守在第一佛兰德斯防线的大部分地区，并且在贝尔维尤岭支脉上坐拥坚固的铁丝网和戒备森严的阵地，守卫着通往帕斯尚尔村的西侧通道。这里的防御是精心设计的，到处覆盖着带刺铁丝网，深入后方达 50 英尺（约 15 米）。德军还挖掘了数

个机枪防御工事，相互支持，藏在十几个碉堡的水泥墙后面。[12] 10 月 4 日，前线各师已被接防，新的部队进入前线，包括第 16 师、第 233 师和第 195 师（后者之前被派往意大利，现匆匆返回佛兰德斯）。[13]帕斯尚尔岭上的关键地段被划归第 195 师，该师部署了 3 个以精锐部队著称的猎兵团（*Jäger*）。除了兵强马壮、斗志昂扬之外，猎兵团还带来两倍于德军标准团数量的重机枪和轻机枪。这意味着一旦受到攻击，他们可以发挥强大的火力。也许在战场上 230
的任何其他地方，英国的火炮轰炸都不会像在这里这么重要。[14]

德国阵地兵力充足，加上天气潮湿、进攻部队日益疲惫。事情只会有一个结果。10 月 9 日的攻击（后来被称为珀莱卡佩之战）与布鲁德塞安德的胜利是完全不同的，事实上，这让人想起 8 月 16 日在朗格马克发生的大屠杀。没有雷鸣般的炮火之墙（一些观察员对这一景象印象深刻），没有可观的阵地斩获，没有漫山遍野的德军士兵尸体。相反，英国步兵在泥泞的“月球表面”艰难前进，只有零星的火炮支援和微弱的试探性进攻。“以前我有时惊恐万分、空话连篇，经常倍感焦虑，”兰开夏郡燧发枪团第 1 营的内维尔·欣德（Neville Hind）回忆道，当时该营隶属于一个进攻师。“但是，在我现存的所有记忆中，我从来没有像当时那样目瞪口呆、呆若木鸡，乃至好几分钟大脑都不在状态……大地上、空气中似乎都充斥着死亡。”他接着说：

> 身后密集的火炮喧嚣着，面前爆炸的炮弹不断碰撞，炮火齐发，上方的空中传来射击声，德军防线上的机枪哒哒作响，

> 德军发出的榴霰弹爆裂着。火焰的闪光似乎从空中射下，像老鹰抓猎物，俯冲着扑向士兵消灭他们——我们正是在这些事物中穿行前进，越过那荒凉废弃的泥沼和弹坑，别无他物。

欣德继续随营队向前推进，并攻下其中一个挡路的碉堡，然后就遭受了“可怕的背后打击”。他滑进一个弹坑，吓得浑身发抖，意识到自己被狙击手的子弹击中了。幸运的是，子弹没有刺穿任何主要器官，欣德很快被疏散到战线后方的伤员救助站。[15]

内维尔·欣德是幸运儿之一。他身上有一处珍贵的伤痕，可以
231 送他“回老家”，脱离战争的苦海，但对于 10 月 9 日那个黑暗早晨其他数以千计的士兵来说，逃无可逃。第 49 师设法让它的进攻营通过一条单线垫路踏板道（维尔彻—帕斯尚尔公路以南的 5 号道）进入阵地，将该师开进一个杀戮区。进攻步兵并没有注意到每隔 50 码（约 46 米）就升起的炮火（这表明徐进弹幕是多么乏善可陈），而德国守军并不需要躲在防空洞里，这意味着他们可以用重兵守住弹坑。横亘前方的主要障碍是拉夫比克河，河水及腰，在猛烈的炮火下无法穿越。泥浆使来复枪和刘易斯机枪失去效力。与前方各营的通信中断。德军的高效狙击使进攻的士兵士气极度低落。[16]

在右侧，第 66 师也遇到类似问题，一些地方，只是靠近前线就要行军长达 10 个小时。进攻终于开始时，该师比左侧部队前进到了更远地带，但德军在贝尔维尤高地未受压制的防御力量此前已将第 49 师的进攻撕成了碎片，现在又开始瓦解他们的战线，造

成巨大伤亡。[17]“整个世界似乎像火山一样爆发了。你不得不下定决心不惜一切代价向前推进，达到目标，”P. R. 霍尔（P. R. Hall）写道，他是曼彻斯特团第6营二线部队的一名士兵。“子弹的呼啸震耳欲聋，但你知道你能听到的子弹都已飞过。炮弹来的声音如果能被听到，就可以大致判断它们有多近——如果非常近就闪开，随后继续前进。重型迫击炮（Minenwerfer）是最糟糕的。我们听不到它们来，它们却似乎就在脚下爆炸。”[18]尽管该连的人员设法夺得了蓝线（第二个目标），甚至有部队到达帕斯尚尔村，但当地的反击迫使他们在下午早些时候撤回到第一个目标，因此第2澳新军团付出如此巨大的努力，却看不到成果。进攻师的总伤亡人数超过5 700人，几乎摧毁了战斗编队。[19]虽然进攻在北部取得了较大成功，第14军和法国第1集团军成功向侯图勒斯特森林的南郊（那 232
里的地面较少被炮弹炸裂）推进，但在其他地方，进攻停滞不前。这不是“咬住不放”，更像是仓促抢占。

10月9日事件后，德军士气高涨，这是自8月底以来德军取得的第一次真正胜利。德军的防守通过周密的计划和坚决的贯彻执行表明，重新采用经过考验的战术是完全正确的。事实上，这天的事件进一步证实了在敌人的数量优势面前，要采取更谨慎的做法以最大限度地保存德军实力。[20]守军不得不忍受连日的扰乱性射击、很少的食物或水，以及疲惫和暴露在寒冷潮湿天气中的危险，但当机会来临，他们就进行可怕的报复。在北面战区，第86燧发枪团（第18师）遭到猛烈攻击，3挺重机枪被吊到一个掩体的顶部并填装弹药，从那里纵向射击整条前进的阵线。待到进攻步兵距阵地 500 米内时，德军开火，把进攻阵线分开，迫使英军在无人区寻求掩护。这 3 挺机关枪在这一天中发射了近 1.6 万发子弹。[21]

在其他地方，进攻者闯入了德军的主要阵地，双方进行了激烈的战斗。在帕斯尚尔以西，5 个猎兵团（第 195 师）的士兵都在前线拼命阻止猛烈的进攻。营史提道："营队部分薄弱的防线几乎被炸成碎片。英国步兵的攻击波一拨又一拨地涌过防线……孤立的队伍穿过安全线的巨大缺口，但随后被来自主要防御线的半自动步枪与自动机枪组合火力拦截。协同进攻演变成激烈的战斗。所有连队都在顽强地战斗。"在这样一场混乱的战斗中，必须迅速调动后备力量，但猛烈的干扰炮火几乎孤立了前线各营，切断了所有与后方的电话联系。幸运的是，团部的一个信号部门英勇作
234 战，在浓烟笼罩整个战场之前发出了紧急信息，使得支援部队能够向前线移动，巩固这一关键战区，封锁敌人的任何渗透。[22]

德军火炮的火力也非常精确。10 月 9 日，炮兵连军官莱因哈特·勒瓦尔德参加了战斗，据他承认，自己是一名非常幸运的士兵。在进攻开始前不久，他被指派参加了一门炮术课程（因此错过了 7 月 31 日的激烈战斗），并在 9 月下旬获得两周的休假（因而得以逃脱普卢默前 3 步的屠杀）。然而他的运气正在转变。10 月 7 日下午，他在比利时佛兰德斯下了火车，及时回到所属炮兵连，准备前往珀莱卡佩。尽管这将是一场极其艰苦的战斗，但这次德军明显取得了胜利。10 月 9 日上午，在瓢泼大雨中，他们在千疮百孔的地面部署了火炮，普卢默的进攻随后便到来。那天，英军

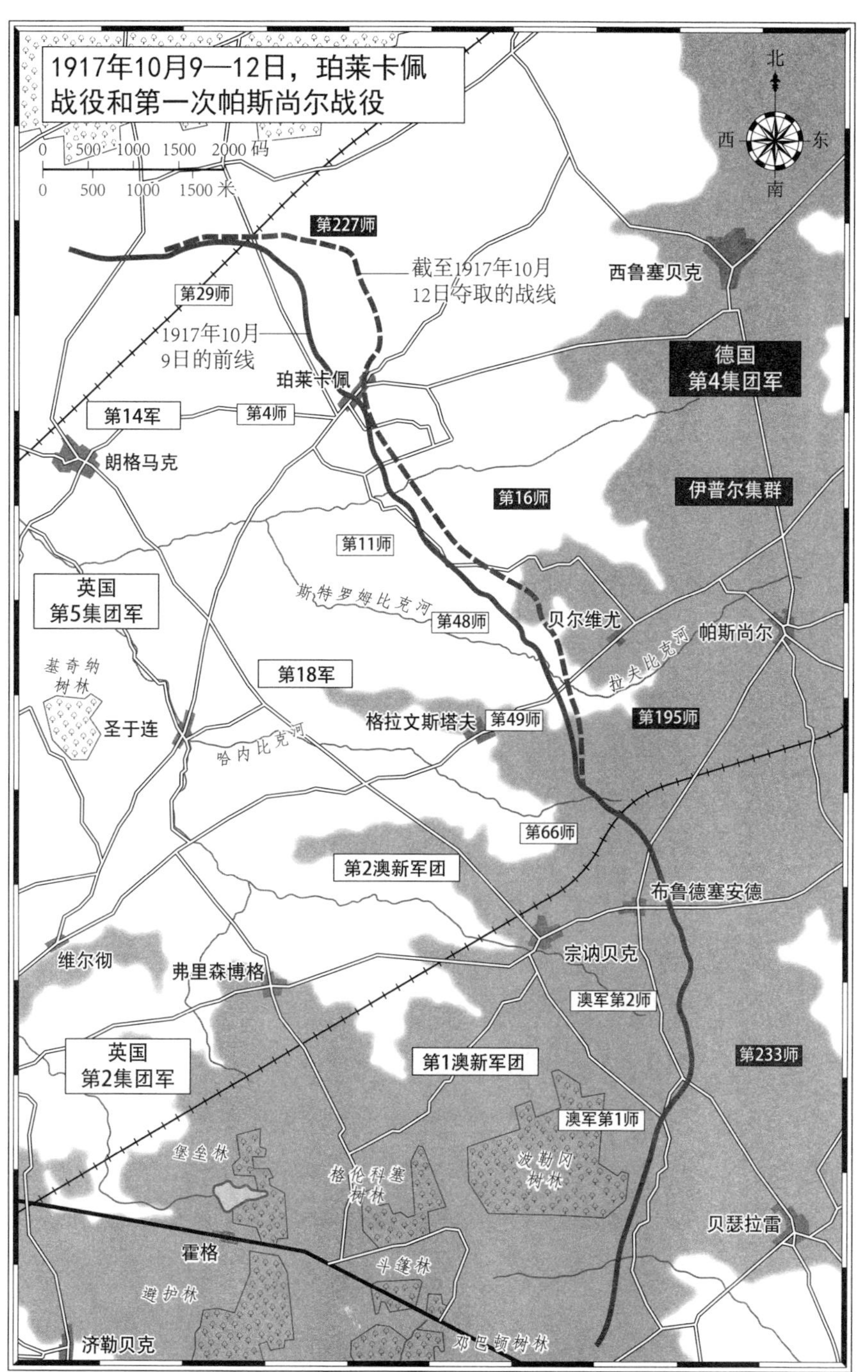
1917年10月9—12日，珀莱卡佩
战役和第一次帕斯尚尔战役
0 500 1000 1500 2000码
0 500 1000 1500米
北
西
东
南
第227师
截至1917年10月
12日夺取的战线
第29师
1917年10月
9日的前线
西鲁塞贝克
德国
第4集团军
珀莱卡佩
第14军
第4师
朗格马克
第16师
伊普尔集群
第11师
英国
第5集团军
斯特罗姆比克河
第48师
贝尔维尤
帕斯尚尔
拉夫比克河
基奇纳
树林
第18军
圣于连
格拉文斯塔夫
第49师
第195师
哈内比克河
第66师
第2澳新军团
布鲁德塞安德
维尔彻
弗里森博格
宗讷贝克
澳军第2师
英国
第2集团军
第1澳新军团
第233师
澳军第1师
堡垒林
格伦科塞
树林
波勒冈
树林
贝瑟拉雷
霍格
斗篷林
避护林
济勒贝克
邓巴顿树林

发射了“难以形容的巨大弹幕”，预示着又一场重大战役的开始。他写道：“我们损失惨重，但敌人的突破被挡住了。他们只能占领一片泥泞的地面。”[23]

尽管德军受到了这些鼓励，但位于科特赖克的集团军群指挥部却没有什么值得庆祝的。鲁普雷希特王储一直担心能否维持这种令人筋疲力尽的防守，他在10月11日上午向德国最高统帅部报告情况变得多么艰难。10月4—9日，战事激烈的程度使他手下部队承受了几乎无法忍受的压力。他们在珀莱卡佩发射了27列火车的弹药，鲁普雷希特担心铁路系统超负荷运转，难以跟上前线部队的正常换防和增援。[24]此外，各师越来越难以达到额定兵力。第4集团军必须适应管理较少的兵力。因此，甚至可能有必要重新进行重大部署，放弃大部分海岸，也许还要放弃鲁莱斯至关重要的铁路枢
235 纽。他发布命令称，在战斗期间伤亡人数未超1 800人的师将留守佛兰德斯。至少就目前而言，换防是不可能的。[25]

德国人或许成功守住了阵地，但激烈的战斗使部队疲惫不堪。伊普尔集群首当其冲地承受了损失。10月，该集群各师在战斗中有3 851人死亡，15 202人受伤，10 395人失踪。尤其令人担心的是军官的损失比例，一些团损失了指挥官、以及两名营级指挥官和多达9名上尉。[26]石勒苏益格—荷尔斯泰因（Schleswig-Holstein）第18师在珀莱卡佩以北损失严重，没有一个团做出适当反击。[27]在帕斯尚尔附近，第195师在10月7—13日有3 200多人伤亡。[28]“你们，亲爱的学童们读着英雄事迹，德国人坐在桌旁享用着啤酒，”第4后备猎兵营（那天一直在支援）的指挥官路德

维希·冯·门格斯（Ludwig von Menges）少校写道，“但是想想流淌的鲜血吧。每当集团军公报上写着‘今天，我们的部队又击退了英国在帕斯尚尔地区的所有进攻，从其手中重新夺回少量土地’时就意味着流血牺牲”。[29]

10 月 9 日的进攻可能是灾难性的，但普卢默的第五步还是将按计划在 10 月 12 日进行。对于即将到来的第一次帕斯尚尔战役的准备还没有他们在珀莱卡佩战役中的准备周密。这 3 天的间歇期根本不足以给进攻旅一个完成进攻的战斗机会，炮兵仍然处于崩溃边缘。在第 2 澳新军团中，大部分野战炮兵连现在“以一半或更少的兵力在参与行动”。火炮要么没有阵地，要么被泥土堵塞，要么弹药不足。[30] 10 月 11 日，F. J. 赖斯（F. J. Rice）少校的炮兵连接管了位于朗格马克以南约 800 米外荒地上的新阵地。“目前，这些阵地似乎未被发现，但正如佛兰德斯地区的一贯情况，挖掘堑壕是不可能的，因为很快就会挖到水。所以唯一的保护物是沙袋和波纹铁皮。”通往阵地的道路处于“非常糟糕的状态”，而在更远处，通往前线的道路变得更加糟糕。“步兵军官不止一次告诉我们，即使没有敌人，他们也怀疑自己能否挪到目标那儿去。 236
泥太深了，有人听说，士兵们无论是受伤的还是没有受伤的，都在浸满水的弹坑里困了一天多的时间。”[31]

10 月 12 日的进攻本不该继续下去。黑格和手下指挥官在 10 月 9 日命令各师前进，这也许可以原谅，毕竟布鲁德塞安德的成功带来了高涨的兴奋情绪，但这不是 72 小时后就再做尝试的理由。[32]黑格一如既往地乐观，不遗余力地督促将军们继续前进，而他这一时期的日记中关于进攻结果的信息也极其不准确。就连一心进攻的高夫将军（麾下第 5 集团军继续提供侧翼支持）也认为第 2 集团军下一次进攻的目标“太遥远了”。当他告诫黑格时，总司令并不为所动，直截了当地告诉他“敌人在士气上已大为削弱，缺乏战斗的欲望”。[33]可悲的是，在指挥系统的另一端，情况类似，态度严重不现实。虽然第 1 澳新军团的伯德伍德建议普卢默不要再尝试进军，但其他人似乎并没有什么顾虑。他们过于乐观地报告已经夺取了多少土地，掩盖了这一问题。亚历山大·戈德利，第 2 澳新军团的指挥官，得了历史学家安德鲁·麦克唐纳（Andrew Macdonald）所称的“帕斯尚尔固恋”——一种占据高地的执念，他知道这是黑格想要的，所以占领高地必然会促成他的晋升。他告诉澳大利亚第 3 师指挥官约翰·莫纳什爵士，从村子的废墟上升起澳大利亚国旗就是他的“神圣职责”。[34]

莫纳什对自己的前景就没那么着迷。他向下辖各旅士兵匆匆发布指令：“目前事态紧急。没有时间准备，边走边参照命令。”[35]他们需要的火炮和弹药数量几乎不可能被运抵前线，不仅如此，眼下他们还不得不进攻比 10 月 4 日更难对付的阵地。显而易见，如果新西兰师未能夺得左侧的贝尔维尤支脉，澳大利亚士兵将暴
237 露在致命的纵射火力中并被粉碎（就像第 66 师那样）。10 月 11 日，莫纳什请求上级推迟进攻，哪怕只推迟 24 小时，以便有更多的时间做进攻准备。但他未能如愿。戈德利完全支持继续前进，他相信自己的师会夺得制高点。至于普卢默，长期以来，他是战场上秩序和方法的导师，他确信战斗条件是有利的，拒绝了莫纳

什的要求。他们将如期于 10 月 12 日发起进攻。[36]

普卢默在这场悲剧中扮演的角色仍然令人好奇。他一定知道，情况在不断恶化，没有足够时间妥当准备攻击。他曾在 9 月 20 日要求用 3 个星期的时间在梅嫩路上发动攻势，但现在他每隔 5 天批准进攻一次，然后又变为 3 天，令人难以置信。我们仍不清楚他为何不像以前那样告诉黑格，只有具备火炮优势，只有当所有准备工作都完成，推进才是可行的。他没有留下个人文件或回忆录，但无论如何，蒂姆·哈林顿坚称他们做的是对的。[37]也许应该归咎于混乱和情报不全——要花几天时间才能确切地弄清据守的阵地有哪些以及部队在哪里。还有人认为，普卢默被英军总部急于攫取高地时掀起的“虚假乐观主义浪潮冲昏了头脑”。[38]

然而普卢默从来没有认为任何事情是理所当然的。他一直是一位“士兵的将军”，十分清楚需要做什么，也充分意识到现代战场的杀伤力。所以他未能立场坚定地推迟进攻，做更多准备工作，只能归结为一时间缺乏勇气——一个悲剧的性格缺陷，却造成了致命的后果。哈林顿从来没有承认这么多问题，但他对于任何将第三次伊普尔战役归咎于他们的言辞总是高度敏感，这或许泄露了他挥之不去的感觉——哪里出了问题。于是在那些重要而匆忙的日子里，他们的原则（一整年都证明是如此成功）被放弃了，被一个不愿放手的总司令踩在泥里。黑格非但不考虑组织“咬住不放式”攻击，反而在堂吉诃德式寻求突破的过程中再次把它抛在 238
一边。

10 月 12 日那天，大风劲吹，预报的雨水随后到来，淹没了已经湿透的战场。前线的大多数士兵都知道这将是艰难的一天。新西兰师火炮指挥官 G. N. 约翰斯顿（G. N. Johnston）准将非常沮丧，调动人员和物资上前线、部署火炮的行动一再延迟，令人厌烦。他于 10 月 11 日向军部和师部同时报告说，“他们指望不上第二天发动进攻的火炮了”。[39]巡逻队还发现敌人的防御设施受到的破坏比预期的要小得多。10 月 11 日清晨 5 点 30 分，也就是进攻打响时刻之前 24 小时，奥塔戈团第 2 营的指挥官杰弗里 · 史密斯（Geoffrey Smith）中校向旅部发出一份令人忧心忡忡的报告，警告他们注意第 2 营面临的坚固碉堡和巨大铁丝网。这里，敌人占据了高地，配置了 6 个碉堡（这还仅是他所处的战区），无人区的地形也是“三面环水”。他紧急要求重炮轰击以扫清道路，但直到下午才得以进行，收效甚微。[40]

10 月 12 日上午发生的事件是一次残酷的战争教训。火炮支援不足，地面条件恶劣，步兵疲惫不堪，加上敌人强大的防御力量，这些都跟 10 月 9 日一样，有力地阻挡了进攻。主攻的左翼本应由第 18 军第 9（苏格兰）师的士兵防守，但他们的进展仅比进攻出发线稍远。事后报告列出了一系列发人深省的结论。“旅队进攻的战线远宽于近期的惯常情况，因而增加了保持正确编队和正确方向的难度。”地面非常危险，步兵的攻击波开始分散，“丢掉了”徐进弹幕，这种没有火炮支持的攻击“后果可想而知”。一整天，通信几乎完全中断。“电线被切断，炮火的闪光视觉信号难以
239 发出，信鸽不能逆风飞行，警犬驯导员或死或伤。”幸存的信差从前线各营到旅部要花上几个小时，但最主要的问题，也是其他师

注意到的问题，就是“弹幕单薄且发射无序”：

> 自上次进攻后上来的炮兵连遭遇了很大困难，许多炮卡在泥里。一些炮兵旅因伤亡和恶劣天气而筋疲力尽，这无疑妨碍了他们发射精准的弹幕。教训似乎在于，无论怎样强调为运送火炮而修建公路和铁路的必要性都不为过。[41]

然而，1917 年 10 月在佛兰德斯，说起来容易做起来难。那天在前线，关于这类恐怖场面还有很多记录，伴随着类似的谴责。

第 2 澳新军团的主攻旨在夺取山岭的最高地段，在此过程中，

1917 年 10 月 12 日，英国 60 磅炮在朗格马克附近的泥沼中开火。尽管付出了巨大的努力，但仍无法向前线运送足够的火炮和弹药来支持对帕斯尚尔的进攻

莫纳什的第 3 师占领了村庄，而新西兰士兵则从左侧进攻血流成河的贝尔维尤支脉。令人难以置信的是，他们得到的命令要求在某些地方推进 2 500 码（约 2.3 千米），其中包括 10 月 9 日分配的目标，这些目标按原计划应该已被第 49 师和第 66 师占领。他们要朝着 3 条边界线推进：向前 1 000 码（约 914 千米）到达红线；再向前 550 码（约 503 米）到达蓝线；最后向前 500—900 码（约 457—823 米）到达绿线（到达帕斯尚尔郊外）。计划由徐进弹幕掩护步兵。徐进弹幕起初每 4 分钟移动 100 码（约 91 米），随后减速，即使这样还是过快。同大多数进攻部队的情况一样，该部的准备工作也是草草完成，欠缺颇多。例如，澳大利亚第 9 旅指挥部外围都没有埋设电缆（指挥部距离火线 2 000 码以上），前方没有食物、水和弹药储备，没有任何书面的行动命令，一切都留待最后一刻完成。[42]

在这些骇人听闻的条件下，此次进攻失败不但并不令人意外，反而更像是定局。贝尔维尤支脉前最糟的一幕是，新西兰师发现
240 自己无法穿越那些基本未受轰炸影响的带刺铁丝网。鉴于地面非常潮湿，许多炮弹陷入松软的淤泥中，弱化了爆破力，有的炮弹不能爆炸。新西兰士兵不得不在 10 月 9 日战斗的废墟上寻找出路。废墟上满是尸体、损坏的装备和伤员。他们还要躲避己方的炮弹，因为炮弹常常够不着目标而落在己方的步兵队伍中。当他们登上主峰峰顶时，遭到机枪和来复枪的猛烈射击，这些火力完全未受压制，导致数十人丧生。带刺铁丝网仍然没有被切断，成了一道不可逾越的障碍，留下幸存者暴露在死亡陷阱中。“德国佬

的机枪和狙击手造成了严重破坏，”奥塔戈团第 2 营的二等兵欧内斯特·兰福特（Ernest Langford）说，“绝对是地狱……整个旅几乎全军覆没”。[43]

在如此可怕的屠杀中，英勇无畏的行为比比皆是。在奥塔戈团第 1 营，J. J. 毕晓普（J. J. Bishop）少尉和 N. F. 沃森（N. F. Watson）少尉都是在向碉堡枪眼内投掷手榴弹时被打死的。C. H. 莫洛伊（C. H. Molloy）上尉在希望渺茫的情况下带领队伍前进，最终牺牲。而 A. R. 考克雷尔（A. R. Cockerell）少尉只身夺下一座碉堡，俘虏了 40 名德国兵。在一个战友的陪同下，他继续勇往直前，手握左轮手枪，成功压制了另一座敌军堡垒的火力，再次俘虏了 32 名德军士兵。[44]但这一切都是徒劳。两个支援营——坎特伯雷团第 1 和第 2 营——试图向前线移动，但遭遇了相同的噩梦——机枪和狙击火力，迫使任何向前的行动都戛然而止。他们所在的团记录道：“一队又一队的人试图从侧翼进攻，虽然有些人前进到距碉堡 15 码（约 14 米）的地方，但没有一个人能接近碉堡。”[45]

澳大利亚士兵的情况也好不到哪里去。据第 34 营的战争日记记述：

> 行动失败的两个主要原因之一是进攻士兵面临的地表状
> 况。在大多数情况下，尤其是在左翼，整个前线都是一片沼 241
> 泽，一连串积水的弹坑不仅降低了前进速度，而且士兵聚集在一起，在弹坑周围寻找落脚的路径。这给了敌军机枪扫射的绝佳机会。[46]

第 33 营 G. M. 卡森（G. M. Carson）中尉就是那天上前线的人之一。“我差点被炸得粉身碎骨，”他回忆道：

> 我们整晚都在遭受枪林弹雨的轰炸，到了早晨，情况变得更糟。我们在清晨 5 点 25 分进攻，战斗了一整天，有时陷在深达腋下的泥中，长达 1 个小时后才能奋力爬出。许多人淹死在泥水中。德国佬要我们下地狱，但我们设法保住了夺得的一丁点儿地盘，直到晚上才开挖堑壕。

卡森因为勇敢地夺取了一处德军碉堡而赢得了军功章。“我摇摇晃晃地走上前去，无法靠近它，因为有重兵镇守，我们花了一个半小时才把它包围住。碉堡里面有 6 门炮和 30 个德国佬。我最终进入碉堡，但只待了几个小时就被迫离开了。”他得以从战场归来，但手下士兵只有两个还活着，并且都受伤了。[47]

澳大利亚士兵尽其所能。左翼的第 10 旅沿拉夫比克山谷到达第一个目标，右翼的第 9 旅一路前进到达帕斯尚尔郊区的蓝线。3 个营斗志昂扬，在激烈的抵抗中成功到达第二个目标——行军 1 700 多码（约 1.6 千米）。[48]在山岭的最高处，第 34 营 B 连指挥官 22 岁的克拉伦斯·杰弗里斯（Clarence Jeffries）上尉在山坡农场（Hillside Farm）指挥了针对一系列碉堡的进攻。他牺牲后被追授维多利亚十字勋章。在詹姆斯·布鲁斯（James Bruce）中士（杰弗里斯的父亲在家乡的同事，曾答应关照这位年轻军官）的协助下，杰弗里斯组织了一支爆破小队，包抄了敌人的阵地（在此过程中缴获 4 挺机枪，俘获 35 名俘虏）。那天晚些时候，他们又做了同样的事情，奔驰向前，几乎陷入德军机枪火力的利齿之中，242 在帕斯尚尔郊外抓获了 40 名俘虏。但在最后一次袭击中，杰弗里斯倒在地上，被子弹击中腹部，受了致命伤。[49]

遗憾的是第 9 旅的英勇事迹难以为继。通信被持续阻断，意味

上图：10 月 14 日，第一次帕斯尚尔战役开始两天后，澳大利亚第 10 旅的部队在晾衣服。自 9 月下旬开始，澳大利亚和新西兰军队一直在发动进攻。10 月 12 日的战斗标志着他们不再参与这场战役

右图：克拉伦斯·杰弗里斯上尉（澳大利亚第 34 营）死后被追授维多利亚十字勋章。他在 1917 年 10 月 12 日向帕斯尚尔推进的过程中夺下了几个碉堡，随后遭射杀

着旅部几个小时都不知道这一情况。地下没有埋设电缆，在烟雾中也不可能发射可视信号，这使该营只能依赖信差和少数幸存的信鸽传递消息。如果增援不及时赶到，就不可能守住蓝线。幸存的军官不得不做出凶险的决定。山岭前方斜坡上的位置使他们整个下午大部分时间都暴露在敌人的机枪和火炮火力下，包括贝尔维尤支脉上致命的纵射炮火。而且，由于看不到任何预备队，这些军官最终下达了放弃蓝线的命令。第 9 旅的伤亡令人震惊：49 名军官和 915 名其他官兵在进攻帕斯尚尔中死伤。[50]

不久，有关澳新军团遭遇的恐怖消息就传开了。第 12 野战工程师连（澳大利亚第 4 师）的亚历山大·比涅（Alexander Birnie）是那天受伤的人之一。他于 10 月 26 日写信给父母，告知他的遭遇：

> 亲爱的爸爸妈妈，现在我又回到了英国，和平而安宁，因为我的脖子被子弹打穿了。如果子弹再靠近一英寸，我现在就该躺在血腥的帕斯尚尔岭了。那天，我们几百个好伙伴都牺牲了——但你们看，子弹并没有再靠近一英寸，所以让我来给你们讲讲 750 个士兵越过堑壕，却只有不到 50 个士兵回来的悲惨故事。

比涅整天都在抬担架。“这是令人心碎的工作，”他回忆道，“我们能做的太少，却还有太多的事情要做……我们不能把士兵们带走，但要替他们包扎好伤口，有时我们只能躲在弹坑里，温度变得非常高”。然后他被狙击手击中。“有红色的东西从我脖子上射了出来，烫烫的，然后我掉进一个弹坑。有好一阵子我记不清很多东西，直到听到可怜的老史蒂文说：‘你死了吗，先生？你死了吗？ 243
如果他们杀了你，这些天杀的就太可恶了。’”但比涅不可思议地活了下来。他继续在死伤者中间忙碌，躲避炮火和零星的机枪扫射。尽管受了伤，他还是继续工作，给那些活不下来的人分发小瓶吗啡，含着泪水倾听临终之言。当比涅浑身沾满泥浆和鲜血，最终到达一个包扎所时，他已经筋疲力尽。坐下来包扎伤口时，他想起了童年时代的一句话：“重要的不是你死了，而是你怎么死的。”[51]

这再一次证明了德国人在佛兰德斯第一防线上的防守非常坚固。没完没了的轰炸带来的疲惫、恐惧和震惊也许已经使守军的神经崩溃，但当时机成熟时，他们却用尽每一分勇气和决心进行抵抗。镇守贝尔维尤支脉的第6猎兵团留下了战斗报告，揭示了新西兰和澳大利亚两个营真正的恐怖遭遇。报告记录道：

> 尽管遭受了最严重的损失，部队却迎来了最佳的精神状态，这可能主要源于一流的火炮，以及英国人的巨大损失。这一天机枪状态绝佳。由于弹药充足，而且一整天都在有效地运送（仅这一天就运送了13万发以上的机枪弹药），所有可见目标都能被连续的机枪火力击中。其中一些机枪发射了多达1.5万发子弹。小型武器的弹药消耗量也非常大。一名下士报告发射了700发子弹。由于射击的场地常常很开阔，而且英国士兵整天大规模地行动，因此他们成为最有价值的目标。机枪

> 的威力对敌人来说确实是毁灭性的。尽管敌人在我方战区的左右两侧都有渗透，但他们既不能触及我营的侧翼，也不能将渗透变成向后方的突破。这首先应归功于机枪。

244 各猎兵营拼命工作，临时搭建了简陋的清洁区，在那里可以把泥泞的武器运来清理干净，然后送回前线，确保火力不减弱。仿佛这还不够糟糕，战斗报告还记录了火炮多么“精确”地打击了苦苦挣扎的进攻者。通过发射白色信号弹，他们能够将炮弹射向任何需要的地方，同时还发射数百枚迫击炮弹，用直接火力打击“常常集中在一起的敌人”。[52]

如此密集的防御火力制造了一场大屠杀。在贝尔维尤支脉前上演了几出最惨烈的场景：注定要失败的几个营的部队在条件恶劣的地面奋力前进，一排排的步兵被猛烈的机枪火力击倒，布满褐色泥水的弹坑被鲜血染红。来自克莱斯特彻奇的古典文学教授、坎特伯雷团第 2 营指挥官休·斯图尔特（Hugh Stewart）上校对他所在战区的可怕景象感到震惊。600 多名死去的新西兰士兵躺在贝尔维尤支脉德军的带刺钢丝网前，像破布一样散落在格拉文斯塔夫公路上。他痛苦地写道：“他们的血像水一般流尽了。”他总结了原因：“障碍物坚不可摧，失败原因很容易分析。”当然，整个行动是仓促进行的，没有足够时间侦察地面，做好充分准备，但斯图尔特认为这些只是次要因素。“我们失败的原因，主要在于火炮弹幕过于薄弱，地面状况糟糕，碉堡里的机枪火力强大。最重要的是，铁丝网完好无损。”[53]

对新西兰指挥官安德鲁·拉塞尔（Andrew Russell）少将来说，10 月 12 日是痛苦的警示，提醒他在战争中不要把任何事情视为理所当然。他在日记中写道：“今天破晓时分发起进攻，所有其他师，甚至一开始就被机枪火力挡住了。显然火炮准备不足，火力网薄弱，这就说明了‘欲速则不达’的道理——我们伤亡惨重。”[54]拉塞尔是一名精明的军人，一丝不苟，兢兢业业，努力打造自己师的精锐部队声誉，从未失败过。几天后，他来到前线，目睹了德军 245
阵地的力量。他意识到进攻太仓促了，但他仍然坚称手下参谋本应该了解到这一点并采取行动。[55]拉塞尔的师共伤亡 3 000 人，其中近 1 000 人阵亡。这是他们唯一一次在战争中没能实现目标，也是新西兰军事史上最糟糕的一天。[56]

莫纳什于 10 月 18 日写信给妻子，对最近的挫折感到很痛苦。他抱怨说：“我们的士兵正被投入最惨烈的战斗中，在愚蠢的冒险行为中牺牲，比如比勒库尔战役和帕斯尚尔战役，战时内阁中没有一个人发出抗议。”3 天后，他又写了一封信，心情似乎有所平复。伤亡显然仍在困扰着他，他详细描述了为把伤员从前线撤离到高级包扎所而制定的一项制度。他似乎想安慰自己，他们正在做着一切能做的事情。包扎所距战场的平均距离超过 4 000 码（约 3.7 千米），每个伤员需要 16 个担架员抬回包扎所（4 个小组接力，每组 4 人）。“当然，这个庞大的部门相对来说只是大战役的一个小方面，但是在整个部门的工作中，无论是战斗还是运送补给、储备和弹药，我都努力推行类似的系统性方法，让工作有序开展。这样就不会有混日子、工种重叠和目标交叉的情况。每个人都必须明确自己的工作是什么，以及必须在何时何地去做。”[57]第二天，即 10 月 22 日，他移交了自己的战区，麾下部队得到接防。澳新军团的使命完成了。

第十四章

“不值得流一滴血”

这不再是堑壕战，而是泥坑战。 246

——A. H. 阿泰里奇[1]

1917年10月13—25日

日复一日，伊普尔突出部无止无休、危险单调的生活继续着。10月中旬，戈德弗罗伊·斯凯尔通（Godefroy Skelton）中尉被派往部署在侯图勒斯特森林附近突出部北缘的皇家工程师某部。他在卡塞勒的第2集团军指挥部度过了夏天，但现在他发现自己置身于前线的荒野之中。“我们不得不住在露天的钟形帐篷里，驮马行走的路线是一片泥海。”他记道，“到处是泥巴和弹坑……战线上德国人的水泥碉堡在泥里下沉，向四面八方倾斜”。他们肩负着无数的任务：在占领的碉堡周围筑起厚厚的沙袋墙（以保护碉堡入口免受炮火袭击），让垫路踏板保持良好的修缮状态，在无人区标示指路胶带，训练骡子把工程物资运到前线。不在前线时，戈德弗罗伊还得完成一项痛苦的任务，那就是给麾下牺牲士兵的家属写信。这与他在卡塞勒的时期大不相同，在那里他“住在城里最大的旅馆里，很有气派”。②

戈德弗罗伊一直在恶劣的环境中工作，经常是过度潮湿、毒气弥漫的地方。这意味着他要长时间地戴着防毒面具，难怪他很快就感到神经接近崩溃。他承认：“我觉得自己正变得‘神经衰
247 弱’，因为压力、对伤亡的恐惧，以及对工兵作业和步兵大型工作组的职责。”当向连部和营部汇报时，他发现自己不想迈出指挥部了，于是他推迟了出门忍受机枪和狙击火力的时间，用威士忌麻木自己的感官。事实上，戈德弗罗伊并不是个例。每一个在突出部服役的人都感到在那里失去了自我。发现自己无法忍受被蹂躏的战场，也无法忍受藏身在幽闭恐怖的碉堡里。这些碉堡内或许已撒上了生石灰，但总是散发着死人的气息。斯坦利·罗伯茨是第49师（在珀莱卡佩受到毁灭性打击的一个师）的赶马人，他认为这“不再是达尔文式的适者生存，只有那些安全地远离这场可怕大屠杀的人才能生存下来，无论是在平民居住区，还是在舒适的驻扎营地，或者是在基地，或者是在英国，都是如此。即使是最强壮、最健康的人，当被炮弹击中、打成血块时也难逃一死。我对战争的信心在动摇……”③

毫无疑问，伊普尔战场毒气弥漫，月球表面般的地表疤痕累累，到处散布着相互支援的碉堡，这极大地挫败了士兵的士气。炮火或许是士兵面临的最糟糕的事情，可能会对精神造成巨大的伤害。“我的妻子有时问我炮火是什么样子，”一等兵 H. S. 泰勒

（国王利物浦团第10营一线部队）回忆道：

> 情形当然各不相同，取决于是弹幕还是对特定目标的单独
> 炮击。在后一种情况下，你有机会在下一发炮弹到达之前逃
> 跑。最可恨的是德国小口径高速烟火弹（Whizz-bang），顾名
> 思义，德军在没有任何警示的情况下从扁平弹道发射这些大
> 约12磅的小炮弹。我发现有时这些炮弹是从胸墙里钻进来的，
> 真的，我曾经看到一个士兵这样受的伤，而且奇迹发生了，
> 炮弹射入他的胸口，但没有爆炸，他活了下来。5.9英寸炮的
> 射击恼人而精确，对我们不利。一种重型榴弹炮的炮弹被我们
> 戏称为“杰克·约翰逊”；另一种同样口径的炮弹则被我们戏
> 称为“煤箱”，因为它会留下一大片黑烟。一些炮弹发出像火 248
> 车通过隧道一样的声音；另一些从头顶飞过的炮弹发出柔和的
> 汽笛声或嗖嗖声。总之，炮弹朝你飞来，会发出完全不同的声
> 音，甚至给了你时间去用你认为任何有用的掩蔽方式在一个看
> 似疯狂的世界中生存下去。[4]

突出部的“枪林弹雨”从未完全停止，但在风暴减弱的短暂时刻，士兵的思想会集中在更平淡的事情上：努力摆脱令人垮掉的疲劳感并保持清醒；虱子在身体上游荡令人不断发痒；什么时候能得到热的食物和水，什么时候能换岗。

由于战场上没有合乎要求的堑壕，一些士兵必然要在匆忙夺得的德军碉堡里避难。但这些地方并不适合逗留，甚至可以把最

坚强的人变得神经衰弱。女王的皇家西萨里团第 11 营的刘易斯机枪手维克托·法金斯（Victor Fagence）于 7 月 31 日上午手部受伤，在德军最近撤离的一个碉堡中避难。不幸的是，一枚 12 英寸（30 厘米）的穿甲弹从屋顶钻了进来，虽然没有爆炸，但让法金斯很担忧在碉堡中的逗留。不过他仍然待在原地，理由是炮弹安装了一个引爆导火索（不是定时引信），这样只要它躺着不受干扰就不会爆炸。然而，当其他人那晚晚些时候进入碉堡一起避难时，引起了一些恐慌：

> 整晚到“碉堡”避难的人流持续不断，我们必须在里面大喊：“当心地上的哑弹，看在基督的分上不要踢它！”幸运的是没有人踢它，否则我们可能都被炸上了天，一命呜呼。⑤

未爆炸弹并不是碉堡里唯一的东西。第 18 师的火炮指挥官 F. J. 赖斯少校记得曾在一个叫“狗窝”（圣于连附近）的地堡里躲藏过，这个地堡因吸引炮火而臭名昭著。他记得：“地堡的地板是由垫在
249 盒子上的垫路踏板铺成的，目的是不让我们掉进底下肮脏的黑泥水里。泥水太深太脏，掉进去就出不来了。有人踩到一块松动的木板，搅动了泥水，泛起的恶臭难以形容，但这个地堡是附近唯一的混凝土掩体，所以我们坚持在这里待着。也许水里还泡着一些德军士兵的尸体……”⑥

英国和自治领士兵的士气或许在最恶劣的环境下仍能保持超常的稳定，但当换岗的时刻越发临近时，他们变得格外紧张。

据辛克莱·亨特中尉（澳大利亚皇家部队第55营）所述，从战线上被换下来的最初几个小时里，当沿着前线往回走的时候，会感到特别煎熬。他写道：“正是那时的恐惧最难控制，这种感觉很可怕。”

> 急走变成了稳定的慢跑，稳定的慢跑变成了快跑，直到某人气喘吁吁，宣布他不会为假想中的德国佬再跑一步，步伐才放慢了。弹幕没有落下，一些乐观主义者宣称现在安全了，想知道厨师会准备什么茶点，当我们到达时毯子和包裹是否已准备就绪。士兵们深一脚浅一脚地走着，一直走入漫漫长夜。第二天凌晨，一队队疲惫的士兵无精打采地沿路休息，随处可见。他们喝着曾在基督教青年会尝过的最好的咖啡，就在黎明之前，扑倒在帐篷或茅屋的地板上，睡上一个安稳觉。⑦

约翰·内特尔顿中尉（来复枪旅第2营）回忆说：

> 从前线下来总是比进入前线更令人害怕。你离安全越近，运气似乎就越差。休假的时候情况更糟。士兵们在前线能忍受各种各样的恐怖，但在休假时却表现得像受惊的兔子。这是一个众所周知的现象，人们不会因此把你看扁。⑧

不可避免，有些人认为只有离开部队才能得到救赎，所以他

们不请假就离开，或者完全当了逃兵。1917 年间，据报擅离职守
250 的英国士兵总数逐步攀升，12 月达到顶峰，记录在案的有 2 000 名士兵。佛兰德斯战斗的激烈程度似乎对澳大利亚士兵影响格外大。尽管只占英国远征军兵力的 3.6%，但据记录，1917 年 12 月缺勤的澳大利亚士兵达到 200 名（约占逃兵总数的 10%）。在战斗最为激烈的 10 月，澳军的缺勤率和逃兵率也创下新高。⑨尽管澳大利亚和新西兰士兵的作战表现无疑仍是强而有力的，但这表明帕斯尚尔正在每况愈下，令人担忧。高级指挥官的叛逃率也不低。虽然他们幸免于战场上最恶劣的条件，但大多数并没有过着城堡中的奢侈生活。第 2 澳新军团的指挥部设在波珀灵厄附近的“十榆营地”（Ten Elms Camp）。诚然，这里离前线大约 5 英里（约 8 千米），但大多数参谋人员住在帐篷里（总指挥官亚历山大·戈德利爵士也住在帐篷里）。那里冷风直吹，极易受到敌人的空袭。⑩至于第 1 澳新军团，其指挥官威廉·伯德伍德定期前往前线，导致痛苦的脚部肿胀。“尽管我穿了一双优质厚实的靴子，鞋带系得很松以促进血液循环，但我不得不在冰冷的泥沼中跋涉许多个小时，结果双脚变成了冰块，几个脚趾渐渐出现顽疾，困扰了我多年。”⑪

尽管帕斯尚尔面对着血腥的混乱，但黑格仍然不愿意放弃（或者至少不愿意完全放弃）。10 月 13 日在卡塞勒举行的一次重要会议上讨论了是否应继续进攻的问题，好多人都参加了这次会议——基格尔、查特斯、戴维森、普卢默、高夫和各类参谋。据黑格所述，“我们一致认为只有在天气晴朗的时候才能发动进攻。地面干燥时，敌人所进行的任何反抗都不能阻止军队”。⑫这或许是

真的，但随着攻势持续到深秋，“天气晴朗的前景”似乎越来越不太可能出现。现在天气越来越寒冷，越来越潮湿，几乎没有转晴的希望。虽然英国人受益于9月非同寻常的好天气，但10月的情 251
况比预期的要糟，10月7—8日、13日、17日和24—26日的暴雨是该月的显著特点。[13]然而这并没有让黑格质疑是否应该放弃，如果说有什么影响，那就是使他决心不计代价地继续坚持到底。

黑格在战后与约翰·查特斯的通信中重申，他坚持进攻的原因之一是要分担法军的压力，他认为当时法军处于极其脆弱的状态。得知时任财政大臣的温斯顿·丘吉尔在《世界危机》（*The World Crisis*）第三卷中批评了他时，黑格并不为所动。“温斯顿不可能知道1917年法国军队有可能溃败的事实是如何迫使我继续进攻的。”[14]因此，黑格认为，只有在考虑到盟国的脆弱及其对英国远征军造成的负担之后，才能判断他的行动。黑格的主张最终将载入《英国官方历史》，詹姆斯·埃德蒙兹爵士写道：“贝当将军一再紧急呼吁继续佛兰德斯的行动，以确保德国预备队从法国战线分流出去。”[15]

法国的虚弱（或被视作虚弱）对战争的继续有什么影响是一个重要的问题。大多数历史学家对黑格的说法持怀疑态度，认为这些话要么是事后捏造的理由，要么是记忆力减退的表现。事实上，几乎没有证据表明贝当请求黑格继续进攻。[16]最近，历史学家伊丽莎白·格林哈尔（Elizabeth Greenhalgh）称黑格的辩解可谓“毫无根据”。她引用的法国文件表明，在法国军队准备进攻马尔迈松（将于10月23日进行）期间，黑格一再要求提前行动（提前到10月5日），以使德国部队撤出佛兰德斯。使黑格大为懊恼的是，贝当一如既往地谨慎，拒绝仓促行事。[17]黑格的日记在这一点上记录得很清楚。9月26日，他告诉罗伯逊，他希望见到法军指挥官，讨论关于“毫不拖延进行攻击的重要性”。他召见安托
252 万将军，请他让贝当做点什么，“把德军各师遏制在他们的前线”。但这无济于事。当黑格得知贝当可能要到10月中旬才会发动进攻时，他心烦意乱，喃喃自语说这“无助于我”，法国人“不按规矩办事”！[18]

现实情况是，贝当从未特别热衷于黑格的佛兰德斯计划，并在5月警告过黑格，认为他过于自信。贝当最想做的是让英国人接管西线大部，由此他的部队可以撤换下来，集中力量对凡尔登或贵妇小径进行几次精心准备的有限攻击。到1917年秋天，俄国可能会退出战争，贝当已经在思考1918年是否必须组织重大防御行动，因此他希望保存部队实力。10月18日，协约国总参谋部在亚眠开会时，贝当要求英国军队接替他的第6集团军，并告诉黑格，自己“很焦虑，会支持接管战线大部的原则”，这又提出了那个长期存在的难题：西线上的各国陆军各应分配多少战线宽度。[19]当黑格回应说，这可能迫使他放弃在佛兰德斯的行动时，贝当感到困惑不解。因此，两位总司令对如何打这场战争持截然相反的看法。黑格始终像个嗜赌成性的赌徒，一次又一次地挥霍钱财，他相信环境的变化只会增强对进攻行动的信念。与此相反，贝当对战争潮流如何变化有更深刻的理解，不再支持黑格的观点。[20]

当时黑格仍然相信他即将取得决定性的胜利，敌人即将溃败。

当战时办公室的麦克多诺少将不同意黑格新近发表的关于敌人状况
的声明（这些声明从对俘虏的审讯中得出）时，黑格感受到深深的
侮辱，并大声向罗伯逊抱怨。[21]问题是这位元帅已经叫喊“狼来了”
太多次了。当然，德国某些师士气的确很低落，黑格称第 10 巴伐利
亚师和第 79 预备役师的士气尤其糟糕，但我们能在多大程度上信赖 253
个别俘虏的证词或叛乱部队的谣言？即便如此，那又怎样？这并不
意味着整个德国军队处于崩溃的边缘。罗伯逊一如既往的冷静，使
其于 10 月 18 日回信给黑格。3 年来“无数乐观的预言和计算……
不同的人都做出过，说它们中的大多数是假的也不过分”。因此，
“现在认为德国军队士气有大幅度下降还为时过早”。[22]

关于德国军队士气的争论以及英军总部的评估是否准确，在这一年接下来的时间里，人们一直议论不断。但这些议论将越来越与帕斯尚尔岭上最后的一系列进攻无关。10 月 3 日，黑格表示，下一阶段的行动将由加拿大军实施，后者一直在朗斯周围坚守战线。该军最近在 70 号山参加了一场消耗战，其指挥官亚瑟·柯里（Arthur Currie）中将不愿意让他的部队经历更多的战斗，更别提在可怕的佛兰德斯了。有传言说他们被安置在第 5 集团军，但柯里明确表示，他在任何情况下都不会在高夫手下履行职责，黑格不情愿地顺从了他。10 月 13 日，在对帕斯尚尔的攻击遭到激烈抵抗的后一天，柯里会见普卢默，明确表达了不悦。他一看地面状况就确信整个努力是徒劳的。据报告称，他说过夺取帕斯尚尔岭将造成 1.6 万人伤亡（随后的事件将证明他的预测相当准确）。他发誓说，这个该死的地方“不值得流一滴血”。普卢默永远是个通

亚瑟·柯里爵士和他的参谋人员在波珀灵厄的加拿大军指挥部。当柯里被要求夺取帕斯尚尔岭时，他不为所动。据报道，他说这“不值得流一滴血”，而该战役将造成 1.6 万人伤亡

情达理的听众，他表示同意，但还是慢慢地摇了摇头。

“我的命令很明确。”[23]

柯里不安的消息很快就传到了英军总部。历史学家蒂姆·库克（Tim Cook）写道：“黑格和手下将军们讨价还价的情况并不常见。”但在这种情况下，他破例了。[24]与对待其他英军指挥官的方254 式形成鲜明对比的是，黑格觉得有必要亲自寻求柯里的帮助。这在一定程度上是因为黑格对这位加拿大人越发敬重，但这也反映了柯里作为一个小规模“国家军队”领袖的实际地位，他对“黑格和英国军队指挥官能或不能要求加拿大军队做什么有事实上的否决权”。[25]阿尔奇·麦克唐奈（Archie Macdonell）少将（加拿大

第 1 师指挥官）说，有一次召开师级会议，黑格的车抵达会场，柯里出外迎接。元帅急于向他提出某种建议，“黑格非常真诚、非常活跃，他停留了一阵但没能说服柯里。柯里拉着他的手臂，和他一起走来走去，显然在争论什么”。不久，黑格直接向柯里的参谋发表了讲话。他告诉他们帕斯尚尔必须拿下，加拿大人被要求这样做。他承认各位指挥官“强烈反对”这样做。“但我成功地消除了他的顾虑。总有一天我希望能告诉你们为什么必须这样做，但同时请你们相信我的话。”黑格向士兵保证，“数量空前的火炮”将支援他们的进攻。[26]

亚瑟·柯里爵士跟黑格是截然不同的两类人。柯里来自安大略省斯特拉斯罗伊（Strathroy）的一个普通家庭，先后当过教师、保险推销员、民兵指挥官和房地产经纪人。1897 年，柯里加入民兵组织，尽管由于胃病发作（这种病在法国的时候常犯），无法参加南非战争，但他是个适应性非常强的人。作为一个纪律严明的军人，面对战争他强调专业精神和军事训练，强调装束齐整，注重细节。至关重要的是，柯里“从不声称可以解答所有问题”，但他尽己所能地阅读，向他人学习，并且明白只有来之不易的经验才能磨炼自己的技能。[27]这些特点让他受益，他的一系列擢升令人炫目：1914 年升准将，1915 年升少将，21 个月后升中将。到 1917 年夏天，柯里成了帝国最受瞩目的加拿大军官，也是黑格需要帮助时求助的人。

黑格在告诉柯里为什么要夺取帕斯尚尔岭时有所保留，从某 255
些方面看是令人惊讶的。有这样一次重要的行动，雇用帝国最精锐的一批部队，却迟至这个阶段还不解释清楚为何必须夺取目标，这相当异乎寻常。但是可以理解，黑格并不热衷于详细讨论这一问题。当柯里一次又一次地问他为什么要占领这个山岭时，黑格会用同样恼人的话回答——总有一天会告诉他，但不是现在。[28]事实是，如果不占领这个山岭，那么这场基于过分乐观而策划的攻势，这场未能实现宏伟目标的攻势，便没有什么能拿得出手的成果了。这位元帅曾设想他的部队横扫佛兰德斯海岸，但残酷的事实是鲁莱斯和英吉利海峡仍然遥远。没有这个山岭在手，黑格将不得不光着头回到战时内阁，乞求他们的宽恕。因此，夺取帕斯尚尔并不是为了打破防线、把敌人限制在原地，更不是为了给冬季赢得一条更好的战线——而是为了挽回自己的颜面。

黑格或许没有公开希望攻下帕斯尚尔的原因，但他对柯里的态度说明了1917年加拿大军对这场行动的重要性。它是英国远征军最大的海外特遣队，由4个师组成，辅以火炮工程队和医疗队，共有8 000多名军官和10.6万名其他兵员（大大超过澳大利亚和新西兰特遣队，后者总共可派出大约7.5万人）。[29]虽然英国各师可以根据需要在前线任意调动，相对定期地进出军级指挥部，但是加拿大政府已向英国人表明，加拿大公众舆论不会支持以同样方式对待他们的师。加拿大各师将团结一致，共同作战。一些英国军官会抱怨说，这意味着加拿大部队比英国部队部署起来更麻烦，灵活性也更低。这肯定是有道理的，但好处大于缺点。加拿大军
256 队共同行动，不仅有助于形成一种非凡的团队精神和凝聚力，而且会让制订和颁布新的战术和规定变得更容易。

到 1917 年，加拿大军在战场上以创新和专业的精神赢得了越来越高的声誉。在 4 月 9 日进攻维米岭时，它已经率先使用了新的排级战术、更高效的反火炮火力、机枪弹幕和装甲车。[30]加拿大部队还雇用了更多的分析人员和情报参谋，他们的军衔低于英国士兵，但是做出的努力令人印象深刻，因为他们将这些与空中力量和火炮结合起来。[31]加拿大军新成立了反火炮参谋办公室，汇总关于敌军火炮位置和移动情况的资料，并制订全面的应对措施。在维米岭，加拿大军官经过计算，定位了前线 212 门德国火炮中的 176 门，成功率超过 80%。[32]事实上，这一卓越成就比任何其他事情都更能说明黑格为什么委托加拿大军队夺取帕斯尚尔岭。夺取高地将是第三次伊普尔战役的最后一次伟大行动。如果他们都攻不下来，那么没有人可以。

10 月 13 日，德国第 3 近卫师第 9 掷弹兵团 F 连的步兵进入前线，从凯贝格（Keiberg）向北部署到帕斯尚尔村以南的伊普尔—鲁莱斯铁路线。“天气阴沉，”团史记载，“从早到晚地下雨，所有路都被冲毁了”。

> 目之所及，弹坑遍野。火枪手陷入泥泞的地里，淤泥直没到膝盖。弹坑里满是泥水，只有少数几个混凝土块（碉堡）躲过了敌人的轰炸，待在里面的一小部分人勉强能够抵御恶劣的天气。大部分人伏在湿冷的弹坑中，其中有些伏在水中，用防水布蒙住头，但也很难抵御来自上方的湿气。同时，一定不能出现明显的移动。整整一天，敌机群不断地在上空盘旋，向 257

1917 年 10 月 12 日伊普尔—鲁莱斯铁路沿线一段路堑中死伤的澳大利亚士兵。这张照片由澳大利亚官方摄影师弗兰克·赫利（Frank Hurley）拍摄，他描述说遇到了一幅“可怕的景象：一组十几个电话接线员全部被炸得粉碎”

> 敌方炮兵报告着一切动静。最为猛烈的扰乱性射击持续在弹坑的海洋上寻找着目标……[33]

到 1917 年 10 月，帕斯尚尔岭的情况令人震惊。村庄几乎已从地图上抹去，航拍照片清楚地显示了建筑物和道路逐步遭到破坏的情况。第一次看到这幅景象时，一位在第 13 预备役步兵团（第 13 预备役步兵师）服役的士兵惊讶不已：“在朝阳的强光照耀下，破碎的墙壁向天空延伸，教堂的断壁残垣也是如此……到处都是裂开豁口的空洞、废墟，朽败不堪、满目疮痍。”士兵们几乎无从掩护，只有无尽的弹坑，他们称之为“弹坑场”（*Trichterfeld*），而营部则被安置在一座极易遭受炮火袭击的破败农舍里。战斗的下一阶段就从这里开始了，要拼命完成多项任务：争取支援前线各营击退进攻者，研究预备队应派去哪里，然后在杀气腾腾的猛烈炮火中从一个弹坑向另一个弹坑推进。[34]

1917 年夏天，帕斯尚尔教堂的景象。在此后的战斗中它被夷为平地

“守军蜷缩在满是积水的弹坑里，没有抵御坏天气的保护措施，饥寒交迫，暴露在敌人势不可当的炮火下。”1918 年 4 月拍摄的这张照片展示了战斗后期糟糕的地面条件。这就是德国人所说的“弹坑场”

人们常说，可怕的地面条件和糟糕的天气对进攻者的阻碍远远超过防御者。库尔将军的想法不同。对他来说，情况正好相反。因为地下水就在地表以下，德军暴露在战场上，无法修建壕沟或地下掩体来保护，或让他们免遭无休止的“枪林弹雨”。地表上满是混凝土碉堡和掩体，这些都强烈地吸引着敌人的火炮，很快周围就布满弹坑，遍地尸体；这些碉堡和掩体就像汹涌泥海中的破船。库尔用赤裸裸的措辞描述了德军面临的形势：

> 守军蜷缩在满是积水的弹坑里，没有抵御坏天气的保护措
> 施，饥寒交迫，暴露在敌人势不可当的炮火下。甚至连前方部
> 队的参谋人员都没有掩护，只有弹坑上一层薄薄的波纹铁皮
> 258 顶。泥泞的土地上很难行动：人和马陷入泥中，涂满泥浆的来
> 复枪和机枪不能正常使用。守军鲜能享受热饭。由于电话和通
> 信线路被炸成碎片，在前线传达命令极为困难。对于在泥泞中
> 挣扎的信差来说，这是一项痛苦的工作。

对库尔来说，他的士兵所忍受的“痛苦、匮乏和力不从心”是“无法形容的”。他哀叹道：“在这个地狱里，没有一个师能坚持超过两个星期。”[35]

不仅仅是士兵在泥泞中挣扎，马匹在这种可怕的条件下特别容易受到攻击。10 月 18 日，野战炮兵团（巴伐利亚第 10 师）第 8 炮兵连的士兵试图巩固贝瑟拉雷周围的防线。据预备役少尉佩斯特鲁普（Peistrup）说，他们在运送火炮上前线时经历了“难以言

喻的困难”。到了指定时间，火炮预计发射 1 000 发毒气弹，然后一旦安全了，就把火炮撤回去。但是，地面情况是如此糟糕，这场作业很快陷入一场可怕的生存斗争：

> 当我们准备运送火炮时，一辆前车滑入一个巨大的弹坑。军官和士兵试图在有时没及脖子的冰水之中救起马匹。尽管尽了最大的努力，但这是不可能的，因为马被泥困住了。除了用左轮手枪把这些马从恐惧的痛苦中解脱出来之外，别无他法。再往前走不到 100 米，另一支队伍掉进了一个弹坑，所有的马都淹死了，来不及营救。[36]

火炮军官莱因哈德·勒瓦尔德也经历了类似的磨难。他在 10 月 19 日写道：“我们又经历了一次地狱般的炮击。”在两个“晴朗秋日”之后，战斗似乎已经结束，但加拿大士兵开始为他们的进攻做准备，炮火又重新开始了。“我们的炮兵连几乎承受着不间断的火力，最大的炮弹口径达 34 厘米。我们射击的阵地是一个弹坑场，几乎无法往这样糟糕的场地上运来更多弹药。我们的马又一次出现状况，其中近四分之一被射死或受伤，驮队有崩溃的危险。”[37] 259
这种不断暴露在死亡中或濒死的状况给士兵们带来了巨大的心理挑战，不难见到士兵们在猛烈的炮火下崩溃，尖叫着从一个弹坑跑到另一个弹坑，直到被战友们按住，或被打死或打伤。其他士兵把恐惧内化，继续前进：背诵祷词或咒语，手握护身符，或者严格遵循老生常谈的经验行事，深信这有助于在堑壕中穿越“死亡的灰色地带”。[38]

佛兰德斯战役不仅对堑壕里的士兵造成了心理上的伤害，指挥官可能同样沮丧，因为他们不得不将部队送入一场大混乱中，明知道这很可能是让士兵去送死。事实上，反应师的命运——是否应该部署反应师，在何时何地部署——为前线和后方的指挥部带来了许多焦虑。阿尔布雷希特·冯·特尔指挥瓦显蒂集群进行了很多次反攻。他描述了所面临的巨大责任，因为他一直担心自己会犯错，造成不可避免的致命后果。“一个人要在几分钟之内决定是否派遣预备队去营救前线的士兵，那简直是可怕的，实际上意味着又有几百或几千人将走向灭亡。我总是告诉自己，在做出这种决定时，必须像自己的兄弟或儿子在这些纵队中那样谨慎。可这一切意义何在？”他问，“毕竟，我们能‘回头’吗？”[39]

与黑格相信敌人士气即将崩溃的观点相反，在此期间，德国士兵的情绪基本上保持稳定，即使遭受着痛苦的考验。[40]尽管毫无疑问，佛兰德斯已经成为“烂泥”和“死亡”的代名词（正如一名士兵所说——“伟大的佛兰德斯人类绞肉厂”），但是德国部队在整个夏天和秋天都表现得很好。[41]据第 233 预备役步兵团（第 195 师）的上士阿尔弗雷德·克莱斯特伯（Alfred Kleysteuber）说，当接到前往佛兰德斯的通知时，“这个词像死亡通知一样传遍了整个兵团。每个地方，大家的面孔都很严肃，因为每个人都知道宿命
260 时刻降临了”。然而，在到达帕斯尚尔并就位的前一天，士兵们还是准时下火车，落脚蒂尔特（Thielt），天空像往常一样被炮火照亮。[42]不过，并非所有部队都能如此轻易地进入“绞肉厂”。10 月

12 日被英军俘虏的第 16 巴伐利亚步兵团（隶属于以穷困闻名的巴伐利亚第 10 师）的一名连长告诉俘虏他的士兵说，当他们听闻要返回佛兰德斯时，军官在阻止哗变时遇到了“极大困难”。“行军途中，一名中校在队伍旁骑行，他告诉士兵们‘靠近点’，不要掉队；结果迎来一片‘混蛋’的叫骂声”，并被警告说，如果他再这样做，就把他射死。[43]

与所有军队一样，平衡至关重要。部队必须感到他们的牺牲是对等的、公平的，自己被要求做的不比别人多。尽管我们可以追溯到英国情报部门的一些证据，显示巴伐利亚士兵和普鲁士士兵之间的关系紧张。那些来自南德的士兵的“牺牲”，加剧了叛逃，但是军队在共同的纪律和爱国主义的约束下，认识到坚持到底有多么重要，所以有充分理由团结在一起。[44]然而，指挥官们清楚地知道这场战斗正变得多么令人疲惫不堪。根据 10 月 21 日第 4 集团军的一份报告，佛兰德斯的情况“超过了部队此前经历的任何恐怖事件”。“在凡尔登和索姆河战役中服过役的佛兰德斯前线士兵判断，1917 年佛兰德斯进攻者冲锋时遇到的火力风暴比以往任何时候都要猛烈。”正如人们所料，这对士兵提出了极高的要求，官方历史称之为“心理韧性”。德国士兵“到处在泥泞的弹坑里蜷缩，躲在障碍物后面，这些障碍物完全被射成碎片。他们暴露在火力和恶劣天气下，随时可能遭到敌人袭击。睡眠和补给远远不够，即便有，质量也堪忧，他们因而筋疲力尽”，德国士兵不得不鼓起勇气继续前进。“部署在这场战役里的绝大多数德国士兵，”官方历史自豪地总结道，“都通过了对韧性近乎超人的考验”。[45]

261 猛烈的炮火会使人发疯。第 86 燧发枪步兵团整个 9 月和 10 月都在战斗，根据该团团史，伊普尔的轰炸不同于索姆河的轰炸，在士兵中造成了“令人瘫痪的恐怖”。“士兵们把脸埋在泥里，紧紧抓住树根，不让自己像疯子一样不由自主地跳起来逃跑。其他人则悲观绝望地蹲在水泥堡垒里。”炮击时待在碉堡里，可以想象，那简直跟在地狱里一样。“当佛兰德斯的泥浆溅上天空，洒得到处都是，大地似痉挛般发作时，堡垒就会像波浪上的船一样上下摇摆。”虽然墙壁和天花板最大可承受 15 厘米口径炮弹的袭击，但爆炸声穿过混凝土带来了“揪心的感觉”。碉堡还可能被炮火严重破坏，因为炮弹会滑入周围的泥土深处，然后在地下爆炸，撕开地板，把任何不幸待在其中的人炸成碎片。这已经够糟糕了，但是人们最害怕的是整个碉堡因炮弹撞击而侧倒下去，门廊沉入泥浆，困住里面的人。难怪许多士兵都会深思熟虑是否要在那些黑暗、幽闭、阴森的碉堡里避难。1917 年那个可怕的夏天，在伊普尔突出部，死亡的方法很多。[46]

伊普尔突出部某地，一名德国士兵抓住机会在一个碉堡的入口处打盹

沃尔特·拉波尔特是一名军士，他在

第 1 近卫攻城炮兵团服役。他的炮兵连在战争中大部分时间都部署在前线炮击最严重的地区之一贝瑟拉雷［距波勒冈树林东部边缘一英里半（约 2.4 千米）］。他见证了死亡的到来是多么的不可预知，令人恐惧。最糟的经历发生在 8 月 26 日，当时一个叫梅耶尔的电话接线员被炮弹碎片“炸飞头盖骨”。虽然坐在他旁边的士兵没有受伤，但对发生的事情“深感不安”。拉波尔特记录了指挥官科尼中尉是如何尽快处理这一局面的。他“拿了一块木头，把掉在电话上的部分脑浆刮去”，把乱糟糟的场面清理干净。拉波尔特承认，彼时彼刻中尉面临着“一项艰巨的任务，要防止我崩溃……因为就在刚才，我还和那个士兵说过话”。第二天，又发生 262
了一起可怕的事件，一枚弹壳卡在 10 厘米口径枪的后膛里。机修工“烦透了”，闪过“疯狂的念头，于是他拿了一个槌子，在后膛半开的情况下敲打启动手柄”。结果一道强烈的闪光像雷击一样劈下来。“子弹从枪里射出来，在枪后发生了巨大的爆炸，这个可怜的家伙被严重烧伤。他的眼睛被炸毁了，在去包扎所的路上哭得很厉害。我不知道他后来怎么样了。”[47]

德军在佛兰德斯战役中有多接近崩溃？事实上，它离崩溃不远了，但还不够近。据《德国医疗史》记录，德军总共部署了 11 个军，有的部署时间很长，各军都将置身于第三次伊普尔战役的恐怖之下。8 月，19 个师抵达，接防了 21 个师；9 月，12 个师抵达，14 个师离开；10 月，31 个师抵达，18 个师离开；11 月，11 个师抵达，25 个师离开。1917 年 5 月至 12 月间，总共 100 个步兵师被派往佛兰德斯，98 个师得到接防，堪称“非同寻常的师级换防行动”。其中 23 个师被部署了两次，1 个师甚至被部署了 3 次。[48] 根据官方记录，7 月 10 日—10 月 10 日开始行动的 63 个师共伤亡 15.9 万人，许多士兵被重炮（其中包括远程榴弹炮），打死或打伤。远程榴弹炮专攻后方地区的弹药仓、士兵宿营地和任何级别的指挥部。毫无疑问，第三次伊普尔战役需要大规模持续性地投入部队、火炮和物资。[49]

显然，德军在 7 月和 8 月的战斗中相对而言未遭受重大损失。虽然第 4 集团军的伤亡并非微不足道，但战役似乎正在以基本可控和稳定的方式进行。8 月初，鲁普雷希特王储将这场战役与 1916 年的索姆河战役相提并论。在佛兰德斯，他麾下平均每个师损失 1 500—2 000 人，而在为期两周的索姆河战役中平均每
263 个师损失 4 000 人。“虽然当时因为长时间部署、睡眠不足而疲惫不堪，部队需要长时间恢复，但现在，部队的恢复非常快。”[50]然而，这种相对舒适的局面并没有持续多久，9 月 20 日的梅嫩路之战让德军进入最惨烈的战斗阶段。1917 年夏季德军损失最严重的 3 个时期分别是：梅西讷战役（6 月 1—10 日），10 374 人死亡或失踪，12 614 人受伤；梅嫩路和波勒冈树林之战（9 月 21—30 日），7 821 人死亡或失踪，16 986 人受伤；珀莱卡佩之战（10 月 1—10 日），9 034 人被杀或失踪，14 217 人受伤。[51]

到 10 月初，德军在佛兰德斯的阵地越发岌岌可危，狭窄的铁路网拥挤不堪，增援力量不足，严重影响了士气和战斗力。普卢默头 3 次捶打式进攻的冲击使德军绝望，在德国最高统帅部内的某些地方几近引起恐慌。10 月 11 日，阿尔布雷希特·冯·特尔

抱怨说：“从前天起，鲁登道夫给我打了3次电话，询问关于命令的事。库尔、罗斯伯格和其他一些大人物驾着参谋军车争先恐后地奔向指挥部和军队，还会在办公室里大发雷霆，让每个人都要发疯，神经紧绷。来自上层的紧张情绪注定令人不快，但也无济于事……”[52]就在同一天，鲁普雷希特的日记也暴露出越发强烈的不安感：“我们在佛兰德斯主战场上的部队仍然完全搅在一起，各种编队混乱不堪。”他认为，这些士兵的“战斗力一直在下降”，主要是因为敌人火炮的“压倒性优势”。“我们卷入一场时间争夺战，所以没有什么可做的，只有一再后退，迫使对手在向前推进火炮的过程中将时间浪费掉。”[53]

然而最危险的时刻已经过去。英国不可能保持9月20日—10月4日的非凡行动节奏。匆忙的准备工作、大雨以及在这样一个浸满水的空旷战场上作战产生的消耗效应，对黑格希望看到的进 264
展来说是致命的打击。10月9日和12日的新一轮两次进攻没有取得什么进展，战斗再次回到整个8月间那种更为缓慢、可以预知结果的局面。前线的情况当然很糟糕，而且令人极端疲惫，但是第4集团军可以在短时间内应付任何进攻行动。10月21日，鲁登道夫致电鲁普雷希特，告诉他“主要目标是在接下来的14天继续坚持，因此，必须在主战线部署尽可能多的野战火炮”，同时夜间要经常用毒气射击来干扰敌人。[54]虽然鲁登道夫预感，如果天气稍有好转，攻袭可能持续到12月，但是攻袭取得重大进展的可能性似乎越来越小。到10月24日，即柯里向帕斯尚尔高地迈出第一步的前两天，德国最高统帅部已经发布了整个冬季坚守阵地的指导方针。[55]

鉴于军队面临的压力，战术和组织变革迫在眉睫。第一次帕斯尚尔战役胜利的第二天，弗赖赫尔·冯·马沙尔（Freiherr von Marschall）将军前往佛兰德斯，负责指挥新组建的斯塔登集群。背靠近卫预备役部队，斯塔登集群部署在侯图勒斯特森林和帕斯尚尔南部之间，在突出部的最后防御行动中将发挥主要作用。[56]从这里看一眼地面就知道英国士兵从何方来。“帕斯尚尔—鲁莱斯铁路线为英军进攻提供了一条有利的路线，因为在它的南面，我方防线向后缩拢……而铁路以北，我方防线围绕帕斯尚尔转向西面。”10 月 20 日进入铁路线的第 126 步兵团（第 39 师）中尉 E. 沙阿尔施米特（E. Schaarschmidt）写道。他的手下尽最大努力在潮湿的地面上挖掘堑壕，他们将挖出散兵坑，并用木板、防水布或者波纹铁皮进行掩护。这并不是理想状态，但必须这样做。[57]

除了增援前线之外，德国的防御理论也在佛兰德斯的遭遇之后迅速更新。10 月 23 日，德军高层同意在每个前线师后方部署一
265 个反应师，形成由两个师构成的“军团”，深度为 8 000 码（约 7.3 千米）。前线指挥官被授权指挥这两支部队，以确保它们协同行动。[58]从某种意义上说，这是 1917 年德国不断变革战术之下合乎逻辑的举措。诚然，这一步所需的人力投入大大超出德国最高统帅部的预期（正是鲁登道夫一个月前警告过的“前所未有的部队支出”），但这似乎是在战役最后几周牵制英军的唯一可靠方法。

或许看不出来，但到 10 月 18 日加拿大军指挥部在波珀灵厄建成时，德国军队事实上已经赢得了这场战役。他们已在阵地上

坚守了足够长的时间，何况他们仍然驻扎在相当可观的一片高地上，这有助于扛到冬天来临，扛到重大作战行动不可避免的中止。此外，他们还成功完成了自 1914 年 9 月施里芬计划失败以来西线军队一直在做的事情——坚守西线，令同盟国能够保持调遣自由，巩固受到威胁的前线，并从东部打击俄国军队。现在轮到意大利了。10 月 24 日，鲁登道夫对伊松佐河发起反击，像霹雳一样突破了意大利战线。可以看出奥地利—德国进攻的势头猛烈而迅速。这场反击被称为“卡波雷托战役”，意大利军队被击溃。在 4 天之内，意大利第 2 集团军有 6 万名士兵被俘，500 门炮被缴获，继而全面撤退。[59]这将是这场战争中最迅速、最具决定性的行动之一，意大利能否进一步参与这场战争就此变得捉摸不定。对协约国来说，1917 年的开始充满不安、混乱和灾难，它的结束看起来也会是如此。

第十五章

“冲向铁盾”

266 敌人如野牛般向铁盾进攻，正是这铁盾阻挡了他们进犯我方潜艇基地……尽管一阵微震穿过了它的地基，但铁盾守住了。

——埃里希·鲁登道夫[1]

1917 年 10 月 26—11 月 10 日

亚瑟·柯里爵士毫不掩饰地反对在佛兰德斯作战，但军人的职业精神和责任感意味着，一旦命令下达，他就会毫不拖延地把部队调到最佳位置发动进攻。火炮至关重要，但如何在不被德军炮火摧毁或陷入泥沼的情况下让足够的火炮就位，这个问题令人恼火。柯里的火炮负责人 E. W. B. 莫里森（E. W. B. Morrison）准将视察前线时，对遇到的情况深感震惊。本来应该有 250 门重炮（澳大利亚军队曾使用，加拿大军队将接管），但他只能找到 227 门，其中还有 89 门已经不能使用。野战炮的情况甚至更糟。306 门 18 磅（84 毫米）炮本应该部署到火炮阵地内，但其中许多陷入泥中，泥水没到炮车轴，至少有一半火炮损坏不能使用。[2]柯里有一天甚至在会见黑格时迟到了，黑格当时正在波珀灵厄参加会议。柯里进来的时候，制服上还粘着泥巴，脸上带着酸楚的表情，他盯着黑格，想知道该如何得到所需的火炮。[3]

柯里的不妥协态度，以及尽一切可能确保成功的做法都值得赞扬，而且事实上至关重要，但他不能创造奇迹。到加拿大军发 267
起进攻的时候，火炮仍没有全部到位，阵地经常遭到敌人的轰炸和扫射，每天晚上都是如此，令人烦恼。雾和雨妨碍了对战场的观察，而且由于声波测距和光学测距部门（这两个部门都是定位敌方火炮的关键）无法跟上前进的步伐，所以加拿大士兵无法依靠惯用的密集反火炮火力对德军火炮施加影响。正如事后加拿大炮兵报告指出的，敌军火炮持续“对交通路线进行扰乱性射击，对铁路转运站和兵站进行远距离射击，对士兵营地、炮兵连所在区域和集结地点进行集中射击”，造成了重大伤亡，迫使维修和建设工作不断拖延。事实上，有些士兵怀疑德国最高统帅部已经意识到了形势对进攻者尤为不利，因为英军的火炮挤在狭窄的突出部，几乎没有掩蔽物，只能依靠几条破损不堪的交通道出入。如果德军士兵真的持续不断地轰炸突出部，可能会使英国和加拿大军队的损失“倍增”，甚至可能使未来的行动几乎无法实现。[4]

第一步是加拿大第 3 师和第 4 师向红线推进 600—1 200 码（0.5—1.1 千米），这是柯里 3 个目标中的第一个。左翼第 3 师将占领贝尔维尤的高地，而第 4 师则将在涨水的拉夫比克河对岸，瞄准伊普尔—鲁莱斯铁路上的一团“破碎缠结的树干”，也就是所谓的“歪脖林”（Decline Copse）。[5]几天前，进攻营沿着木排路和垫路踏板上了前线，士兵们排着细长的队伍，在雨水中打着滑，这是堑壕中的“苦伤道”。在这片潮湿的荒野上，主要的地标和大部分树木已经从地表上被抹去，官兵们只得努力寻找自己的位置，不过他们很快发现了覆盖着泥土或砖块的矮小碉堡，这些碉堡挡住了攀登山岭的道路。10 月 23 日，加拿大骑兵来复枪第 4 营的副指挥 G. F. 麦克法兰（G. F. McFarland）中校率领他的营开赴被称
268 为“集群公馆”（Cluster House）的前沿阵地，以便接替澳大利亚部队。他写道：“澳新军团非常乐意移交此地，因为他们度过了一段极其糟糕的时光。集群公馆是一系列的碉堡，位于一处较低的山岭，此地一片荒凉，被上帝遗弃，完全无法想象。通往这里的道路都铺着地垫，也只有这样才可以通行。地面简直是一片泥沼，遍布盛满水的弹坑，从地垫上走下来就意味着要沉入及腰的淤泥中。”[6]

安大略省欧文桑德市的汤姆·鲁瑟福德（Tom Rutherford）中尉是麦克法兰的下级军官。“我们占领的堑壕根本名不副实，”他回忆，“只是一条向下断裂的深沟，里面有 6 英寸（约 15 厘米）深的水”。进攻前一天的早晨，他手拿望远镜，打着滑在战区来回视察，试图熟悉要展开进攻的地面：

> 我连右翼位于一片小树林，比沃尔夫林（Wolf Copse）要小，“沃尔夫林”是骑兵来复枪第 4 营营史所配示意图上的叫法。小树林是 1 英尺（约 0.3 米）高的榆树林，每年这个时候

> 都是光秃秃的……在沃尔夫农场之外的树林边缘，似乎有个敌军碉堡，顶端和前方覆盖着破碎的砖块，显然取自沃尔夫农场，因为砖块都集中在那个区域。除此之外，再往右边大约 300 码（约 274 米）……在俯瞰整个区域的较小支脉末端，有另一处非常明显的碉堡。

鲁瑟福德回到连部（只是“堑壕边的一个突出物，上面覆盖些旧木板”），和下级一起安排前方事项和进攻计划，当炮弹或迫击炮弹偶尔在阵地周围爆炸时就缩紧脖子。那天晚上，他们安顿下来，只吃了“几块面包”，没有水。[7]新一轮进攻的开端很是不祥——这儿可不像维米岭。

前沿阵地缺水（虽然到处都是泥泞的水塘），更增加了部队的不适，或许还让他们在 10 月 26 日上午的出发变得更加紧迫。清晨 5 点 40 分，发动进攻的时刻到了，徐进弹幕在寒冷的黎明中铺开，领头的进攻队伍冻得僵硬，满身泥块污秽，蹑手蹑脚地穿过毛毛雨和雾气向目标前进。10 月 9 日和 12 日曾阻挡进攻的一排排 269
带刺铁丝网现已被炸掉，但进攻行进缓慢，勉强取得进展。第 8 旅（第 3 师）在贝尔维尤以北向前推进，越过了沃尔夫林，据他们记录，前线营在进攻头一天晚上遭到“猛烈而持续的炮击”。当他们越过堑壕时（头盔涂上了一层暗褐色以防止反光），敌人尽一切可能抵抗，机枪和来复枪火力“猛烈”。[8]

这一天的战斗艰苦而残酷。加拿大骑兵来复枪第 4 营在两小时内只前进了 500 码（约 457 米），士兵们逐渐掌控了散布在前方的碉堡。[9]“5 点 45 分，冲锋连开始推进，在弹幕掩护下准时到达第一排碉堡，”麦克法兰中校回忆说，他关注着进攻的进展，“在这里，我们的人遭受了非常严重的伤亡，特别是被碉堡中的狙击手逐个击毙的军官。这些据点上的两支守军顽强作战，一直在用来复枪和机枪射击，直到被刺刀刺死或被炮弹炸死为止”。该营重组后，试图推进到第二排碉堡，但“毁灭性的火力迎面袭来，他们完全无法前进”。[10]由于两翼的部队无法跟上，该营别无选择，只能巩固既有战果，期盼能有最好的结果。至于汤姆 · 鲁瑟福德，他掉进了一个 3 英尺（约 0.9 米）深的水池里，丢了大部分装备。但他随后指挥了针对某个碉堡的攻击，该碉堡阻挡了邻营的前进。事后，他把自己的成功归结为“疯了一般”，“像游击队员一样战斗”，还有浑身是泥——这使他很难被发现。[11]

那天，类似的勇敢行为帮助加拿大人实现了大部分目标。加拿大军在 10 月 26 日—11 月 6 日间赢得 9 枚维多利亚十字勋章，仅第一天就赢得 3 枚。[12]在第 43 营（加拿大卡梅伦高地团），罗伯特 · 山克兰德（Robert Shankland）中尉率领所在排沿着贝尔维尤支脉冲进了风暴般的机枪和狙击火力中。该营战争日记上写道：“黎明破晓时分，可以清楚地看到我方士兵正沿着天际线，在山岭
271 上两个骇人的碉堡周围缓慢移动。”然而进展迅速放缓，随着早晨时间的流逝，越来越多的散兵开始出现在营指挥部，他们失去了军官，在猛烈炮击下深感不安。右翼第 58 营被一个据点阻挡，使得山克兰德和手下士兵的处境越发危险。C 连和 B 连的所有军官都中了弹，该营能否坚持下去尚不清楚。10 点钟，山克兰德回到

营部，报告说他正带着大约 40 个士兵守着山岭，但“受到狙击手相当严重的干扰”，如果弹药用尽，他们将无法守住阵地。加拿大人的进军眼看濒临失败。[13]

山克兰德将撤退到指挥部的士兵召集起来，及时返回贝尔维尤支脉。他们在高地上形成防御侧翼，而由克里斯托弗·奥凯利（Christopher O’Kelly）上尉率领的支援连——第 52 营的 A 连负责向前进攻。尽管不得不穿过一组坚固的堡垒，伴着泥泞土地上翻腾的隆隆炮弹，奥凯利的士兵还是挨个扫清了障碍。他们集中枪榴弹和刘易斯机枪的火力，依次向每个碉堡射击，这样能够暂时遏制碉堡中守军的火力。与此同时，侧翼部队冲向防御工事，向内投掷几枚手榴弹，杀死里面的敌兵，迫使幸存者投降。通过这种方式，奥凯利成功夺取了 6 个碉堡，抓获 100 名德军俘虏，并缴获 10 挺机关枪。如果没有这种尽忠职守的精神，开局进攻很可能会失败。山克兰德和奥凯利都因参与贝尔维尤支脉的战斗而获得维多利亚十字勋章。[14]

环境当然是进攻的主要障碍，但德国军队理应受到表彰，因其防御行动是教科书级别的：在必要时逐步让出阵地，一旦有可能就发起反攻，最关键的是，控制战斗的节奏。帕斯尚尔以南驻守着第 3 近卫步兵师，该师于 10 月 25 日夜间进入前线。当加拿
大人的弹幕在“炽热的硫黄云”[*] 中铺天盖地而来之时，先遣部队实 272
践了新的防御理论，开始撤离“前区”，同时发出火炮支援的紧急申请。“彩色的火焰到处都是”，第 9 掷弹兵团团史记录道：

* 毒气。——译者

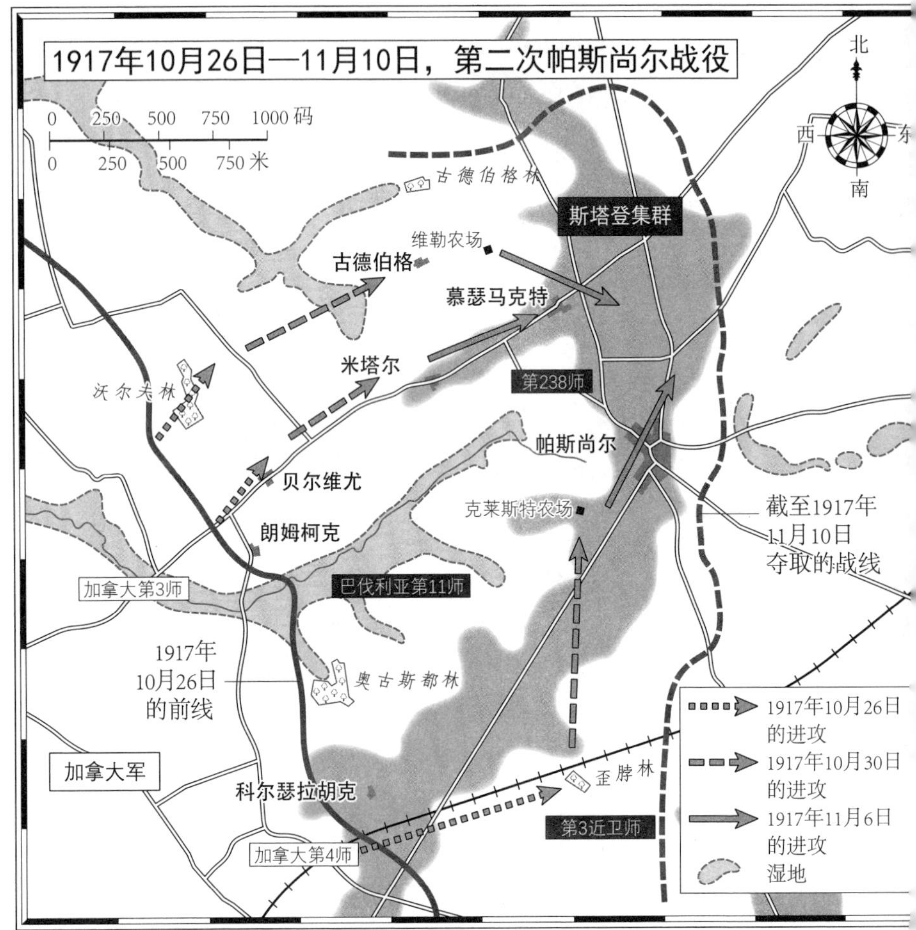

1917年10月26日—11月10日，第二次帕斯尚尔战役
0 250 500 750 1000码
0 250 500 750米
北
西
南
古德伯格林
斯塔登集群
维勒农场
古德伯格
慕瑟马克特
米塔尔
第238师
沃尔夫林
帕斯尚尔
贝尔维尤
克莱斯特农场
截至1917年11月10日夺取的战线
朗姆柯克
加拿大第3师
巴伐利亚第11师
1917年10月26日的前线
奥古斯都林
加拿大军
歪脖林
科尔瑟拉胡克
第3近卫师
加拿大第4师
1917年10月26日的进攻
1917年10月30日的进攻
1917年11月6日的进攻
湿地

> 德军火炮随后立即开始弹幕掩护射击。一轮又一轮，一发接一发。通信是不可能的。步兵纷纷蜷缩在弹坑里，无助地暴露在炮火中。除此之外，部队对英国飞机实际上无能为力。它们仍然在弹坑上方低空盘旋，将机枪对准一切生命迹象。步兵不顾炮火挑衅和频繁滑落的泥沙掩埋，静躺在弹坑里，如若稍有移动，战线就会暴露。也许正因如此，这个团才没被彻底消灭。然而仍未见敌人进攻。只听见右侧邻近战区重型机枪的射击声，说明那边激战正酣。不久，消息传来，敌军正向铁路以北的帕斯尚尔推进。⑮

当时，保罗·冯·克努塞尔（Paul von Kneussl）的巴伐利亚第 11 师遭到猛烈攻击，该师负责守卫帕斯尚尔。它于 10 月 20 日被派到佛兰德斯，并在进入前线时接到命令，指示“整个防御的重点”在于迅速和“无情的反击”。听取关于敌人最新战术和防御状态的报告后，每个连队都配备了 2—3 挺 MG-08/15 机枪，这是传奇的德国版马克西姆机枪的轻型变体。每个团还分发了 12 门轻型迫击炮和 14 个榴弹发射器——这一系列惊人的火力配备旨在弥补各步兵营（现约 650 人）战斗兵员下降的情况。⑯巴伐利亚士兵 10 月 26 日的表现令人瞩目。他们不仅对抗了数量占优的敌人，还给对方造成了大约两倍于自身的伤亡数。⑰名叫格里森贝克（Grießenbeck）的士兵事后描述了发生的事情：“亲爱的父亲！26 日那天我们过得很艰难。经过 3 天的猛烈战火，英国人攻击了我方阵地 4—6 次，占领了其中一小部分，但不得不在令其绝望的反

273 击中撤退。我们毫无差池地守住了阵地。敌人损失很大，但不幸的是我方损失也不小。”[18]

德军或许已逐步失去了进攻开始时占据的大片高地，但这并不妨碍其火炮发挥效力。在进攻最后阶段，德军火炮集结在贝瑟拉雷周围和葛路维东南部，用到了越来越多的纵射火力。事实上，英国士兵和加拿大士兵越深入突出部，就越容易受到德军炮火的攻击，甚至可能包围他们整个前进路线。[19]第 2 集团军的炮兵连炮击了已知的德军集结点，给德国炮手带来了一些麻烦，但始终无法完全压制日复一日的扰乱性射击。莱因哈特 · 勒瓦尔德写道：“敌人的突击纵队遭遇我们猛烈的火力，尽管敌人使用了大量弹药，但没能压制住我方火炮。”勒瓦尔德的火炮部署在帕斯尚尔以东几百米处。那天早晨，他们遭到猛烈的毒气弹轰炸，但幸运的是大风使轰炸基本无效。“这几天，炮兵连在射击阵地上艰难度日，同样，在我们的住处德芮特（De Ruiter）也找不到任何安宁。接防部队和马匹以及马匹拉的弹药车都待在德芮特，一连几天几夜，这里一直遭到猛烈的炮火袭击，我们需要搬地方了。”[20]

德军火炮转移后，英军飞机就开始寻找敌人的新阵地。加拿大军指挥部收到的关于敌方炮位和反火炮战斗力的情报几乎都来自空中观察，不过这并不容易，因为飞机经常发生发动机故障，雾霭弥漫，还有虎视眈眈的德军战斗机中队在追踪速度较慢、行动较迟缓的英军侦察机。[21]事实上，在战斗的最后阶段，空战的激烈程度还是一如既往。10 月 27 日，天气有所好转后，皇家飞行团的飞机在突出部上空出动。超过 200 个目标在火炮的“区域呼叫”

1917 年秋天，鲁莱斯西南的德芮特村，德军部队和运输队

中被击中，9 架德国战斗机被摧毁。[22]不幸的是，那天皇家飞行团
失去了最受尊敬的年轻飞行员亚瑟·里斯·戴维斯少尉，一个月前 274
击落维尔纳·沃斯的 20 岁小个子飞行员。他的编队在鲁莱斯附近发现一组 6 架敌机的机群，当时他正在执行巡逻任务。从不避战的里斯·戴维斯立刻扑向一架信天翁 D5，但再也没有回来。[23]

柯里进攻的第二阶段于 10 月 30 日开始。目标是继续沿着两条主要公路从格拉文斯塔夫和宗讷贝克推进到帕斯尚尔（地面稍坚固），然后再到蓝线。在左翼，他们将夺取古德伯格支脉（Goudberg Spur）；在中心，他们将夺取米塔尔公馆（Metcheele House）；在右翼，他们将夺取德国在克莱斯特农场（Crest Farm）的据点。[24]这次进攻大体上是 10 月 26 日战斗的重演：在一片泥泞的荒野中进行骇人听闻的斗争，生存取决于良好的训练和出色的指挥，但最重要的是可靠的刘易斯机枪和枪榴弹。第 4 师以开火和移动战术相结合的方式占领了克莱斯特农场——一个部署了机枪的险恶据点，而第 3 师只是勉力向米塔尔前进。敌人的狙击手从隐蔽处把军官和士兵逐个击毙，直到他们被来复枪兵干掉或者被刺刀就地刺死。火炮支援几乎名不副实。第 49 营［领导了对福斯特农场（Furst Farm）的袭击］的战争日记写道：“野战炮承担的任务几乎不可能完成。弹幕距离太近且不规则，无法有效防止敌人用来复枪和机枪进行报复。”第 49 营开始行动的时候，总兵力为 21 名军官和 567 名士兵。到这一天结束的时候，只有 5 名军官和 140 名士兵没有受伤。[25]

若不是部署在柯里防线左端的加拿大骑兵来复枪第 5 营的韧性非凡，这种骇人的损耗将徒劳无功。进攻连设法绕过了林地种植园（Woodland Plantation），但后来放慢了步伐，跟丢了徐进弹幕。当地的敌军预备队开始集结。[26]指挥 C 连的乔治·皮尔克斯（George Pearkes）少校很快意识到处境有多么危险。很明显，他们的两翼被“挂断”，短时间内不可能恢复，因而暴露在猛烈的
275 纵射炮火下。皮尔克斯把幸存者聚集在一起，决定让其中一半士兵推进到主要目标——维普农场和维纳蒂农场（Vapour and Vanity Farms）；另一半由艾伦·奥蒂（Allen Otty）中尉领导，向左朝着索斯农场（Source Farm）推进，纵射火力就是从那里来的（那里先前是左边的第 18 军的目标）。奥蒂领导十几个士兵对索斯农场发起进攻，他们冒着猛烈的炮火，在厚厚的泥土中爬行。当到达射

程之内时，他们用几枚蛋形炸弹压制了碉堡的火力。虽然奥蒂于当天晚些时候阵亡，但他的指挥价值不可估量，令皮尔克斯夺取维普农场成为可能，确保了左翼的安全。皮尔克斯后因“最突出的英勇行为”获得维多利亚十字勋章。[27]

加拿大骑兵来复枪第 5 营士兵直面死亡仍无畏前进，在看似渺茫的机会面前坚守不懈，这将是整个战役中最不可思议的传奇。那一天的颓势因而得以扭转，加拿大军与帕斯尚尔也得以近在咫尺。10 月 30 日，柯里写道：“今天早晨我们又一次挺进，且当前报告表明，我们拿下了所有目标。今天的战斗非常重要，我期待着一场激战。我们已粉碎了几次顽固的反击。和往常一样，侧翼带来一点儿麻烦。”[28]柯里提到的“侧翼”暴露了他的沮丧，因为英国士兵没能跟上，所以加拿大士兵似乎又一次陷入孤军奋战。10 月 26 日，高夫的第 5 集团军曾在柯里左侧发起进攻，将进攻范围扩大到侯图勒斯特森林，而第 10 军则沿着葛路维支脉进一步推进。然而他们几乎没有取得什么成功。第 14 和第 18 军共遭到 5 000 多人的伤亡，但各营推进程度仅略超起始线。虽然第 5 师（第 10 军）的士兵占领了波尔德霍克城堡［位于波勒冈树林东南约 1 英里（约 1.6 千米）处］，但他们在当天晚些时候被迫放弃战果，又造成 3 000 人伤亡。[29]

4 天后，传来另一个令人沮丧的消息。10 月 30 日，第 18 军再次进攻，让两个师（第 58 师和第 63 师）向前推进，但又一次 276
未能实现目标。在第 63 师（皇家海军），敌人密集的弹幕“正好落在进攻部队中间”，一些连队在头 5 分钟内“几乎被消灭”。然而，军队为取得进展再次付出了卓绝的努力。一些连队向前推进了大约 300 码（约 274 米），随后便跟丢了徐进弹幕，不可避免地暴露在猛烈的炮火中。[30]这种对生命的浪费骇人听闻，人们越发意识到，英国部队只是在白白牺牲。第 18 军在战争日记中抱怨道："战斗的结果是重蹈覆辙。当一场进攻要在浸满水的地面和深深的淤泥中展开时，最后总是这种结果。部队发现无法跟上徐进弹幕，事实上是根本顾不上。他们的精力主要花费在从泥中拖出彼此……这次进攻再度表明，指望部队越过深深的泥沼发动进攻是不可能的。"[31]然而，加拿大士兵完成的正是不可能的事情。他们如同宝剑越来越窄的尖端，就这样一点一点、一寸一寸地推进。倒数第二场进攻将在 7 天内开始。柯里现在离帕斯尚尔村只有一步之遥。

当加拿大士兵奋力前进时，意大利战线上发生了大事。大卫·劳合·乔治于 10 月 27 日上午首次听说了所谓的卡波雷托战役。当时他正在萨里郡沃尔顿希思的家中，然后接到莫里斯·汉基来电。汉基传达了这场灾难的初步报告，随后表示法国人正在提供紧急支援。[32]不久之后，罗伯逊发来一封电报，建议"我们不要为这件事惊慌失措，但如有可能，必须制止事态进一步恶化"。[33]虽然罗伯逊赞成等到意大利政府正式请求出兵，但劳合·乔治希望立即采取行动。他回电报说：

> 650 门火炮的损失本身就是对协约国的严重打击，除非意大利的士气恢复，否则这场战役很可能会以灾难收场。如果我

> 们要主导大战的发展方向，就必须像德国人那样掌握控制权， 277
> 帮助协约国的盟国摆脱困境。㉞

当天下午晚些时候，战时办公室证实已向意大利派遣了两个师，与已经开始行动的 4 个法国师会合。运气好的话，他们将在两周内到达意大利前线。㉟终于，首相还是向意大利前线派遣了规模可观的增援部队，但并不是在他所希望的情形下。英国和法国军队远不是去加强对奥匈帝国脆弱侧翼的制胜打击，而是开始了孤注一掷的救援行动。

意大利灾难的真正程度在未来几天变得清晰起来。11 月 2 日，在战时内阁会议上，弗雷德里克·莫里斯少将宣读了一份敌军的官方公报，其中谈及有 6 万名士兵和“大量火炮”被奥地利—德国部队缴获，切断了意大利第 3 集团军在塔利亚门托（Tagliamento）以北的大部分阵地。协约国整个夏天都在讨论指挥结构可能发生的深远变化，现在这件事变得更加紧迫，也许是因为英国接管了西线的北半部分，法国最高统帅部监管着其余部分，一直到包括意大利战区在内的亚得里亚海。因此，有人提议，协约国代表将在意大利北部海岸的拉帕洛（Rapallo）开会，讨论新的安排，尽可能挽救意大利战场可能遭受的致命打击。那天，经过激烈的幕后谈判，劳合·乔治告诉同事，法国政府接受了建立“协约国间最高委员会”的初步计划，亨利·威尔逊爵士被任命为英方代表。㊱

成立某种形式的协约国间理事会，至少部分原因在于每个参战方都希望它助力自己实现目标：法国想让英国接管更多的西线，而

劳合·乔治相信这会削弱总参谋部的权力和独立性。[37]次日，英国
278 首相拉着不情愿的罗伯逊穿过海峡，前往拉帕洛。在两天疯狂的忙乱中，协约国间最高委员会的安排敲定了。为确保“更好地协调西线上的军事行动”，新的委员会将由首相和每个协约国政府的一名成员组成，负责拟定总体战略建议。劳合·乔治尖酸地写道：“威廉·罗伯逊爵士很高调，拒绝参加关于最高委员会的讨论。总的来说他很不高兴，这显而易见。他高视阔步地离开房间……走着走着又停了一会儿，让莫里斯·汉基爵士记下他没有出席讨论的事情。”[38]罗伯逊坚决反对而劳合·乔治执意助推，二者间的抗争将继续下去。

与此同时，鉴于慌乱的协约国领导人逐渐对统一指挥的必要性达成了共识，佛兰德斯的攻势只能蹒跚而行。莫里斯·汉基早就警告劳合·乔治要正视他对伊普尔攻势的责任。他声称，首相让这场战斗继续下去，是为了诋毁罗伯逊、黑格和其他所谓的“西线人”。如果战斗继续进行，而且明显未能达到既定目标，那么汉基推断劳合·乔治会在即将到来的协约国领导权之战中得到高票。[39]如果这是真的，那就等于彻底抛弃了待在突出部的人，他们奉命穿过烂泥、雨水、污秽、黑暗和无尽的炮火到达那个千疮百孔的山岭。柯里这时才刚刚开始行动，在战线前后来回跑，与普卢默将军一起安排模拟第 2 集团军 11 月 6 日的进攻，并下令在进攻前几天调动所有可用的火炮和榴弹炮进行初步炮击和突击轰炸。[40]

10 月 30 日之后，天气有所好转，不过对德国火炮的搜索依旧受到浓雾的阻碍，地面一如既往的糟糕。火炮“不断被炮弹炸出的

泥浆闷住”，这是不可避免的。在不点火时必须格外留心将火炮完全盖住，保持零件的清洁，持续给零件上油。事实上，在这种艰难的条件下，野战炮兵连坚持反复射击的能力令人惊讶。不论加拿大士兵如何努力，几乎所有的木质火炮迟早都会在烂泥中解体。士兵 279
们后来发现，将一排 3 英寸（约 8 厘米）厚的木板钉在枕木上，然后把木板支撑再打入地下的桩柱上，保持稳定的效果很好，不过没有木材可用时，火炮只能靠铺一层沙袋，上面覆盖一层波纹铁皮。[41]可想而知，负责火炮的士兵的居所也是极其简陋。加拿大野战炮兵团第 39 炮兵连的 H. L. 谢泼德（H. L. Sheppard）中尉说，他们不得不凑合着在地面上挖一条浅沟，用装满泥浆的沙袋筑起一堵墙，然后在上面铺设防水布。“在里面吃饭，睡觉，里面只能容纳三四个人。如果一个人要爬到别人的侧边，泥就会从靴子上掉到另一个人的茶里，这简直令人难以置信。”[42]

加拿大第 1 师和第 2 师于 11 月 5 日及 6 日夜间到达前线，奉命夺取绿线，其中包括帕斯尚尔村以及帕斯尚尔北部边缘慕瑟马克特（Mosselmarkt）和古德伯格的小村庄。[43]情况一如既往的糟糕。“整个乡村完全是一片沼泽，”第 24 营（第 2 师）的马格纳斯·麦金太尔·胡德（Magnus McIntyre Hood）写道，“在深深的烂泥里移动炮组是不可能的，因为泥一直漫到马的脖子，所以不得不抛弃马匹。步兵必须沿着铺设在泥上的垫路踏板去往前线。垫路踏板提供了相当稳固的立足点，但踩空落到泥里却是致命的。士兵们掉进泥沼就消失了。”[44]鉴于地面变得越来越危险，保证持久行动就变得很困难。“比利时前线是我见过最糟糕的战线，”二等兵担架员安德鲁·库尔特（Andrew Coulter）回忆道，“数不尽的弹坑相互连接，靠得很近，在它们之间行走几乎不可能。几乎所有的弹坑都积满绿色或略带血色的水。除了那些不断维修以提供补给的道路，其他道路完全被摧毁。”[45]

看到部队经历这样一场磨难，即将陷入深重的麻烦之中，柯
280 里无疑感受到了压力，但他仍然秉持一贯的坚毅态度。“澳大利亚士兵试图拿下它，英国士兵试图拿下它，现在他们呼吁加拿大士兵拿下它。”一位老兵回忆起他在进攻前的一次演讲时说道。[46]每天晚饭后，他会与下属举行会议，听取行动进展情况的报告。他的指挥风格让人想起普卢默将军：专业而深入地磋商。在加拿大军总指挥部工作的威廉·雷（William Rae）上校表示，在听取了这些报告之后，柯里将“表达自己的观点和未来的行动方向，任何人都可以提出想法，可以是对军队指挥官观点的扩充，甚至在某些情况下也可以是批判”。在一切问题解决之后，柯里会做出最后决定，并且“对于他希望做的事情没有人会持怀疑态度”。[47]

尽管局势不断恶化，柯里依然坚信他的士兵会拿下帕斯尚尔岭。他站在桌子上，对威廉·格里斯巴赫（William Griesbach）的第1旅说：“这是必须要做的。发动最后一次攻击并拿下山岭是你们的任务。我向你们保证，在扫清前路之前，绝不会要求你们前进，永远不会。”[48]

柯里言行一致。与10月26日和30日进攻之前的火炮弹幕形成对照的是，11月6日的徐进弹幕令敌人闻风丧胆。炮弹形成的台风呼啸而过，在飘忽的烟雾中阻断了山岭，压制了突出部周围

的德军火炮。在那一天的袭击中，柯里设法每隔 8 米就设置一门 18 磅（84 毫米）炮，每隔 32 米就设置一门榴弹炮。[49]火炮同重型机枪连一起，被编入一个 7 层的强大火力网，纵深可达 700 码（约 640 米），炮弹将落在进攻步兵的前方。此外，由于地面湿软，柯里决定将很大一部分榴霰弹（带有接触引爆的撞击引信）调整为在预定目标上空爆炸，最好恰巧在地面上方，这样更有效果。[50]

到了进攻打响的时刻（早上 6 点），弹幕降落在前锋部队前方约 150 码（约 137 米）处，以每 8 分钟 100 码（约 91 米）的速度开始 281
翻地，这是目前第三次伊普尔战役徐进弹幕的标准速度。在左边，第 1 师准备扫清山岭北部的敌人。格里斯巴赫曾告诉手下：“胜利的基础是要和德国佬弟兄们近距离接触。”他们没有让他失望。他们爬出堑壕，尽其所能紧跟在徐进弹幕后面。[51]第 1 营指挥官 A. W. 斯巴林（A. W. Sparling）少校报告说，B 连、C 连和 D 连“在达到第一个目标之前几乎没有遇到敌人的抵抗”，只有些孤立的敌军，“迅速被处理掉了”。敌人没有铁丝网，也没有重型堑壕工事，大多数守军只能将就利用地面窄窄的弹坑，在上面覆盖伪装物做掩护，但他们很快就被打垮。在慕瑟马克特，守军可以在一系列地窖中躲避，但他们似乎受到徐进弹幕的轰炸，大部分被消灭。[52]

在第 2 师的战区，敌人的反应同样时断时续。在帕斯尚尔以北，第 28 营（西北）的士兵发现德军的反攻轰炸“极其猛烈，但不稳定”，似乎不确定该营的位置，而地面的松软状态“极大地限制了”炮弹发挥作用，炮弹直插进泥里，还没来得及爆炸便深陷其中。“那一天……”第 31 营的二等兵 W. 麦考比—吉尔伯特（W.

McCombie-Gilbert）回忆说，“可以说如果地面很硬，就不会有人活着从这场战斗中走出来”。[53]距目标约 500 码（约 457 米）处，进攻者遭到连发重机枪扫射，但仍奋力前行，打着滑穿过地面以包抄守军。地面上到处都是死人，包括许多德军士兵，他们显然第一眼看到加拿大士兵就扔下武器逃跑了。“大多数人一堆堆地躺在一起”，大概是死于轰炸。[54]

攻占帕斯尚尔的任务交给了第 27 营（温尼伯市）。二等兵 W. E. 特纳（W. E. Turner）是发动攻击的士兵之一。“我们站在山脚下，除了泥巴和水，什么也没有，一切都是湿漉漉的。”他回忆道。

282 我们被告知在进攻出发前要尽可能休息。我实在精疲力竭，躺在泥地上睡着了，直到军士长走过来摇了摇我。他说：“起来吧，该走了。”当徐进弹幕开始时，我们刚好走在前线战友的前方，这次的徐进弹幕真的很精彩。我们按照针对帕斯尚尔进行训练时的要求不断靠近着它。我不清楚，但一定有一些伤亡，当时天很黑，不知道谁被击中了。当兵的永远不知道离自己几码远的地方会发生什么事情。每个在前线服过役的士兵都会这样跟你说。[55]

加拿大士兵一推进，守军就发送了求救信号弹，但在支援的弹幕降下之前，进攻者就已扫清了前进阵地上的敌人。“我们的士兵跟在弹幕后面有序前进，指挥官很好地控制着进程，”营部的战争日记记录道，“我们发现敌人在前进堑壕前不到 50 码（约

46 米）处占领了一排弹坑。我方的弹幕威力尽显，立刻就摧毁了敌人前哨线上的机枪。”该营继续推进，穿过被水淹没的地面，“各部队排成单个纵队”（而不是横向扩展的攻击波），这有助于减少伤亡，也更好控制。“他们的战斗精神和战斗素质都非常出色，军官则展示出最高水准的管理能力和领导力，”有评论指出。“各级官兵都大举进攻。”[56]在重型机枪的火力下，他们推进到帕斯尚尔村，然后扫清地窖，用刺刀刺死任何拒绝投降的德军士兵。

对抗加拿大士兵的是第 11 师，他们于几天前到达前线，在随后的战斗中几乎被摧毁。一名俘虏说，进攻“如此之快，以至于还没来得及采取行动，就在一个混凝土防空洞里被抓获了”。另一个俘虏说加拿大人的弹幕太过猛烈。[57]德军士兵尸体到处都是，尤其在教堂周围，那里后来发现了 78 具尸体。[58]尽管德国士兵的抵抗英勇而果决，但他们别无选择，只能穿过村庄逐步撤退。第 51 283
步兵团第 1 营的士兵用“气势汹汹的机枪和来复枪”迎击来犯者，但遭到包抄后被迫撤退。重炮的火力使他们与支援部队相阻隔，几乎不可能进行适当配合下的反击。这些守军的问题是搞不清到底发生了什么。所有电话线都被“炸成碎片”，甚至无法确定帕斯尚尔村是否仍在德军手中。他们决定组织小规模巡逻队，在军官带领下穿过“火炮幕帘”，亲自寻找答案。他们很快就在帕斯尚尔以东遇到加拿大军队，证实了那里已经沦陷。[59]

上午 8 点，加拿大军总指挥部接到报告说，他们的士兵已驻扎在帕斯尚尔。二等兵特纳的连队在千疮百孔、破败不堪的街道上推进。他看到一群衣衫不整的德国士兵惊慌地撤退，却被困在山岭另一边的沼泽地里。“我们喊他们回来，”他记得，只是德军不予理睬，继续在泥潭中挣扎，“当时情况并不太糟，我们也觉得没什么，但喊他们回来他们不愿意，所以我们无能为力，不得不把他们干掉”。特纳坚信，这别无选择。“第二天这些人就会和你作对，在那种情况下你不会有任何疑虑。”[60]

德军在该村的抵抗可能已经被瓦解，但零星的炮火仍持续了几个小时。炮弹落下，狙击手的子弹呼啸而过。巩固战果是一项缓慢且费时费力的工作，特别是在这种行迹暴露的情形下。加拿大士兵在下午的大部分时间里遭受着伤亡。“我们对处境彻底绝望了，这是毁灭性的。”马格纳斯·麦金太尔·胡德说。“我们躺在那里，在半浸水的弹坑里，等待着即将发生的事情。”突然，在他蹲伏之处的一两米开外，一颗炮弹爆炸，然后便是“巨大的撞击，一片漆黑”。几小时后，他在一张病床上醒来，脊椎受伤。[61]其他人则没那么幸运。第 27 营的二等兵彼得·罗伯逊（Peter Robertson）在死后
284 获得维多利亚十字勋章，因为他那天表现出了非凡的勇气：在进攻中突袭一个机枪阵地，然后在战火中带回两个伤员。就在他准备带着第二个伤员返回的时候，他遭遇了“一场名副其实的子弹风暴”，就此牺牲。[62]不过加拿大士兵守住了阵地。柯里做到了。

如果帕斯尚尔在战斗季余下的一两个月时间里失守，对于科特赖克的德国集团军群指挥部来说，将产生比实际更大的影响。这场战役并不是一系列突破性行动的开始，而是一次攻势最后的不规律阶段，这场攻势的火焰早就熄灭了。第 4 集团军以一贯的冷静报道了这一消息。“经过激烈而起伏不定的战斗，帕斯尚尔到

晚上仍然掌握在敌人手中。面对敌人步兵和火炮的猛烈进攻，我们的反攻失败了……除此之外，昨天的战斗并未改变我们的战线。”[63]在科特赖克，鲁普雷希特王储承认损失惨重，但对是否值得再费一番周折重新夺回阵地持怀疑态度。在被告知无法获得新的部队后，他不得不接受了这条战线目前将维持原样的事实。[64]

帕斯尚尔岭或许已失守，但德国军队对自己的艰苦战斗颇为自豪，这很可以理解。勒瓦尔德写道：“今天又是在广阔前线上进行重要战斗的日子。战斗从清晨持续到深夜。又一次，英军未能突破我们的佛兰德斯前线。但在我师战区，那个战斗最激烈的地方，敌人终归还是占领了帕斯尚尔高地和帕斯尚尔村。”勒瓦尔德所在师的炮兵部队刚刚获得了特别嘉奖，他安慰自己说敌人遭受了“极其严重的损失”，只是由于“数量上的巨大优势”才取得了胜利。[65]

对道格拉斯·黑格爵士来说，占领帕斯尚尔以及守住帕斯尚尔令他大大地松了口气，不过他觉得战斗还没有结束。“今天获得了非常重要的成功，”他在日记中写道，“除了帕斯尚尔，我们还夺得了慕瑟马克特和古德伯格。整个阵地都得到巩固，行动开展得 285
有条不紊。同时，我方部队在今天早些时候成功夺取了所有目标，损失很小——‘700 人以下！’”然而，无论他感到多么自豪都应该知道，他的攻势现在已经落幕，没有时间了。在帕斯尚尔攻下的第二天，英军总部接到命令，派普卢默将军率领英国军队部署到意大利。“哪有战斗进行了一半的时候，集团军指挥官及其参谋部被派往另一个战区的情况？”黑格质问。[66] 11 月 10 日，他任命亨利·罗林森爵士接替普卢默进行最后一次行动，当时柯里的部队准备加强对帕斯尚尔以北 52 号山的控制，此处是山岭的最高点。[67]至于普卢默，似乎很克制地接受了这个消息。

据说他告诉蒂姆·哈林顿：“你和我都被开除了。”派往意大利期间哈林顿将留在首长身边。[68]

普卢默于 11 月 9 日上午前往波珀灵厄，向柯里告别。普卢默显然很难保持镇静。柯里在日记中写道：“看得出来，他非常感伤。”[69]

人们时常会说，加拿大士兵承担并完成了“几乎不可能的任务”[70]。但一如既往，代价是鲜血、千疮百孔的尸体和残破的家庭。加拿大士兵在佛兰德斯的损失正如柯里预测的那样——只有 1.6 万名战斗人员伤亡。[71]夺取山岭是否能为付出的代价正名，这成了一个饱受争议的话题，不过柯里试图在回国后的报告中正视这个问题。他于 11 月 14 日写信给安大略省保守党总理威廉·赫斯特爵士（Sir William Hearst）：

> 取得某些阵地是绝对必要的，为确保这一点，总司令派出了加拿大军队……1917 年是加拿大军光荣的一年。我们从敌人那里夺得了一切目标，没有一个被敌人夺回。维米、阿勒克斯（Arleux）、弗雷斯诺（Fresnoy）、阿维翁（Avion）、70 号山和帕斯尚尔都象征着艰苦的战斗和卓绝的胜利。我知道没
> 286 有任何其他军队取得过这样连续不断的成功。所有这些都证明了加拿大士兵纪律严明、训练有素、领导力过硬、战斗素质过人。与如此出色的士兵共事，这种自豪感难以言表。唯一的

> 遗憾，也是最真实的遗憾，就是失去了这么多英勇的战士。像加拿大这样的年轻国家，实际上可以说任何国家都无法承受这样的损失。[72]

正如柯里预测的那样，夺取山岭所蒙受的损失将永远盖过加拿大军1917年11月的成就。柯里甚至不得不忍受战后的批评，人们怀疑他急于牺牲加拿大军队来换取战场荣誉。然而，人们并不知道他在被派往佛兰德斯时差一点儿违抗军令，他在进攻前坚持不懈地争取时间和筹划准备工作，这些因为与军事行动相关，过于敏感而无法

加拿大军队在帕斯尚尔的成功有赖于细致的（通常是极端艰辛的）后勤准备。加拿大工兵肩扛辎重从帕斯尚尔战场上的德军俘虏身旁经过

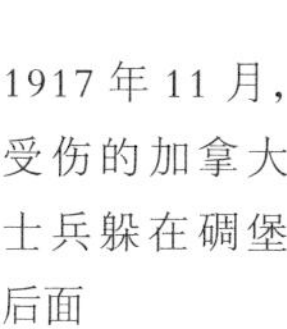

1917年11月，受伤的加拿大士兵躲在碉堡后面

广为宣传。1928 年，他甚至打赢了一起诽谤案——起诉一家加拿大报纸，该报声称他在战争的最后几天浪费了部下的生命。[73]

1918 年夏末至秋季，加拿大军将取得其巅峰战绩，那时它将担当英国远征军百日战役（Hundred Days campaign）的先头部队，并在一系列连续的胜利中发挥主要作用，使德国军队处于彻底失败的边缘。[74]然而，加拿大士兵在帕斯尚尔取得的成就可以说超过了 1918 年的任何成绩。根据历史学家丹尼尔·丹考克斯（Daniel Dancocks）的说法，“帕斯尚尔战役至少可以与他们在西线上赢得的任何其他胜利相媲美”。[75]第三次伊普尔战役的地表情况无疑是他们遇到过最糟糕的，敌人也比 1918 年强大得多。曾在第 62 营服役的二等兵肯尼斯·福斯特（Kenneth Foster）认为，就作战环境而言，帕斯尚尔“毫无例外是加拿大军经历过的最艰难的战斗之一”。他还记得，战场只是一片泥和水的海洋，给所有士兵都带来了巨大困难，特别是火炮部队。更有甚者，炮、马、人会沉入地表直接消失不见，“因为没有堑壕，只有积满水的弹坑”。对他来说，帕斯尚尔战役的成就是“第一流”的。[76]

尾声

历史必须做出裁决。

——蒂姆·哈林顿爵士[①]

1917年11月11日，帕斯尚尔最后的进攻结束后第二天，德国最高统帅部（当时已迁往比利时蒙斯）举行了一次绝密会议，讨论下一年的行动计划。11月7日，布尔什维克在圣彼得堡（当时称“彼得格勒”）夺取政权，这意味着苏俄现在事实上退出了战争，德国在东线的领土野心已无人遏制。问题仍然是西线这边可以做些什么。德国是否应该接受和平妥协——这对一个多年来由胜利故事滋养起来的民族将造成巨大冲击——还是要发起决定性的一击。正如人们预料的，德国军队选择了忠于自己的传统。出席会议的赫尔曼·冯·库尔以后指出：“除此之外别无选择。”[②]德国打算把一切都押在对西线的大规模进攻上，目的是在美国人进行武力干预之前摧毁协约国。潜艇战已经失败了。现在德国将再次把命运交到陆军手中。

春季攻势最终于 1918 年 3 月 21 日在浓浓的晨雾中展开，这是英国军队历史上最糟糕的一天。鲁登道夫大规模进攻的先头部队由 70 多个师组成，分布在 3 支集团军中，有 6 000 多门火炮支援，在充满恐怖的一天里袭击了英国防线。休伯特·高夫爵士的第 5 集
288 团军承担了一项艰巨任务：在佩罗讷（Péronne）周围守住前线的南部战区。结果却遭铁蹄蹂躏。在那天据守前线的 21 个师中，有 19 个在第三次伊普尔战役中参与了行动，它们失去了官方历史学家所称的“一大批最优秀的士兵，他们的位置由未经训练的新兵和转调兵填补（如果真的能填补上）”。[3]虽然高夫数月来一直警告说部队防御能力差，后备力量太少，但他的阵地终归是失守了。这需要一个替罪羊。4 月 3 日黑格告诉高夫他将被解职，必须立即返回英国。[4]

不久，这场灾难的严重程度和德军进攻的规模迫使人们重新思考，英国是否可能从伊普尔发起新一轮攻势？赫伯特·普卢默爵士在意大利度过了一个冬天后，现又回到第 2 集团军。他在伤痕累累的帕斯尚尔岭上察看了英军阵地，这里即使在最好的天气条件下也难以防守，他想知道该怎么办。当蒂姆·哈林顿建议他们撤退时，普卢默走出了房间。

他所能说的只有：“我不同意。”

不久，这位将军又返回，把手放在哈林顿的肩上。

“你说得对，”他心情沉重地说，“下命令吧。”

普卢默讨厌这样做。“我永远不会忘记这一幕。”哈林顿回忆说：“有这样一个人，他凭着坚定的决心和勇气，多年来一直坚守

着伊普尔突出部，打退了所有来犯者。他赢得了梅西讷战役和帕斯尚尔战役，现在却被迫撤离。”⑤

那天晚上，英国军队悄悄溜出了帕斯尚尔岭。以如此代价赢得的阵地现在留给了德国人（如果他们想要的话），而第 2 集团军则回到了千疮百孔的伊普尔城附近，在那个熟悉的地方他们再次被鬼魅般的山岭俯视。帕斯尚尔在没有放一枪一弹的情况下丢失。从许多方面似乎可以总结出，1917 年夏天伊普尔的整个战役都是徒劳无功、毫无意义的。最后，借用保罗·格罗斯（Paul Gross）2008 年执导的剧情片《帕斯尚尔》中的一行文字概而言之：“1917 年 10 月 26 日，加拿大军卷入帕斯尚尔战役。一周之内，他们以 5 000 人的生 289
命为代价占领了这座千疮百孔的村庄……第二年春天，敌人不到一周的进攻又夺回了这片来之不易的阵地……”⑥如果流了那么多鲜血去征服的山岭这么快就能被放弃，那意义何在呢？倒不如一开始就别去夺取它，不是吗？

对第三次伊普尔战役的这种判定仍然司空见惯：一场彻底令人失望的悲剧战役，一个完全徒劳的结局。但是对这个问题应该仔细考虑——那些德国指挥官断不会这么认为，他们亲眼看到了山岭的意义所在。虽然这场战役在德国并没有引起特别的争议，但人们普遍认为它是整场战争最严峻的考验之一。1917 年 12 月 5 日当天，鲁普雷希特王储发布命令，向所有参加“迄今为止最惨烈战斗”的人致敬。86 个师在佛兰德斯进行了接替换防，其中 22 个师完成了两轮作战，同时大多数炮兵部队也曾参战。对鲁普雷希特来说，战争结果是德国取得了完全胜利。“尽管敌人动用了大量的人员和物资，但他们却一无所获。”德国军队在佛兰德斯的勇猛防御使德国军队能够对俄国军队和意大利军队进行毁灭式打击，令彻底的胜利近在咫尺。[7]罗斯伯格同意这一说法，称这场战役为“大战中最可怕的防御战”，并为德国军队的英勇行为感到自豪。他们在敌人飞机的监视下，在沼泽和弹坑的战场上“顽强地战斗”数月。[8]

谱写一段成功的防御战传奇（这是德国传记作家热衷宣传的）离不开一个话题——对德国军队来说第三次伊普尔战役有多么难打。历史学家倾向于把注意力集中在英国最高统帅部的错误和弱点上，有时会淡化“佛兰德斯大屠杀”给守军带来的可怕经历。[9]然而，我们不应低估德军的压力，尤其是1917年9月和10月。在这样潮湿的天气里，露天作战已经够糟糕了，德军士兵还不得不
292 面对看起来无穷无尽的猛烈炮火、毒气和低空掠过的飞机，同时只能依靠送到前线的微量食物和水来维持生存。即使是最优秀的部队，在战场上待几天后，也会变成步履蹒跚、虱子满身的散兵游勇。当第465步兵团（第238师）于10月30日撤离时，没有一个连的兵力超过30人。威尔克（Wilcke）少校望着细长的纵队从身旁艰难走过，看到这些“瘦骨嶙峋、饱经风霜、肮脏不堪”的士兵，他情难自已。他颤抖着，眼含泪水，双手摘下头盔，向帕斯尚尔的英雄致敬。[10]

1917年，对德军来说，很少有战役像佛兰德斯战役那样对军队的精神和肉体提出了双重挑战。德军的战术在战斗初期非常奏效，当时高夫试图深入德军防线，这种情况完全适合使用反应师。

但普卢默在1917年9月和10月采取了有限的“咬住不放式”进攻，抵抗起来要困难得多。德军指挥官在战斗这一阶段面临的重大挑战，长期以来要么不为英语世界作家所知，要么就被他们忽视，因而扭曲了我们对这场战役的理解。德文资料来源（无论是部队报告、个人日记还是公开发表的报道）非常清楚地表明，无论是抵抗普卢默的进攻，或是在英军阵地巩固后对其进行任何有意义的打击，都是多么的困难。帕斯尚尔战役揭示了自1914年以来，由防守者一方明显占据的战术优势是如何转移到进攻者一方的。

与德国形成鲜明对比的是，对于这场劳合·乔治称之为“烂泥战役”的争论在英国及其前自治领从未平息过。黑格于1928年1月去世。人们在伦敦为他举行了一场纪念游行，并在威斯敏斯特大教堂举行了悼念仪式。有数千名哀悼者到场，之后他被安葬在离祖籍贝尔斯德不远的德莱布格大教堂。[11]他似乎至死都没有后悔，因为他确信已经尽力，别无他法。战争结束后不久，莫
里斯·汉基举行了一次小型宴会，黑格应邀出席。当晚，汉基一 293
再询问佛兰德斯的战况，以及进攻和持续进攻的决定是否正确，但黑格的反应从未动摇。汉基晚上走出来时确信“黑格心里完全没有任何自责”。[12]对黑格而言，正如他在1917年的作战报告中所写的那样，尽管战役令人失望，但是“我们已大大推动了敌人野战部队走向最终毁灭”。[13]赫尔曼·冯·库尔1929年发表的报告强化了这一结论，该报告指出，如果英军不进攻伊普尔，“德国人就会掌握主动权，从最薄弱的地方进攻协约国”。因此，英军“缓解了法军的危机”，吸引了德军的预备队力量，让法军的士气

有时间从春季的崩溃中恢复过来。[14]

黑格将帕斯尚尔战役合理化，形容为一场绝对成功的消耗战。事实上，这完全可以预见；毕竟，一年前他在索姆河也说过同样的话。1916 年，黑格精心筹划的战事未能取得突破，但这一失利被寥寥几笔带过，视作对预先计划的适当而审慎的演练，并未被视为行动思路上的原则性错误。约翰·特瑞恩也同意黑格对第三次伊普尔战役的评论，认为这是“疲惫不堪的斗争”中最关键的时刻。他也同样认为德军对进攻的反应最能证明进攻的意义。[15]唯一的问题是，这种判断只可能是事后做出的。黑格在佛兰德斯的战斗初衷不是为了粉碎德国军队，也不是为了夺取重要的山岭（不管他后来怎么说），而仅仅是为了取得重大突破，解放比利时海岸。至于库尔认为第三次伊普尔战役阻止了德军进攻，这似乎不太可能。很明显，德国情报部门已了解到法军出现了严重问题，但更大的战略背景使他们不可能对贝当的部队发起任何进攻——毕竟，贝当的部队刚刚在西线进行了一次大规模撤军。[16]

休伯特·高夫的职业生涯在 1918 年 4 月中断，他一直清楚地
294 知道黑格多么想在伊普尔进行战斗。“黑格一直梦想着骑兵部队能推进到底，”战后他写信给詹姆斯·埃德蒙兹爵士，“从 1915 年的新沙佩勒战役到索姆河战役，他从未放弃过这个梦想”。[17]这种以骑兵部队为先锋的大规模突破，并不只是一种空想，毕竟，黑格曾于 6 月在战时内阁提出过使用“大规模骑兵部队”作战的诱人前景。他打仗依据的是参谋学院灌输的那套对战争的理解，即打仗重在大胆的调遣、决定性攻势和终极进攻。正如历史学家罗

宾·普赖尔和特雷弗·威尔逊所指出的那样："黑格的首要决心是充分利用假想中德军开始瓦解的士气，完成一次直达海岸线的大规模扫荡，这种决心扭曲了每个阶段的行动方针。"[18]黑格的确在9月和10月同意在普卢默指挥下进行有限的行动，但他从未动摇过自己的信念，即迟早会取得重大突破。如果黑格愿意按照战时内阁的指示，完全采用消耗性或"循序渐进"的方法进行战斗，他很容易就能这样做。

几十年来，历史学家都能指出黑格在第三次伊普尔战役中的错误：他相信自己能扫清比利时海岸的敌军，乐观到了匪夷所思的地步；梅西讷战役之后致命的拖延；决定任命高夫这样一名不合适的指挥官；未能研究好计划的细节就命令高夫夺取葛路维高原；在取得决定性战果的希望破灭后执意继续进攻。[19]科雷尔利·巴尼特（Correlli Barnett）在1964年BBC电视系列片《大战》中与约翰·特瑞恩合作过，他发现特瑞恩对帕斯尚尔战役的分析（载于1963年的著作《道格拉斯·黑格——受过教育的战士》）可能是"一本优秀传记中最令人怀疑的一段"。对巴尼特来说，黑格决定"攻击这场战争中最强大的陆军，自己却只有一个集团军群，而盟友之一处于解体状态，另一个则因士气问题而瘫痪"，这样的决定是无谓且愚蠢的。"不仅仅是历史的后见之明显示出黑格思虑的不合理，"他写道，"毕竟当时另有一位总司令正确地解读了形势，并采取了正确的政策——那就是贝当。"[20]

也许第三次伊普尔战役的真正悲剧不在于打了这场仗，也不 295
在于英军没有取得突破，而在于他们并没有发挥出全部实力。到

1917 年夏天，英国远征军已经发展出了一种能赢得战斗的作战方法：猛烈火炮辅以“咬住不放式”攻击就可夺取阵地（尽管数量有限），并给任何不幸挡路的守军造成沉重的伤亡。如果天气好且时间充裕，英国人对敌造成的伤亡至少能和自己遭受的一样多。[21]普卢默将军是“咬住不放”战术最伟大的缔造者。然而黑格决定让高夫牵头，在 7 月 31 日首先发起高风险的突破性尝试，接着还决定让部队在整个 8 月卷入一次又一次的小规模进攻。这些进攻逐渐削弱了各师的力量，却几乎没有任何效果。犯下如此巨大的错误，这反映了第一次世界大战爆发后的 3 年来，黑格几乎从未反省过自身以及对下属的选任问题。这与 1916 年他在索姆河战役犯下的错误如出一辙（尽管那次涉及的是亨利·罗林森将军，而不是高夫）：寻求雄心勃勃的突破，而当突破未果时任由战斗在组织缺乏和结构混乱的情况下坎坷推进。只有在行动濒于失败时，黑格才会被迫干预，改变做法。

当普卢默终于得到机会时，他牢牢把握住了。与高夫的手足无措形成鲜明对比的是，普卢默在突出部的指挥为第一次世界大战中的成功作战提供了 3 个最突出的范例：梅嫩路战役、波勒冈树林之战和布鲁德塞安德战役（除此之外，还有早先在梅西讷岭的胜利）。这些攻击或许只夺取了少量地盘，但就连敌方也认为它们的价值最高。这几次重锤打击的结果是粉碎性的：扭转了德国人自战争开始以来（依靠纵深防御和反应师）占据的有利局面，并促使他们进行反复的浪费式反击。事实上，人们很少意识到这些行动的效果，以及德皇的军队由此陷入的艰难处境。德军指挥

官很懊恼，正如他们所承认的那样，实际上，他们无法阻止实施
得当的有限攻击。此外，在两周内策划一系列这样的战役不仅展 296
现了英军出色的后勤水平和组织管理能力，而且创造了（至少是暂时的）更快的作战节奏，让德国人措手不及。作为解决堑壕战困境的一种方案，它几乎和预期中一样奏效。

整个机制当然还是崩溃了。当普卢默无法获取成功的两个关键要素——时间和好天气时，不可避免就要恢复军队常态，暂停进攻。虽然他必须接受一些批评，因为他没能更坚决地告诫黑格，把攻势维持到 10 月和 11 月是徒劳的，但是普卢默已经指明了方向。[22]如果这位第 2 集团军指挥官从一开始就全权负责，如果进攻是在 1 个月前开始的，如果“咬住不放”成为英军行动的指导原则，谁知道会取得什么成果呢？或许 1917 年夏末和秋天就能取得重大胜利。虽然比利时海岸未必会因此而彻底解放，但不难想象，英军的持续施压、德军的更大损失，以及经常性的重击，可能会迫使德国最统帅部选择止损。一旦德军决定撤退到一个更适宜防御的位置，这意味放弃一些港口和鲁莱斯的铁路枢纽，那么他们对比利时西部的控制就会越来越不稳定，从而将一场重大胜利拱手让与英国。这势必会促使德国呼吁就比利时的状况重启谈判，增加妥协和平的可能性。

因此，有充分的理由认为，第三次伊普尔战役是 1917 年英国军队一次“失去的胜利”。普卢默在 9 月 20 日—10 月 4 日间指挥的战役从未得到应有的承认，未能在战斗早期发起这些限制性攻击，标志着失去了一个巨大的机会。黑格必须为此负责。在他眼里，重大

突破势在必行，“咬住不放”即使具备什么重要性，也只是用于暂时应付战场条件。这便是黑格公认的形象：一位冷漠的指挥官，4年来毫无想象力地遵循陈腐的消耗战理论。这一名声掩盖了他嗜赌成
297 性的事实——赌徒心理使人习惯于输钱之后一次又一次地追加筹码。他确信，这一次的牌终会到位，他会大比分赢得胜利。悲剧的是黑格明白赌注有多高，而他的胜算又是多么渺茫。

“基格尔和烂泥”的真实故事揭开了这段历史，这个故事在某些方面甚至比传说中的还要惨烈。黑格和英军总部都很清楚情况有多糟，但无论如何，他们还是要坚持下去。黑格在日记和“1917年战役”的快报里都不断提到恶劣的天气和恶劣的地面条件。[23]在这里，没有致命的无知或故意的盲目，只有固执的信念，即无论地面条件变得多差，都不构成结束战斗的理由。但这并不是说黑格是唯一应该受到责备的人。事实上，劳合·乔治尖刻的批评只会让我们想到，有些人很清楚自己对事情负有重大责任，却手足无措。虽然战时内阁确实没有看到黑格和罗伯逊掌握的所有情报（特别是关于德国军队的情报），但劳合·乔治仍然有权进行干预，并在他认为无利可图的情况下随时叫停进攻，这一点英军总部很明确。然而首相却让事情一错再错。他有时似乎不感兴趣，因为荣耀的意大利之梦分散了注意力。而且他太愿意相信罗伯逊的话，却不对其所言进行适当的审查。为此他将抱憾余生。

战后，劳合·乔治声称自己是无辜的：联合政府的限制以及伯纳·劳的统一党人和新闻界大部分人士对将军的支持，都让他无法

停止进攻。“我没有专业的军事顾问，无法与其他人抗衡。”他写道，“当时我不知道法国将军和我方一些将军认为这次进攻是一个错误……尽管我深感失败的恐惧，但我是个门外汉，在军事战略问题上没有知识也没受过训练，不能凌驾于那般有声望和经验的军人之上。”㉔

劳合·乔治说得是否正确仍然备受怀疑，历史学家罗宾·普赖 298
尔和特雷弗·威尔逊认为这些借口只不过是诡辩之术：“战略决策权始终都掌握在他手里。”此外，他们还驳斥这样的观点：如果劳合·乔治反对黑格，将会引发黑格辞职，并导致针对英国政府的政变（存在这种提法）。对于黑格为什么能够开始第三次伊普尔战役，只有一个解释，他们写道：“英国政客都同意了。”㉕

这一结论虽然明确但也不应过度引申，毕竟仍有一些观点对劳合·乔治有利。首先，他（正确地）坚持说，1917 年 6 月之前，他尚未看到佛兰德斯进攻的任何详细计划，当时黑格“北部行动”的第一步梅西讷战役已经开始。虽然黑格曾明确表示，如果尼韦勒失败了，他会把精力集中在佛兰德斯，但很多事情尚不明确。此外，5 月 4 日，劳合·乔治在巴黎举行的战术务虚会上表示，他将把未来任何进攻的细节留给将军们去考虑，但这并不是允许黑格和罗伯逊为所欲为。计划实施的行动总是假定有两个前提：第一，不是企图进行重大突破，而是旨在削弱敌人；第二，行动将依赖法国的大力支持。㉖联合政府的组织架构是另一个影响因素。战略指示必须来自战时内阁，而不管劳合·乔治喜不喜欢，他都不能简单粗暴地践踏同僚的意愿——哪怕这些人曾经是他在议会中最讨厌的敌人。他们必须共同对这场战役做出决定，在继续战斗方面达成共识。如果劳合·乔治施加太大压力，那么白厅的关系可想而知会出现重大裂痕，最终，他不愿意冒这个风险。[27]

第一次世界大战中的战役就像巨大的行星一样，也有着巨大的引力。数千吨炮弹和补给，数百英里的附加道路和堑壕，以及
299 复杂的会议安排和训练时间表——所有这些都需要数周的准备才能开展行动，也使得改变进攻地点变得困难，甚至不可能。[28]虽然劳合·乔治对英国的战争运筹负有主要领导责任，但将军们在这个问题上也施加了很大的影响。正如1917年发生的情况那样，总司令事实上可以通过集结部队，向英国政府先斩后奏。例如，未经明确授权即开始轰炸，从而提高了之后任何决定的赌注。7月16日，第5集团军开始轰炸，但没有得到内阁的正式授权，这充分体现了黑格和英军总部的影响力。劳合·乔治清楚，当枪炮已经开火，部队已经就位时，要停止行动将变得困难许多。由于前线提供的信息不完整，而且在进攻发生后几天甚至是几周，才有足够的信息可供客观判断攻击是否成功，所以停止行动就变得更困难。而且，鉴于战斗已经开始，干预的时机也已丧失。对劳合·乔治来说不幸的是，他在9月底到访法国时，恰逢英军取得了迄今为止最大的成功：梅嫩路之战。当事态似乎正朝着有利于英国的方向发展时，劳合·乔治回避采取某种激进的手段，或许也可以理解。

这种令人不安、模糊不清的局面不仅仅是个人问题，也反映出英国在整个大战期间行政和军事关系不明朗，没有一套“完善

的体系”来指挥战争。[29]当时，英国战略政策的方向，无论是设计还是偶合，是由政治领导人和军事指挥官共同决定的，二者之间的平衡在不同时期此消彼长。劳合·乔治面临的问题是，没有一个令人信服的战略构想可供备选，也没有足够的军界高层致力于执行他的构想，他只能尽力说服和讨价还价，因“致命一击”的言论而作茧自缚。事实上，这充分说明了英军战略思想的贫乏—— 300
到了战争的第四年，还没有对如何赢得这场战争进行过详细和深思熟虑的评估。缺乏一个经得起推敲的国家战略，在这种情况下，黑格只能继续做他认为合适的事情。可悲的是，由于劳合·乔治把宝押在尼韦勒将军“这匹错误的马”身上，令他在 1917 年春天失去了很大一部分威信。可以说，那时的他比以往任何时候都更需要威信。

英国政府中没有几个人能光明正大地走出帕斯尚尔的沼泽。正如历史学家多米尼克·格雷厄姆（Dominick Graham）和谢尔福德·比德韦尔（Shelford Bidwell）所指出的，第三次伊普尔战役仍然是“第一次世界大战中英国最高统帅部缺陷的典例：首相在对宏观战略指导原则毫无了解的情况下努力指导战略，而战场总司令只有一个简单的目标，就是不惜一切代价继续打击德国战争机器直至其崩溃”。[30]最终，英国人民及其自治领盟友将为军政关系的致命脱节付出代价。事实上，在最后的清算中，也许只有那些对眼前形势不抱幻想，并充分利用了恶劣条件的人，才是 1917 年毁灭性事件中应受到表彰的人：菲利浦·贝当（他冷静客观地看待法军的士气崩溃，并尽其所能支持士兵）；赫伯特·普卢默爵士和蒂姆·哈林顿爵士（他们使第 2 集团军指挥部成为英国军队中最受尊敬的指挥部）；亚瑟·柯里爵士（他指挥着西线最具战斗力的部队之一，并竭尽所能地不挥霍它）。这些指挥官和他们的战士直面灾难却不退缩，冷静且专业地坚持着，相信自己的职业素养可以帮助他们渡过难关。

时隔百年，现在我们可以透过战争的迷雾将事实看得更清楚一点，据此对第三次伊普尔战役做出评判。这个故事，或许正如人们所料，比“哭泣的参谋”的传说更加复杂，比无能和无知的故事更加耐人寻味。可以说，这场战役本不应该发动，英国人可以服从贝当的指挥权，保存实力以迎接 1918 年即将到来的更重大
301 的战斗，那时美国可能就会派重兵进驻法国。但如果必须打这场仗，那么很明显，正如尼韦勒将军付出代价之后发现的那样，实施重大的粉碎性突破并不是可行的选择。另一种选择——“贝当战术”或“咬住不放”，才是此时在西线大熔炉中取得有价值进展的唯一途径和最佳选择。黑格未能领会有限进军和火力的重要性，这些无价的优势能允许军队在有选择的地面和时间上对敌进攻。未能领会这一点意味着黑格的军队错乱地行动了两个月，却没有真正伤及敌人。遇上大雨固然不走运，但没能充分利用麾下军队则完全是黑格的错。他的部下在普卢默将军的英明领导下，在 10 月 4 日的布鲁德塞安德战役中几乎取得了决定性胜利，这是非同一般的。然而，帕斯尚尔这座山岭，终归还是太过遥不可及。

“伊普尔战役结束时，我们几乎要精神错乱了，”弗兰克·梅利

什写道，他见证了所在火炮部队的大部分战斗，“我们失去了战友，失去了对生活的热情。我们确信最终会失败，这只是时间问题，而且我们似乎并不在意”。[31]虽然人们普遍认为指挥官对手下官兵服役的环境条件无动于衷，但一些高级军官还是为战役唏嘘不已。普卢默于 1927 年 7 月在梅嫩门为失踪者纪念碑揭幕，并安慰他们的亲人：“他没有失踪，他就在这里。”[32]而蒂姆·哈林顿的心头总是萦绕着这样的疑虑，指挥人员是否应该受到责备。“我曾跪在泰恩科特墓地前，帕斯尚尔岭下的圣地上……”他在为老首长写的传记中

泰恩科特英联邦国殇纪念坟场委员会公墓（Tyne Cot CWGC Cemetery）。泰恩科特位于帕斯尚尔郊区，是世界上最大的英联邦战争公墓，纪念或埋葬着近 1.2 万名军人。牺牲者十字架（图中）建在 1917 年 10 月占领的一座德军碉堡的废墟上。1922 年乔治五世到访佛兰德斯时问道：“在未来的岁月中，世上是否还会有更有力的和平倡导者，能比得上这些战争废墟沉默的见证者？”

写道："我曾在那个公墓里祈祷，心中充满恐惧，生怕那些英勇的战友中有一个是因为我和第 2 集团军参谋的疏忽而丧生……我只能说，我们已经尽了最大的努力，没法做得更多了。"[33]

代价是巨大的。根据詹姆斯·埃德蒙兹爵士的说法，1917 年 7 月 31 日—11 月 12 日，英国的"战斗和堑壕损耗伤亡人员"总数为 244 897 人。埃德蒙兹煞费苦心地指出，与前一年索姆河战役造成的 419 654 人伤亡相比，这是比较少的。他还指出，这些数字还包括了在伊普尔数以千计受了轻伤的士兵（其中将近 64% 后来又得以重返前线）。[34]德国的损失相对略少，尽管历史学家们从未得出一个各方普遍接受的数字。根据德国议会的资料，在战役期间（1917 年 7 月 21 日—12 月 31 日），据守比利时海岸到阿尔芒蒂耶尔广大前线的第 4 集团军共伤亡 21.7 万人，其中 5.5 万人死亡，4.8 万人失踪。[35]同一时期，《德国医疗历史》记录的数字相对略高，为 236 241 人（包括 32 878 人阵亡、38 083 人失踪、165 280 人受伤和撤离）。[36]因此，德国守军的伤亡很可能和进攻方大致相当。作为一场消耗战的演练，它在很大程度上是血腥的平局，但由于英国远征军规模比对手更小，所以蒙受的损失相对而言更大。[37]

军事理论家卡尔·冯·克劳塞维茨（Carl von Clausewitz）关于战争的鸿篇巨制《战争论》是一部未完成的著作，他曾经在其中写道，军队要想充满"真正的军事精神"，就必须具备以下明确特征：

一支在最凶残的炮火下都能保持凝聚力的军队，不能被

> 想象中的恐惧所动摇，对于有充分根据的恐惧也应尽全力抵制。他们因胜利而自豪，但即使是在失败的时候，也不会失去服从命令的力量，不会失去对军官的尊重和信任。他们的体力，就像运动员的肌肉一样，已经在艰苦的训练中得到了锻炼。他们将这种付出视作胜利的手段而不是职业的诅咒。靠着以武装为荣耀这样有力的信念，他们铭记所有这些职责和品质——这样一支军队便充满了真正的军事精神。[38]

这样的描述肯定适用于1917年的英国远征军，因为它经历了战争史上最血腥的一场战役。毫无疑问，这是一支非凡的军队，由英
国各行各业的人以及海外自治领成千上万的志愿兵组成。他们来 303
自加拿大、南非、澳大利亚和新西兰，从地球的最远端穿越海洋，为国王和帝国战斗与牺牲。这支军队保持了士气，在那个可怕的夏秋时节持续前进，没有陷入失败主义，也没有发生兵变，这简直是奇迹。

战场的恐怖永远不会消失。1920年，战地记者菲利普·吉布斯（目睹了第三次伊普尔战役）写道：“没有任何作品能够写出战场令人憎恶的苍白形象，没有任何钢笔或画笔能够描绘出那么多同胞丧生的世界末日。”[39]吉布斯的话放到今天仍然不假。无论用什么词来形容发生过的事情——“可怕”和“恐怖”、“骇人听闻”或“毛骨悚然”，最终都会让人感到苍白无力，无法满意。也许在某种程度上，它们总是不足以传达战争的暴虐，因为战争有其特殊的景象、声音和气味：轰炸把人撕成碎片，毒气使人肺部窒

息、皮肤起疱，望而生畏的空战壮观也致命，流沙般的泥浆能把不留心的行进者吸入无底深渊。最后，数以千计的白色墓碑聚集在一起，就像小森林，标记着前进的道路。但严峻的事实依然存在。不管这场战争背后有什么错误的理由，英国远征军在穿越帕斯尚尔旋涡（加拿大二等兵乔治·贝尔称之为“世界上最可怕的地方”）的战斗中取得的成就永远不应该被遗忘。[40]

致谢

在研究和撰写本书的3年中，我得到了一小部分历史学家、 305
图书馆员、档案员和朋友的帮助。首先，我要感谢经纪人彼得·鲁宾逊（Peter Robinson），感谢他不断的建议和支持，还要感谢维京出版社的优秀编辑埃利奥·戈登（Eleo Gordon）。《帕斯尚尔：碎入泥沼的希望》是与埃利奥合作的最后几本书之一，能与她合作是一种荣幸，我也从中获得了极大的乐趣。她的继任者丹尼尔·克鲁（Daniel Cruel）让我们之间无缝衔接。马克·汉斯利（Mark Handsley）对手稿进行了深入细致的影印编辑，值得称赞。在美国，丹·格尔斯特勒（Dan Gerstle）一直非常支持这一项目，他仔细阅读了文稿，修改了诸多前后矛盾之处，使本书更加完善。许多历史学家、研究人员和学者在本书写作期间不吝赐教，我要感谢以下几位：德莉亚·贝塔尼女士（Mrs Delia Bettaney）、乔纳森·博夫博士（Dr Jonathan Boff）、托尼·考恩博士（Dr Tony Cowan）、马库斯·福克纳博士（Dr Marcus Faulkner）、罗伯特·福利博士（Dr Robert Foley）、蒂姆·盖尔博士（Dr Tim Gale）、索尔·凯利博士（Dr Saul Kelly）、威廉·米特钦森博士（Dr William

Mitchinson)、菲利普·劳(Philipp Rauh)、安德鲁·赖斯教授(Prof Andrew Rice)、埃德温·莱德(Edwin Ride),以及彼得·辛金斯教授(Prof Peter Simkins)。

我很幸运能够在威尔特郡施莱文汉姆的英国国防学院联合兵种指挥和参谋学院工作。我身边都是一些世界上最优秀的军事历史学家以及拥有丰富作战经验和知识的学生,与他们相互研讨勉励,既刺激又极具挑战性。我在历史研究方面的精进受益于他们,在此向我的文职和军职同事以及过去和现在的学生致敬,感谢他们的付出。施莱文汉姆也拥有世界级规模的国防图书馆,联合兵种指挥和参谋学院的图书馆藏为每一个科研项目提供了起点和支持。工作人员一如既往地乐于助人,非常专业,并能原谅我偶尔的过失。

306 在撰写《帕斯尚尔:碎入泥沼的希望》的过程中,我参观了一些图书馆和研究中心,那里的工作人员一直为我提供帮助:慕尼黑的巴伐利亚州主档案馆,战争档案馆和巴伐利亚州图书馆,加拿大战争博物馆,渥太华的加拿大图书与档案馆,伦敦的帝国战争博物馆,伦敦国王学院李德·哈特军事档案中心,伦敦的莫恩图书馆,以及邱园的英国国家档案馆。国防研究系为这些行程提供了经费,他们一直非常支持我的学术研究。还要特别向我在施莱文汉姆的同事戴维·霍尔博士(Dr David Hall)致意,他提供了巨大的帮助。感谢他陪我去慕尼黑进行德军部队的档案研究。他是一个极好的伙伴,与我自由分享他对德国历史、文化、足球的广泛知识——最主要的是对德国啤酒的见解。

本书献给我的女儿埃莉诺和伊莎贝尔，还有妻子路易丝，她们让一切成为可能，让一切变得有价值。这本书献给她们以表歉意，因为我花了太多时间在办公室的电脑前埋头打字。

英国，切尔滕纳姆

2016 年 10 月

注释

导言

1. 'Letters to the Editor', *The Spectator*, 3 January 1958.

2. B. H. Liddell Hart, *The Real War, 1914-1918* (London: Faber & Faber, 1930), p. 367. 译文来源：[英]李德·哈特：《第一次世界大战战史》，林光余译，上海：上海人民出版社，2014：313。

3. 同上，第 361 页。1809 年的瓦尔赫伦远征是 19 世纪错误最严重的军事行动之一。一支 4 万人的英国部队集结在斯海尔德河口的沼泽岛屿瓦尔赫伦，打算推进至安特卫普，为奥地利部队对抗拿破仑·波拿巴提供支援。不幸的是，法国和奥地利在远征启航前不久签署了休战协议，而入侵的英国部队抵达后很快就陷入僵局。在失去了 4 000 多名士兵和另外数千名患上所谓"瓦尔赫伦热"的士兵后，部队在年底前撤离该岛。

4. 丹·托德曼认为这"几乎肯定是虚构的"，而弗兰克·戴维斯和格雷厄姆·马多克斯则认为这"在很大程度上是一个神话"。请参见 D. Todman, *The Great War. Myth and Memory* (London: Hambledon and London, 2005), p. 81, and F. Davies and G. Maddocks, *Bloody Red Tabs. General Officer Casualties of the Great War 1914-1918* (Barnsley: Leo Cooper, 1995), p. 18.

5. D. Cooper, *Haig. The Second Volume* (London: Faber & Faber, 1936), pp. 159-60.

6. LHCMA: Liddell Hart Papers, LH 11/1927/17, 'Talk with General Edmonds -7/10/27'.

7. See R. D. Heinl, Jr, *Dictionary of Military and Naval Quotations* (Annapolis: United States

Naval Institute, 1966), p. 360; M. Dewar, *An Anthology of Military Quotations* (London: Robert Hale, 1990), p. 247; N. Dixon, *On the Psychology of Military Incompetence* (London: Jonathan Cape, 1976), p. 374; R. Pois and P. Langer, *Command Failure in War. Psychology and Leadership* (Bloomington and Indianapolis: Indiana University Press, 2004), pp. 143-4; Lord Wedderburn, 'Laski's Law behind the Law', in R. Rawlings 308
(ed.), *Law, Society, and Economy. Centenary Essays for the London School of Economics and Political Science 1895-1995* (Oxford: Clarendon Press, 1997), p. 33; and S. Blackburn, *Mirror, Mirror. The Uses and Abuses of Sell-Love* (Princeton and Oxford: Princeton University Press, 2014), p. 104.

8. P. Fussell, *The Great War and Modern Memory* (Oxford: Oxford University Press, 2000; first publ. 1975), p. 84.

9. D. Todman, 'Third Ypres: Fact and Fiction', in P. Dennis and J. Grey (eds.), *1917. Tactics, Training and Technology: The 2007 Chief of Army Military History Conference* (Canberra: Australian History Military Publications, 2007), p. 202.

10. A. J. P. Taylor, *The First World War. An Illustrated History* (London: Penguin Books, 1966; first publ. 1963), p. 194.

11. 'An Officer's Letter', *The Times*, 31 July 1917. 据报道，萨松当时“正罹患神经衰弱”。

12. 'Memorial Tablet', in S. Sassoon, *Selected Poems* (London: William Heinemann, 1940; first publ. 1925), p. 58.

13. D. Lloyd George, *War Memoirs of David Lloyd George* (2 vols., London: Odhams Press, 1933-6), II, ch. 63.

14. Cooper, *Haig*, ch. 20.

15. See A. Green, *Writing the Great War. Sir James Edmonds and the Official Histories, 1915-1948* (London: Frank Cass, 2003), ch. 8.

16. Sir J. Edmonds, *Military Operations: France & Belgium 1917* (3 vols., London: HMSO, 1948), II, pp. 366-87.

17. F. Lloyd George, 'Passchendaele', *The Times*, 15 March 1949.

18. Lord Trenchard, 'Lord Haig's Decisions', *The Times*, 29 January 1949.

19. J. H. Davidson, 'Lord Haig's Decisions', *The Times*, 16 February 1949.

20. B. H. Liddell Hart, 'The Basic Truths of Passchendaele', *Journal of the Royal United Services Institution*, Vol. CIV, No. 616 (November 1959), pp. 435-6.

21. 对于埃德蒙兹关于第三次伊普尔战役的著作价值存在不同观点，参见 Green, *Writing the Great War*, p. 194; D. French, ' "Official But Not History" ? Sir James Edmonds and the Official History of the Great War', *The RUSI Journal*, Vol. 131, No. 1 (1986), pp. 58-63; and T. Travers, *The Killing Ground. The British Army, the Western Front and the Emergence of Modern Warfare 1900-1918* (Barnsley: Pen & Sword, 2003; first publ. 1987), ch. 8.

309 22. J. A. Terraine, 'Passchendaele and Amiens I', *Journal of the Royal United Services Institution*, Vol. CIV, No. 614 (May 1959), p. 173.

23. J. Terraine, *Douglas Haig. The Educated Soldier* (London: Cassell & Co., 2000; first publ. 1963), p. 373. See also J. A. Terraine, 'Passchendaele and Amiens II', *Journal of the Royal United Services Institution*, Vol. CIV, No. 615 (August 1959), pp. 331-40. 另参见特瑞恩收集的关于第三次伊普尔战役的文件：*The Road to Passchendaele. The Flanders Offensive of 1917: A Study in Inevitability* (London: Leo Cooper, 1977).

24. 特瑞恩和李德·哈特都曾在 BBC 系列片《大战》（*The Great War*, 1964）节目组工作，但李德·哈特（曾被任命为历史顾问）在提出的修改意见被忽视后，要求将他的名字从第 13 期和第 17 期节目（涉及索姆河战役和帕斯尚尔战役）中删除。B. H. Liddell Hart, 'The Great War', *The Times*, 19 September 1964, and Todman, *The Great War*, pp. 111-13.

25. L. Wolff, *In Flanders Fields* (London: Longmans, 1960), p. xxiv.

26. See 'Author's Foreword' in L. Macdonald, *They Called It Passchendaele. The Story of the Third Battle of Ypres and of the Men Who Fought in It* (London: Penguin Books, 1993; first publ, 1978), p. xiii.

27. R. Prior and T. Wilson, *Passchendaele: The Untold Story* (New Haven and London: Yale University Press, 2002; first publ. 1996), pp. xviii, 200.

28. 同上，第 xix 页。在该书 2016 年的第 3 版中，普莱尔和威尔逊调查了目前有关这场战役的文献，并声称自 1996 年以来没有任何出版物对他们的发现提出实质性挑战。

29. 关于澳大利亚和新西兰士兵在第三次伊普尔战役中的经历，参见 A. Ekins, 'The Australians at Passchendaele', and C. Pugsley, 'The New Zealand Division at Passchendaele', in P. Liddle (ed.), *Passchendaele in Perspective. The Third Battle of Ypres* (London: Leo Cooper, 1997), pp. 227-54, 272-91; G. Harper, *Massacre at Passchendaele. The New Zealand Story* (Brighton: FireStep Books, 2011; first publ. 2000); and A. Macdonald, *Passchendaele. The Anatomy of a Tragedy* (Auckland: Harper-Collins, 2013). 加拿大军队的参战也吸引了很多精彩的研究，例如：D. Oliver, 'The Canadians at Passchendaele', in Liddle (ed.), *Passchendaele in Perspective*, pp. 255-71; T. Cook, *Shock Troops. Canadians Fighting the Great War 1917-1918* (Toronto: Penguin Canada, 2008); and D. G. Dancocks, *Legacy of Valour.* 310
The Canadians at Passchendaele (Edmonton: Hurtig, 1986).

30. 关于德军在帕斯尚尔战役经历的文献（英文）极其有限。参见 A. Lucas and J. Schmieschek, *Fighting the Kaiser's War. The Saxons in Flanders 1914/1918* (Barnsley: Pen & Sword, 2015); R. McLeod and C. Fox, 'The Battles in Flanders during the Summer and Autumn of 1917 from General von Kuhl's *Der Weltkrieg 1914-18*', *British Army Review*, No. 116 (August 1997), pp. 78-88; G. Werth, 'Flanders 1917 and the German Soldier', in Liddle (ed.), *Passchendaele in Perspective*, pp. 324-32; G. C. Wynne, *If Germany Attacks. The Battle in Depth in the West* (Westport: Greenwood, 1976; first publ. 1940), ch. 12; and ' "The Other Side of the Hill" . The Fight for Inverness Copse: 22nd-24th of August 1917', *Army Quarterly*, Vol. XXIX, No. 2 (January 1935), pp. 297-303. 最有用的记述无疑来自 J. Sheldon, *The German Army at Passchendaele* (Barnsley: Pen & Sword, 2007)，其中通过鲜为人知的德军团史来探究这场战役。

引子　尼韦勒攻势

1. Nivelle, cited in R. A. Doughty, *Pyrrhic Victory. French Strategy and Operations in the Great War* (London and Cambridge, Mass.: Harvard University Press, 2005), p. 324.
2. Ibid., pp. 325-6.
3. Ministère de la Guerre, *Les Armées Françaises dans La Grande Guerre*, Tome V, Vol. 2 (Paris: Imprimerie Nationale, 1937), p. 191.

4. General Karl von Einem (GOC Third Army), cited in M. Nebelin, *Ludendorff. Diktator im Ersten Weltkrieg* (Munich: Siedler Verlag, 2010), p. 237. 其他几位高级军官也对“焦土”政策表示了不满，包括鲁普雷希特王储，他不情愿地赞成了这项政策。

5. H. Hagenlücke, ‘The German High Command’, in P. Liddle (ed.), *Passchendaele in Perspective. The Third Battle of Ypres* (London: Leo Cooper, 1997), p. 48.

6. C. Falls, *Military Operations: France & Belgium 1917* (3 vols., London: Macmillan & Co., 1940), I, p. 488.

311 7. J. de Pierrefeu, *L'Offensive du 16 Avril. La Vérité sur l'affaire Nivelle* (Pais: Renaissance du Livre, 1919), pp. 90-91.

8. Ibid., *L'Offensive du 16 Avril*, p. 92.

9. Ibid., *L'Offensive du 16 Avril*, p. 93.

10. E. L. Spears, *Prelude to Victory* (London: Jonathan Cape, 1939), pp. 506-7, 510-11.

11. C. Barnett, *The Swordbearers. Supreme Command in the First World War* (London: Cassell & Co., 2000; first publ. 1963), p. 193.

12. J. de Pierrefeu, *French Headquarters 1915-1918*, trans. Major C. J. C. Street (London: Geoffrey Bles, 1924), p. 152.

13. Falls, *Military Operations: 1917*, I, pp. 498-9.

14. Ministère de la Guerre, *Les Armées Françaises*, Tome V, Vol. 2, p. 188.

15. 在这些发生哗变的师中，有 46 个师受到“相当大的影响”，13 个师受到严重影响。同上，第 193—194 页。

16. Pierrefeu, *French Headquarters*, pp. 179-80.

第一章　战争的调遣

1. E. L. Spears, *Prelude to Victory* (London: Jonathan Cape, 1939), p. 277.

2. ‘Man of the Moment’, *The Times*, 8 December 1916.

3. ‘Mr Ll. George in Office’, *The Times*, 8 December 1916.

4. Lord Hankey, *The Supreme Command 1914-1918* (2 vols., London: George Allen and Unwin, 1961), II, p. 575.

5. 劳合·乔治的战时内阁由安德鲁·伯纳尔·劳（财政大臣）、科松勋爵（枢密院大臣）、米尔纳勋爵（无所任大臣）和阿瑟·亨德森（无所任大臣）组成。亨德森于 1917 年 8 月 11 日辞去战时内阁职务，被乔治·巴恩斯（年金大臣）取代。

6. 法国伤亡数字摘自 R. A. Doughty, *Pyrrhic Victory. French Strategy and Operations in the Great War* (London and Cambridge, Mass.: Harvard University Press, 2005), p. 309.

7. C. Duffy, *Through German Eyes. The British and the Somme 1916* (London: Orion, 2007; first publ. 2006), p. 324.

8. 可参见例如劳合·乔治 1916 年 11 月 3 日的讲话，他在其中做了典型的直率评价。
"我们不能再继续战争了……协约国军队从未取得明确的成功。" Lloyd George, 312
cited in D. R. Woodward, *Lloyd George and the Generals* (London: Associated University Presses, 1983), p. 118.

9. G. A. Leask, *Sir William Robertson. The Life Story of the Chief of the Imperial General Staff* (London: Cassell & Co., 1917), p. 141.

10. TNA: CAB 24/1/G33, Sir W. Robertson, 'Memorandum on the Conduct of the War', 8 November 1915.

11. D. Lloyd George, *War Memoirs of David Lloyd George* (2 vols., London: Odhams Press, 1933-6), I, pp. 466-9.

12. Woodward, *Lloyd George and the Generals*, pp. 133-4.

13. Hankey, *The Supreme Command*, II, p. 614, and J. Grigg, *Lloyd George. War Leader 1916-1918* (London: Penguin Books, 2003; first publ. 2002), pp. 35-8.

14. Appendix 18, 'Proposed Organization of Unified Command on the Western Front', 26 February 1917, in *Military Operations: France & Belgium 1917: Appendices* (London: Macmillan & Co., 1940), pp. 62-3.

15. Sir W. Robertson, *Soldiers and Statesmen 1914-1918* (2 vols., London: Cassell & Co., 1926), II, p. 206.

16. Appendix 19, 'Agreement Signed at Anglo-French Conference Held at Calais', 26/27 February 1917, in *Military Operations: France & Belgium 1917: Appendices*, pp. 64-5.

17. F. Stevenson, *Lloyd George. A Diary*, ed. A. J. P. Taylor (London: Hutchinson, 1971), p. 157.

18. D. Lieven, *Nicholas II. Emperor of All the Russias* (London: Pimlico, 1994; first publ. 1993),

pp. 231-4.

19. D. French, *The Strategy of the Lloyd George Coalition, 1916-1918* (Oxford: Clarendon Press, 1995), pp. 40-41.

20. TNA: CAB 24/11/GT597, J. C. Smuts, 'The General Strategic and Military Situation and Particularly That on the Western Front', 29 April 1917. 劳合 · 乔治关于该会议的纪要可在此找到：*War Memoirs*, I, pp. 909-27.

21. TNA: CAB 24/1I/GT599, Sir W. Robertson, 'Operations on West Front', 30 April 1917.

22. TNA: CAB 23/13, 'War Cabinet 128 a', 1 May 1917.

23. TNA: CAB 24/12/GT657, 'Anglo-French Conference, May 4, and 5, 1917', and 'Statement by General Sir William Robertson'.

313 24. French, *The Strategy of the Lloyd George Coalition*, pp. 52-3.

25. Haig diary, 4 May 1917, in G. Sheffield and J. Bourne (eds.), *Douglas Haig. War Diaries and Letters 1914-1918* (London: Weidenfeld & Nicolson, 2005), p. 292.

26. P. von Hindenburg, *Out of My Life*, trans. F. A. Holt (London: Cassell & Co., 1920), pp. 204-5.

27. W. Görlitz (ed.). *The Kaiser and His Court. The Diaries, Note Books and Letters of Admiral Georg Alexander von Müller, Chief of the Naval Cabinet, 1914-1918* (London: Macdonald & Co., 1961; first publ. 1959), p. 222.

28. Crown Prince Wilhelm, *The Memoirs of the Crown Prince of Germany* (London: Thornton Butterworth, 1922), pp. 154, 157.

29. 1917 年 3 月 24 日，卡尔的姐夫、波旁—帕尔马王朝的西克斯图斯王子同意带信给普恩加莱总统。西克斯图斯王子当时正在比利时陆军服役，充当两个大国之间的中间人。卡尔承诺支持法国争取阿尔萨斯—洛林地区，也支持法国解放比利时和塞尔维亚，以换取与协约国之间单独的、持久的和平。然而，“西克斯图斯事件”注定要失败，因为意大利的领土要求与卡尔皇帝的诉求是无法调和的。参见 A. Watson, *Ring of Steel. Germany and Austria-Hungary at War, 1914-1918* (London: Allen Lane, 2014), pp. 466-7.

30. Reichsarchiv, *Der Weltkrieg 1914 bis 1918*, XII. *Die Kriegführung im Frühjahr 1917* (Berlin: E. S. Mittler & Sohn, 1939), p. 39.

31. Duffy, *Through German Eyes*, p. 324.

32. R. Foley, 'Learning War's Lessons: The German Army on the Somme, 1916', *Journal of Military History*, Vol. 75, No. 2 (April 2011), p. 500.

33. Hindenburg, *Out of My Life*, pp. 245, 246. 关于“兴登堡计划”参见 Watson, *Ring of Steel*, pp. 378-84.

34. Görlitz (ed.), *The Kaiser and His Court*, p. 232.

35. H. Newbolt, *History of the Great War. Naval Operations* (5 vols., London: Longmans, Green & Co., 1928), IV, p. 270.

36. J. B. Scott (ed.), *Official Statements of War Aims and Peace Proposals. December 1916 to November 1918* (Washington DC: Carnegie Endowment for International Peace, 1921), pp. 1-3.

37. Ibid., p. 7.

38. Ibid., pp. 26-8.

39. Newbolt, *Naval Operations*, IV, p. 370.

40. Görlitz (ed.), *The Kaiser and His Court*, p. 264. 314

41. D. Steffen, 'The Holtzendorff Memorandum of 22 December 1916 and Germany's Declaration of Unrestricted U-Boat Warfare', *Journal of Military History*, Vol. 68, No. 1 (January 2004), p. 219.

42. Watson, *Ring of Steel*, pp. 420-21.

43. TNA: CAB 24/20/GT1496, 'War Cabinet. The Submarine Situation', 24 July 1917.

44. Reichsarchiv, *Der Weltkrieg 1914 bis 1918*, XIII. *Die Kriegfuihrung im Sommer und Herbst 1917. Die Ereignisse außerhalb der Westfront bis November 1918* (Berlin: E. S. Mittler & Sohn, 1942), p. 22.

45. Hindenburg, *Out of My Life*, p. 265.

46. E. Ludendorff, *Ludendorff's Own Story. August 1914-November 1918* (2 vols., New York and London: Harper & Brothers, 1919), II, p. 23.

47. 集团军规模事实上增加了，步兵兵力却有所下降，这是由于炮兵的快速扩充，以及支持部门和技术部队不断增加的需求。在此期间，德国最高统帅部还新创建了53个师。

48. Reichsarchiv, *Der Weltkrieg*, XIII, p. 26.

49. Ibid., p. 27.

50. *Grundsätze für die Führung in der Abwehrschlacht im Stellungskriege vom 1 Dezember 1916* (Berlin: Reichsdruckerei, 1916). 该文件于 1917 年 3 月重印，后于 1917 年 9 月 1 日发布了修订版。

51. Ibid., pp. 9-10

52. TNA: WO 157/22. 'German Instructions for a Counter-Attack Organized in Depth' in GHQ Summary of Information, 29 July 1917.

第二章　黑格和“北部行动”

1. Haig to Robertson, 13 August 1917, in D. R. Woodward (ed.), *The Military Correspondence of Field-Marshal Sir Williamn Robertson, Chief of the Imperial General Staff, December 1915-February 1918* (London: Bodley Head for the Army Records Society, 1989), p. 215.

2. G. Powell, *Plumer. The Soldiers' General* (London: Leo Cooper, 1990), p. 228.

315 3. Sir J. Edmonds, *Military Operations: France & Belgium 1917* (3 vols., London: HMSO, 1948), II, p. 8.

4. See Appendix I, 'Project for Combined Naval and Military Operations on the Belgian Coast with a View to Preventing the Enemy Using Ostend as a Submarine Base', 12 November 1916, in Edmonds, Military Operations: 1917, II, p. 396-8.

5. F. Fischer, *Germany's Aims in the First World War* (New York: W. W. Norton & Co., 1967; first publ. 1961), p. 104.

6. P. Barton, *Passchendaele. Unseen Panoramas of the Third Battle of Ypres* (London: Constable & Robinson, 2007), p. 17.

7. IWM: Documents 12332, 'The Journal of John Nettleton of the Rifle Brigade 1914-1919', p. 86.

8. Edmonds, *Military Operations: 1917*, II, pp. 125-6.

9. 关于黑格和他在伊普尔的经历，参见 J. Hussey, 'A Hard Day at First Ypres: The Allied Generals and Their Problems, 31 October 1914', British Army Review, No.

107 (August 1994), pp. 75-89; I. F. W. Beckett, *Ypres: The First Battle, 1914* (Harlow: Longman, 2004); D. J. De Groot, *Douglas Haig, 1861-1928* (London: Unwin Hyman, 1988), pp. 165-8; and N. Gardner, *Trial by Fire. Command and the British Expeditionary Force in 1914* (Westport: Praeger, 2003), pp. 219-20. 1914 年 10 月 31 日下午，随着英国远征军遭到持续攻击，黑格沿着梅嫩路骑马前往集结部队。尽管一些历史学家对这样做的明智性表示怀疑，但很明显，第一次伊普尔战役在黑格身上留下了持久的后遗症——感觉英国防线很脆弱，濒临崩溃。

10. Haig diary, 14 March 1917, in G. Sheffield and J. Bourne (eds.), *Douglas Haig: War Diaries and Letters 1914-1918* (London: Weidenfeld & Nicolson, 2005), pp. 276-7.

11. See P. Simkins, 'Herbert Plumer', in I. F. W. Beckett and S. J. Corvi (eds.), *Haig's Generals* (Barnsley: Pen & Sword, 2006), pp. 141-63.

12. TNA: WO 158/214, 'Army Instructions for Main Offensive on Second Army Front', 12 December 1916.

13. Appendix V, 'GHQ Letter to Second Army', 6 January 1917, in Edmonds, *Military Operations: 1917*, II, pp. 406-7

14. Appendix VI, 'GHO Instructions for the Formation of a Special Sub-Section of the Operations Section of the General Staff', 8 January 1917, in Edmonds, *Military Operations:* 316
1917, II, pp. 407-9. 随后由作战部编写的备忘录主张同时攻击梅西讷和皮尔奇，直至德国第二防线。两天后，"一群坦克"将前往占领布鲁德塞安德。黑格似乎对这份备忘录感到满意，不过遭到坦克部队方面的反对后该备忘录被默默撤回了。参见 Appendix VII, 'Memorandum by Operations Section, General Staff GHQ', 14 February 1917, in Edmonds, *Military Operations: 1917*, II, pp. 410-16, and R. Prior and T. Wilson, *Passchendaele. The Untold Story* (New Haven and London: Yale University Press, 2002; first publ. 1996), pp. 45-8.

15. Edmonds, *Military Operations: 1917*, II, pp. 15-18.

16. See T. Travers, *How the War was Won. Command and Technology in the British Army on the Western Front, 1917-1918* (Barnsley: Pen & Sword, 20os; first publ. 1992), and 'A Particular Style of Command: Haig and GHQ, 1916-18', *Journal of Strategic Studies*, Vol. 10, No. 3 (1987), pp. 363-76.

17. 关于这种“结构化战役”在 1915 年的影响，参见 N. Lloyd, *Loos 1915* (Stroud: Tempus, 2006), pp. 55-7.

18. See R. Prior and T. Wilson, *Command on the Western Front. The Mlitary Career of Sir Henry Rawlinson, 1914-1918* (Oxford: Blackwell, 1992), ch. 15, and H. Sebag-Montefiore, *Somme. Into the Breach* (London: Viking, 2016), ch. 3.

19. Sir J. Davidson, *Haig. Master of the Field* (London: Peter Nevill, 1953), p. 14.

20. Edmonds, *Military Operations: 1917*, II, pp. 37-8.

21. D. Lloyd George, *War Memoirs of David Lloyd George* (2 vols., London: Odhams Press, 1933-6), II, pp. 1249-56.

22. 围绕这点的探讨参见 J. Terraine, *Douglas Haig. The Educated Soldier* (London: Cassell & Co., 2000; first publ. 1963), pp. 319-21.

23. Haig diary, 18 May 1917, in Sheffield and Bourne (eds.), *Douglas Haig*, p. 294. 马尔迈松的进攻实际上发生在 1917 年 10 月 23 日至 27 日之间。

24. Davidson, *Haig*, p. 15.

25. See *Statistics of the Mlitary Effort of the British Empire during the Great War. 1914-1920* (London: HMSO, 1922), p. 64 (iii). 英国远征军的兵力在 1917 年 8 月 1 日达到高峰，估算有 2 044 627 人。

26. P. Simkins, 'The Four Armies 1914-1918', in D. G. Chandler and I. Beckett (eds.), *The Oxford History of the British Army* (Oxford: Oxford University Press, 2003; first publ. 1994), pp. 250-51.

317 27. C. Falls, *Military Operations. France & Belgium 1917* (3 vols., London: Macmillan & Co., 1940), I, pp. 479-80.

28. See H. williamson, *The Wet Flanders Plain* (London: Faber & Faber, 2009; first publ. 1929).

29. T. Ashworth, *Trench Warfare 1914-1918: The Live and Let Live System* (London: Macmillan, 1980), p. 21.

30. IWM: Documents 4755, H. S. Taylor, 'Reminiscences of the Great War 1914/1918', p. 9.

31. M. Middlebrook, *The First Day on the Somme* (London: Penguin Books, 1984; first publ. 1971), p. 88.

32. A. P. Palazzo, 'The British Army's Counter-Battery Staff Office and Control of the Enemy in World War I', *Journal of Military History*, Vol. 63, No. 1 (January 1999), p. 63.

33. S. Marble, *British Artillery on the Western Front in the First World War, 'The Infantry Cannot Do with a Gun Less'* (Farnham: Ashgate, 2013), pp. 163-4.

34. J. H. Morrow, Jr, *The Great War in the Air. Military Aviation from 1909 to 1921* (Washington DC: Smithsonian Institute Press, 1993), p. 215.

35. P. Hart, *Bloody April. Slaughter in the Skies over Arras, 1917* (London: Cassell & Co., 2006; first publ. 2005), p. 11.

36. J. T. B. McCudden, *Flying Fury. Five Years in the Royal Flying Corps* (Folkestone: Bailey Brothers & Swinfen, 1973; first publ. 1918), pp. 174-5.

37. 就在去世前不久的 1917 年 9 月，德国王牌飞行员维尔纳·沃斯抱怨说：“所有的英国单座飞机在爬升、操纵和俯冲能力上都优于德国战斗机，而且大部分飞机的速度也更快。” K. Bodenschatz, *Hunting With Richthofen. The Bodenschatz Diaries: Sixteen Months of Battle with JG Freiherr von Richthofen No. 1*, trans. J. Hayzlett (London: Grubb Street, 1996), p. 46.

38. 马克 4 型坦克重达 28 吨，由戴姆勒六缸发动机提供动力。它有两型：一型是“雄性”，配有 2 杆 6 磅炮和 4 挺机枪；另一型是“雌性”，只有 6 挺机枪。每辆坦克配备 8 人坦克小组。参见 D. Crow (ed.), *AFVs of World War One* (Windsor: Profile Publications, 1970), pp. 45-52.

39. 1916 年到 1917 年的冬天是英国战术发展的分水岭。1916 年 12 月发布了《师级进攻行动训练指南》（SS135, *Instructions for the Training of Divisions for Offensive Action*）。之后又发布了《排级进攻行动训练指南》（SS143, *Instructions for the Training of Platoons for Offensive Action*，1917 年 2 月）和《步兵营组织方式与进攻阵形规范》
（SS144, *The Organisation of an Infantry Battalion and the Normal Formation for the Attack*， 318
1917 年 4 月）。现在一个排将被分为 4 个“战斗组”：一组配有手榴弹投手，一组配有一挺刘易斯机枪，第 3 组配有来复枪兵和狙击手，第 4 组配有枪榴弹。一个排就此成为“一个完整而独立的战术单位”。历史学家帕迪·格利福斯认为 SS143 战术指南（尤为甚者）是“战术的一个重大里程碑，标志着从维多利亚时代排成数排的来复枪兵转变为 20 世纪围绕各种高火力武器建立的灵活小分队”。P. Griffith, *Battle Tactics of the Wester Front. The British Army's Art of Attack 1916-1918* (New Haven and London: Yale University Press, 1994), pp. 77-8.

40. See P. Harris and S. Marble, 'The "Step-by-Step" Approach: British Military Thought and Operational Method on the Western Front, 1915-1917', *War in History*, Vol. 15, No. 1 (2008), pp. 17-42.

41. Rawlinson, cited in Harris and Marble, 'The "Step-by-Step" Approach', p. 20.

42. 黑格不断催促普卢默深入梅西讷的德军防线。最开始，普卢默想推进 1 500 码（约 1.4 千米），在两天内占领山岭，但黑格否决了这个想法，告诉普卢默要一次性完成。虽然这是明智而适当的干预，但黑格的能力不足以胜任，他在 5 月初敦促普卢默更进一步，不仅要确保山岭上瓦显蒂村和梅西讷村的安全，而且还要从高地的另一边向奥斯坦维尔纳进发。这一延伸将造成严重后果，并导致第 2 集团军 6 月 7 日下午伤亡人数增加。Prior and Wilson, *Passchendaele*, pp. 57-8.

43. I. Passingham, *Pillars of Fire. The Battle of Messines Ridge, June 1917* (Stroud: Sutton, 1998), pp. 29-34.

44. Edmonds, *Military Operations: 1917*, II, pp. 32-49.

45. Haig diary, 22 May 1917, in Sheffield and Bourne (eds.), *Douglas Haig*, p. 295.

46. Sir C. Harington, *Plumer of Messines* (London: John Murray, 1935), p. 84.

第三章 "一片火海"

1. W. Beumelburg, *Flandern 1917* (Oldenburg: Gerhard Stalling, 1928), p. 27.

2. Sir C. Harington, *Plumer of Messines* (London: John Murray, 1935), pp. 79, 100, 103.

319 3. AWM: 2DRL/0260, Account of R. C. Grieve ('Messines'), pp. 8-10. 格里夫将因当天的表现获得一枚维多利亚十字勋章。参见 G. Glid-don, *VCs of the First World War. Arras and Messines 1917* (Stroud: Sutton Publishing, 1998), pp. 185-8.

4. AWM: AWM4 1/32/16 Part 1, II ANZAC Corps War Diary, 7 June 1917.

5. IWM: Documents 11080, A. Johnson to his father, 10 June 1917.

6. Guinness diary, 7 June 1917, in B. Bond and S. Robbins (eds.), *Staff Officer. The Diaries of Walter Guinness (First Lord Moyne) 1914-1918* (London: Leo Cooper, 1987), p. 156.

7. Sir J. Edmonds, *Military Operations. France & Belgium 1917* (3 vols., London: HMSO, 1948), II, p. 71.

8. I. Passingham, *Pillars of Fire. The Battle of Messines Ridge, June 1917* (Stroud: Sutton, 1998), pp. 127-32.

9. TNA: WO 157/115, 'Second Army Summary ot Intelligence, 1st to 15th June 1917'.

10. Reitinger in J. Sheldon, *The German Army at Passchendaele* (Barnsley: Pen & Sword, 2007), pp. 7-9.

11. 预先埋设了 25 枚地雷，但有 2 枚因反地道防御（分别设在佩卡姆农场和小杜夫）而失效。在战场南端，一组地雷在战役开始前不久被遗弃。其中一个（设在普洛斯蒂尔特林东北的第 3 鸟笼碉堡）在 1955 年的一场雷雨中爆炸。参见 A. Turner, *Messines 1917. The Zenith of Siege Warfare* (Botley: Osprey, 2010), pp. 44, 55.

12. E. Ludendorff, *Ludendorff's Own Story. August 1914-November 1918* (2 vols., New York and London: Harper & Brothers, 1919), II, p. 31.

13. Rupprecht diary, 9 June 1917, in Crown Prince Rupprecht, *Mein Kriegstagebuch* (3 vols., Berlin: E. S. Mittler & Sohn, 1929), II, p. 191.

14. Edmonds, *Military Operations: 1917*, II, p. 88.

15. Thaer diary, 11 June 1917, in A. von Thaer, *Generalstabsdienst an der Front und in der O.H.L.* (Gottingen: Vandenhoeck & Ruprecht, 1958), pp. 125-6.

16. G. C. Wynne, *If Germany Attacks. The Battle in Depth in the West* (Westport: Greenwood, 1976; first publ. 1940), p. 283.

17. Rupprecht, cited in Edmonds, *Military Operations: 1917*, II, p. 142.

18. BA-MA: MSG 2/13418, J. Schärdel, 'Flandernschlacht 1917', p. 1.

19. DTA: 3502.1, R. Lewald diary, 13 June 1917.

20. Reichsarchiv, *Der Weltkrieg 1914 bis 1918*, XIII. *Die Kriegführung im Sommer und Herbst* 320
1917. Die Ereignisse außerhalb der Westfront bis November 1918 (Berlin: E. S. Mittler & Sohn, 1942), pp. 32-3, 50.

21. Edmonds, *Military Operations: 1917*, II, p. 143.

22. IWM: Documents 12512, G. Brunskill diary, 12 August 1917.

23. Reichsarchiv, *Der Weltkrieg*, XIII, p. 56.

24. 罗斯伯格被誉为“防御之狮”，他“指挥了 1915 年秋季至 1917 年年底德国在西线几乎所有的重大防御战”。参见 D. T. Zabecki, 'Fritz von Lossberg', in D. T. Zabecki

(ed.), *Chief of Staff. The Principal Officers behind History's Great Commanders* (2 vols., Annapolis: Naval Institute Press, 2008), I, pp. 176-86. 显然，一些高级军官对罗斯伯格的主导地位颇有微词。阿尔布雷希特·冯·特尔于 6 月 1 日打电话给鲁登道夫的作战部部长格奥尔格·魏泽尔（Georg Wetzell），告诉他罗斯伯格应立即被派往第 4 集团军。魏泽尔耸耸肩：“但那看起来就像德国总参谋部只有一个人可以领导防御战。好在事实并非如此！”“亲爱的魏泽尔，”特尔回答说，“如果你对最后的胜利如此有把握，以至于输得起即将在佛兰德斯展开的战斗，那就可以不考虑你的头号大将了！” Thaer diary, 11 June 1917, in Thaer, *Generalstabsdienst*, pp. 125-6.

25. Account taken from F. von Lossberg, *Meine Tätigkeit im Weltkrieg 1914-1918* (Berlin: E. S. Mittler & Sohn, 1939), pp. 294-5.
26. Sheldon, *Passchendaele*, pp. 40-41; Edmonds, *Military Operations: 1917*, II, pp. 145-6; Beumelburg, *Flandern*, p. 29.
27. W. Volkart, *Die Gasschlacht in Flandern im Herbst 1917* (Berlin: E. S. Mittler & Sohn, 1957), pp. 20-22. 第 6 反应师（第 2 近卫预备役师）部署在战场北区，作为迪克斯梅德集群的一部分。
28. Lossberg, *Meine Tätigkeit im Weltkerieg*, p. 294.
29. Thaer diary, 14 June 1917, in Thaer, *Generalstabsdienst*, p. 126.
30. P. Maze, *A Frenchman in Khaki* (Kingswood: William Heinemann,1934), p. 227.
31. H. Gough, *The Fifth Army* (London: Hodder & Stoughton, 1931), p. 193.
32. See A. Farrar-Hockley, *Goughie. The Life of General Sir Hubert Gough* (London: Hart-Davis, MacGibbon, 1975).
33. 这一观点得到了广泛响应。即使是道格拉斯·黑格爵士最雄辩、最顽强的捍卫者
321 约翰·特瑞恩也承认，“把佛兰德斯战役的主角交给高夫将军领导的第 5 集团军，这个决定必须被视为黑格所犯最严重、最致命的错误”。J. Terraine, *Douglas Haig. The Educated Soldier* (London: Cassell & Co., 2000; first publ. 1963), p. 337.
34. G. Sheffield and H. McCartney, 'Hubert Gough', in I. F. W. Beckett andS.J. Corvi (eds.), *Haig's Generals* (Barnsley: Pen & Sword, 2006), p. 93.
35. C. E. W. Bean, *The Offical History of Australia in the War of 1914-1918* (13 vols., Sydney: Angus & Robertson, 1941-2), IV, p. 351.

36. Farrar-Hockley, *Goughie*, p. 218.

37. Gough, *Fifth Army*, p. 192.

38. R. Prior and T. Wilson, *Passchendaele. The Untold Story* (New Haven and London: Yale University Press, 2002; first publ. 1996), pp. 70-77.

39. Appendix XII, 'Memorandum on the Present Situation and Future Plans Written for the War Cabinet by the Commander-in-Chief'. In Edmonds, *Military Operations: 1917*, II, pp. 423-7.

40. 关于黑格在 1915 年的盲目乐观，可参见 N. Lloyd, *Loos 1915* (Stroud: Tempus, 2006), and ' "With Faith and Without Fear" : Sir Douglas Haig's Command of First Army during 1915', *Journal of Military History*, Vol. 71, No. 4 (October 2007), pp. 1051-76.

41. J. F. C. Fuller, 'Introduction' in L. Wolff, *In Flanders Fields* (London: Longmans, 1960), p. xiv.

42. 关于对黑格和查特斯的全面调查可参见 J. Beach, *Haig's Intelligence. GHQ and the German Army, 1916-1918* (Cambridge: Cambridge University Press, 2013). 吉姆·比奇（Jim Beach）的结论是，查特斯被人们传为"邪恶的情报官员"，用过于乐观的情报误导他的长官，这是一种漫画式讽刺。更可能的情况是，查特斯意识到，他依赖黑格的庇护，"不难想象，查特斯几乎无意识地让自己的评估符合他心目中对黑格的观点"。（第 322 页）另参见 J. M. Bourne, 'Charteris, John (1877-1946)', *Oxford Dictionary of National Biography*, Oxford: Oxford University Press, 2004; online edn, Oct. 2008 [http://www.oxforddnb.com/view/article/57800, accessed 20 Aug 2015].

43. Haig diary, 2 June 1917, in G. Sheffield and J. Bourne (eds.), *Douglas Haig. War Diaries and Letters 1914-1918* (London: Weidenfeld & Nicolson,2005), p. 297.

44. Appendix XII, 'Note on the Strategic Situation with Special Reference to the Present 322
Condition of German Resources and Probable German Operations', in Edmonds, *Military Operations: 1917*, II, pp. 427-31.

45. D. French, *The Strategy of the Lloyd George Coalition, 1916-1918* (Oxford: Clarendon Press, 1995), p. 86.

46. I. Castle, *London 1917-18. The Bomber Blitz* (Botley: Osprey, 2010), p. 23. 在一些后来的突袭中，一两架 R. VI 超重型轰炸机加入"戈塔"。它们是巨大的四引擎战略轰炸机，能够运载一吨的炸弹。

47. J. Grigg, Lloyd George. *War Leader 1916-1918* (London: Penguin Books, 2003; first publ.

2002), pp. 246-8. See TNA: CAB 23/3, 'War Cabinet, 163', 14 June 1917, 其间达成共识，要制订进一步发展飞机的计划。

48. Robertson to Haig, 13 June 1917, in Grigg, *Lloyd George*, p. 163.

49. 黑格最不讨人喜欢的性格特征之一是，他总是有点阴谋家的意思——实际上，他和劳合 · 乔治的共同点比他们两人所认识到的要多。罗伯逊听到这个建议，狠狠地拒绝了。劳合 · 乔治唯恐强制调离会带来不良后果，很快就放弃了此事。J. P. Harris, *Douglas Haig and the First World War* (Cambridge: Cambridge University Press, 2008), pp. 352-4.

50. Lord Hankey, *The Supreme Command 1914-1918* (2 vols., London: George Allen and Unwin, 1961), II, p. 682.

51. D. Lloyd George, *War Memoirs of David Lloyd George* (2 vols., London: Odhams Press, 1933-6), II, pp. 1272-6.

52. Haig diary, 19 June 1917, in Sheffield and Bourne (eds.), *Douglas Haig*, p. 300.

53. Lloyd George, *War Memoirs*, II, p. 1277.

54. TNA: CAB 27/6, 'Cabinet Committee on War Policy', 21 June 1917. 关于劳合 · 乔治反对意见的详细讨论还可参见 *War Memoirs*, II, pp. 1280-87 。

55. 在决定批准第三次伊普尔战役这件事上，杰利科的影响仍存在争议。据安德鲁 · 威斯特（Andrew Wiest）看来，杰利科并不特别担心奥斯坦德和泽布吕赫
323 基地的潜艇数量（约 12 艘），更多的是担心德国继续占领比利时海岸将对他们的重要补给线构成威胁。参见 A. Wiest, *Passchendaele and the Royal Navy* (New York: Greenwood Press, 1995), pp. 106-11; J. Terraine, *Douglas Haig. The Educated Soldier* (London: Cassell & Co., 2000; first publ. 1963), pp. 333-4; and S. W. Roskill, 'The U-Boat Campaign of 1917 and Third Ypres', *Journal of the Royal United Services Institution*, Vol. CIV, No. 616 (November 1959), pp. 440-42.

56. Milner, cited in French, *The Strategy of the Lloyd George Coalition*, p. 117.

57. TNA: CAB 27/6, 'Cabinet Committee on War Policy', 21 June 1917.

58. TNA: CAB 27/6, 'Cabinet Committee on War Policy', 25 June 1917.

第四章 “我们有时间完成吗?

1. Reichsarchiv, *Der Weltkrieg 1914 bis 1918*, XIII. *Die Kriegführung im Sommer und Herbst 1917. Die Ereignisse außerhalb der Westfront bis Novembes 1918* (Berlin: E. S. Mittler & Sohn, 1942), p. 55.

2. J. Charteris, *At G.H.Q.* (London: Cassell & Co., 1931), p. 231.

3. P. Maze, *A Frenchman in Khaki* (Kingswood: William Heinemann, 1934), pp. 228-30.

4. H. Gough, *The Fifth Army* (London: Hodder & Stoughton, 1931), pp. 197-8.

5. Sir J. Edmonds, *Military Operations: France & Belgium 1917* (3 vols., London: HMSO, 1948), II, pp. 126-8.

6. Gough, *The Fifth Army*, p. 198. 这些叙述中有一段奇怪的回忆。高夫回忆说，他更愿意把推进限制在黑线上，而不是“全力以赴”进攻绿线。显然，黑格和普卢默都不同意，并敦促把绿线作为主要目标。这一说法是非常值得怀疑的。高夫在计划战役的任何阶段都没有想要进行更有限的进攻。他始终坚信第一天要尽可能地向远处推进。参见 Edmonds, *Military Operations: 1917*, II, p. 127-8.

7. Appendix XV, 'Memorandum Dated 26th June, 1917, by Br.-General J. H. Davidson', in Edmonds, *Military Operations: 1917*, II, pp. 436-9.

8. TNA: CAB 45/140, General Sir Hubert Gough, 'Marginal Notes. Chapter VIII'.

9. Appendix XV, 'Memorandum by General Sir Hubert Gough', in Edmonds, *Military Operations: 1917*, II, pp. 440-42.

10. TNA: CAB 45/140, Gough to Edmonds, 2 February 1944. 高夫在信中错误地称夜间进攻 324
索姆河事件是在 1916 年 8 月发生的（实际上战斗日期为 7 月 14 日）。

11. Edmonds, *Military Operations: 1917*, II, pp. 129-32.

12. See R. Prior and T. Wilson, *Passchendaele. The Untold Story* (New Haven and London: Yale University Press, 2002; first publ. 1996), chs. 7-8.

13. 第一天将有 136 辆坦克发动。参见 Edmonds, *Military Operations: 1917*, II, p. 148, and J. P. Harris, *Men, Ideas and Tanks. British Military Thought and Armoured Forces, 1903-1939* (Manchester: Manchester University Press, 1995), p. 102.

14. J. F. C. Fuller, 'Letters to the Editor', *The Spectator*, 10 January 1958. See also J. Terraine,

Douglas Haig. The Educated Soldier (London: Cassell &Co., 2000; first publ. 1963), p. 342, and C. Campbell, *Band of Brigands. The First Men in Tanks* (London: Harper Perennial, 2008; first publ. 2007), pp. 288-9. 约翰 · 特瑞恩称，没有证据表明黑格见过这样的"沼泽地图"。

15. 詹姆斯 · 埃德蒙兹爵士在官方历史中提过这一点。他写道："没有充分的理由放弃佛兰德斯战区的战略优势，放弃解放佛兰德斯海岸的机会，而解放佛兰德斯海岸可以为我们大量使用坦克提供更坚实的地面。" Edmonds, *Military Operations: 1917,* II, p. 380. 另参见 N. Steel and P. Hart, *Passchendaele. The Sacrifcial Ground* (London: Cassell & Co., 2001; first publ. 2000), p. 88.
16. TNA: WO 95/104, 'Employment of Tanks', 19 July 1917.
17. W. H. L. Watson, *With the Tanks 1916-1918. Memoirs of a British Tank Commander in the Great War* (Barnsley: Pen & Sword, 2014; first publ. 1920), p.99.
18. Ministère de la Guerre, *Les Armées Françaises dans La Grande Guerre,* Tome V, Vol. 2 (Paris: Imprimerie Nationale, 1937), p. 653.
19. J. P. Harris, *Douglas Haig and the First World War* (Cambridge: Cambridge University Press, 2008), pp. 360-61. See also TNA: WO 95/519, 'Notes on Conterence at Lovie Chateau', 16 June 1917.
20. TNA: WO 95/912, 'Corps Commander's Conference with Divisional Commanders', 5 July 1917.
21. Ludendorff, cited in Reichsarchiv, *Der Weltkrieg,* XIII, pp. 1-3. 鲁登道夫关于保持勇气的评论有点讽刺意味。他在 1918 年 9 月饱受神经衰弱之苦。参见 N. Lloyd, *Hundred Days. The End of the Great War* (London: Viking, 2013), pp. 177-80.

325 22. E. Ludendorff, *Ludendorff's Own Story. August 1914-November 1918* (2 vols., New York and London: Harper & Brothers, 1919), II, p. 51.

23. Hindenburg to Bethmann Hollweg, 19 June 1917, in E. Ludendorff, *The General Staff and Its Problems. The History of the Relations between the High Command and the German Imperial Government as Revealed by Official Documents,* trans. F. A. Holt (2 vols., New York: E. P. Dutton & Co., 1920), II, pp. 446-9.
24. W. Görlitz (ed.), *The Kaiser and His Court. The Diaries, Note Books and Letters of Admiral*

Georg Alexander von Müller, Chief of the Naval Cabinet, 1914-1918 (London: Macdonald & Co., 1961; first publ. 1959), p. 276.

25. Bethmann Hollweg to Hindenburg, 25 June 1917, in Ludendorff, *The General Staff*, II, pp. 449-52.
26. Ludendorff to the Kaiser, 12 July 1917, in Ludendorff, *The General Staff*, II, p. 461.
27. F. Fischer, *Germany's Aims in the First World War* (New York: W. W. Norton & Co, 1967; first publ. 1961), pp. 394-6.
28. Reichsarchiv, *Der Weltkrieg*, XIII, p. 11. See Fischer, *Germany's Aims in the First World War*, p. 401. 米夏埃利斯在任时间并不长。他于 1917 年 10 月 31 日被迫辞职，被 74 岁的巴伐利亚人、政治家格奥尔格·冯·赫特林（Georg von Hertling）取代。尽管赫特林对于左翼和中立议员而言似乎是更合适的选择，但他的年龄和天生的保守性意味着他只不过是德国最高统帅部的传声筒。参见 A. Watson, *Ring of Steel. Germany and Austria-Hungary at War, 1914-1918* (London: Allen Lane, 2014), p. 484.
29. Görlitz (ed.), *The Kaiser and His Court*, p. 285.
30. M. Nebelin, *Ludendorff. Diktator im Ersten Weltkrieg* (Munich: Siedler Verlag, 2010), p. 339.
31. BA-MA: MSG 2/13418, J. Schärdel, 'Flandernschlacht 1917', pp. 3-5.
32. 鲁普雷希特的父亲路德维希三世国王是传奇的“巴伐利亚天鹅王”路德维希二世的堂弟，路德维希二世对建筑的热爱以及与作曲家理查德·瓦格纳的长期友谊令他同时备受崇拜和嘲笑。他在 1886 年神秘地溺水而亡。他的兄弟奥托在 1875 年被宣布为精神错乱。参见 C. McIntosh, *The Swan King. Ludwig II of Bavaria* (London: I. B. Tauris, 2012; first publ. 1982).
33. Reichsarchiv, *Der Weltkrieg*, XIII, pp. 54, 63. 德国的消息来源似乎过分夸大了英国各营 326
的兵力和枪炮数量。
34. R. Pawly and P. Courcelle, *The Kaiser's Warlords. German Commanders of World War I* (Botley: Osprey, 2003), pp. 27-8. 在德国军队中，参谋长是整个指挥系统中的“关键人物”。作为一个“超级作战军官”，德军参谋长如果不同意指挥官的意见，可以向指挥链的更高层级上诉。他既是自己指挥官的下属，同时也是该指挥官与最高指挥部的联络官。参见 D. T. Zabecki (ed.), Chief of Staf. *The Principal Officers behind History's Great Commanders* (2 vols., Annapolis: Naval Institute Press, 2008), I, pp. 9-11,

35. Rupprecht diary, 19 June 1917, in Crown Prince Rupprecht, *Mein Kriegstagebuch* (3 vols., Berlin: E. S. Mittler & Sohn, 1929), II, p. 202.

36. Reichsarchiv, *Der Weltkrieg*, XIII, p. 54.

37. F. von Lossberg, *Meine Tätigkeit im Weltkrieg 1914-1918* (Berlin: E. S. Mitt-ler & Sohn, 1939), pp. 295-302. The order is reproduced (in English) inG. C. Wynne, *If Germany Attacks. The Battle in Depth in the West* (Westport: Greenwood, 1976; first publ. 1940), Appendix I, pp. 332-40.

38. R. McLeod and C. Fox, 'The Battles in Flanders during the Summer and Autumn of 1917 from General von Kuhl's *Der Weltkrieg 1914-18*', British Army Review, No. 116 (August 1997), p. 79.

39. Lossberg, *Meine Tatigkeit im Weltkrieg*, p. 304. See also M. D. Karau, '*Wielding the Dagger*'. *The MarineKorps Flandern and the German WarEfort, 1914-1918* (London and Westport: Praeger, 2003), pp. 150-51.

40. Edmonds, *Military Operations: 1917*, II, pp. 118-22.

第五章 “在持续的炮火下”

1. Kuhl, in J. Sheldon, *The German Army at Passchendaele* (Barnsley: Pen & Sword, 2007), p. 52.

2. S. Marble, *British Artillery on the Western Front in the First World War. 'The Infantry Cannot Do with a Gun Less'* (Farnham: Ashgate, 2013), p. 187.

3. C. Falls, *Military Operations: France & Belgium 1917* (3 vols., London: Macmillan & Co., 1940), I, pp. 177-9.

327 4. Marble, *British Artillery*, p. 173, n. 77. 关于黑格“大胆”的评论参见该书第 174 页。

5. 1918 年 3 月 21 日德国春季攻势前的破坏性轰炸可能是战争的最后一次大规模预先轰炸。然而，与第三次伊普尔战役的关键区别在于，它集中在很短的时间内（仅仅 5 个小时），目的是让敌人防御失效的同时保证进攻的出其不意。参见 D. T. Zabecki, *Steel Wind. Colonel Georg Bruchmüller and the Birth of Modern Artillery* (London and Westport: Praeger, 1994).

6. 火炮统计数据和前沿阵地情况来自 Sir I. Edmonds, *Military Operations: France & Belgium 1917* (3 vols., London: HMSO, 1948), II, p. 138, n. 2. 关于战斗期间轰炸的前沿阵地长度似乎有些说法不一。桑德斯 · 玛堡（Sanders Marble）援引的是 13 200 码（约 12.1 千米），罗宾 · 普莱尔和特雷弗 · 威尔逊则称，阿拉斯、梅西讷和伊普尔进攻的前沿阵地“差别不大”。因此，这两种说法似乎都低估了第三次伊普尔战役的前线长度。参见 Marble, *British Artillery*, p. 189, n. 153, and R. Prior and T. Wilson, *Passchendaele. The Untold Story* (New Haven and London: Yale University Press, 2002; first publ. 1996), p. 82.
7. 德国火炮数量的准确数据不详。《德国官方历史》记载，在佛兰德斯有 389 个炮兵连（约 1 556 门炮），埃德蒙兹援引称第 5 集团军和第 2 集团军对面共有 1 040 门炮。德国方面后来的记载为 1 162 门炮，所以真相可能介于这些数据之间。令人困惑的是，普莱尔和威尔逊声称，第 5 集团军情报部门严重低估了德国火炮的数量（误差将近 50%）。考虑到英军总部情报部门已经得到了 1 500 门这样合理准确的数字，这种说法似乎是不正确的。吉姆 · 比奇在考察英国情报时发现，“第三次伊普尔战役前描述的德国部队情况相当全面”。参见 Reichsarchiv, *Der Weltkrieg 1914 bis 1918*, XIII. *Die Kriegführung im Sommer und Herbst 1917. Die Ereignisse außerhalb der Westfront bis November 1918* (Berlin: E. S. Mittler & Sohn, 1942), pp. 54, 63; Edmonds, *Military Operations: 1917*, II, p. 136, n. 2; Prior and Wilson, *Passchendaele*, p. 84; and J. Beach, *Haig's Intelligence. GHQ and the German Army, 1916-1918* (Cambridge: Cambridge University Press, 2013), p. 249.
8. Edmonds, *Military Operations: 1917*, II, p. 137, n. 3.
9. See V. E. Inglefield, *The History of the Twentieth (Light) Division* (Lodon: Nisbet & Co., 328
1921), p. 145.
10. TNA: WO 95/520, Captain G. W. Monier-Williams to Headquarters, Fifth Army, 14 July 1917.
11. 进一步的毒气弹轰炸整个月都在进行，包括 7 月 15 日（伊普尔—梅嫩公路上发射了 1 000 发）、7 月 17 日和 27 日（毒气弹瞄准伊普尔后方的英国补给线和兵营）、7 月 20 日或 21 日（瞄准伊普尔以南的炮兵阵地），以及 7 月 28 日或 29 日（阿尔芒蒂耶尔和尼乌波尔特遭芥子气攻击）。W. Volkart, *Die Gasschlacht in Flandern im*

Herbst 1917 (Berlin: E. S. Mittler & Sohn, 1957), pp. 51-2.

12. J. H. Boraston and C. E. O. Bax, *The Eighth Division 1914-1918* (Uckfield: Naval & Military Press, 2001; first publ. 1926), p. 124.

13. IWM: Documents 15758, Account of Colonel F. W. Mellish, pp. 27-8.

14. H. Gordon, *The Unreturning Army. A Field-Gunner in Flanders, 1917-18* (London: J. M. Dent & Sons, 1967), pp. 52-4.

15. IWM: Documents 8214, F. A. Sclater, 'His War', p. 8.

16. P. Maze, *A Frenchman in Khaki* (Kingswood: William Heinemann,1934), p. 227.

17. I. F. W. Beckett, 'Operational Command: The Plans and Conduct of the Battle', in P. Liddle (ed.), *Passchendaele in Perspective. The Third Battle of Ypres* (London: Leo Cooper, 1997), pp. 110-11.

18. 共有 508 架英国飞机，加上 200 架法国飞机、40 架比利时飞机和另外 104 架皇家海军航空队（Royal Naval Air Service）飞机（在敦刻尔克之外行动）。H. A. Jones, *The War in the Air. Being the Story of the Part Played in the Great War by the Royal Air Force* (6 vols., Oxford: Clarendon Press, 1922-37), IV, p. 142.

19. Ibid., pp. 145-6.

20. IWM: Documents 3215, 'Recollections by A. Sambrook', p. 60.

21. K. Bodenschatz, *Hunting With Richthofen. The Bodenschatz Diaries: Sixteen Months of Battle with JG Freiherr von Richthofen No. 1*, trans. J. Hayzlett (London: Grubb Street, 1996), pp. 25-6.

22. E. R. Hooton, *War over the Trenches. Air Power and Western Front Campaigns 1916-1918* (Hersham: Ian Allen, 2010), p. 164.

23. Robertson to Haig, 18 July 1917, in D. R. Woodward (ed.), *The Military Correspondence*
329 *of Field-Marshal Sir William Robertson, Chief of the Imperial General Staff, December*
1915-February 1918 (London: Bodley Head for the Army Records Society, 1989), pp. 203-4.

24. Haig to Robertson, 21 July 1917, in Woodward (ed.), *The Military Correspondence of Field-Marshal Sir William Robertson*, pp. 205-6.

25. 类似的行动混乱场景并不是第三次伊普尔战役独有的。1915 年 9 月和 10 月的卢斯战役由于没有明确是有限进攻还是无限进攻，战役进程因此同样受到严重阻碍。参见 N. Lloyd, *Loos 1915* (Stroud: Tempus, 2006).

26. 'The Peace Resolution of the Reichstag of July 19, 1917', in E. Ludendorff, *The General Staffand Its Problems. The History of the Relations between the High Command and the German Imperial Government as Revealed by Official Documents*, trans. F. A. Holt (2 vols., New York: E. P. Dutton & Co., 1920), II, pp. 475-6.
27. I. Charteris, *At G.H.Q.* (London: Cassell & Co., 1931), p. 237.
28. Beach, *Haig's Intelligence*, pp. 246-7.
29. KA: (WK) 1789, Gruppe Ieperen Kriegstagebuch, 17 July 1917.
30. KA: (WK) 1789, Gruppe Ieperen Kriegstagebuch, 25 July 1917. 其他师得到的评估就不那么友善了。第 8、第 39、第 55 师被归为“平均水平”，第 25 师被归为“略高于平均水平”，第 38 师则只是“平庸”。
31. F. von Lossberg, *Meine Tatigkeit im Weltkrieg 1914-1918* (Berlin: E. S. Mittler & Sohn, 1939), p. 307.
32. W. Beumelburg, *Flandern 1917* (Oldenburg: Gerhard Stalling, 1928), p. 30.
33. Prior and Wilson, *Passchendaele*, p. 87.
34. Rau in Sheldon, *Passchendaele*, p. 41.
35. *Histories of Two Hundred and Fifty-One Divisions of the German Army Which Participated in the War (1914-1918)* (Washington DC: Government Printing Office, 1920), pp. 725-6.
36. TNA: WO 157/213, Fifth Army Summary of Information, 2 August 1917.
37. Marble, *British Artillery*, p. 189.
38. TNA: WO 95/642, II Corps Summary of Information, 25 July 1917.
39. Reichsarchiv, *Der Weltkrieg*, XIII, p. 61.
40. DTA: 3502.1, R. Lewald diary, 9 August 1917.
41. Edmonds, *Military Operations: 1917*, II, p. 138, n. 1.
42. R. Binding, *A Fatalist at War*, trans. I. F. D. Morrow (London: George Allen and Unwin, 330
1929), p. 176.
43. BA-MA: MSG 2/13418, J. Schärdel, 'Flandernschlacht 1917', pp. 8-10.
44. Beumelburg, *Flandern*, p. 30.
45. Rupprecht diary, 28 July 1917, in Crown Prince Rupprecht, *Mein Kriegstagebuch* (3 vols.,

Berlin: E. S. Mittler & Sohn, 1929), II, pp. 230-31.

46. Reichsarchiv, *Der Weltkrieg*, XIII, p. 62.

47. TNA: WO 157/23, Advanced GHQ Summary of Information, 24 August 1917.

48. KA: (WK) 2523, 'Nachrichtenblatt für 29.7.17'.

49. Charteris, *At G.H.Q*, p. 237.

第六章 "真是个该死的诅咒"

1. Thaer diary, 1 August 1917, in A. von Thaer, *Generalstabsdienst an der Front und in der O.H.L.* (Göttingen: Vandenhoeck & Ruprecht, 1958), p. 131.

2. F. von Lossberg, *Meine Tatigkeit im Weltkrieg 1914-1918* (Berlin: E. S. Mittler & Sohn, 1939), p. 307.

3. BA-MA: MSG 2/13418, J. Schärdel, 'Flandernschlacht 1917', pp. 13-14.

4. H. A. Jones, *The War in the Air. Being the Story of the Part Played in the Great War by the Royal Air Force* (6 vols., Oxtord: Clarendon Press, 1922-37), IV, pp. 160-62. See also Appendix CII, 'V Brigade R.F.C. Order No. 53 for 31st July 1917', pp. 421-2.

5. IWM: Documents 20504, W. B. St Leger diary, 31 July 1917.

6. See Ministère de la Guerre, *Les Armées Françaises dans La Grande Guerre*,Tome V, Vol. 2 (Paris: Imprimerie Nationale, 1937), pp. 670-75.

7. See C. Headlam, *History of the Guards Division in the Great War 1915-1918* (Uckfield: Naval & Military Press, 2001; first publ. 1924), pp. 243-5.

8. F. W. Bewsher, *The History of the Fifty First (Highland) Division 1914-1918* (Uckfield: Naval & Military Press, 2001; first publ. 1920), p. 205.

9. E. Blunden, *Undertones of War* (London: Penguin Books, 2010; first publ. 1928), pp. 154-5.

10. Sir J. Edmonds, *Military Operations: France & Belgium 1917* (3 vols., London: HMSO, 1948), II, pp. 157-8.

331 11. TNA: WO 95/2903, '55th (West Lancashire) Division. Report on Operations, Ypres. July 29th to August 4th, 1917'.

12. S. Snelling, *VCs of the First World War. Passchendaele 1917* (Stroud: The History Press, 2012;

first publ. 1998), p. 11.

I3. TNA: WO 95/104, 'Summary of Tank Operations. 31st July, 1917. 3rd Brigade, Tank Corps'.

I4. IWM: Documents 4755, H. S. Taylor, 'Reminiscences of the Great War 1914/1918, p. 13.

15. TNA: WO 95/104, 'Preliminary Report on Tank Operations 31st July, 1917'.

16. TNA: WO 95/101, '2nd Brigade Tank Corps. Report on Tank Operations. 31st July 1917'.

17. J. H. Boraston and C. E. O. Bax, *The Eighth Division 1914-1918* (Uckfield: Naval & Military Press, 2001; first publ. 1926), pp. 128-30.

18. TNA: WO 95/642, 'Narrative of Operations on July 3Ist, 1917 by II Corps', p. 2.

I9. TNA: WO 95/2328, 'Report on Operations between Zero Hour 3Ist July and 5 a.m. 3rd August 1917. 19th Bn Manchester Regiment'.

20. Edmonds, *Military Operations: 1917*, II, pp. 154-6.

21. BA-MA: MSG 2/13418, J. Schärdel, 'Flandernschlacht 1917', p. 17. 提到的普鲁士部队是第 52 预备役师，该部队当天上午调到前线支援巴伐利亚第 6 预备役师。有关这次换防的艰难困苦，参见 I. Sheldon, *The German Army at Passchendaele* (Barnsley: Pen & Sword, 2007), pp. 51-2.

22. TNA: WO 157/213, Fifth Army, Summary of Information, 4 August 1917.

23. A. Grossmann, *Das K.B. Reserve-Infanterie-Regiment Nr. 17* (Munich: Kriegsarchivs, 1923), pp. 79-80.

24. A. Buttman, *Kriegsgeschichte des Königlich Preußischen 6. Thüringischen Infanterie-Regiments Nr. 95 1914-1918* (Zeulenroda: Verlag Bernhard Sporn, 1935), p. 234.

25. A. Grossmann, *Das K.B. Reserve-Infanterie-Regiment Nr. 17* (Augsburg: D. Eisele & Sohn, 1926), p. 116.

26. KA: (WK) 2523, 'Nachrichtenblatt für 31.7.17'.

27. Sheldon, *Passchendaele*, pp. 57-8.

28. KA: (WK) 8319, 'Gefechtsbericht der am 31. Juli und I. August 1917 bei der 6. Bayr. Res. Div. eingesetzten Infanterie-Teile der 52. Res. Division'.

29. KA: (WK) 2523, 'Nachrichtenblatt für 31.7.17'. 332

30. Lossberg, *Meine Tätigkeit im Weltkerieg*, p. 307.

31. 他们是北路的第 2 近卫预备役师，中路的第 50 和第 221 预备役师，以及支援瓦显蒂集群的第 207、第 12 和第 119 师。参见 Sheldon, *Passchendaele*, pp. 71-2, and Edmonds, *Military Operations: 1917*, II, p. 171, n. 1.

32. KA: (WK) 1789, Gruppe Ieperen. Kriegstagebuch, 31 July 1917.

33. E. Riddell and M. C. Clayton, *The Cambridgeshires 1914 to 1919* (Cambridge: Bowes & Bowes, 1934), p. 107.

34. P. Maze, *A Frenchman in Khaki* (Kingswood: William Heinemann, 1934), p. 245.

35. TNA: WO 95/2903, '55th (West Lancashire) Division. Report on Operations, Ypres. July 29th to August 4th, 1917'.

36. TNA: WO 95/959, XIX Corps War Diary, 31 July 1917.

37. E. R. Hooton, *War over the Trenches. Air Power and Western Front Campaigns 1916-1918* (Hersham: Ian Allen, 2010), p. 182.

38. TWM: Documents 3980, J. S. Walthew to 'my dear Uncle Tom', 2 August 1917.

39. Wohlenberg in Sheldon, *Passchendaele*, pp. 79-80.

40. Riddell and Clayton, *The Cambridgeshires*, p. 118.

41. Boraston and Bax, *The Eighth Division*, p. 134. 关于科芬的内容参见 Snelling, *Passchendaele 1917*, pp. 27-30.

42. Edmonds, Military Operations: 1917, II, pp. 171-4, and F. Zechlin, *Das Reserve-Infanterie-Regiment Nr. 6o im Weltkriege* (Oldenburg: Gerhard Stalling, 1926), pp. 129-31.

43. KA: (WK) 1789, Gruppe Ieperen. Kriegstagebuch, 31 July 1917.

44. See for example Zechlin, *Das Reserve-Infanterie-Regiment Nr. 60*, p. 132.

45. A. Farrar-Hockley, *Goughie. The Life of General Sir Hubert Gough* (London: Hart-Davis, MacGibbon, 1975), pp. 221-2.

46. 高夫下令召集军事调查法庭搞清第 30 师为何无法夺得黑线。结论是，进攻旅在组织管理上“既没有失败，也没有疏忽”，他们遭遇了艰难的地面条件，致使跟丢了徐进弹幕。参见 TNA: WO 95/2312, 'Proceedings of a Court of Inquiry Assembled at Headquarters 30th Division on the 10th day of August, 1917', and J. Beach, 'Issued by the
333 General Staff: Doctrine Writing at British GHQ, 1917-1918', *War in History*, Vol. 19, No. 4 (2012), PP. 480-81.

47. H. Gough, The Fifth Army (London: Hodder & Stoughton, 1931), p. 201.

48. Edmonds, *Military Operations: 1917*, II, pp. 177-8.

49. Sir J. Edmonds, *Military Operations: France & Belgium, 1916. Sir Douglas Haig's Command to the 1st July: Battle of the Somme* (London: Macmillan & Co., 1932), p. 483.

50. C. Carrington, *Soldier from the Wars Returning* (London: Hutchinson, 1905), p. 189.

51. C. H. Dudley Ward, *History of the Welsh Guards* (London: John Murray, 1920), p. 157.

52. KA: (WK) 1789, 'Kriegstagebuch während der Zeit des Einsatzes als Gruppe Ieperen. 1.7.17-31.7.17'.

53. R. McLeod and C. Fox, 'The Battles in Flanders during the Summer and Autumn ot 1917 from General von Kuhl's *Der Weltkrieg 1914-18*', *British Army Review*, No. 116 (August 1997), p. 82.

54. Lossberg, *Meine Tätigkeit im Weltkrieg*, p. 308.

55. Thaer diary, 1 August 1917, in Thaer, *Generalstabsdienst*, p. 131.

56. Reichsarchiv, *Der Weltkrieg 1914 bis 1918*, XIII. *Die Kriegführung im Sommer und Herbst 1917. Die Ereignisse außerhalb der Westfront bis November 1918* (Berlin: E. S. Mittler & Sohn, 1942), p. 65.

57. W. Volkart, *Die Gasschlacht in Flandern im Herbst 1917* (Berlin: E. S. Mittler & Sohn, 1957), p. 57.

58. Rupprecht diary, 1 August 1917, in Crown Prince Rupprecht, *Mein Kriegstagebuch* (3 vols., Berlin: E. S. Mittler & Sohn, 1929), II, pp. 232-4.

59. Haig diary, 1 August 1917, in G. Sheffield and J. Bourne (eds.), *Douglas Haig. War Diaries and Letters 1914-1918* (London: Weidenfeld & Nicolson, 2005), p. 308.

60. Haig diary, 2 August 1917, in Shefield and Bourne (eds.), *Douglas Haig*, p. 310.

61. IWM: Documents 7003, A. H. Roberts diary, 3-4 August 1917.

62. TNA: WO 95/14, 'Daily Values of Rainfall', July-August 1917. 指责这样的降雨是可以预见的似乎是约翰·查特斯所言。他在为黑格所作的传记中声称，英军总部知道“佛兰德斯每年 8 月初的天气都会随着季风的规律性活动而变化”。参见 *Field-
Marshal Earl Haig* (London: Cassell & Co., 1929), p. 272. 这些言论导致一些作者（大 334
卫·劳合·乔治、巴兹尔·李德·哈特、里昂·沃尔夫和杰拉德·德·格罗特）批评黑格在这一年发动攻势的时间太晚，当时本应该预料到可能出现潮湿的条件。然而，这些指控似乎没有什么道理。分析了气象数据的历史学家约翰·胡西（John Hussey）表示，第三次伊普尔战役“并不是对无雨之秋的鲁莽赌博”。天气异常，难以预料。8 月和 10 月潮湿得不正常。此外，英军总部气象部门负责人欧内斯特·戈尔德（Ernest Gold）表示，查特斯的说法“与记录的事实完全相反，对于一个气象学家来说，他的说法似乎荒唐到无需正式的反驳”。参见 J. Hussey, 'The Flanders Battle ground and the Weather in 1917', in P. Liddle (ed.), *Passchendaele in Perspective. The Third Battle of Ypres* (London: Leo Cooper, 1997), pp. 140-58.

63. J. Charteris, *At G.H.Q.* (London: Cassell & Co., 1931), p. 241.

第七章 “就像加尔各答黑洞”

1. IWM: Documents 12332, 'The Journal of John Nettleton of the Rifle Brigade 1914-1919', p. 100.
2. IWM: Documents 14196, G. Carter diary, 6 August 1917.
3. IWM: Documents 12332, 'The Journal of John Nettleton of the Rifle Brigade 1914-1919', pp. 87-8.
4. TNA: WO 95/520, 'Notes on Conference Held at Lovie Chateau on 7th August'.
5. Sir J. Edmonds, *Military Operations: France & Belgium 1917* (3 vols., London: HMSO, 1948), II, pp. 185-6.
6. IWM: Sound 717, K. Page (interview, 1975).
7. TNA: WO 95/662, 'Daily Progress Report', 4 August 1917.
8. G. H. F. Nichols, *The 18th Division in the Great War* (Edinburgh and London: William Blackwood & Sons, 1922), pp. 216-17. 根据师史，在这样的条件下攻占斗篷林和格伦科塞树林将是一个“军事奇迹”（第 218 页）。
9. Guinness diary, 10 August 1917, in B. Bond and S. Robbins (eds.), *Staff Officer. The Diaries of Walter Guinness (First Lord Moyne) 1914-1918* (London: Leo Cooper, 1987), pp. 167-9.

335 10. Edmonds, *Military Operations: 1917*, II, pp. 189-90, and TNA: WO 95/14, 'Daily Values of Rainfall', August 1917.

11. See Edmonds, *Military Operations: 1917*, II, pp. 190-201.

12. IWM: Documents 12332, 'The Journal ot John Nettleton of the Rifle Brigade 1914-1919', pp. 93-7.

13. TNA: WO 95/2947, 'Operations Carried out by 167th Infantry Brigade from 12th to 17th August 1917', p. 2.

14. TNA: WO 95/2947, GA 896, Headquarters, 56th Division, 19 August 1917.

15. Edmonds, *Military Operations: 1917*, II, pp. 194-5.

16. C. Falls, *The History of the 36th (Ulster) Division* (London and Belfast: M'Caw, Stevenson & Orr, 1922), p. 116.

17. N. Steel and P. Hart, *Passchendaele. The Sacrificial Ground* (London: Cassell & Co., 2001; first publ. 2000), p. 154.

18. IWM: Documents 982, R. J. Clarke to his mother, 21 August 1917.

19. Reichsarchiv, *Der Weltkrieg 1914 bis 1918*, XIII. *Die Kriegführung im Sommer und Herbst 1917. Die Ereignisse außerhalb der Westfront bis November 1918* (Berlin: E. S. Mittler & Sohn, 1942), p. 68.

20. 根据英国皇家空军官方历史，当时的天气是雾蒙蒙的，局地多云。遍布战场的德军烟幕弹也阻碍了观察。步兵不愿用信号弹来标明他们的位置，这也是失败的原因之一。H. A. Jones, *The War in the Air. Being the Story of the Part Payed in the Great War by the Royal Air Force* (6 vols., Oxford: Clarendon Press, 1922-37), IV, pp. 172-3.

21. A. Karl Reber, *Das K.B. 21. Infanterie Regiment. Großherzog Friedrich Franz IV. von Mecklenburg-Schwerin* (Munich: Verlag Max Schick, 1929), pp. 216-17.

22. P. Kilduff, *Richthofen. Beyond the Legend of the Red Baron* (London: Arms & Armour, 1993), p. 146.

23. W. Beumelburg, *Flandern 1917* (Oldenburg: Gerhard Stalling, 1928), p.90.

24. Rupprecht diary, 16 August 1917, in Crown Prince Rupprecht, *Mein Kriegstagebuch* (3 vols., Berlin: E. S. Mittler & Sohn, 1929), II, p. 246.

25. DTA: 3502.1, R. Lewald diary, 14 August 1917.

26. Ibid., 16 August 1917.

27. KA: (WK) 2523, 'Nachrichtenblatt Nr. 33 (für die Zeit 15.8 mit 16.8.17)'.

28. TNA: CAB 23/3, 'War Cabinet, 204', 3 August 1917.

336 29. TNA: CAB 24/22/GT1621, 'Report on the Battle ot 31st July, 1917, and Its Results', 4 August 1917.

30. Robertson to Haig, 9 August 1917, cited in D. R. Woodward, *Lloyd George and the Generals* (London: Associated University Presses, 1983), p. 193.

31. Haig to Robertson, 13 August 1917, in D. R. Woodward (ed.), *The Miltary Correspondence of Field-Marshal Sir William Robertson, Chief of the Imperial General Staft, December 1915-February 1918* (London: Bodley Head for the Army Records Society, 1989), pp. 215-16.

32. G. W. L. Nicholson, *Offcial History of the Canadian Army in the First World War. Canadian Expeditionary Force 1914-1919* (Ottawa: Queen's Printer,1902), p. 297.

33. T. Cook, *Shock Troops. Candians Fighting the Gredt War 1917-1918* (Toronto: Penguin Canada, 2008), pp. 305-7.

34. TNA: WO 256/21, Haig diary, 19 August 1917.

35. Haig to Robertson, 13 August 1917, in Woodward (ed.), *The Military Correspondence of Field-Marshal Sir William Robertson*, pp. 215-16.

36. J. Beach, *Haig's Intelligence. GHQ and the German Army, 1916-1918* (Cambridge: Cambridge University Press, 2013), pp. 250-54.

37. J. Charteris, *At G.H.Q.* (London: Cassell & Co., 1931), pp. 245-7.

38. Lord Hankey, *The Supreme Command 1914-1918* (2 vols., London: George Allen and Unwin, 1961), II, p. 702.

39. D. Lloyd George, *War Memoirs of David Lloyd George* (2 vols., London: Odhams Press, 1933-6), II, pp. 1313-15, for the 'tactics of deception'.

40. TNA: CAB 23/3, 'War Cabinet, 203', 2 August 1917.

41. TNA: CAB 23/3, 'War Cabinet, 217', 17 August 1917.

42. Hankey, *The Supreme Command*, II, p. 693.

43. J. Grigg, *Lloyd George. War Leader 1916-1918* (London: Penguin Books, 2003; first publ. 2002), p. 220. 史末资建议建立一支独立的空军队伍（皇家空军）的报告可见于 TNA: CAB 24/22/GT1658, 'War Cabinet Committee on Air Organisation and Home Defence against Air Raids', 17 August 1917.

44. TNA: CAB 24/24/GT1814, 'Report on Operations in Flanders from 4th August to 20th August, 1917', 21 August 1917.

45. See R. Prior and T. Wilson, *Passchendaele. The Untold Story* (New Haven and London: Yale 337
University Press, 2002; first publ. 1996), pp. 104-5.

46. TNA: WO 95/520, 'Notes on Army Commander's Conference Held at Lovie Chateau on 17th August, 1917'. 平心而论，高夫也很想听听下面旅级指挥官关于如何最好地应对德军防御系统的看法。然而，这种寻求一致和共识的冲动远远不够，也来得太迟了。J. Beach, 'Issued by the General Staff: Doctrine Writing at British GHQ, 1917-1918', *War in History*, Vol. 19, No. 4 (2012), pp. 480-81.

47. H. Gough, *The Fifth Army* (London: Hodder & Stoughton, 1931), p. 205.

48. Steel and Hart, *Passchendaele*, p. 155.

49. 关于高夫持续发动的小规模"零敲碎打式"进攻，参见 Prior and Wilson, *Passchendaele*, pp. 108-10.

50. IWM: Documents 6993, M. W. Littlewood diary, 3-28 August 1917.

51. P. Gibbs, *Now It Can be Told* (New York and London: Harper & Brothers, 1920), p. 476.

52. Falls, *The History of the 36th (Ulster) Division*, p. 122.

53. M. Hardie, cited in A. Watson, *Enduring the Great War. Combat, Morale and Collapse in the German and British Armies, 1914-1918* (Cambridge: Cambridge University Press, 2008), p. 153.

54. Edmonds, *Military Operations: 1917*, II, p. 202, and TNA: WO 95/520, 'Notes on Army Commander's Conference Held at Lovie Chateau on17th August, 1917'.

第八章 "问题在于集中"

1. Lord Hankey, *The Supreme Command 1914-1918* (2 vols., London: George Allen and Unwin, 1961), II, p. 693.

2. W. Görlitz (ed.), *The Kaiser and His Court. The Diaries, Note Books and Letters of Admiral Georg Alexander von Müller, Chief of the Naval Cabinet, 1914-1918* (London: Macdonald & Co., 1961; first publ. 1959), p. 295.

3. Rupprecht diary, 20 August 1917, in Crown Prince Rupprecht, *Mein Kriegstagebuch* (3 vols., Berlin: E. S. Mittler & Sohn, 1929), II, p. 248.

4. R. McLeod and C. Fox, 'The Battles in Flanders during the Summer and Autumn of 1917
338 from General von Kuhl's *Der Weltkrieg 1914-18*', *British Army Review*, No. 116 (August 1997), pp. 82, 87. 关于德军的损失参见 Sir J. Edmonds, *Military Operations: France & Belgium 1917* (3 vols., London: HMSO, 1948), II, p. 230.

5. E. Greenhalgh, *The French Army and the First World War* (Cambridge: Cambridge University Press, 2014), pp. 236-40.

6. Reichsarchiv, *Der Welkrieg 1914 bis 1918*, XIII. *Die Kriegführung im Sommer und Herbst 1917. Die Ereignisse außerhalb der Westfront bis November 1918* (Berlin: E. S. Mittler & Sohn, 1942), p. 212.

7. Ibid., pp. 218-21. See also J. and E. Wilks, *Rommel and Caporetto* (Barnsley: Leo Cooper, 2001), pp. 8-12, and E. *Ludendorff, Ludendorff's Own Story. August 1914-November 1918* (2 vols., New York and London: Harper & Brothers, 1919), II, pp. 97-100.

8. TNA: WO 95/951, XVIII Corps War Diary, Appendix C, 'Narrative of Operations of 19th August, 1917'. 据 J. F. C. 富勒说，这场“令人难忘的武器技艺表演”产生了“最显著的效果……因为坦克后面的步兵伤亡人数不是 600 人，而是只有 15 人！” J. F. C. Fuller, *Tanks in the Great War 1914-1918* (London: John Murray, 1920), pp. 122-3.

9. TNA: WO 95/98, ‘“G” Battalion. Tank Corps. Report on Operations-19/8/1917'.

10. Elles and Fuller, cited in J. P. Harris, *Men, Ideas and Tanks. British Military Thought and Armoured Forces, 1903-1939* (Manchester: Manchester University Press, 1995), p. 103.

11. TNA: WO 95/104, 'Report on Tank Operations with XIX Corps-22nd August, 1917'.

12. 德国人下定决心要守住这个重要据点，至少进行了 3 次反攻，甚至部署了可怕的火焰发射队，以便把英国人赶出森林。参见 G. C. Wynne, ‘“The Other Side of the Hill”. The Fight for Inverness Copse: 22nd-24th of August 1917', *Army Quarterly*, Vol. XXIX, No. 2 (January 1935), pp. 297-303.

13 TNA: WO 95/1871, 'Notes on the Attack by 43rd Light Infantry Brigade. 22nd August 1917'.

14. IWM: Documents 22753, G. N. Rawlence diary, 23-25 August 1917.

15. TNA: WO 95/1871, 43 Brigade, 'Lessons from the Attack', 29 August 1917.

16. KA: (WK) 2523, 'Nachrichtenblatt Nr. 36 (für die Zeit 23.8 mit 24.8.17)'.

17. Rupprecht diary, 23 August 1917, in Rupprecht, *Mein Kriegstagebuch*, II, p. 249. 339

18. Ibid., 25 August 1917.

19. Thaer diary, 23 August 1917, in A. von Thaer, *Generalstabsdienst an der Front und in der O.H.L.* (Göttingen: Vandenhoeck & Ruprecht, 1958), pp. 133-4.

20. KA:(WK) 2233, 'AOK 4, 26 August 1917. Wichtigste Erfahrungen der Kampf-reserven der Armee aus den Schlachten am 31.7 und 16.8.17'.

21. Lloyd George to Robertson, 26 August 1917, in D. R. Woodward (ed.), *The Military Correspondence of Field-Marshal Sir William Robertson, Chief of the Imperial General Staff, December 1915-February 1918* (London: Bodley Head for the Army Records Society, 1989), pp. 219-20.

22. M. Thompson, *The White War. Life and Death on the Italian Front 1915-1919* (London: Faber & Faber, 2008), p. 243.

23. TNA: CAB 23/3, 'War Cabinet, 224', 27 August 1917.

24. TNA: CAB 23/13, 'War Cabinet, 225 A', 28 August 1917.

25. D. French, *The Strategy of the Lloyd George Coalition, 1916-1918* (Oxford: Clarendon Press, 1995), pp. 137-9; Haig diary, 4 September 1917, in G. Sheffield and J. Bourne (eds.), *Douglas Haig. War Diaries and Letters 1914-1918* (London: Weidenfeld & Nicolson, 2005), pp. 321-2; and TNA: CAB 23/13, 'War Cabinet, 227c', 4 September 1917.

26. TNA: WO 95/051, XVIII Corps, 'Narrative of Operations of 27th August, 1917'.

27. TNA: WO 95/3034, 61st Division War Diary, August 1917.

28. A. G. Lee, *No Parachute. A Fighter Pilot in World War I* (London: Jarrolds, 1968), p. 105

29. TNA: WO 95/520, 'Summary of Operations of Fifth Army, for Week Ending 6 p.m., 24th Aug., 1917'.

30. TNA: WO 95/520, 'Notes on Conference Held at Lovie Chateau, 25th August, 1917 [issued on 26 August 1917]', and Fifth Army to corps, 28 August 1917.

31. TNA: WO 95/2540, Gough to Fifth Army, 2 September 1917. 每个指挥官都收到了这封

信的副本。高夫显然对两个爱尔兰师很生气，他告诉黑格，他们没能保住自己的胜利成果是因为“这些人是爱尔兰人，不喜欢炮击”。Haig diary, 17 August 1917, in Sheffield and Bourne (eds.), *Douglas Haig*, p. 317.

340 32. 高夫对下属态度暴躁，充满侵略性，可以从他在卢斯战役中对待 E.S. 布尔芬（E. S. Bulfin）少将（第 28 师指挥官）的方式看出。在 1915 年 9 月 27 日至 10 月 5 日期间，布尔芬的师多次在没有足够火炮支援的情况下，奉命在无人区进行一系列毫无希望的推进。参见 N. Lloyd, *Loos 1915* (Stroud: Tempus, 2006), pp. 192-7.

33. 至少从 1914 年 12 月起，英国的战争规划者就考虑在比利时海岸进行两栖登陆，并在接下来的两年半时间里不时地重提这件事。黑格委托亨利 · 罗林森将军策划行动，设想第 1 师沿韦斯滕代班斯（Westende Bains）到米德尔凯尔克的海岸登陆，然后与艾泽尔桥头堡发起的进攻衔接，向奥斯坦德进发。登陆计划似乎周密而谨慎。安德鲁 · 威斯特认为，这是“一个真正可行的选择……可以解放比利时海岸的大部分地区”。然而，这也是有争议的。研究守卫沿海战区的德国海军陆战队的历史学家对此断然否决。“考虑到佛兰德斯防御系统的先进程度，英国的登陆绝对会是一场灾难。”参见 Edmonds, *Military Operations: 1917*, II, pp. 116-17; A. Wiest, *Passchendaele and the Royal Navy* (New York: Greenwood Press, 1995), p. xxiii; and M. D. Karau, ‘Wielding the Dagger’. *The MarineKorps Flandern and the German War Effort, 1914-1918* (London and Westport: Praeger, 2003), p. 161.

34. Haig diary, 25 August 1917, in J. Terraine, *The Road to Passchendaele. The Flanders Offensive of 1917: A Study in Inevitability* (London: Leo Cooper, 1977), p . 240.

35. TNA: WO 95/520, Kiggell to Gough, 28 August 1917, and R. Prior and T. Wilson, *Passchendaele. The Untold Story* (New Haven and London: Yale University Press, 2002; first publ. 1996), pp. 108-9.

36. 黑格似乎受到高夫的参谋长尼尔 · 马尔科姆的影响，后者十分不得人心，被指控对其指挥官隐瞒信息。参见 I. F. W. Beckett, ‘Operational Command: The Plans and Conduct of the Battle’, in P. Liddle (ed.), *Passchendaele in Perspective. The Third Battle of Ypres* (London: Leo Cooper, 1997), p. 110.

37. Edmonds, *Military Operations: 1917*, II, p. 207.

341 38. TNA: WO 95/275, Plumer to GHQ, 12 August 1917.

39. Appendix XXV, 'Second Army's Notes on Training and Preparation for Offensive Operations', in Edmonds, *Military Operations: 1917*, II, pp. 459-04.

40. Edmonds, *Military Operations: 1917*, II, pp. 236-7.

41. Appendix XXI, 'Second Army Operation Order No. 4 of the 1st September, 1917', in Edmonds, *Military Operations: 1917*, II, pp. 449-50.

42. TNA: WO 95/98, I Brigade Tank Corps, 'Allotment of Tanks to Objectives for Operations on 20th September 1917'.

43. TNA WO 95/275, 'General Principles on Which the Artillery Plan Will be Drawn'.

44. TNA: WO 95/275, 'Statement Showing the Rounds per Gun, Number of Guns and the Number of Rounds Required for a 7 Day Bombardment'. 普卢默还可以大量利用最近开发的 106 号即时引信（No. 106 Instant Percussion Fuse）。这些引信通过使用高爆弹而不是常规弹片，提供了更令人满意的钢丝线切割方法。106 号"落地就引爆，在它钻入地下之前"。这确保了爆炸是向外的、水平的而不是向上的，从而在炸毁铁丝网方面产生了更好的效果。此外，水平的爆炸方向不会在地面制造弹坑。参见 P. Griffth, *Battle Tactics of the Western Front. The British Army's Art of Attack 1916-1918* (New Haven and London: Yale University Press, 1994), p. 140.

第九章 "艰苦作业的开始"

1. TNA: WO 95/275, Plumer to GHQ, 12 August 1917.

2. C. E. W. Bean, *The Official History of Australia in the War of 1914-1918* (13 vols., Sydney: Angus & Robertson, 1941-2), IV, p. 734, n. 149. See also A. Elkins, 'The Australians at Passchendaele', in P. Liddle (ed.), *Passchendaele in Perspective. The Third Battle of Ypres* (London: Leo Cooper, 1997), pp 231-2.

3. E. P. F. Lynch, *Somme Mud. The Experiences of an Infantryman in France, 1916-1919*, ed. W. Davies (London: Bantam, 2008; first publ. 2006), p. 231.

4. TWM: Documents 3215, 'Recollections by A. Sambrook', p. 56.

5. C. E. W. Bean, *Making the Legend. The War Writings of C. E. W. Bean*, ed. D. Winter (St 342
Lucia, Queensland: University of Queensland Press, 1992), pp. 23-4.

6. Bean, *The Official History of Australia*, IV, p. 734.

7. TNA: WO 95/3535, 'Advance Report on Operations of 5th Australian Division'.

8. AWM: AWM4 1/46/11, 4th Australian Division War Diary, 11-20 September 1917.

9. AWM: 2DRL/0512, B. W. Champion diary, 13 August 1917.

10. Sir J. Edmonds, *Military Operations. France & Belgium 1917* (3 vols., London: HMSO, 1948), II, pp. 243-4. 这些小规模行动旨在巩固战线，夺得前线的一些据点。两次进攻都以失败告终。

11. Bean, *The Official History of Australia*, IV, p. 748.

12. C. Carrington, *Soldier from the Wars Returning* (London: Hutchinson, 1965), p. 191.

13. W. H. L. Watson, *With the Tanks 1916-1918. Memoirs of a British Tank Commander in the Great War*, ed. B. Carruthers (Barnsley: Pen & Sword, 2014; first publ. 1920), pp. 126-7.

14. J. T. B. McCudden, *Flying Fury. Five Years in the Royal Flying Corps* (Folkestone: Bailey Brothers & Swinfen, 1973; first publ. 1918), p. 183.

15. Ibid., pp. 186-7.

16. K. Bodenschatz, *Hunting with Richthofen. The Bodenschatz Diaries: Sixteen Months of Batle with JG Freiherr von Richthofen No. 1*, trans. J. Hayzlett (London: Grubb Street, 1990), pp. 37-8.

17. E. R. Hooton, *War over the Irenches. Air Power and Western Front Campagns 1916-1918* (Hersham: Ian Allen, 2010), pp. 175-8.

18. H. A. Jones, *The War in the Air. Being the Story of the Part Played in the Great War by the Royal Air Force* (6 vols., Oxford: Clarendon Press, 1922-37), IV, pp. 180-81.

19. Ibid., p. 202.

20. Haig diary, 28 August 1917, in G. Sheffield and J. Bourne (eds.), *Douglas Haig. War Diaries and Letters 1914-1918* (London: Weidenfeld & Nicolson, 2005), p. 320.

21. Edmonds, *Military Operations: 1917*, II, pp. 244-7.

343 22. AWM: AWM4 14/2/2, Chief Engineer I ANZAC Corps, War Diary, 5-18 September 1917.

23. See J. Lee, 'Command and Control in Battle: British Divisions on the Menin Road Ridge, 20 September 1917', in G. Sheffield and D. Todman (eds.), *Command and Control on the Western Front. The British Army's Experience 1914-1918* (Staplehurst: Spellmount, 2004), pp.

119-30. 其中详细描述了师部指挥官面临的“雪片般的文书工作”。

24. AWM: 2DR L/0512, B. W. Champion diary, 6 September 1917.

25. Bean, *The Official History of Australia*, IV, pp. 752-3.

26. Appendix XXII, ‘Second Army Addendum of 10th September 1917, to Operation Order No. 4 of 1st September 1917’, in Edmonds, *Military Operations: 1917*, II, pp. 451-2.

27. Reichsarchiv, *Der Weltkrieg 1914 bis 1918*, XIII. *Die Kriegführung im Sommer und Herbst 1917. Die Ereignisse außerhalb der Westfront bis November 1918* (Berlin: E. S. Mittler & Sohn, 1942), p. 71.

28. Thaer diary, 11 September 1917, in A. von Thaer, *Generalstabsdienst an der Front und in der O.H.L.* (Göttingen: Vandenhoeck & Ruprecht,1958), pp. 136-7.

29. 关于德国审讯技术的发展，参见 C. Duffy, *Through German Eyes. The British and the Somme 1916* (London: Orion, 2007; first publ, 2006), pp. 41-5.

30. Reichsarchiv, *Der Weltkrieg*, XIII, p. 70. See also R. McLeod and C. Fox, ‘The Battles in Flanders during the Summer and Autumn of 1917 from General von Kuhl's *Der Weltkrieg 1914-18*’, *British Army Review*, No. 116 (August 1997), pp. 82-3.

31. Thaer diary, 4 and 6 September 1917, in Thaer, Generalstabsdienst, pp. 136, 137.

32. Rupprecht diary, 6 and 12 September 1917, in Crown Prince Rupprecht, *Mein Kriegstagebuch* (3 vols., Berlin: E. S. Mittler & Sohn, 1929), II, pp. 258, 260. 事实并非如此。参见 Bean, *The Official History of Australia*, IV, p. 758.

33. German unit movements in J. Sheldon, *The German Army at Passchendaele* (Barnsley: Pen & Sword, 2007), pp. 145-7. See also *Histories of Two Hundred and Fifty-One Divisions of the German Army Which Participated in the War (1914-1918)* (Washington DC: Government Printing Office,1920), p. 372.

34. KA: (Wk) 1790, Gruppe Ieperen Kriegstagebuch, 10 September 1917. 344

35. W. Volkart, *Die Gasschlacht in Flandern im Herbst 1917* (Berlin: E. S. Mittler & Sohn, 1957), pp. 57-8.

36. DTA: 3502.1, R. Lewald diary, 24 August-10 September 1917.

37. Ibid., 13 September 1917.

38. 事件发生在 8 月 19 日晚，鲁登道夫的火车从布鲁塞尔南端转轨过来，与对面驶来的一辆弹药列车的发动机相撞。车厢被撞裂，鲁登道夫和他的工作人员摔到地上，但没有受重伤。显然，一次转轨失误使鲁登道夫的火车处于危险之中——如果这导致鲁登道夫遇难或受重伤，第一次世界大战历史和德国历史就可能发生戏剧性改变。M. Nebelin, *Ludendorff. Diktator im Ersten Weltkrieg* (Munich: Siedler Verag, 2010), p. 240.

39. Ibid., p. 225, and E. Ludendorf, *Ludendorf's Own Story. Angust 1914-November 1918* (2 vols., New York and London: Harper & Brothers,1919), II, p. 77.

40. Nebelin, *Ludendorff*, p. 240. 佩内特的飞机可能是被第 48 中队的拉尔夫 · 柯蒂斯（Ralph Curtis）中尉和 H. 芒罗（H. Munro）少尉击落的。参见 J. Guttman, *Bristol F2 Fighter Aces of World War I* (Botley: Osprey, 2007), p. 15.

41. Reichsarchiv, *Der Weltkerieg*, XIII, p. 198.

42. Ludendorff, *Ludendorff's Own Story*, II, pp. 99-100.

43. Ibid., p. 92, and Rupprecht diary, 20 August 1917, in Rupprecht, *Mein Kriegstagebuch*, II, p. 247.

44. TNA: WO 157/24, 'GHQ Summary of Information', 25 September 1917.

45. See J. Förster, 'Ludendorff and Hitler in Perspective: The Battle for the German Soldier's Mind, 1917-1944', *War in History*, Vol. 10, No. 3 (2003), pp. 324-5, and A. Watson, *Ring of Steel. Germany and Austria-Hungary at War, 1914-1918* (London: Allen Lane, 2014), pp. 485-6.

46. R. Binding, *A Fatalist at War*, trans. I. F. D. Morrow (London: George Allen and Unwin, 1929), pp. 182-3.

47. A. Watson, *Enduring the Great War. Combat, Morale and Collapse in the German and British Armies, 1914-1918* (Cambridge: Cambridge University Press, 2008), p. 170. See also *Divisions of the German Army*, p. 363.

48. BA-MA: MSG 2/13418, J. Schärdel, 'Flandernschlacht 1917', p. 7.

345 49. Schwilden, in Sheldon, *Passchendaele*, pp. 147-8.

50. Reichsarchiv, *Der Weltkrieg*, XIII, p. 73.

51. Edmonds, *Military Operations: 1917*, II, p. 255, n. 1.

第十章 “惊天大混战”

1. TNA: WO 157/118, Second Army Daily Intelligence Summary, 24 September 1917.
2. G. Powell, *Plumer. The Soldiers' General* (London: Leo Cooper, 1990), p. 216. 根据第 1 澳新军团指挥官威廉·伯德伍德中将所述：“普卢默将军（我们现在重新加入他的第 2 集团军）打电话给我，问我对将进攻推迟 24 小时有何看法。我完全反对。我的第 1 师和第 2 师已经在行动了，悄悄地向他们的集结位置前进。” Lord Birdwood, *Khaki and Gown. An Autobiography* (London: Ward, Lock & Co., 194). p. 314. 在 9 月 19 日晚上至 20 日凌晨，降雨量为 5 毫米。TNA: WO 99/15, 'Daily Values of Rainfall', September 1917.
3. C. E. W. Bean, *The Official History of Australia in the War of 1914-1918* (13 vols., Sydney: Angus & Robertson, 1941-2), IV, pp. 758-9.
4. Ibid., p. 757.
5. IWM: Documents 15177, A. G. MacGregor, 'War Diary 1917-1919', 19/20 September 1917.
6. M. Farndale, *History of the Royal Regiment of Artillery. Western Front 1914-18* (London: Royal Artillery Institution, 1986), p. 205, and Sir J. Edmonds, *Military Operations: France & Belgium 1917* (3 vols., London: HMSO, 1948), II, p. 238.
7. 9 月 20 日的地面似乎阻滞了坦克发挥任何有效作用。在支援第 58 师的 19 辆坦克中，无一能“为步兵提供任何实质援助”。13 辆被遗弃，4 辆被直接命中。在第 51 师，一辆坦克帮助占领了一个德军阵地（德尔塔公馆），但其他坦克要么被直接击中，要么被迫投降。在这样松软的、弹坑密布的地面上，防沟壑履带被证明是无用的。TNA: WO 95/98, 1 Tank Brigade, 'Report on Tank Operations 20.9.17'. 346
8. TNA: WO 95/1740, '9th (Scottish) Division. Narrative of Events. From September 18th to September 24th 1917, Appendix C, 'Action of Enemy'.
9. TNA: WO 157/118, Second Army Daily Intelligence Summary, 21 September 1917.
10. AWM: 3DRL/1465, A. D. Hollyhoke, 'Battle of Polygon Wood: (Part of "Menin Road Battle")', pp. 1-4.
11. TNA: WO 95/983, I ANZAC Corps, 'Weekly Summary of Operations', 21 September 1917.

12. TNA: WO 95/3256, War Diary, 2nd Australian Division, September 1917, Appendix C: 'Operations of 20th September, 1917'.

13. TNA: WO 95/2566, '39th Division. Report on Operations of 20th September 1917'.

14. TNA: WO 95/2183, 'Operations of 69th Infantry Brigade from 19th September to 25th Sept. 1917'.

15. S. Snelling, *VCs of the First World War. Passchendaele 1917* (Stroud: The History Press, 2012; first publ. 1998), p. 150.

16. Ibid., pp. 151-2.

17. TNA: WO 95/853, 'X Corps Narrative. Zero Hour 20th September, to 6 a.m. 21st September'.

18. H. A. Jones, *The War in the Air. Being the Story of the Part Played in the Great War by the Royal Air Force* (6 vols., Oxtord: Clarendon Press, 1922-37), IV, pp. 183, 185.

19. Reichsarchiv, *Der Weltkrieg 1914 bis 1918*, XIII. *Die Kriegführung im Sommer und Herbst 1917. Die Ereignisse außerhalb der Westfront bis November 1918* (Berlin: E. S. Mittler & Sohn, 1942), p. 74. 区域呼叫战术是 1916 年发展起来的，为了追踪机缘下出现的目标，战场被划分成一系列区域（基于 1∶40 000 比例尺地图上以字母标注的方块），每个区域被划分成 4 个字母〔每个字母覆盖 3 000 平方码（约 2 508 平方米）〕。这样每个区域都有一个由两个字母组成的代码，可以快速有效地发送给地面观察员。这样“飞行军官和炮手之间进行个人联络的必要性降到最低，从而消除了在部队移动时由于沟通困难而可能产生的混乱”。参见 Jones, *The War in the Air*, II, pp. 175-6.

20. Edmonds, *Military Operations: 1917*, II, pp. 272-7.

347 21. Reichsarchiv, *Der Weltkrieg*, XIII p. 74.

22. Kleine in J. Sheldon, *The German Army at Passchendaele* (Barnsley: Pen & Sword, 2007), pp. 161-2. 第 2 营还没到达前线就损失了 200 多人。*Histories of Two Hundred and Fifty-One Divisions of the German Army Which Participated in the War (1914-1918)* (Washington DC: Government Printing Office, 1920), p. 728.

23. KA: (WK) 1246/1, 'Gefechtsbericht des 11 IR Ueber Einsatz des Regts. Als Stossregiment im Abschnitt der bayer. Ers. Div. vom 20.9-22.9.1917'.

24. Haig diary, 20 September 1917, in G. Sheffield and J. Bourne (eds.), *Douglas Haig. War*

Diaries and Letters 1914-1918 (London: Weidenfeld &Nicolson, 2005), p. 329.

25. 'Menin Road Battle', *The Times*, 21 September 1917.

26. 'The British Victory', *The Times*, 22 September 1917.

27. J. Charteris, *At G.H.Q.* (London: Cassell & Co., 1931), pp. 254-5.

28. TNA: WO 157/118, 'Second Army. Comments on Operations, 20th Sept., 1917', 28 September 1917.

29. See G. Sheffield, *Forgotten Victory. The First World War: Myths and Realities* (London: Headline, 2001), p. 176, and *The Chief. Douglas Haig and the British Army* (London: Aurum Press, 2011), pp. 238-9; P. Simkins, 'Herbert Plumer', in I. F. W. Beckett and S. J. Corvi (eds.), *Haigs Generals* (Barnsley: Pen & Sword, 2006), p. 156; N. Steel and P. Hart, *Passchendaele. The Sacrificial Ground* (London: Cassell & Co., 2001; first publ. 2000), p. 233; and A. Ekins, 'The Australians at Passchendaele', in P. Liddle (ed.), *Passchendaele in Perspective. The Third Battle of Ypres* (London: Leo Cooper, 1997), pp. 219-20.

30. R. Prior and T. Wilson, *Passchendaele. The Untold Story* (New Haven and London: Yale University Press, 2002; first publ. 1996), p. 119. 普莱尔和威尔逊援引的 1917 年 7 月 31 日的伤亡数为 27 001 人，这仅表明第 5 集团军内部的损失，不包括第 2 集团军当天遭受的 4 849 人伤亡。如果用 31 850 的总人数计算，每平方英里的伤亡人数将升至 1 769 人。参见 Edmonds, *Military Operations: 1917*, II, pp. 177-8, n. 1.

31. A. Farrar-Hockley, *Goughie. The Life of General Sir Hubert Gough* (London: Hart-Davis, MacGibbon, 1975), p. 235.

32. Prior and Wilson, *Passchendaele*, p. 123. 这些批评大量重复出现于 G. Casey, 'General Sir 348
Herbert Plumer and "Passchendaele" : A Reassessment', *Firestep*, Vol. 5, No. 2 (November 2004), pp. 40-60.

33. 德国团史巧妙地捕捉到了这种二分法。例如，第 239 预备役步兵团的团史，自豪地提到他们在 7 月 31 日令敌人遭受了"可怕的损失"。参见 J. Schatz, *Geschichte des Badischen (Rheinischen) Reserve-Infanterie-Regiments 239* (Stuttgart: Chr. Belser, 1927), p. 125. 同样，第 60 预备役步兵团团史的作者在 7 月 31 日也为一场"精彩的反攻"欢呼雀跃，这也是英国未能在第一天取得突破的原因之一。参见 F. Zechlin, *Das Reserve-Infanterie-Regiment Nr. 60 im Weltkriege* (Oldenburg: Gerhard Stalling, 1926),

p. 136. 类似的积极观点（“无可匹敌的表现”和“杰出的英勇行为”）另可参见 A. Wiedersich, *Das Reserve-Infanterie Regiment Nr. 229* (Berlin: Verlag Tradition Wilhelm Rolf, 1929), p. 93. 相比之下，9 月 20 日参与战斗的几个团的历史，其笔调就不那么热烈了。例如，第 11 步兵团团史抱怨道，他们遭受了“压倒性炮击”带来的“惨重损失”，让连队的兵力降为只有 25—30 人（对比当天上午的 100 人）。A. Dunzinger, *Das K. B. 11 Infanterie-Regiment von der Tann* (Munich: Bayerische Kriegsarchivs, 1921), p. 55. 第 459 步兵团也对 9 月 20 日的“惨重损失”和“血腥悲剧”表示了哀悼。F. von Pirscher, *Das (Rheinisch-Westfälische) Infanterie-Regiment Nr. 459* (Oldenburg: Gerhard Stalling, 1926), p. 73. 参见 Sheldon, *Passchendaele*, pp, 148-65.

34. Rupprecht diary, 20 September 1917, in Crown Prince Rupprecht, *Mein Kregstagebuch* (3 vols., Berlin: E. S. Mittler & Sohn, 1929), II, p. 263. 关于第 4 集团军的战斗报告参见 Pirscher, *Infanterie-Regiment Nr. 459*, p. 74.

35. Reichsarchiv, *Der Weltkrieg*, XIII, p. 75.

36. J. Grigg, *Lloyd George. War Leader 1916-1918* (London: Penguin Books, 2003; first publ. 2002), p. 262.

37. D. Lloyd George, *War Memoirs of David Lloyd George* (2 vols., London: Odhams Press, 1933-6), II, pp. 1315-16. 这种情况是否属实仍无法证实。劳合·乔治承认，他没有这方面的“直
349 接证据”，但战后一个“确凿”的消息来源告诉他，英军总部的一个人打电话给第 5 集团军，告诉他们在首相到来之前调整战俘牢房的人员构成。对劳合·乔治来说，这“都是在制造效果给人一种印象——尽管比利时海岸还是那么遥远，但那些站在我们和比利时海岸目标之间的敌人并不具备阻止我们宏大进攻的必要条件”。劳合·乔治在 9 月 27 日召开的战时内阁会议上谈到了“他 26 日看到的德国战俘的糟糕状况”。TNA: CAB 23/4. 'War Cabinet, 240', 27 September 1917.

38. Lord Hankey, *The Supreme Command 1914-1918* (2 vols., London: George Allen and Unwin, 1961), II, pp. 702, 703.

39. TNA: CAB 24/27/GT2143, Decypher Sir A. Hardinge (San Sebastian) to Lord Hardinge, 19 September 1917.

40. TNA: CAB 23/16, 'War Cabinet, 239(a)', 27 September 1917, and 'Cypher Telegram to His Majesty's Representatives, 8 October 1917'.

41. See D. R. Woodward, 'David Lloyd George, a Negotiated Peace with Germany and the Kuhlmann Peace Kite of September, 1917', *Canadian Journal of History*, Vol. 6, No. 1 (1971), pp. 75-93, and D. French, *The Strategy of the Lloyd George Coalition, 1916-1918* (Oxford: Clarendon Press,1995), pp. 144-7.
42. J.T. B. McCudden, *Flying Fury. Five Years in the Royal Flying Corps* (Folkestone: Bailey Brothers & Swinfen, 1973; first publ. 1918), p. 195.
43. AWM: AWM4 14/2/2, Chief Engineer I ANZAC Corps, War Diary, 19-30 September 1917.

第十一章 "重大的战争"

1. IWM: Documents 17248, S. Roberts. 'The Glorious Sixth', p. 151.
2. TNA: WO 256/22, Haig diary, 21 September 1917.
3. Sir J. Edmonds, *Military Operations: France & Belgium 1917* (3 vols., London: HMSO, 1948), II, p. 280.
4. TNA: WO 256/22, Haig diary, 23 September 1917.
5. AWM: 2DRL/0277, S. E. Hunt, 'The Operation at Polygon Wood', pp. 5-6.
6. C. E. W. Bean, *The Official History of Australia in the War of 1914-1918* (13 vols., Sydney: Angus & Robertson, 1941-2), IV, p. 813.
7. AWM: 2DRL/0277, S. E. Hunt, 'The Operation at Polygon Wood', pp. 6-7.
8. AWM: AWM4 23/66/16, 49/Battalion, 'Report on Operation 25-27th September, 1917'.
9. AWM: AWM4 1/48/18 Part 2, 'Report on Operations Carried Out by 4th Aus. Division on 26/9/1917 and Subsequent Days'.
10. Edmonds, *Military Operations: 1917*, II, p. 288.
11. 德军 9 月 25 日的进攻是由第 229 预备役团和第 230 预备役团（第 50 预备役师）两个团发起的，在波勒冈树林南缘和梅嫩路之间取得了一些有限的进展。该进攻得到 20 个重型炮兵连和 44 个野战炮兵连的支援，这样的火炮规模对于一次规模不大的行动而言几乎是空前的。引人注目的是，第 33 师的历史表明，他们遭到"不少于 6 个师"的攻击。参见 Edmonds, *Military Operations: 1917*, II, p. 283, n. 2, and

G. S. Hutchinson, *The Thirty-Third Division in France and Flanders 1915-1919* (Uckfield: Naval & Military Press, 2004; first publ. 1921), pp. 67, 72.

12. S. Snelling, *VCs of the First World War. Passchendaele 1917* (Stroud: The History Press, 2012; first publ. 1998), pp. 166-74.

13. TNA: WO 95/853, '39th Division. Report on Operations of Sept. 26th 1917'.

14. H. A. Jones, *The War in the Air. Being the Story of the Part Played in the Great War by the Royal Air Force* (6 vols., Oxford: Clarendon Press, 1922-37), IV, pp. 191-3.

15. Edmonds, *Military Operations: 1917*, II, p. 292, n. 1.

16. Caspari, in J. Sheldon, *The German Army at Passchendaele* (Barnsley: Pen & Sword, 2007), pp. 169-71.

17. F. von Pirscher, *Das (Rheinisch-Westfälische) Infanterie-Regiment Nr. 459* (Oldenburg: Gerhard Stalling, 1926), pp. 83-4, 89.

18. TNA: WO 95/748, V Corps, 'Report on Attack of 26th September, 1917'.

19. Edmonds, *Military Operations: 1917*, II, p. 293, n. 3.

351 20. R. Prior and T. Wilson, *Passchendaele. The Untold Story* (New Haven and London: Yale University Press, 2002; first publ. 1996), p. 131. 普莱尔和威尔逊（错误地）声称，在波勒冈树林的伤亡率比在梅嫩路高出 50 %。

21. C. R. Simpson (ed.), *The History of the Lincolnshire Regiment 1914-1918* (London: The Medici Society, 1931), pp. 264-6.

22. IWM: Documents 22718, E. V. Tanner diary, 26 September 1917.

23. Reichsarchiv, *Der Weltkrieg 1914 bis 1918*, XIII. *Die Kriegführung im Sommer und Herbst 1917. Die Ereignisse außerhalb der Westfront bis November 1918* (Berlin: E. S. Mittler & Sohn, 1942), p. 77.

24. A. Wiedersich, *Das Reserve-Infanterie Regiment Nr. 229* (Berlin: Verlag Tradition Wilhelm Rolt, 1929), p. 106.

25. Edmonds, *Military Operations: 1917*, II, p. 292, n. 1.

26. TNA: WO 95/983, I ANZAC Corps War Diary, September 1917, Appendix H, 'Notes on the Situation'. See also *Histories of Two Hundredand Fifty-One Divisions of the German Army Which Participated in the War (1914-1918)* (Washington DC: Government Printing

Office, 1920), p. 85, and TNA: WO 157/118, Second Army Daily Intelligence Summary, 24 September 1917.

27. Thaer diary, 28 September 1917, in A. von Thaer, *Generalstabsdienst an der Front und in der O.H.L.* (Göttingen: Vandenhoeck & Ruprecht, 1958), pp. 139-40.

28. Ibid., p. 140.

29. W. Görlitz (ed.), *The Kaiser and His Court. The Diaries, Note Bookes and Letters of Admiral Georg Alexander von Müller, Chief of the Naval Cabinet, 1914-1918* (London: Macdonald & Co., 1961; first publ. 1959), p. 303.

30. E. Ludendorff, *Ludendorffs Oun Story. August 1914-November 1918* (2 vols., New York and London: Harper & Brothers, 1919), II, pp. 102-3.

31. 机枪将分配到各由 4 挺枪和 8 挺枪组成的机枪组。关于这些战术变化的讨论见于 G. W. L. Nicholson, *Official History of the Canadian Army in the First World War. Canadian Expeditionary Force 1914-1919* (Ottawa: Queen s Printer, 1962), pp. 316-18.

32. 伊普尔集群将发动进攻，该进攻被称为“席卷高地行动”（Hohensturm），由第 212 预备役步兵团（第 45 预备役师）的 4 个营主导，由第 4 近卫步兵师支援，
后者负责控制开展攻击的地区。通过重新占领这片土地，特别是被称作托基支 352
脉（Tokio Spur）的凸起地带，他们能得到更好的观察点，在更高、更干燥的土地上开挖堑壕，同时加强士气。参见 TNA: WO 95/3256, 2nd Australian Division Intelligence Summary, 6 October 1917, and K. Gabriel, *Die 4 Garde-Infanterie-Division. Der Ruhmesweg einer bewährten Kampftruppe durch den Weltkrieg* (Berlin: Verlag von Klasing & Co., 1920), p. 100.

33. T. T. Lupter, *The Dynamics of Doctrine. The Changes in German Tactical Doctrine during the First World War* (Fort Leavenworth: U.S. Army Command and General Staff College, 1981), p. 66, n. 116.

34. Fourth Army Operation Order, 30 September 1917, in Sheldon, *Passchendaele*, pp. 184-6.

35. W. Beumelburg, *Flandern 1917* (Oldenburg: Gerhard Stalling, 1928), pp. 120-21.

36. TNA: WO 95/3256, ‘Translation of Captured Documents’ in I ANZAC Corps Intelligence Summary, 6 October 1917. 一些师级指挥官强烈反对该集结方式，但他们的意见被否决了。鲁登道夫随后辩称，他之所以同意这一点，只是因为前线经验丰富的军

官们持此观点，但这似乎不太可能。参见 Beumelburg, *Flandern*, p. 124, and Sheldon, *Passchendaele*, p. 233, n. 2.

37. Edmonds, *Military Operations: 1917*, II, p. 296.
38. TNA: WO 256/22, Haig diary, 28 September 1917.
39. Edmonds, *Military Operations: 1917*, 11, p. 297.
40. Haig diary, 2 October 1917, in G. Sheffield and J. Bourne (eds.), *Douglas Haig. War Diaries and Letters 1914-1918* (London: Weidenfeld & Nicolson,2005), p. 331.
41. Sir C. Harington, *Plumer of Messines* (London: John Murray, 1935), pp. 314-17.
42. AWM: 3DRL/2379, H. A. Goddard, 'Tour of a Company in the Front Line', pp. 1-2.
43. AWM: 3DRL/2316, letter, 1 October 1917, in 'War Letters of General Monash: Volume 2, 4 March 1917-28 December 1918'.
44. C. Edmonds [C. Carrington], *A Subaltern's War* (London: Anthony Mott, 1984; first publ. 1929), pp. 104-6.
45. Edmonds, *Military Operations: 1917*, II, pp. 299-301.

353 第十二章 “势不可当的打击”

1. Monash, cited in G. Serle, *John Monash. A Biography* (Carlton: Melbourne University Press, 2002; first publ. 1982), p. 293.
2. 使用标志带标出进发位置是因为缺乏“常规或连续堑壕”以发动进攻。H. Stewart, *The New Zealand Division 1916-1919. A Popular History Based on Official Records* (Auckland: Whitcombe & Tombs, 1921), p. 258.
3. 不同文献记述的德军炮击的确切时间不同。Sir J. Edmonds, *Military Operations: France & Belgium 1917* (3 vols., London: HMSO, 1948), II, p. 303, 其中记述的时间是清晨 5 点 20 分。比恩的说法是清晨 5 点 27 分。C. E. W. Bean, *The Official History of Australia in the War of 1914-1918* (13 vols., Sydney: Angus & Robertson, 1941-2), IV, p. 843. 参战各师的战争日记记述得更迟（清晨 5 点 40 分至 5 点 45 分）。参见 AWM: AWM4 1/42/33, Part 1, 1st Australian Division War Diary, 4 October 1917, and AWM4 1/44/27 Part 2, 2nd Australian Division War Diary, October 1917.

4. AWM: AWM4 1/46/12 Part 2, 42/Battalion Report, 4 October 1917.

5. C. Carrington, *Soldier from the Wars Returning* (London: Hutchinson.1965), pp. 191-3.

6. AWM: AWM38 3DRL 606/254/1, H. G. Hartnett diary, 4 October 1917.

7. AWM: AWM4 23/1/27, '1st Australian Infantry Brigade. Summary of Intelligence. From 0600, 4th October to 0600, 5th October, 1917'.

8. See O. E. Burton, *The Auckland Regiment* (Auckland: Whitcombe & Tombs, 1922), p. 173.

9. S. Snelling, *VCs of the First World War. Passchendaele 1917* (Stroud: The History Press, 2012; first publ. 1998), p. 184.

10. Peeler, cited in ibid., p. 182. 两人于 1917 年 10 月 12 日再次投入行动，而麦克吉在那时牺牲。

11. H. A. Jones, *The War in the Air. Being the Story of the Part Played in the Great War by the Royal Air Force* (6 vols., Oxford: Clarendon Press, 1922-37), IV, pp. 184, 203.

12. TNA: WO 95/98, I Tank Brigade, 'Report on Tank Operations 4th, October 1917'.

13. TNA: WO 95/952, 'Operations of 4th Oct. 1917', in XVIII Corps War Diary, October 1917.

14. IWM: Documents 1933, Account of W. A. Rappolt, pp. 94-5. 354

15. K. Gabriel, *Die 4 Garde-Infanterie-Division. Der Ruhmesweg einer bewährten Kampftruppe durch den Weltkrieg* (Berlin: Verlag von Klasing & Co., 1920), p. 103.

16. Edmonds, *Military Operations: 1917*, II, p. 305, n. 2.

17. TNA: WO 95/276, Second Army Summary of Operations, 27 September-4 October 1917.

18. Edmonds, *Military Operations: 1917*, II, pp. 315-17.

19. See for example 'Broodseinde. Greatest Victory of the War', *Taranaki Daily News*, 25 October 1917.

20. AWM: AWM4 1/44/27 Part 2, 2nd Australian Division War Diary, Appendix XXI, 'Second Army Summary', 6 October 1917.

21. Lord Birdwood, *Khaki and Gown. An Autobiography* (London: Ward, Lock & Co., 1941), pp. 315-16.

22. loyd George, cited in Bean, *The Official History of Australia*, IV, p. 877. See also L. Wolff, *In*

Flanders Fields (London: Longmans, 1960), p. 195, and R. Prior and T. Wilson. *Passchendaele. The Untold Story* (New Haven and London: Yale University Press, 2002; first publ. 1996), pp. 137-9.

23. Bean, *The Official History of Australia*, IV, pp. 833, 875. See also N. Steel and P. Hart, *Passchendaele. The Sacrificial Ground* (London: Cassell & Co., 2001; first publ. 2000), p. 253, and A. Ekins, 'The Australians at Passchendaele', in P. Liddle (ed.), *Passchendaele in Perspective. The Third Battle of Ypres* (London: Leo Cooper, 1997), pp. 220-21.

24. German Official History in J. Terraine, *The Road to Passchendaele. The Flanders Offensive of 1917: A Study in Inevitability* (London: Leo Cooper, 1977), p. 281.

25. Rupprecht diary, 5 October 1917, in Crown Prince Rupprecht, *Mein Kriegstagebuch* (3 vols., Berlin: E. S. Mittler & Sohn, 1929), II, p. 267.

26. BA-MA: MSG 2/5960, Dieffenbach to Grandfather Balser (letter no. 5), 9 October 1917.

27. See 'Fourth Army Daily Report', 4 October 1917, in J. Sheldon, *The German Army at Passchendaele* (Barnsley: Pen & Sword, 2007), p. 206. 其中只报告了“一寸狭窄领土”的损失。

28. TNA: WO 159/119, Second Army Daily Intelligence Summary, 11 October 1917.

29. Gabriel, *Die 4 Garde-Infanterie-Division*, p. 107.

355 30. A. Macdonald, *Passchendaele. The Anatomy of a Tragedy* (Auckland: HarperCollins, 2013), p. 167.

31. AWM: AWM4 1/44/27 Part 2, 2nd Australian Division War Diary, Appendix XXI, 'Extracts from 2nd Army and 1st ANZAC Intelligence Summaries', 6 October 1917, and W. Beumelburg, *Flandern 1917* (Oldenburg: Gerhard Stalling, 1928), p. 131.

32. AWM: AWM4 1/46/12 Part 2, 37/Battalion Report, 4 October 1917.

33. Beumelburg, *Flandern*, p. 122.

34. E. Ludendorf, *Ludendorff's Own Story. August 1914-November 1918* (2 vols., New York and London: Harper & Brothers, 1919), II, p. 104.

35. German Official History in Terraine, *The Road to Passchendaele*, pp. 281-2. 鲁普雷希特集团军群选取的路线，从迪克斯梅德以北的艾泽尔河一直延伸，经过鲁莱斯和梅嫩西侧的默尔克，在杜雷蒙德穿过利斯河。参见 Reichsarchiv, *Der Weltkrieg 1914*

bis 1918, XIII. *Die Kriegführung im Sommer und Herbst 1917. Die Ereignisse außerhalb der Westfront bis November 1918* (Berlin: E. S. Mittler & Sohn, 1942), p.81.

36. Ludendorff, *Ludendorff's Own Story*, II, p. 104.

37. R. McLeod and C. Fox, 'The Battles in Flanders during the Summer and Autumn of 1917 from General von Kuhl's *Der Weltkrieg 1914-18*', *British Army Review*, No. 116 (August 1997), p. 85.

38. Chief of the General Staff of the Field Army, 9 October 1917, in Sheldon, *Passchendaele*, pp. 226-7. See also Beumelburg, *Flandern*, p. 124.

39. Rupprecht diary, 12 October 1917, in Rupprecht, *Mein Kriegstagebuch*, II, p. 271.

40. Haig diary, 4 October 1917, in G. Sheffield and J. Bourne (eds.), *Douglas Haig. War Diaries and Letters 1914-1918* (London: Weidenfeld & Nicolson, 2005), pp. 332-3.

41. G. S. Duncan, *Douglas Haig as I Knew Him* (London: George Allen and Unwin, 1966), pp. 64-5.

42. J. Charteris, *At G.H.Q.* (London: Cassell & Co., 1931), pp. 257-8.

43. Steel and Hart, *Passchendaele*, pp. 261-2; G. Harper, *Massacre at Passchendaele. The New Zealand Story* (Brighton: FireStep Books, 2011; first publ. 2000), pp. 52-4; and Prior and Wilson, *Passchendaele*, pp. 138-9 and 160-61. 埃德蒙兹（*Military Operations: 1917*, II, p. 325）援引了 10 月 7 日的一份会议记录，其间普卢默和高夫都告诉黑格他们倾向 356
于结束战役。普莱尔和威尔逊对埃德蒙兹的发现提出质疑，认为两名将军在任何时候都没有敦促取消未来的行动。

44. TNA: WO 256/23, Haig diary, 5 October 1917. 显然，黑格对一名高级军官说过："当我们到达山岭时，就已经赢得了战争。" T. Travers, *How the War was Won. Command and Technology in the British Army on the Western Front, 1917-1918* (Barnsley: Pen & Sword, 2005; first publ. 1992), p. 17.

45. Edmonds, *Military Operations: 1917*, II, pp. 323-5, and TNA: WO 95/276, Second Army G.311, 6 October 1917.

46. Sir C. Harington, *Plumer of Messines* (London: John Murray, 1935), pp. 111-12, and *Tim Harington Looks Back* (London: John Murray, 1940), pp. 63-4.

47. Godley, cited in Macdonald, *Passchendaele*, p. 53.

48. See G. Shefhield, *The Chief. Douglas Haig and the British Army* (London: Aurum Press, 2011), pp. 245-6; T. Cook, *Shock Troops. Canadians Fghting the Great War 1917-1918* (Toronto: Penguin Canada, 2008), p. 317; and N. Cave, *Battleground Europe. Ypres. Passchendaele: The Fight for the Village* (Barnsley: Pen & Sword, 2007; first publ. 1997), pp. 9-10.

49. J. Terraine, *Douglas Haig. The Educated Soldier* (London: Cassell & Co., 2000; first publ. 1963), pp. 367-8.

50. 参照第 8 军的报告，见于 M. LoCicero, *A Moonlight Massacre. The Night Operation on the Passchendaele Ridge, 2 December 1917: The Forgotten Last Act of the Third Battle of Ypres* (Solihull: Helion & Company, 2014), pp. 52-7. 报告驳斥了坚守帕斯尚尔岭“很轻松”的观点。它的结论是，除非是作为 1918 年春季攻势的起点，否则守住山岭没有什么意义。亨利 · 罗林森爵士在 11 月 10 日视察这些阵地时坦然承认，帕斯尚尔无法抵御组织严密的进攻。Prior and Wilson, *Passchendaele*, pp. 180-81. 我非常感谢 K. W. 米特钦森博士与我讨论这一问题，分享他对该阵地的见解。

51. TNA: CAB 23/4 'Conclusions of an Anglo-French Conference, Held in the Train at Boulogne, on September 25, 1917, at 3.15 p.m'.

52. Haig diary, 3 October 1917, in Sheffield and Bourne (eds.), *Douglas Haig*, p. 331.

357 53. TNA: CAB 24/28/GT2243, General Headquarters, British Army in the Field to CIGS, 8 October 1917.

54. Robertson to Haig, 9 October 1917, in D. R. Woodward (ed.), *The Military Correspondence of Field-Marshal Sir William Robertson, Chief of theImperial General Staff, December 1915-February 1918* (London: Bodley Head for the Army Records Society, 1989), p. 234.

55. D. French, *The Strategy of the Lloyd George Coalition, 1916-1918* (Oxford: Clarendon Press, 1995), pp. 154-5. See TNA: CAB 27/6, 'Eighteenth Meeting of the Cabinet Committee on War Policy', 3 October 1917.

56. Lord Hankey, *The Supreme Conmand 1914-1918* (2 vols., London: George Allen and Unwin, 1961), II, pp. 711-12.

57. 罗伯逊邀请 A. A. 林登—拜耳少将（埃及远征军前参谋长）出席 10 月 8 日的战时政策委员会会议，讨论巴勒斯坦战区面临的后勤挑战以及英国人在抵达雅法—

耶路撒冷线时将面临的困难。TNA: CAB 27/6, 'Cabinet Committee on War Policy', 8 October 1917.

58. 罗伯逊对这个医学类比的无情驳斥见于他的 *Soldiers and Statesmen 1914-1918* (2 vols., London: Cassell & Co., 1926), II, p. 257.

59. Hankey, *The Supreme Command*, II, pp. 712-13.

60. TNA: CAB 27/6, 'Cabinet Committee on War Policy', 11 October 1917.

第十三章 "欲速则不达"

1. AWM: PR84/068, A. Birnie to 'Dear Mother and Father', 26 October 1917.

2. TNA: WO 95/15, 'Daily Values of Rainfall', October 1917.

3. TNA: WO 256/23, Haig diary, 8 October 1917.

4. N. Annabell (ed.), *Official History of the New Zealand Engineers during the Great War 1914-1919* (Wanganui: Evans, Cobb & Sharpe, 1927), pp.153-4.

5. IWM: Documents 6618, J. A. Whitehead. 'Four Years' Memories', pp. 107-12

6. IWM: Documents 15758, Account of Colonel F. W. Mellish, p. 29. 358

7. Sir J. Edmonds, *Military Operations: France & Belgium 1917* (3 vols., London: HMSO, 1948), II, p. 324.

8. 关于第 2 澳新军团火炮在 10 月 5—9 日间面临的问题，参见 A. Macdonald, *Passchendaele. The Anatomy of a Tragedy* (Auckland: Harper Collins, 2013), pp. 178-80.

9. IWM: Documents 17248, S. Roberts, 'The Glorious Sixth', p. 149.

10. Edmonds, *Military Operations: 1917*, II, p. 330.

11. R. Thompson, 'Mud, Blood, and Wood: BEF Operational and Combat Logistico-Engineering during the Battle of Third Ypres, 1917', in P. Doyle and M. R. Bennett (eds.), *Fields of Battle. Terrain in Military History* (London: Kluwer, 2002), pp. 245-6.

12. 德军碉堡也被新的"铁丝网天幕"加以保护，前所未见。参见 TNA: WO 157/119, Second Army Daily Intelligence Summary, 13 October 1917.

13. C. E. W. Bean, *The Official History of Australia in the War of 1914-1918* (13 vols., Sydney: Angus & Robertson, 1941-2), IV, p. 900, and Edmonds, *Military Operations: 1917*, II, p. 324,

n. 1.

14. TNA: WO 157/119, Second Army Daily Intelligence Summary, 14 October 1917.

15. IWM: Documents 15110, Account of N. Hind, pp. 451-2, 474.

16. TNA: WO 95/2768, 49th Division, 'Narrative of Events 8th to 10th October 1917', and Brigadier-General, 148 Infantry Brigade, to Headquarters, 49th Division, 13 October 1917.

17. TNA: WO 95/3120, '66th (East Lancashire) Division. Account of Action East of Ypres 9/10/17'.

18. IWM: Documents 1690, Account of P. R. Hall, pp. 16-17.

19. Edmonds, *Military Operations: 1917*, II, p.334, n. 1.

20. 第 2 集团军情报部门对“新防御政策”不以为然，在珀莱卡佩事件后第二天的一份报告中指出，以第 195 师为例，“并未真正偏离之前的纵深防御原则”，被俘军官显然否认“对政策变化有任何了解”。参见 TNA: WO 157/119, Second Army Daily Intelligence Summary, 10 October 1917.

21. W. Jürgensen, *Das Füsilier-Regiment 'Königin' Nr. 86 im Weltkriege* (Oldenburg: Gerhard Stalling, 1925), p. 189.

359 22. H. von Wolff, *Kriegsgeschichte des Jäger-Bataillon von Neumann (1. Schles.) Nr. 5 1914-1918* (Zeulenroda: Verlag Bernhard Sporn, n.d.), pp. 157-8.

23. DTA: 3502.1, R. Lewald diary, 7-10 October 1917.

24. Rupprecht diary, 10 October 1917, in Crown Prince Rupprecht, *Mein Kriegstagebuch* (3 vols., Berlin: E. S. Mittler & Sohn, 1929), II, p. 270.

25. German Official History, cited in J. Terraine, *The Road to Passchendaele. The Flanders Offensive of 1917: A Study in Inevitability* (London: Leo Cooper, 1977), p. 299.

26. W. Beumelburg, *Flandern 1917* (Oldenburg: Gerhard Stalling, 1928), p. 131.

27. *Histories of Two Hundred and Fifty-One Divisions of the German Army Which Participated in the War (1914-1918)* (Washington DC: Government Printing Office, 1920), p. 287.

28. Beumelburg, *Flandern*, p. 131.

29. Menges in J. Sheldon, *The German Army at Passchendaele* (Barnsley: Pen & Sword, 2007), p. 218.

30. Macdonald, *Passchendaele*, p. 185.

31. IWM: Documents 7197, F. J. Rice diary, 10-11 October 1917.

32. 这是普遍接受的。可参见例如 N. Steel and P. Hart, *Passchendaele. The Sacrificial Ground* (London: Cassell & Co., 2001; first publ. 2000), pp. 273-5, and R. Prior and T. Wilson, *Passchendaele. The Untold Story* (New Haven and London: Yale University Press, 2002; first publ.1996), p . 169.

33. TNA: WO 256/23, Haig diary, 10 October 1917. 参见黑格 10 月 9 日的日记，他在开头说到，第 66 师实现了全部目标，第 49 师“除了左边的小块土地外，夺得了其余的目标”。

34. Macdonald, *Passchendaele*, p. 56.

35. P. A. Pedersen, *Monash as Military Commander* (Carlton: Melbourne University Press, 1985), p. 198.

36. G. Serle, *John Monash. A Biography* (Carlton: Melbourne University Press, 2002; first publ. 1982), p. 294.

37. 查尔斯·比恩的论文记录了哈林顿在来珀莱卡佩之前于第 2 集团军指挥部发表的讲话。其中哈林顿强烈赞成继续进攻，他告诉周围聚集的记者，在一两次进攻之后，骑兵“就将准备好长驱直入”。Prior and Wilson, *Passchendaele*, pp. 160-61. 另参见 Sir C. Harington, *Tim Harington Looks Back* (London: John Murray, 1940), p. 63.

38. P. Simkins, 'Herbert Plumer', in I. F. W. Beckett and S. J. Corvi (eds.) *Haig's Generals* 360
(Barnsley: Pen & Sword, 2006), pp. 157-8. 这时候有个人看到了普卢默，对他的乐观和愉悦感到惊讶：“古话说得好：那些远离部队的人不可能理解前线作战部队的紧张和疲倦……” Jack diary, 8 October 1917 in J. Terraine (ed.), *General Jack's Diary 1914-18. The Trench Diary of Brigadier-General J. L. Jack, D.S.O.* (London: Cassell & Co., 2000; first publ. 1964), p. 280.

39. J. R. Byrne, *New Zealand Artillery in the Field, 1914-18* (Auckland: Whitcombe & Tombs, 1922), p. 192.

40. A. E. Byrne, *Official History of the Otago Regiment, N. Z. E. F. in the Great War 1914-1918* (Dunedin: J. Wilkie & Company, 1921), pp. 211-12.

41. TNA: WO 95/1740, '9th (Scottish) Division. Narrative of Operations, 12.10.17'.

42. AWM: AWM4 23/9/12, 'Ninth Australian Infantry Brigade. Report of Operations Carried

out on 12-10-17'.

43. Langford, cited in G. Harper, *Massacre at Passchendaele. The New Zealand Story* (Brighton: FireStep Books, 2011; first publ. 2000), p. 71.

44. Byrne, *Otago Regiment*, pp. 216-18. 考克雷尔后来被授予“杰出服役勋章”，该营的历史记录显示“他这个级别的军官鲜能荣获这样的勋章”。

45. D. Ferguson, *The History of the Canterbury Regiment, N.Z.E.F. 1914-1919* (Auckland: Whitcombe & Tombs, 1921), p. 198.

46. AWM: AWM4 23/51/12, 34/Battalion War Diary, 12 October 1917.

47. AWM: 2DRL/0185, 'Extracts from the Late Lieut. G. M. Carson'.

48. Bean, *The Official History of Australia*, IV, pp. 917-18. 第 10 旅的一小部分设法抵达了帕斯尚尔教堂，都发现他们已被抛弃，且没有任何支援迹象，因而不得不撤退。

49. S. Snelling, *VCs of the First World War. Passchendaele 1917* (Stroud: The History Press, 2012; first publ. 1998), pp. 246-8.

50. AWM: AWM4 23/9/12, 'Ninth Australian Infantry Brigade. Report of Operations Carried out on 12-10-17'. 从蓝线的撤退导致了将于 1917 年 12 月召开军事调查法庭。席间
361 提出了一系列建议，包括更好的指挥和控制，以及营级指挥官“把控局势”的必要性。参见 A. Fox, ' “The Word 'Retire' is Never to be Used” : The Performance of the 9th Brigade, AIF, at First Passchendaele, 1917', Australian War Memorial, SVSS Paper (2011), pp. 1-28.

51. AWM: PR84/068, A. Birnie to 'Dear Mother and Father', 26 October1917.

52. Wolf, *Jäger-Bataillon von Neumann*, pp. 171-2. 笼统使用“英国人”一词可能是因为德国资料中常常无法区分英国远征军中的不同国籍。

53. H. Stewart, *The New Zealand Division 1916-1919. A Popular History Basedon Official Records* (Auckland: Whitcombe & Tombs, 1921), p. 291.

54. Russell, cited in C. Pugsley, 'The New Zealand Division at Passchendaele', in P. Liddle (ed.), *Passchendaele in Perspective. The Third Battle of Ypres* (London: Leo Cooper, 1997), pp. 285-6.

55. C. Pugsley, *On the Fringe of Hell. New Zealanders and Military Discipline in the First World War* (Auckland: Hodder & Stoughton, 1991), pp. 249-50.

56. Harper, *Massacre at Passchendaele*, pp. 76-8.

57. AWM: 3DRL/2316, letters, 18 and 21 October 1917, in 'War Letters of General Monash: Volume 2, 4 March 1917-28 December 1918'.

第十四章 "不值得流一滴血"

1. A. H. Atteridge, *History of the 17th (Northern) Division* (Glasgow: Robert Maclehose & Co., 1929), p. 259.
2. IWM: Documents 13966, Account of G. Skelton.
3. IWM: Documents 17248, S. Roberts, 'The Glorious Sixth', p. 153.
4. IWM: Documents 4755, H. S. Taylor, 'Further Reminiscences of World War I', p. 5.
5. TWM: Document 7613, Account of V. E. Fagence, pp. 6-7.
6. IWM: Documents 7197, F. J. Rice diary, 22 October 1917.
7. AWM: 2DRL/0277, S. E. Hunt, 'The Operation at Polygon Wood', p. 12.
8. IWM: Documents 12332, 'The Journal of John Nettleton of the Rifle Brigade 1914-1919', p. 101.
9. A. Ekins, 'The Australians at Passchendaele', in P. Liddle (ed.), *Passchendaele in* 362
Perspective. The Third Battle of Ypres (London: Leo Cooper, 1997), p. 245. 考虑到澳大利亚士兵不能被判处死刑（1903 年《澳大利亚国防法案》中的一项条款规定），叛逃率可能也就更高。参见 C. Pugsley, *On the Fringe of Hell. New Zealanders and Military Discipline in the First World War* (Auckland: Hodder & Stoughton, 1991). pp. 131-2.
10. A. Macdonald, *Passchendaele. The Anatomy of a Tragedy* (Auckland: Harper Collins, 2013), p. 49.
11. Lord Birdwood, *Khaki and Gown. An Autobiography* (London: Ward Lock & Co., 1941), pp. 310-17.
12. Haig diary, 13 October 1917, in G. Sheffield and J. Bourne (eds.), *Douglas Haig. War Diaries and Letters 1914-1918* (London: Weidenteld & Nicolson, 2005), p. 330.
13. TNA: WO 95/15, 'Daily Values of Rainfall', September-October 1917. 在弗拉默廷厄，9 月的降雨量为 25 毫米，低于平均值，而 10 月的降雨量要更糟，为 32 毫米。
14. TNA: WO 256/21, Haig to Charteris, 5 March 1927. See also Sir J. Davidson, *Haig. Master*

of the Field (London: Peter Nevill, 1953), p. 59. 言语冒犯的段落可见于 W. S. Churchill, *The World Crisis 1916-1918. Part II* (London: Thornton Butterworth, 1927), pp. 337-9.

15. Sir J. Edmonds, *Military Operations: France & Belgium 1917* (3 vols., London: HMSO, 1948), II, p. 326.

16. 这个论点早在 1959 年就遭到驳斥了。可参见 B. H. Liddell Hart, 'The Basic Truths of Passchendaele', *Journal of the Royal United Services Institution*, Vol. CIV, No. 616 (November 1959), pp. 433-5. 关于更多的近期讨论参见 B. Bond, 'Passchendaele: Verdicts, Past and Present', in Liddle (ed.), *Passchendaele in Perspective*, p. 484, and T. Travers, *How the War was Won. Command and Technology in the British Army on the Western Front, 1917-1918* (Barnsley: Pen & Sword, 2005; first publ. 1992), p. 18. .

17. E. Greenhalgh, *The French Army and the First World War* (Cambridge: Cambridge University Press, 2014), p. 234.

18. TNA: WO 256/22, Haig diary, 26, 27 and 29 September 1917.

19. TNA: WO 256/23, Haig diary, 18 October 1917. 根据威廉·菲尔波特的说法，“没有
363 什么比协约国军队之间公平分配防御阵线的问题更经常、更反复地引起协约国指挥部之间的争吵了”。W. J. Philpott, *Anglo-French Relations and Strategy on the Western Front, 1914-18* (London: Macmillan, 1996), p. 108.

20. TNA: WO 256/23, Haig to Pétain, 19 October 1917. 另参见 'Note of General Pétain's representations in favour of more line being taken over by the British Armies', 其中黑格对贝当的焦虑持批评态度，并表示如果俄国退出战争，“进行我们的进攻”将是“最明智的军事政策”。

21. 麦克多诺曾表示，德国军队的士气“没有理由让德国最高统帅部感到焦虑”，这促使黑格在 10 月 15 日的日记开头写下了一段非同寻常的话。“麦克多诺将军……是罗马天主教徒，他（无意识地）受到来源不可靠（即天主教）的信息的影响。除此之外，我想不出为什么战时办公室情报部门给出这样一个错误的估计。”黑格说的不可靠来源指的是教皇本笃十五世于 1917 年 8 月 1 日发出的和平谈判呼吁。对许多历史学家来说，这种直言不讳的攻击反映了黑格缺乏客观思考和清晰思维的能力。罗宾·普莱尔和特雷弗·威尔逊得出结论说，“自欺欺人是走不远的”。参见 Haig diary, 15 October 1917, in Sheffield and Bourne (eds.), *Douglas Haig,*

pp. 336-7, and R. Prior and T. Wilson, *Passchendaele. The Untold Story* (New Haven and London: Yale University Press, 2002; first. publ. 1996), p. 166.

22. Robertson, cited in J. Beach, *Haig's Intelligence. GHQ and the German Army, 1916-1918* (Cambridge: Cambridge University Press, 2013), pp. 258-9.

23. D. G. Dancocks, Legacy of Valour. The Canadians at Passchendaele (Edmonton: Hurtig, 1986), pp. 96-7.

24. T. Cook, *Shock Troops. Canadians Fighting the Great War 1917-1918* (Toronto: Penguin Canada, 2008), p. 316.

25. S. B. Schreiber, *Shock Army of the British Empire. The Canadian Corps in the Last 100 Days of the Great War* (Westport: Praeger, 1997), p. 19.

26. Macdonell, cited in Dancocks, Legacy of Valour, pp. 97-8.

27. T. Cook, *The Madman and the Butcher. The Sensational Wars of Sam Hughes and Sir Arthur Currie* (Toronto: Penguin Canada, 2010), ch. 3, pp. 73-4.

28. 据柯里说，黑格终于在 1919 年巴黎和会上透露了秘密。黑格显然是想阻止德国 364
对法国军队的攻击，同时也希望通过胜利来恢复民众的士气。有趣的是，他没有提到为使部队有地方过冬，必须坚守阵地。G. W. L. Nicholson, *Official History of the Canadian Army in the First World War. Canadian Expeditionary Force 1914-1919* (Ottawa: Queen's Printer, 1962), p. 328, and Cook, Shock Troops, p. 317.

29. *Statistics of the Military Effort of the British Empire during the Great War. 1914-1920* (London: HMSO, 1922), p. 146 (Table X). 截至 1917 年 10 月 8 日，总数正确。英国正在组建第 5 师，但从未投入战场。柯里于 1918 年 2 月将其解散，为该军提供急需的替代人力。

30. 加拿大战术发展引起了相当大的关注，请参见 I. M. Brown, 'Not Glamorous, But Effective: The Canadian Corps and the Set-Piece Attack, 1917-1918', *Journal of Military History*, Vol. 58, No. 3 Ouly 1994), pp. 421-44; T. Cook, *No Place to Run. The Canadian Corps and Gas Warfare in the First World War* (Vancouver: UBC Press, 1999), and *Shock Troops*; C. Pugsley, 'Learning from the Canadian Corps on the Western Front', *Canadian Military History*, Vol. 15, No.1 (Winter 2006), pp. 5-32; B. Rawling, *Surviving Trench Warfare. Technology and the Canadian Corps, 1914-1918* (Toronto: University of Toronto

Press, 1992); and Schreiber, *Shock Army of the British Empire.*

31. Beach, *Haig's Intelligence*, pp. 38-9. 比奇说："加拿大军队的情报人员配备总是比英国军队至少提前一年。"

32. Rawling, *Surviving Trench Warfare*, p. III.

33. J. Hansch and F. Weidling, *Das Colbergsche Grenadier-Regiment Graf Gneisenau (2 Pommersches) Nr. 9 im Weltkriege 1914-1918* (Oldenburg: Gerhard Stalling, 1929), p. 417.

34. J. Sheldon, *The German Army at Passchendaele* (Barnsley: Pen & Sword, 2007), pp. 258-9.

35. R. McLeod and C. Fox, 'The Battles in Flanders during the Summer and Autumn of 1917 from General von Kuhl's *Der Weltkrieg 1914-18*', *British Army Review*, No. 116 (August 1997), pp. 85-6.

36. Peistrup, in Sheldon, *Passchendaele*, pp. 245-6.

365 37. DTA: 3502.1, R. Lewald diary, 19 October 1917.

38. Taken from 'Dreamers', in S. Sassoon, *Selected Poems* (London: William Heinemann, 1940; first publ. 1925), p. 20.

39. Thaer diary, 28 September 1917, in A. von Thaer, *Generalstabsdienst an der Front und in der O.H.L.* (Göttingen: Vandenhoeck & Ruprecht, 1958), p. 140.

40. Sheldon, *Passchendaele*, p. 243.

41. G. Werth, 'Flanders 1917 and the German Soldier', in Liddle (ed.), *Passchendaele in Perspective*, p. 329.

42. Kleysteuber, in Sheldon, *Passchendaele*, p. 215.

43. TNA: WO 157/119, Second Army Daily Intelligence Summary,12 October 1917.

44. See for example TNA: WO 157/11g, Second Army Daily Intelligence Summary, 22 October 1917.

45. Reichsarchiv, *Der Weltkrieg 1914 bis 1918*, XIII. *Die Kriegführung im Sommer und Herbst 1917. Die Ereignisse außerhalb der Westfront bis November 1918* (Berlin: E. S. Mittler & Sohn, 1942), pp. 99-100.

46. W. Jürgensen, *Das Füsilier-Regiment 'Königin' Nr. 86 im Weltkriege* (Oldenburg: Gerhard Stalling, 1925), pp. 187-8.

47. IWM: Documents 1933, Account of W. A. Rappolt, pp. 61-5.

48. Reichskriegsministeriums, *Sanitätsbericht über das Deutsche Heer (Deutsches Feld- und Besatzungsheer) im Weltkriege 1914/1918* (3 vols., Berlin: E. S. Mittler & Sohn, 1934-8), II, p. 708.
49. Reichsarchiv, *Der Weltkrieg*, XIII, p. 86.
50. Rupprecht diary, 5 August 1917, in Crown Prince Rupprecht, *Mein Kriegstagebuch* (3 vols., Berlin: E. S. Mittler & Sohn, 1929), II, pp. 235-6.
51. Sheldon, *Passchendaele*, pp. 314-15. Figures taken from Table 47 in *Sänitatsbericht über das Deutsche Heer*, III, p. 55.
52. Thaer diary, 11 October 1917, in Thaer, *Generalstabsdienst*, p. 143.
53. Rupprecht, in Sheldon, *Passchendaele*, pp. 228-9.
54. Rupprecht diary, 21 October 1917, in Rupprecht, *Mein Kriegstagebuch*, II, pp. 273-4.
55. Ibid., 24 October 1917, II, p. 275.
56. 有关创建斯塔登集群的内容，参见 Reichsarchiv, Der Weltkrieg,XIll, p. 87, and Sheldon, Passchendaele, pp. 40-41.
57. DTA: 3244.17, E. Schaarschmidt diary, 20 October 1917.
58. G. C. Wynne, *If Germany Attacks. The Battle in Depth in the West* (Westport: Greenwood, 366
1976; first publ. 1940), pp. 310, 313.
59. Reichsarchiv, *Der Weltkrieg*, XIII, p. 249.

第十五章 “冲向铁盾”

1. E. Ludendorff, *Ludendorff's Own Story. August 1914-November 1918* (2 vols., New York and London: Harper & Brothers, 1919), T1, p. 106.
2. G. W. L. Nicholson, *Offcial History of the Canadian Army in the First World War. Canadian Expeditionary Force 1914-1919* (Ottawa: Queen's Printer, 1962), p. 313.
3. D. G. Dancocks, *Legacy of Valour. The Canadians at Passchendaele* (Edmonton: Hurtig, 1986), p. 103.
4. LAC: RG9, III-D-3, Vol. 4957, Reel T-10774, File: 504, Part 2, 'Canadian Corps Artillery Report on Passchendaele Operations Oct. 17th to Nov. 18th 1917', pp. 12, 14.

5. Nicholson, *Canadian Expeditionary Force 1914-1919*, p. 318.

6. CWM: 58A 1 27.11, Memoirs of G. F. McFarland, Vol. II, p. 29.

7. J. Adair, 'The Battle of Passchendaele: The Experiences of Lieutenant Tom Rutherford, 4th Battalion, Canadian Mounted Rifles', *Canadian Military History*, Vol. 13, No. 4 (Autumn 2004), pp. 66-8.

8. LAC: RG9, III-D-3, Vol. 4896, Reel T-10690, File: 289, Part 1, 'Headquarters - 8th Canadian Infantry Brigade War Diary October, 1917. Appendix 22'.

9. S. G. Bennett, *The 4th Canadian Mounted Rifles 1914-1919* (Toronto: Murray Printing Company, 1926), p. 80.

10. CWM: 58A 1 27. I1, Memoirs of G. F. McFarland, Vol. II, p. 32.

11. Adair, 'The Battle of Passchendaele', p. 74.

12. 他们是：Private T. W. Holmes (4/CMR); Lieutenant R. Shankland (43/Battalion); Acting Captain C. P. J. O Kelly (52/Battalion); Private C. J. Kinross (49/Battalion); Lieutenant H. McKenzie (7/Canadian MG Company); Sergeant G. H. Mullin (PPCLI); Major G. R. Pearkes(5/CMR); Private C. F. Barron (3/Battalion); and Private J. P. Robertson (27/Battalion).

367 13. LAC: RG9, III-D-3, Vol. 4938, Reel T-10744, File: 434, Part 2, 43/Battalion War Diary, 26 September 1917.

14. S. Snelling, *VCs of the First World War. Passchendaele 1917* (Stroud: The History Press, 2012; first publ. 1998), pp. 256-9.

15. J. Hansch and F. Weidling, *Das Colbergsche Grenadier-Regiment Graf Gneisenau (2 Pommersches) Nr. 9 im Weltkriege 1914-1918* (Oldenburg: Gerhard Stalling, 1929), p. 424.

16. C. Stachelbeck, *Militärische Effektivität im Ersten Weltkrieg. Die 11. Bayerische Infanteriedivision 1915 bis 1918* (Paderborn: Ferdinand Schöningh, 2010), pp. 208-9, 215.

17. 巴伐利亚第 11 师伤亡 1 800 人，而加拿大两个进攻师伤亡超过 3 400 人。参见 C. Stachelbeck, 'Strategy "in a Microcosm" : Processes of Tactical Learning in a WW1 German Infantry Division', *Journal of Military & Strategic Studies*, Vol. 13, No. 4 (Summer 2011), p. 18, n. 50.

18. Stachelbeck, *Militärische Effektivität im Ersten Weltkrieg*, p. 222.

19. See TNA: WO 157/119, 'Enemy's New Battery Positions Disclosed Oct. 1st 1917', in Second Army Daily Intelligence Summary, 2 October 1917. 位于加拿大军所在区域中心的一个点，距离帕斯尚尔前线约 6 000 码（约 5.5 千米），但距其东南部只有 3 000 码（约 2.7 千米）。LAC: RG9, III-D-3, Vol. 4957, Reel T-10774, File: 504, Part 2, 'Canadian Corps Artillery Report on Passchendaele Operations Oct. 17th to Nov. 18th 1917', p. 32.
20. DTA: 3502.1, R. Lewald diary, 26 October 1917.
21. LAC: RG9, III-D-3, Vol. 4957, Reel T-10774, File: 504, Part 2, 'Canadian Corps Artillery Report on Passchendaele Operations Oct. I7th to Nov. 18th 1917', p. 17.
22. H. A. Jones, *The War in the Air. Being the Story of the Part Played in the Great War by the Royal Air Force* (6 vols., Oxford: Clarendon Press, 1922-37), IV, p. 210.
23. A. Revell, *Brief Glory. The Lije of Arthur Rhys Davids, DSO, MC and Bar* (Barnsley: Pen & Sword, 2010), pp. 195, 209. 研究显示，他的飞机被卡尔·盖洛维茨击落，并在帕斯尚尔岭附近某处坠落。他的尸体始终未被找到。
24. Nicholson, *Canadian Expeditionary Force 1914-1919*, pp. 320-21.
25. LAC: RG9, III-D-3, Vol. 4940, Reel T-10747, File: 440, Part 2, 49/Battalion War Diary, 368
November 1917, Appendix A.
26. LAC: RG9, III-D-3, Vol. 4949, Reel T-10760, File: 437, Part 2, '5th CMR Battalion. Summary of Operations, October 30th-31st, 1917'.
27. Snelling, *Passchendaele 1917*, p. 283. 艾伦·奥蒂理应获得维多利亚十字勋章的嘉奖，他的故事见于 C. Mainville, 'Mentioned in Despatches: Lieutenant Allen Otty and the 5th CMR, at Passchendaele 30 October 1917', *Canadian Military History*, Vol. 23, No. 2 (Spring 2014), pp. 137-63.
28. Currie to Lieutenant-General Sir Richard Turner, 30 October 1917, in A. Currie, *The Selected Papers of Sir Arthur Currie. Diaries, Letters and Report to the Minstry, 1917-1933*, ed. M. O. Humphries (Waterloo, Ont.: Wilfrid Laurier University Press, 2008), Pp. 55-6.
29. Sir J. Edmonds, *Military Operations. France & Belgium 1917* (3 vols., London: HMSO, 1948), II, pp. 351-3.
30. TNA: WO 95/3095, 'Report on the Operations of 63rd (Royal Naval) Division East of Ypres 24th October-5th November 1917', p. 10.

31. TNA: WO 95/952, XVIII Corps War Diary, 30 October 1917.

32. J. Grigg, *Lloyd George. War Leader 1916-1918* (London: Penguin Books, 2003; first publ. 2002), p. 271.

33. Robertson to Lloyd George, 27 October 1917, in D. R. Woodward (ed.), *The Military Correspondence of Field-Marshal Sir William Robertson, Chief ofthe Imperial General Staff, December 1915-February 1918* (London: Bodley Head for the Army Records Society, 1989), pp. 239-40.

34. Lloyd George to Robertson, 27 October 1917, in Woodward (ed.), *The Military Correspondence of Field-Marshal Sir William Robertson*, p. 240.

35. Robertson to Lloyd George, 27 October 1917, in Woodward (ed.), *The Military Correspondence of Field-Marshal Sir William Robertson*, p. 241.

36. TNA: CAB 23/4, 'War Cabinet, 263', 2 November 1917.

37. D. French, T*he Strategy of the Lloyd George Coalition, 1916-1918* (Oxford: Clarendon Press, 1995), pp. 161-2.

38. D. Lloyd George, *War Memoirs of David Lloyd George* (2 vols., London: Odhams Press, 1933-6), II, pp. 1439-41.

39. D. R. Woodward, *Lloyd George and the Generals* (London: Associated University Presses, 1983), p. 214.

40. Edmonds, *Military Operations: 1917*, II, p. 355.

369 41. LAC: RG9, III-D-3, Vol. 4957, Reel T-10774, File: 504, Part 2, 'Canadian Corps Artillery Report on Passchendaele Operations Oct. 17th to Nov. 18th 1917', pp. 22, 23, 25.

42. LAC: RG4I, Vol. 21, Testimony of H. L. Sheppard.

43. Nicholson, *Canadian Expeditionary Force 1914-1919*, pp. 323-4.

44. IWM: Documents 7376, M. McIntyre Hood, 'Recording on First World War 1914-1918', p. 12.

45. CWM: 58A 1 221.1, A. R. Coulter diary, 4 November 1917.

46. LAC: RG4I, Vol. 8, Testimony of G. Noir.

47. LAC: RG4I, Vol. 22. Testimony of W. M. Rae.

48. Currie in Dancocks, *Legacy of Valour*, p. 159.

49. T. Cook, *Shock Troops. Canadians Fighting the Great War 1917-1918* (Toronto: Penguin Canada, 2008), p. 357.

50. LAC: RG9, III-D-3, Vol. 4957, Reel T-10774, File: 504, Part 2, 'Canadian Corps Artillery Report on Passchendaele Operations Oct. 17th to Nov. 18th 1917', p. 8.

51. K. Radley, *We Lead, Others Follow. First Canadian Division 1914-1918* (St Catharines: Vanwell, 2006), p. 166.

52. LAC: RGg, III-D-3, Vol. 4913, Reel T-10704-10705, File: 351, 'Report on Operations Carried Out by [1] Bn. on the 5th, 6th, 7th and 8th November'.

53. LAC: RG4I, Vol. 12, Testimony of W. McCombie-Gilbert.

54. LAC: RGo, III-D-3, Vol. 4935, Reel T-10739-10740, File: 425, Part 2, 'Narrative of Operations for the Capture of Passchendaele and the Surrounding Heights. 28th North West Canadian Battalion. November 6th/7th 1917'.

55. LAC: RG41, Vol. 11, Testimony of W. E. Turner.

56. LAC: RGo, III-D-3, Vol. 4935, Reel T-10738-10739, File: 423, Part 2, '27th (City of Winnipeg) Battalion. Narrative of Operations Covering the Attack on Passchendaele'.

57. LAC: RG9, III-D-3, Vol. 4938, Reel T-10744, File: 434, Part 2, Canadian Corps, Summary of Intelligence, 6 November 1917.

58. LAC: RG9, III-D-3, Vol. 4935, Reel T-10738-10739, File: 423, Part 2, '27th (City of Winnipeg) Battalion. Narrative of Operations Covering the Attack on Passchendaele'.

59. H. Nollau, *Geschichte des Königlich Preußischen 4 Niederschlesischen Infanterie-Regiment Nr. 51* (Berlin: Wilhelm Kolk, 1931), pp. 205-6.

60. LAC: RG41, Vol. 11, Testimony of W. E. Turner. 370

61. IWM: Documents 7376, M. McIntyre Hood, 'Recording on First World War 1914-1918', p. 13.

62. Snelling, *Passchendaele 1917*, pp. 290-91.

63. KA: (WK) 9197, 'Ereignisse bei 4 Armee von 6.11 abends bis 7.11 abends'.

64. Rupprecht diary, 6-7 November 1917, in Crown Prince Rupprecht, *Mein Kriegstagebuch* (3 vols., Berlin: E. S. Mittler & Sohn, 1929) II, pp. 282-3.

65. DTA: 3502.1, R. Lewald diary, 6 November 1917.

66. Haig diary, 6-7 November 1917, in G. Sheffield and J. Bourne (eds.), *Douglas Haig. War Diaries and Letters 1914-1918* (London: Weidenfeld & Nicolson, 2005), p. 339. 黑格似乎指的是死亡人数，而不是伤亡总数，后者超过 2 200 人。参见 Nicholson, *Canadian Expeditionary Force 1914-1919*, p. 325.

67. 加拿大士兵未能在 11 月 10 日确保夺得 52 号山的全部地区，这导致 12 月 2 日又批准了一次注定失败的夜间进攻。这次行动详述于 M. LoCicero, *A Moonlight Massacre. The Night Operation on the Passchendaele Ridge, 2 December 1917: The Forgotter Last Act of the Third Battle of Ypres* (Solihull: Helion & Company, 2014).

68. Sir C. Harington, *Tim Harington Looks Back* (London: John Murray, 1940), p. 65.

69. Currie diary, 9 November 1917, in Currie, Selected Papers, p. 57.

70. Lieutenant-Colonel A. Adamson (CO/PPCLI), cited in N. S. Leach. Passchendaele – Canada's Other Vimy Ridge', Canadian Military Journal, Vol. 9, No. 2 (2008), p. 81.

71. Nicholson, *Canadian Expeditionary Force 1914-1919*, p. 327. 官方公布的伤亡数字为 15 654 人，而加拿大军战役伤亡人员文件所列的数字为 16 404 人。参见 Cook, *Shock Troops*, pp. 365, 686-7, n. 41.

72. Currie to Hearst, 14 November 1917, in Currie, *Selected Papers*, p. 59.

73. T. Cook, *The Madman and the Butcher. The Sensational Wars of Sam Hughes and Sir Arthur Currie* (Toronto: Penguin Canada, 2010), p. 359.

74. See N. Lloyd, *Hundred Days. The End of the Great War* (London: Viking, 2013)

75. Dancocks, *Legacy of Valour*, p. 238.

76. CLIP: K. W. Foster, 'Memoirs of the Great War 1915-1918'.

371

尾声

1. Sir C. Harington, Plumer of Messines (London: John Murray, 1935), p. 112.

2. Kuhl, cited in D. Zabecki, *The German 1918 Offensives. A Case Study in the Operational Level of War* (London and New York: Routledge, 2006), p. 94.

3. Sir J. Edmonds, *Military Operations: France & Belgium 1918. The German March Offensive and Its Preliminaries* (London: Macmillan & Co., 1935), p.254. (German forces on pp.

152-3). 1918 年 3 月 21 日的灾难是否可以直接归因于第三次伊普尔战役对英国远征军的影响仍然备受争论。埃德蒙兹扭转了对这个问题的讨论方向，认为德国军队与“完全的胜利”擦肩而过，只可能是因为“他们在佛兰德斯最强的师已经疲惫不堪，事实上已经被摧毁”。Sir J. Edmonds, *Military Operations: France & Belgium 1917* (3 vols., London: HMSO, 1948), II, p. 366. 德军展开进攻时英军的撤退程度似乎至少部分是源自英国战线在冬季的仓促扩张，但不可否认的是，黑格为了争取在 1917 年夏季取得一次重大胜利，耗尽了兵力，使军队处于危险的境地，几乎没有后备力量来应付任何意外事件。第 5 集团军将在 1918 年 3 月付出代价。

4. A. Farrar-Hockley, *Goughie. The Life of General Sir Hubert Gough* (London: Hart-Davis, MacGibbon, 1975), p. 312.
5. Harington, *Plumer*, p. 161.
6. P. Gross (dir.), *Passchendaele* (Montreal: Alliance Films, 2008).
7. Rupprecht in J. Sheldon, *The German Army at Passchendaele* (Barnsley: Pen & Sword, 2007), pp. 312-13.
8. F. von Lossberg, *Meine Tatigkeit im Welterieg 1914-1918* (Berlin: E. S. Mittler & Sohn, 1939), p. 309.
9. P. Simkins, 'Foreword' in Sheldon, *Passchendaele*, p. viii.
10. D. Gottberg, *Das Infanterie-Regiment Nr. 465 im Weltkriege* (Osnabrück: Verlag Carl Prelle, n.d.), p. 158.
11. See D. Todman, ' "Sans peur et sans reproche" : The Retirement, Death, and Mourning of Sir Douglas Haig, 1918-1928', *Journal of Military History*, Vol. 67, No. 4 (October 2003), pp. 1083-1106.
12. Lord Hankey, *The Supreme Command 1914-1918* (2 vols., London: George Allen and Unwin, 372
1961), II, p. 701.
13. See J. H. Boraston (ed.), *Sir Douglas Haig's Despatches (December 1915-April oro)* (London: HMSO, 1919), p. 135.
14. See R. McLeod and C. Fox, 'The Battles in Flanders during the Summer and Autumn of 1917 from General von Kuhl's *Der Welkrieg 1914-18*', *British Army Review*, No. 116 (August 1997), p. 84. 许多历史学家引用库尔的话时都表示赞同，包括 J. Terraine, *The Road to*

Passchendaele. The Flanders Offensive of 1917: A Study in Inevitability (London: Leo Cooper, 1977), p. 342; W. J. Philpott, *Anglo-French Relations and Strategy on the Western Front, 1914-18* (London: Macmillan, 1996), p. 149; and G. Sheffield, *The Chief. Douglas Haig and the British Army* (London: Aurum Press, 2011), pp. 247-8.

15. Terraine, *The Road to Passchendaele*, p. xxi.

16. R. Prior and T. Wilson, *Passchendaele. The Untold Story* (New Haven and London: Yale University Press, 2002; first publ. 1996), p. 33.

17. TNA: CAB 45/140, Gough to Edmonds, 3 May 1944, 'Marginal Notes. Chapter XII'.

18. Prior and Wilson, *Passchendaele*, pp. 199-200.

19. See for example J. P. Harris, *Douglas Haig and the First World War* (Cambridge: Cambridge University Press, 2008), pp. 337-41, 360-61, 378-82; N. Steel and P. Hart, *Passchendaele. The Sacrificial Ground* (London: Cassell & Co., 2001; first publ. 2000), pp. 302-3; T. Travers, *How the War was Won. Command and Technology in the British Army on the Western Front, 1917-1918* (Barnsley: Pen & Sword, 2005; first publ. 1992), p. 11.

20. C. Barnett, *The Swordbearers. Supreme Command in the First World War* (London: Cassell & Co., 2000; first publ. 1963), pp. 236, 237, 239.

21. 普赖尔和威尔逊在 *Passchendaele* (p. 197) 一书的结论部分提出了这一点，但在此之前，他们对梅嫩路、波勒冈树林和布鲁德塞安德战役有效性的否认破坏了他们的例证。因为他们是根据夺取的土地数量（而不是对敌人的影响）来判断这些战役的，所以没有意识到战役有多成功。土地不是“咬住不放”行动的关键因素。

22. 普卢默对“咬住不放”战术的掌握将为未来的陆军元帅、“阿莱曼的胜利者”伯
373 纳德·劳·蒙哥马利提供“最深刻且最持久的战争教益”。蒙哥马利是第 2 集团军第 9 军的一名年轻参谋，参与了梅嫩路、波勒冈树林和布鲁德塞安德战役的规划工作，并称之为“杰作”。参见 N. Hamilton, *Monty. The Making of a General 1887-1042* (London: Coronet, 1984; first publ. 1981), p. 117. 蒙哥马利对普卢默战斗的评论可见于他 1917 年 10 月 9 日写给父亲的一封信。(p. 120)

23. 参见黑格的日记，例如：8 月 1 日的开头（“可怕的一天雨。地面就像这个低地国家的沼泽”），8 月 2 日（“这种恶劣的天气对战壕中的士兵各方面都消耗太大，以至于需要频繁地轮换部队”），8 月 16 日（“这个国家植被非常茂盛，且

很大程度上已被我们猛烈的炮火击碎”），8 月 17 日（“由于泥浆”，目前正在做特殊安排，将刚清洗过的来复枪送到前线），10 月 4 日（“今天下午我散步时大雨倾盆”），10 月 6 日（地面“变得非常泥泞湿滑”），10 月 7 日（讨论了是否有可能因太过潮湿而无法“让我们的人推进”），10 月 9 日（“地面太糟糕了，行军至集结点就耗费了 8 小时”），10 月 12 日（“地面状况糟糕至极”）以及 10 月 13 日（地面太软了，轻轨发动机“直至锅炉位置一半都沉入泥中”）。收录于 G. Sheffield and J. Bourne (eds.), *Douglas Haig. War Diaries and Letters 1914-1918* (London: Weidenfeld & Nicolson, 2005), pp. 309, 310, 316, 317, 333, 334, 335, 336. 黑格在关于“1917 年战事”的通信文件中频繁提及糟糕的天气和泥泞的地面。参见 Boraston (ed.), *Sir Douglas Haig's Despatches (December 1915-April 1919)*, pp. 116, 128, 129, 133.

24. D. Lloyd George, *War Memoirs of David Lloyd George* (2 vols., London: Odhams Press, 1933-6), II, p. 1304.
25. Prior and Wilson, *Passchendaele*, pp. 37-8.
26. Philpott, *Anglo-French Relations*, pp. 138-40.
27. D. R. Woodward, *Lloyd George and the Generals* (London: Associated University Presses, 1983), p. 133.
28. See J. Thompson, *The Lifeblood of War. Logistics in Armed Conflict* (London: Brassey's, 1991), pp. 40-44.
29. H. Strachan, *The Politics of the British Army* (Oxford: Clarendon Press, 1997), p. 142.
30. D. Graham and S. Bidwell, *Coalitions, Politicians and Generals. Some Aspets of Command in* 374
Two World Wars (London: Brassey's, 1993), p. 90.
31. IWM: Documents 15758, Account of F. W. Mellish, p. 30.
32. Harington, *Plumer*, p. 303.
33. Ibid., p. 112.
34. Edmonds, *Military Operations: 1917*, II, pp. 360-61.
35. Reichsarchiv, *Der Weltkrieg 1914 bis 1918*, XIII. *Die Kriegführung im Sommer und Herbst 1917. Die Ereignisse außerhalb der Westfront bis November 1918* (Berlin: E. S. Mittler & Sohn, 1942), p. 96.
36. Reichskriegsministerium, *Sanitätsbericht* über *das Deutsche Heer (Deutsches Feld- und*

Besatzungsheer) im Weltkriege 1914/1918 (3 vols., Berlin: E. S. Mittler & Sohn, 1934-8), III, p. 53.

37. 德国的伤亡问题引起了相当大的争论。詹姆斯·埃德蒙兹爵士确信，真实数字大大高于公布的统计数字，可能高达 35 万或 40 万人。李德·哈特称这些估计是“神话般的”。而最近，杰克·谢尔顿谴责埃德蒙兹在德国士兵伤亡统计中运用了“创造性的会计手段”，还“轻慢地玩弄事实”。谢尔顿说，要想达到 40 万人的水平，就必须把团级救助站“轻伤”的人都算在内（但这些人仍包含在部队的战斗力量中）。正如他指出的，“坚持将留在部队并有能力履行职责的士兵与因重伤或致命伤撤离的士兵同等视为战役的伤亡人员，实在是说不通”。参见 B. H. Liddell Hart, 'The Basic Truths of Passchendaele', *Journal of the Royal United Services Institution*, Vol. CIV, No. 616 (November 1959), pp. 436-7, and Sheldon, Passchendaele, pp. 313-15, 319, n. 58.

38. C. von Clausewitz, *On War*, trans. M. Howard and P. Paret (London: David Campbell, 1993; first publ. 1976), p. 220.

39. P. Gibbs, *Now It Can be Told* (New York and London: Harper & Brothers, 1920), p. 474.

40. LAC: RG4I, Vol. Is, Testimony of G. Bell.

参考文献

档案资料

澳大利亚战争纪念馆，堪培拉
Australian War Memorial, Canberra (AWM)

C. E. W. Bean (AWM38)

A. Birnie (PR84/068)

G. M. Carson (2DRL/0185)

B. W. Champion (2DRL/0512)

H. A. Goddard (3DRL/2379)

R. C. Grieve (2DRL/0260)

A. D. Hollyhoke (3DRL/1465)

S. E. Hunt (2DRL/0277)

J. Monash (3DRL/2316)

Australian Imperial Force Unit War Diaries (AWM4)

巴伐利亚州主档案馆
第四分馆：战争档案馆，慕尼黑
Bayerisches Hauptstaatsarchiv, Abteilung IV: Kriegsarchiv, Munich (KA)

Generalkommando III. Armee-Korps (WK) 1789

Generalkommando III. Armee-Korps (WK) 1790

Generalkommando III. Armee-Korps (WK) 2233

Generalkommando III. Armee-Korps (WK) 2523

Infanteriebrigaden (WK) 1246/1 and 1246/2

Infanterie-Division (WK) 8319

Infanterie-Division (WK) 9197

联邦档案馆－军事档案馆，弗赖堡
Bundesarchiv-Militärarchiv, Freiburg (BA-MA)

K. Dieffenbach (MSG 2/5960)

J. Schärdel (MSG 2/13418)

加拿大书信与影像计划
Canadian Letters and Images Project (CLIP)

K. W. Foster

加拿大战争博物馆
Canadian War Museum (CWM)

A. R. Coulter (58A 1 221.1)
G. F. McFarland (58A 1 27.11)

德意志日记档案馆，埃门丁根
Deutsches Tagebucharchiv, Emmendingen (DTA)

R. Lewald (3502.1)
E. Schaarschmidt (3244.17)

帝国战争博物馆，伦敦
Imperial War Museum, London (IWM)

G. Brunskill (Documents 12512)
G. Carter (Documents 14196)
R. J. Clarke (Documents 982)
V. E. Fagence (Documents 7613)
P. R. Hall (Documents 1690)
N. Hind (Documents 15110)
A. Johnson (Documents 11080)
M. W. Littlewood (Documents 6993)
A. G. MacGregor (Documents 15177)
M. McIntyre Hood (Documents 7376)
F. W. Mellish (Documents 15758)
C. E. Moy (Documents 17166)
J. Nettleton (Documents 12332)
K. Page (Sound 717)
W. A. Rappolt (Documents 1933)
G. N. Rawlence (Documents 22753)
F. J. Rice (Documents 7197)
A. H. Roberts (Documents 7003)
S. Roberts (Documents 17248)
A. Sambrook (Documents 3215)
G. Skelton (Documents 13966)
F. A. Sclater (Documents 8214)
W. B. St Leger (Documents 20504)
E. V. Tanner (Documents 22718)
H. S. Taylor (Documents 4755)
J.S. Walthew (Documents 3980)
J. A. Whitehead (Documents 6618)

加拿大图书与档案馆，渥太华
Library and Archives Canada, Ottawa (LAC)

Militia and Defence Files (RG9)
Canadian Broadcasting Corporation Fonds (RG41)

李德·哈特军事档案中心，伦敦国王学院
Liddell Hart Centre for Military Archives, King's College London (LHCMA)

Liddell Hart papers

国家档案馆，伦敦
The National Archives, London (TNA)

War Office: First World War and Army of Occupation War Diaries (WO 95)
War Office: Intelligence Summaries, First World War (WO 157)
War Office: Field Marshal Sir Douglas Haig: Diaries (WO 256)
War Cabinet and Cabinet: Minutes (CAB 23)
War Cabinet and Cabinet: Memoranda (CAB 24)

War Cabinet and Cabinet: Miscellaneous Committees (CAB 27)

Committee of Imperial Defence, Historical Branch, and Cabinet Office, Historical Section: Official War Histories Correspondence and Paper (CAB 45)

第二手资料

官方历史与报告

Bean, C. E. W., *The Official History of Australia in the War of 1914-1918* (13 vols., Sydney: Angus & Robertson, 1941-2)

Beumelburg, W., *Flandern 1917* (Oldenburg: Gerhard Stalling, 1928)

Boraston, J. H., (ed.), *Sir Douglas Haig's Despatches (December 1915-April 1919)* (London: Dent & Sons, 1919)

Edmonds, Sir J., *Military Operations: France & Belgium 1917* (3 vols., London: HMSO, 1948), II

Falls, C., *Military Operations: France & Belgium 1917* (3 vols., London: Macmillan & Co., 1940), I

Histories of Two Hundred and Fifty-One Divisions of the German Army Which Participated in the War (1914-1918) (Washington DC: Government Printing Office, 1920)

Jones, H. A., *The War in the Air. Being the Story of the Part Played in the Great War by the Royal Air Force* (6 vols., Oxford: Clarendon Press, 1922-37), IV

Ludendorff, E., *The General Staff and Its Problems. The History of the Relations between the High Command and the German Imperial Government as Revealed by Official Documents*, trans. F. A. Holt (2 vols., New York: E. P. Dutton & Co., 1920)

Macpherson, Sir W. F., *Medical Services General History*, III. *Medical Services during the Operations on the Western Front in 1916, 1917 and 1918; in Italy; and in Egypt and Palestine* (London: HMSO, 1924)

Ministère de la Guerre, *Les Armées Françaises dans La Grande Guerre*, Tome V, Vol. 2 (Paris: Imprimerie Nationale, 1937)

Neumann, P., *The German Air Force in the Great War*, trans. J. E. Gurdon (London: Hodder & Stoughton, 1921)

Newbolt, H., *History of the Great War. Naval Operations* (5 vols., London: Longmans, Green & Co., 1928), IV

Nicholson, G. W. L., *Official History of the Canadian Army in the First World War. Canadian Expeditionary Force 1914-1919* (Ottawa: Queen's Printer, 1962)

Rdchsarchiv, *Der Weltkrieg 1914 bis 1918*, XII. *Die Kriegführung im Frühjahr 1917* (Berlin: E. S. Mittler & Sohn, 1939)

Reichsarchiv, *Der Weltkrieg 1914 bis 1918*, XIII. *Die Kriegführung im Sommer und Herbst 1917. Die Ereignisse außerhalb der Westfront bis November 1918* (Berlin: E. S Mittler & Sohn, 1942)

Reichskriegsministerium, *Sanitätsbericht über das Deutsche Heer (Deutsches Feld- und Besatzungsheer) im Weltkriege 1914/1918* (3 vols., Berlin: E. S. Mittler & Sohn, 1934-8), II

Scott, J. B., (ed.), *Official Statements of War Aims and Peace Proposals. December 1916 to November 1918* (Washington DC: Carnegie Endowment for International Peace, 1921)

Statistics of the Military Effort of the British Empire during the Great War. 1914-1920 (London: HMSO, 1922)

传记

Barnett, C., *The Swordbearers. Supreme Command in the First World War* (London: Cassell & Co., 2000; first publ. 1963)

Baynes, J., *Far from a Donkey. The Life of General Sir Ivor Maxse KCB, CVO, DSO* (London: Brassey's, 1995)

Beckett, I. F. W., 'Hubert Gough, Neill Malcolm and Command on the Western Front' , in B. Bond et al., *'Look to Your Front'. Studies in the First World War by the British Commission for Military History* (Staplehurst: Spellmount, 1999), pp. 1-12

Bond, B., and N. Cave (eds.), *Haig. A Reappraisal 70 Years On* (Barnsley: Leo Cooper, 1999)

Charteris, J., *Field-Marshal Earl Haig* (London: Cassell & Co., 1929)

Cook, T., *The Madman and the Butcher. The Sensational Wars of Sam Hughes and Sir Arthur Currie* (Toronto: Penguin Canada, 2010)

Cooper, D., *Haig. The Second Volume* (London: Faber & Faber, 1936)

Davidson, Sir J., *Haig. Master of the Field* (London: Peter Nevill, 1953)

Davies, F., and G. Maddocks, *Bloody Red Tabs. General Officer Casualties of the Great War 1914-1918* (Barnsley: Leo Cooper, 1995)

De Groot, D. J., *Douglas Haig, 1861-1928* (London: Unwin Hyman, 1988)

Duncan, G. S., *Douglas Haig as I Knew Him* (London: George Allen and Unwin, 1966)

Farrar-Hockley, A., *Goughie. The Life of General Sir Hubert Gough* (London: Hart-Davis, MacGibbon, 1975)

Goodspeed, D. J., *Ludendorff. Soldier: Dictator: Revolutionary* (London: Rupert Hart-Davis, 1966)

Grigg, J., *Lloyd George. War Leader 1916-1918* (London: Penguin Books, 2003; first publ. 2002)

Harington, Sir C., *Plumer of Messines* (London: John Murray, 1935)

Harris, J. P., *Douglas Haig and the First World War* (Cambridge: Cambridge University Press, 2008)

Kilduff, P., *Richthofen. Beyond the Legend of the Red Baron* (London: Arms & Armour, 1993)

Mead, G., *The Good Soldier. The Biography of Sir Douglas Haig* (London: Atlantic, 2007)

Owen, F., *Tempestuous Journey. Lloyd George: His Life and Times* (London: Hutchinson, 1954)

Pedersen, P. A., *Monash as Military Commander*

(Carlton: Melbourne University Press, 1985)

Powell, G., *Plumer. The Soldiers' General* (London: Leo Cooper, 1990)

Prior, R., and T. Wilson, *Command on the Western Front. The Military Career of Sir Henry Rawlinson, 1914-1918* (Oxford: Blackwell, 1992)

Revell, A., *Brief Glory. The Life of Arthur Rhys Davids, DSO, MC and Bar* (Barnsley: Pen & Sword, 2010)

Serle, G., *John Monash. A Biography* (Carlton: Melbourne University Press, 2002; first publ. 1982)

Sheffield, G., *The Chief. Douglas Haig and the British Army* (London: Aurum Press, 2011)

Sheffield, G., and H. McCartney, 'Hubert Gough', in I. F. W. Beckett and S. J. Corvi (eds.), *Haig's Generals* (Barnsley: Pen & Sword, 2006), pp. 75-96

Simkins, P., 'Herbert Plumer', in 1. F. W. Beckett and S. J. Corvi (eds.), *Haig's Generals* (Barnsley: Pen & Sword, 2006), pp. 141-63

Terraine, J., *Douglas Haig. The Educated Soldier* (London: Cassell & Co., 2000; first publ. 1963)

Wiest, A., 'Haig, Gough and Passchendaele', in G. D. Sheffield (ed.), *Leadership and Command. The Anglo-American Military Experience since 1861* (London: Brassey's,1997), pp. 77-92

——, *Haig. The Evolution of a Commander* (Washington DC: Potomac Books, 2005)

Woodward, D. R., *Field-Marshal Sir William Robertson. Chief of the Imperial General Staff in the Great War* (Westport: Praeger, 1998)

回忆录与个人记述

Bean, C. E. W., *Anzac to Amiens* (Canberra: Australian War Memorial, 1983; first publ. 1948)

Binding, R., *A Fatalist at War*, trans. I. F. D. Morrow (London: George Allen and Unwin, 1929)

Bird, W. R., *Ghosts Have Warm Hands. A Memoir of the Great War 1916-1919* (Nepean: CEF Books, 1997; first publ. 1968)

Birdwood, Lord, *Khaki and Gown. An Autobiography* (London: Ward, Lock & Co., 1941)

Blake, R., (ed.), *The Private Papers of Douglas Haig, 1914-1919* (London: Eyre & Spottiswoode, 1952)

Blunden, E., *Undertones of War* (London: Penguin Books, 2010; first publ. 1928)

Bodenschatz, K., *Hunting With Richthofen. The Bodenschatz Diaries: Sicteen Months of Battle with JG Freiherr von Richthofen No 1.*, trans. J. Hayzlett (London: Grubb Street, 1996)

Bond, B., and S. Robbins (eds.), *Staff Officer. The Diaries of Walter Guiness (First Lord Moyne) 1914-1918* (London: Leo Cooper, 1987)

Carrington, C., *Soldier from the Wars Returning* (London: Hutchinson, 1965)

Charteris, J., *At G.H.Q.* (London: Cassell & Co., 1931)

Churchill, W. S., *The World Crisis, 1911-1918* (London: Thornton Butterworth, 1923-31)

Currie, A., *The Selected Papers of Sir Arthur Currie. Diaries, Letters and Report to the Ministry, 1917-1933*, ed. M. O. Humphries (Waterloo, Ont.: Wilfrid Laurier University Press, 2008)

Dixon, R., and C. Lee (eds.), *The Diaries of Frank Hurley 1912-1941* (London: Anthem Press, 2011)

Edmonds, C. [C. Carrington], *A Subaltern's War* (London: Anthony Mott, 1984; first publ. 1929)

Falkenhayn, E., *General Headquarters 1914-16 and Its Critical Decisions* (London: Hutchinson, 1919)

Feilding, R., *War Letters to a Wife. France and Flanders, 1915-1919*, ed. J. Walker (Staplehurst: Spellmount, 2001)

Gibbs, P., *Now It Can be Told* (New York and London: Harper & Brothers, 1920)

Gladden, E. N., *Ypres 1917. A Personal Account* (London: William Kimber, 1967)

Godley, A., *Life of an Irish Soldier* (London: John Murray, 1939)

Gordon, H., *The Unreturning Army. A Field-Gunner in Flanders, 1917-18* (London: J. M. Dent & Sons, 1967)

Görlitz, W., (ed.), *The Kaiser and His Court. The Diaries, Note Books and Letters of Admiral Georg Alexander von Müller, Chief of the Naval Cabinet, 1914-1918* (London: Macdonald & Co., 1961; first publ. 1959)

Gough, H., *Soldiering On* (London: Arthur Baker, 1954)

Hankey, Lord, *The Supreme Command 1914-1918* (2 vols., London: George Allen and Unwin, 1961), II

Harington, Sir C., *Tim Harington Looks Back* (London: John Murray, 1940)

Hickey, D. E., *Rolling Into Action. Memoirs of a Tank Corps Section Commander* (London: Hutchinson, n.d.)

Hindenburg, P. von, *Out of My Life*, trans. F. A. Holt (London: Cassell & Co., 1920)

Jünger, E., *Storm of Steel*, trans. M. Hoffman (London: Penguin Books, 2003; first publ. 1920)

Lee, A G., *No Parachute. A Fighter Pilot in World War I* (London: Jarrolds, 1968)

Lloyd George, D., War Memoirs of David Lloyd George (2 vols., London: Odhams Press, 1933-6)

Lossberg, F. von, *Meine Tätigkeit im Weltkrieg 1914-1918* (Berlin: E. S. Mittler & Sohn, 1939)

Ludendorf, E., *Ludendorff's Own Story. August 1914-November 1918* (2 vols., New York and London: Harper & Brothers, 1919)

Lynch, E. P. F., *Somme Mud. The Experiences of an Infantryman in France, 1916-1919*, ed. W. Davies (London: Bantam, 2008; first publ. 2006)

Maze, P., *A Frenchman in Khaki* (Kingswood: William Heinemann, 1934)

McCudden, J. T. B., *Flying Fury. Five Years in*

the Royal Flying Corps (Folkestone: Bailey Brothers & Swinfen, 1973; first publ. 1918)

Pierrefeu, J. de, *French Headquarters 1915-1918*, trans. Major C. J. C. Street (London: Geoffrey Bles, 1924)

Robertson, Sir W., *Soldiers and Statesmen 1914-1918* (2 vols., London: Cassell & Co., 1926)

Rupprecht, Crown Prince, *Mein Kriegstagebuch* (3 vols., Berlin: E. S. Mittler & Sohn, 1929)

Sheffield, G., and J. Bourne (eds.), *Douglas Haig: War Diaries and Letters 1914-1918* (London: Weidenfeld & Nicolson, 2005)

Spears, E. L., *Prelude to Victory* (London: Jonathan Cape, 1939)

Stevenson, F., *Lloyd George. A Diary*, ed. A. J. P. Taylor (London: Hutchinson, 1971)

Terraine, J., (ed.), *General Jack's Diary 1914-18. The Trench Diary of Brigadier-General J. K. Jack, D.S.O.* (London: Cassell & Co., 2000; first publ. 1964)

Thaer, A. von, *Generalstabsdienst an der Front und in der O.H.L.* (Göttingen: Vandenhoeck & Ruprecht, 1958)

Watson, W. H. L., *With the Tanks 1916-1918. Memoirs of a British Tank Commander in the Great War* (Barnsley: Pen & Sword, 2014; first publ. 1920)

Williamson, H., *The Wet Flanders Plain* (London: Faber & Faber, 2009; first publ. 1929)

Woodward, D. R., (ed.), *The Military Correspondence of Field-Marshal Sir William Robertson, Chief of the Imperial General Staff, December 1915-February 1918* (London: Bodley Head for the Army Records Society, 1989)

部队历史

Annabell, N., (ed), *Official History of the New Zealand Engineers during the Great War 1914-1919* (Wanganui: Evans, Cobb & Sharpe, 1927)

Atteridge, A. H., *History of the 17th (Northern) Division* (Glasgow: Robert Maclehose & Co., 1929)

Bennett, S. G., *The 4th Canadian Mounted Rifles 1914-1919* (Toronto: Murray Printing Company, 1926)

Bewsher, F. W., *The History of the Fifty First (Highland) Division 1914-1918* (Uckfield: Naval & Military Press, 2001; first publ. 1920)

Boraston, I. H., and C. E. O. Bax, *The Eighth Division 1914-1918* (Uckfield: Naval & Military Press, 2001; first publ. 1926)

Buttman, A., *Kriegsgeschichte des Königlich Preußischen 6. Thüringischen Infanterie-Regiments Nr. 95 1914-1918* (Zeulenroda: Verlag Bernhard Sporn, 1935)

Byrne, A. E., *Official History of the Otago Regiment, N.Z.E.F. in the Great War 1914-1918* (Dunedin: J. Wilkie & Company, 1921)

Byrne, J. R., *New Zealand Artillery in the Field, 1914-18* (Auckland: Whitcombe & Tombs, 1922)

Dudley Ward, C. H., *History of the Welsh Guards*

(London: John Murray, 1920)

Dunzinger, A., *Das K.B. 11 Infanterie-Regiment von der Tann* (Munich: Bayerische Kriegsarchivs, 1921)

Ellis, A. D., *The Story of the Fifth Australian Division* (London: Hodder & Stoughton, n.d.)

Falls, C., *The History of the 36th (Ulster) Division* (London and Belfast: M' Caw, Stevenson & Orr, 1922)

Farndale, M., *History of the Royal Regiment of Artillery. Western Front 1914-18* (London: Royal Artillery Institution, 1986)

Ferguson, D., *The History of the Canterbury Regiment, N.Z.E.F. 1914-1919* (Auckland: Whitcombe & Tombs, 1921)

Gabriel, K., *Die 4 Garde-Infanterie-Division. Der Ruhmesweg einer bewährten Kampftruppe durch den Weltkrieg* (Berlin: Verlag von Klasing & Co., 1920)

Gottberg, D., *Das Infanterie-Regiment Nr. 465 im Welkriege* (Osnabrück: Verlag Carl Prelle, n.d)

Gough, H., *The Fifth Army* (London: Hodder & Stoughton, 1931)

Grossmann, A., *Das K.B. Reserve-Infanterie-Regiment Nr. 17* (D. Eisele & Sohn, Augsburg, 1926)

Hansch, J., and F. Weidling, *Das Colbergsche Grenadier-Regiment Graf Gneisenau (2 Pommersches) Nr. 9 im Weltkriege 1914-1918* (Oldenburg: Gerhard Stalling, 1929)

Headlam, C., *History of the Guards Division in the Great War 1915-1918* (Uckfield: Naval & Military Press, 2001; first publ. 1924)

Hutchinson, G. S., *The Thirty-Third Division in France and Flanders 1915-1919* (Uckfield: Naval & Military Press, 2004; first publ. 1921)

Jürgensen, W., *Das Füsilier-Regiment 'Königin' Nr. 86 im Weltkriege* (Oldenburg: Gerhard Stalling, 1925)

Karau, M. D., *'Wielding the Dagger'. The MarineKorps Flandern and the German War Effort, 1914-1918* (London and Westport: Praeger, 2003)

Lucas, A., and J. Schmieschek, *Fighting the Kaiser's War. The Saxons in Flanders 1914/1918* (Barnsley: Pen & Sword, 2015)

Nichols, G. H. F., *The 18th Division in the Great War* (Edinburgh and London: William Blackwood & Sons, 1922)

Nollau, H., *Geschichte des Königlich Preußischen 4 Niederschlesischen Infanterie-Regiment Nr. 51* (Berlin: Wilhelm Kolk, 1931)

Pirscher, F. von, *Das (Rheinisch-Westfälische) Infanterie-Regiment Nr. 459* (Oldenburg: Gerhard Stalling, 1926)

Radley, K., *We Lead, Others Follow. First Canadian Division 1914-1918* (St Catharines: Vanwell, 2006)

Reber, A. K., *Das K.B. 21. Infanterie Regiment. Großherzog Friedrich Franz IV. Von Mecklenburg-Schwerin* (Munich: Verlag Max Schick, 1929)

Revell, A., *British Fighter Units. Western Front 1917-18* (London: Osprey, 1978)

Riddell, E., and M. C. Clayton, *The*

Cambridgeshires 1914 to 1919 (Cambridge: Bowes & Bowes, 1934)

Schatz, J., *Geschichte des Badischen (Rheinischen) Reserve-Infanterie-Regiments 239* (Stuttgart: Chr. Belser, 1927)

Simpson, C. R., (ed), *The History of the Lincolnshire Regiment 1914-1918* (London: The Medici Society, 1931)

Stachelbeck, C., *Militärische Effektivität im Ersten Weltkrieg. Die 11. Bayerische Infanteriedivision 1915 bis 1918* (Paderborn: Ferdinand Schöningh, 2010)

Stevenson, R. C., *To Win the Battle. The 1st Australian Division in the Great War 1914-18* (Melbourne: Cambridge University Press, 2013)

Stewart, H., *The New Zealand Division 1916-1919. A Popular History Based on Official Records* (Auckland: Whitcombe & Tombs, 1921)

Wiedersich, A., *Das Reserve-Infanterie Regiment Nr. 229* (Berlin: Verlag Tradition Wilhelm Rolf, 1929)

Wolff, H. von, *Kriegsgeschichte des Jäger-Bataillon von Neumann (1. Schles.) Nr.5 1914-1918* (Zeulenroda: Verlag Bernhard Sporn, n.d.)

Zechlin, F., *Das Reserve-Infanterie-Regiment Nr. 60 im Weltkriege* (Oldenburg: Gerhard Stalling, 1926)

著作

Adams, R. J. Q., *Arms and the Wizard. Lloyd George and the Ministry of Munitions* (London: Cassell & Co., 1978)

Asprey, R. B., *The German High Command at War. Hindenburg and Ludendorff and the First World War* (London: Warner Books, 1994; first publ. 1991)

Barton, P., *Passchendaele. Unseen Panoramas of the Third Battle of Ypres* (London: Constable & Robinson, 2007)

Beach, J., *Haig's Intelligence. GHQ and the German Army, 1916-1918* (Cambridge: Cambridge University Press, 2013)

Bidwell, S., and D. Graham, *Firepower. British Army Weapons and Theories of War, 1904-1945* (Boston: Allen & Unwin, 1982)

Bond, B., *The Unquiet Western Front* (Cambridge: Cambridge University Press, 2002)

Brown, I. M., *British Logistics on the Western Front, 1914-1919* (Westport: Praeger, 1998)

Campbell, C., *Band of Brigands. The First Men in Tanks* (London: Harper Perennial, 2008; first publ. 2007)

Cave, N., *Battleground Europe. Ypres: Sanctuary Wood and Hooge* (London: Leo Cooper, 1993)

——, *Battleground Europe. Ypres. Passchendaele: The Fight for the Village* (Barnsley: Pen & Sword, 2007; first publ. 1997)

——, *Battleground Europe. Polygon Wood* (Barnsley: Pen & Sword, 1999)

Cecil, H., and P. H. Liddle (eds.), *Facing Armageddon. The First World War Experienced* (Barnsley: Leo Cooper, 1996)

Chasseaud, P., *Artillery's Astrologers. A History of British Survey and Mapping on the Western Front 1914-1918* (Lewes: Mapbooks, 1999)

Chickering, R., *Imperial Germany and the Great War, 1914-1918* (Cambridge: Cambridge University Press, 1998)

Cook, T., *No Place to Run. The Canadian Corps and Gas Warfare in the First World* (Vancouver: UBC Press, 1999)

——, *Shock Troops. Canadians Fighting the Great War 1917-1918* (Toronto: Penguin Canada, 2008)

Dancocks, D. G., *Legacy of Valour. The Canadians at Passchendaele* (Edmonton: Hurtig, 1986)

Dennis, P., and J. Grey (eds.), *1917. Tactics, Training and Technology: The 2007 Chief of Army Military History Conference* (Canberra: Australian History Military Publications, 2007)

Doughty, R. A., *Pyrrhic Victory. French Strategy and Operations in the Great War* (London and Cambridge, Mass.: Harvard University Press, 2005)

Duffy, C., *Through German Eyes. The British and the Somme 1916* (London: Orion, 2007; first publ. 2006)

Falls, C., The First World War (London: Longmans, 1960)

Ferguson, N., The Pity of War (London: Allen Lane, 1998)

Fischer, F., *Germany's Aims in the First World War* (New York: W. W. Norton & Co., 1967; first publ. 1961)

Foley, R., *German Strategy and the Path to Verdun. Erich von Falkenhayn and the Development of Attrition* (Cambridge: Cambridge University Press, 2005)

French, D., 'Who Knew What and When? The French Army Mutinies and the British Decision to Launch the Third Battle of Ypres', in L. Freedman, P. Hayes and R. O'Neill (eds.), *War, Strategy, and International Politics. Essays in Honour of Sir Michael Howard* (Oxford: Clarendon Press, 1992), pp. 133-53

——, *The Strategy of the Lloyd George Coalition, 1916-1918* (Oxford: Clarendon Press, 1995)

Fuller, J. F. C., *Tanks in the Great War 1914-1918* (London: John Murray, 1920)

Fussell, P., *The Great War and Modern Memory* (Oxford: Oxford University Press, 2000; first publ. 1975)

Giles, J., *The Ypres Salient* (London: Leo Cooper, 1970)

Graham, D., and S. Bidwell, *Coalitions, Politicians and Generals. Some Aspects of Command in Two World Wars* (London: Brassey's, 1993)

Green, A., *Writing the Great War. Sir James Edmonds and the Official Histories, 1915-1948* (London: Frank Cass, 2003)

Greenhalgh, E., *Victory Through Coalition. Britain and France during the First World War* (Cambridge: Cambridge University Press, 2005)

——, *The French Army and the First World War*

(Cambridge: Cambridge University Press, 2014)

Grieves, K., *The Politics of Manpower, 1914-18* (Manchester: Manchester University Press, 1988)

Griffith, P., *Battle Tactics of the Western Front. The British Army's Art of Attack 1916-1918* (New Haven and London: Yale University Press, 1994)

——(ed.), *British Fighting Methods of the Great War* (London: Frank Cass, 1996)

Harper, G., *Massacre at Passchendaele. The New Zealand Story* (Brighton: FireStep Books, 2011; first publ. 2000)

Harris, J. P., *Men, Ideas and Tanks. British Military Thought and Armoured Forces,1903-1939* (Manchester: Manchester University Press, 1995)

Hart, P., *Bloody April. Slaughter in the Skies over Arras, 1917* (London: Cassell & Co., 2006; first publ. 2005)

Herwig, H., *The First World War. Germany and Austria-Hungary 1914-1918* (London: Arnold, 1997)

Hooton, E. R., *War over the Trenches. Air Power and Western Front Campaigns 1916-1918* (Hersham: Ian Allen, 2010)

Leach, N., *Passchendaele. Canada's Triumph and Tragedy on the Fields of Flanders: An Illustrated History* (Regina: Coteau Books, 2008)

Lee, J., 'Command and Control in Battle: British Divisions on the Menin Road Ridge, 20 September 1917', in G. Sheffield and D. Todman (eds.), *Command and Control on the Western Front. The British Army's Experience 1914-1918* (Staplehurst: Spellmount, 2004), pp. 119-39

Liddell Hart, B. H., *The Real War, 1914-1918* (London: Faber & Faber, 1930)

Liddle, P., (ed.), *Passchendaele in Perspective. The Third Battle of Ypres* (London: Leo Cooper, 1997)

Lloyd, N., *Loos 1915* (Stroud: Tempus, 2006)

——, *The Amritsar Massacre. The Untold Story of One Fateful Day* (London: I. B. Tauris, 2011)

——, *Hundred Days. The End of the Great War* (London: Viking, 2013)

LoCicero, M., *A Moonlight Massacre. The Night Operation on the Passchendaele Ridge, 2 December 1917: The Forgotten Last Act of the Third Battle of Ypres* (Solihull: Helion & Company, 2014)

Lupfer, T. T., *The Dynamics of Doctrine. The Changes in German Tactical Doctrine during the First World War* (Fort Leavenworth: U.S. Army Command and General Staff College, 1981)

Macdonald, A., *Passchendaele. The Anatomy of a Tragedy* (Auckland: HarperCollins, 2013)

Macdonald, L., *They Called It Passchendaele. The Story of the Third Battle of Ypres and of the Men Who Fought in It* (London: Penguin Books, 1993; first publ. 1978)

Marble, S., *British Artillery on the Western Front*

in the First World War. 'The infantry cannot do with a gun less' (Farnham: Ashgate, 2013)

McCarthy, C., *Passchendaele. The Day-by-Day Account* (London: Cassell & Co., 1995)

McGreal, S., *Battleground Europe. Boesinghe* (London: Leo Cooper, 2010)

Millman, B., *Pessimism and British War Policy 1916-1918* (London: Frank Cass, 2001)

Morrow, Jr, J. H., *The Great War in the Air. Military Aviation from 1909 to 1921* (Washington DC: Smithsonian Institute Press, 1993)

——, *The Great War. An Imperial History* (London and New York: Routledge, 2004)

Nicholls, J., *Cheerful Sacrifice. The Battle of Arras 1917* (London: Leo Cooper, 1990)

Palazzo, A., *Seeking Victory on the Western Front. The British Army and Chemical Warfare in World War I* (Lincoln, Nebr., and London: University of Nebraska Press, 2000)

Paschall, R., *The Defeat of Imperial Germany 1917-1918* (Chapel Hill: Algonquin Books, 1989)

Passingham, I., *Pillars of Fire. The Battle of Messines Ridge, June 1917* (Stroud: Sutton, 1998)

Pedersen, P., *Anzacs on the Western Front. The Australian War Memorial Battlefield Guide* (Milton: John Wiley & Sons Australia, 2012)

Philpott, W. J., *Anglo-French Relations and Strategy on the Western Front, 1914-18* (London: Macmillan, 1996)

——, *Attrition. Fighting the First World War* (London: Little, Brown, 2014)

Pierrefeu, J. de, *L'Offensive du 16 Avril. La Vérité sur l'affaire Nivelle* (Paris : Renaissance du Livre, 1919)

Prior, R., and T. Wilson, *Passchendaele: The Untold Story* (New Haven and London: Yale University Press, 2002; first publ. 1996)

Pugsley, C., *On the Fringe of Hell. New Zealanders and Military Discipline in the First World War* (Auckland: Hodder & Stoughton, 1991)

Rawling, B., *Surviving Trench Warfare. Technology and the Canadian Corps, 1914-1918* (Toronto: University of Toronto Press, 1992)

Reynolds, D., *The Long Shadow. The Great War and the Twentieth Century* (London: Simon & Schuster, 2013)

Samuels, M., *Command or Control? Command, Training and Tactics in the British and German Armies, 1888-1918* (London: Frank Cass, 1995)

Sheffield, G., *Forgotten Victory. The First World War: Myths and Realities* (London: Headline, 2001)

Sheldon, J., *The German Army at Passchendaele* (Barnsley: Pen & Sword, 2007)

Showalter, D., and W. J. Astore, 'Passchendaele', in D. Showalter (ed.), *History in Dispute*, Vol. 8, *World War I: First Series* (Farmington Hills: St James Press, 2002), pp. 218-24

Simkins, P., *Kitchener's Army. The Raising of the New Armies, 1914-16* (Manchester:

Manchester University Press, 1988)

Simpson, A., *Directing Operations. British Corps Command on the Western Front 1914-18* (Stroud: Spellmount, 2006)

Snelling, S., *VCs of the First World War. Passchendaele 1917* (Stroud: The History Press, 2012; first publ. 1998)

Spagnoly, T., *The Anatomy of a Raid. Australia at Celtic Wood 9th October 1917* (London: Multidream Publications, 1991)

Steel, N., and P. Hart, *Passchendaele. The Sacrificial Ground* (London: Cassell & Co., 2001; first publ. 2000)

Terraine, J., *The Western Front* (London: Hutchinson, 1964)

——, *The Road to Passchendaele. The Flanders Offensive of 1917: A Study in Inevitability* (London: Leo Cooper, 1977)

——, *The Smoke and the Fire. Myths and Anti-Myths of War 1861-1945* (London: Sidgwick & Jackson, 1980)

Thompson, M., *The White War. Life and Death on the Italian Front 1915-1919* (London: Faber & Faber, 2008)

Thompson, R., 'Mud, Blood, and Wood: BEF Operational and Combat Logistico-Engineering during the Battle of Third Ypres, 1917', in P. Doyle and M. R. Bennett (eds.), *Fields of Battle. Terrain in Military History* (London: Kluwer, 2002), pp. 237-55

Todman, D., *The Great War. Myth and Memory* (London: Hambledon and London, 2005)

Travers, T., *The Killing Ground. The British Army, the Western Front and the Emergence of Modern Warfare 1900-1918* (Barnsley: Pen & Sword, 2003; first publ. 1987)

——, *How the War was Won. Command and Technology in the British Army on the Western Front, 1917-1918* (Barnsley: Pen & Sword, 2005; first publ. 1992)

Volkart, W., *Die Gasschlacht in Flandern im Herbst 1917* (Berlin: E. S. Mittler & Sohn, 1957) Watson, A., *Enduring the Great War. Combat, Morale and Collapse in the German and British Armies, 1914-1918* (Cambridge: Cambridge University Press, 2008)

——, *Ring of Steel. Germany and Austria-Hungary at War, 1914-1918* (London: Allen Lane, 2014)

Wiest, A., *Passchendaele and the Royal Navy* (New York: Greenwood Press, 1995)

Wolff, L., *In Flanders Fields* (London: Longmans, 1960)

Woodward, D. R., *Lloyd George and the Generals* (London: Associated University Presses, 1983)

Wynne, G. C., *If Germany Attacks. The Battle in Depth in the West* (Westport: Greenwood, 1976; first publ. 1940)

文章

Adair, J., 'The Battle of Passchendaele: The Experiences of Lieutenant Tom Rutherford, 4th Battalion, Canadian Mounted Rifles', *Canadian Military History*, Vol. 13, No. 4

(Autumn 2004), pp. 62-80

Brown, I. M., 'Not Glamorous, But Effective: The Canadian Corps and the Set-Piece Attack, 1917-1918', *Journal of Military History*, Vol. 58, No. 3 (July 1994), pp. 421-44

Foley, R., 'Learning War's Lessons: The German Army and the Battle of the Somme 1916', *Journal of Military History*, Vol. 75, No. 2 (April 2011), pp. 471-504

Fox, A., ' "The word 'retire' is never to be used" : The Performance of the 9th Brigade, AIF, at First Passchendaele, 1917', Australian War Memorial, SVSS Paper (2011), pp. 1-28

French, D., ' "Official but not history" ? Sir James Edmonds and the Official History of the Great War', *The RUSI Journal*, Vol. 131, No. 1 (1986), pp. 58-63

——, 'Watching the Allies: British Intelligence and the French Mutinies of 1917', *Intelligence and National Security*, Vol. 6, No. 3 (1991), pp. 573-92

Harris, P., and S. Marble, 'The "Step-by-Step" Approach: British Military Thought and Operational Method on the Western Front, 1915-1917', *War in History*, Vol. 15, No. 1 (2008), pp. 17-42

Leach, N. S., 'Passchendaele — Canada's Other Vimy Ridge', *Canadian Military Journal*, Vol. 9, No. 2 (2008), pp. 73-82

Liddell Hart, B. H., 'The Basic Truths of Passchendaele', *Journal of the Royal United Services Institution*, Vol. CIV, No. 616 (November 1959), pp. 433-9

Lloyd, N., ' "With Faith and Without Fear" : Sir Douglas Haig's Command of First Army during 1915', *Journal of Military History*, Vol. 71, No. 4 (October 2007), pp. 1051-76

Mainville, C., 'Mentioned in Despatches: Lieutenant Allen Otty and the 5th CMR at Passchendaele, 30 October 1917', *Canadian Military History*, Vol. 23, No. 2 (Spring 2014), pp. 137-63

McLeod, R., and C. Fox, 'The Battles in Flanders during the Summer and Autumn of 1917 from General von Kuhl's *Der Weltkrieg 1914-18*', *British Army Review*, No. 116 (August 1997), pp. 78-88

Palazzo, A. P., 'The British Army's Counter-Battery Staff Office and Control of the Enemy in World War I', *Journal of Military History*, Vol. 63, No. 1 (January 1999), pp. 55-74

Pugsley, C., 'Learning from the Canadian Corps on the Western Front', *Canadian Military History*, Vol. 15, No. 1 (Winter 2006), pp. 5-32

Roskill, S. W., 'The U-Boat Campaign of 1917 and Third Ypres', *Journal of the Royal United Services Institution*, Vol. CIV, No. 616 (November 1959), pp. 440-42

Stachelbeck, C., 'Strategy "in a Microcosm" : Processes of Tactical Learning in a WWI German Infantry Division', *Journal of Military & Strategic Studies*, Vol. 13, No. 4 (Summer 2011), pp. 1-20

Terraine, J. A., 'Passchendaele and Amiens I',

Journal of the Royal United Services Institution, Vol. CIV, No. 614 (May 1959), pp. 173-83

——, 'Passchendaele and Amiens II', *Journal of the Royal United Services Institution*, Vol. CIV, No. 615 (August 1959), pp. 331-40

Travers, T., 'A Particular Style of Command: Haig and GHQ, 1916-18', *Journal of Strategic Studies*, Vol. 10, No. 3 (1987), pp. 363-76

Williams, M. J., 'Thirty per Cent: A Study in Casualty Statistics', *Journal of the Royal United Services Institution*, Vol. CIX, No. 633 (February 1964), pp. 51-5

Woodward, D. R., 'David Lloyd George, a Negotiated Peace with Germany and the Kuhlmann Peace Kite of September, 1917', *Canadian Journal of History*, Vol. 6, No. 1 (1971), pp. 75-93

Wynne, G. C., '"The Other Side of the Hill": The Fight for Inverness Copse, 22nd-24th of August 1917', *Army Quarterly*, Vol. XXIX, No. 2 (January 1935), pp. 297-303

——, 'The Development of the German Defensive Battle in 1917, and Its Influence on British Defence Tactics: Part I', *Army Quarterly*, Vol. XXXIV (April 1937), pp. 15-32

——, 'The Development of the German Defensive Battle in 1917, and Its Influence on British Defence Tactics: Part II', *Army Quarterly*, Vol. XXXIV (April 1937), pp. 249-66

图书在版编目（CIP）数据

帕斯尚尔 ：碎入泥沼的希望 ／（英）尼克·劳埃德（Nick Lloyd）著 ；高跃丹译 .— 上海 ：上海社会科学院出版社，2020

书名原文 ：Passchendaele ：A New History

ISBN 978-7-5520-3181-2

Ⅰ.①帕… Ⅱ.①尼… ②高… Ⅲ.①第一次世界大战战役—史料—英国—1917 Ⅳ.① E561.9

中国版本图书馆 CIP 数据核字（2020）第 085047 号

审图号：GS（2020）1876号

上海市版权局著作权合同登记号：09-2020-264

Passchendaele: A New History by Nick Lloyd

First published in Great Britain in the English language by Penguin Books Ltd.

First published 2017

帕斯尚尔：碎入泥沼的希望

Passchendaele: A New History

著　　者：［英］尼克·劳埃德（Nick Lloyd）
译　　者：高跃丹
总 策 划：纸间悦动　刘　科
策 划 人：唐云松　　熊文霞
责任编辑：董汉玲
特约编辑：薛　瑶
封面设计：左左工作室
出版发行：上海社会科学院出版社
上海顺昌路622号　　邮编200025
电话总机021-63315947　　销售热线021-53063735
http://www.sassp.cn　　E-mail: sassp@sassp.cn
印　　刷：上海龙腾印务有限公司
开　　本：890毫米 × 1240毫米　1/32
印　　张：14.625
插　　页：5
字　　数：315千字
版　　次：2020年10月第1版　2020年10月第1次印刷

ISBN 978-7-5520-3181-2/E · 030　　定价：75.00元